高职高专"十二五"规划教材

金融法概论

第二版

赵红梅　刘旭东　主　编
王艳萍　张　虹　副主编

化学工业出版社
·北京·

金融法是一门新兴的法律学科，它随着国际环境和金融业的发展而不断创新，本书以我国现行金融法律规范为依据，系统阐述了中国人民银行法、商业银行法，政策性银行和非银行金融机构的法律制度、担保法、证券法，证券投资基金法等内容，结构新颖，内容务实创新，反映了我国最新的金融法规的精神。

本教材适用于高职高专金融、保险专业学生学习使用，也可作为财经类其他专业本、专科学生及金融机构从业人员了解金融法律知识的参考书。

图书在版编目（CIP）数据

金融法概论/赵红梅，刘旭东主编．—2 版．—北京：化学工业出版社，2012.8（2018.3 重印）

高职高专“十二五”规划教材

ISBN 978-7-122-14214-6

Ⅰ．金…　Ⅱ．①赵…②刘…　Ⅲ．金融法-中国　Ⅳ．D922.28

中国版本图书馆 CIP 数据核字（2012）第 087552 号

责任编辑：蔡洪伟　　装帧设计：尹琳琳

责任校对：徐贞珍

出版发行：化学工业出版社（北京市东城区青年湖南街 13 号　邮政编码 100011）

印　　刷：北京京华铭诚工贸有限公司

装　　订：北京瑞隆泰达装订有限公司

787mm×1092mm　1/16　印张 17　字数 443 千字　　2018 年 3月北京第 2 版第 4 次印刷

购书咨询：010-64518888（传真：010-64519686）　售后服务：010-64518899

网　　址：http://www.cip.com.cn

凡购买本书，如有缺损质量问题，本社销售中心负责调换。

定　　价：38.00 元

第二版前言

随着我国金融业日益融入国际环境和金融体制改革的不断深入，我国的金融业务不断创新，金融风险不断显现。为规避金融风险、规范金融机构的经营行为，近年来我国政府根据金融业发展的要求，对现有的金融法律法规进行了修订和完善。金融立法的不断完善对金融法的教学提出了更高的要求，需要在教学过程中不断地添加新的元素。为满足高职高专金融法的教学需要以及金融机构从业人员培训的需要，我们在化学工业出版社的组织下，对前期出版的《金融法概论》一书进行了重新修订。修订后的教材，对新颁布和修改的法律条文进行了及时的补充和修订，对书中涉及的数据和资料全部进行了更新，以增强本书的权威性和新颖性；增加的一些案例，使本书更具有可读性。另外，我们还配备了电子教案、习题及习题解答，方便教师和读者用书，相关材料可登录 www. cipedu. com. cn 免费索取。

本书在编写过程中力求做到结构新颖，内容务实创新，准确体现金融法规的精神，反映我国最新的金融立法动向。本书在每章开篇之处均设有学习目标和本章引例，易于学生了解本章所学的金融法规的内容，准确把握所学章节的重点、难点；每章安排了大量的案例、阅读材料和课堂实训，加强了理论与实践的结合，增强学生对金融法规的领悟；每章都设置有课后小结、思考题和案例分析，并且对案例作了精心的点评，有助于学员对所学的金融法规有更深的理解。本教材适用于高职高专金融、保险专业学生学习使用，也可作为财经类其他专业本、专科学生以及金融机构从业人员了解金融法律知识的参考书。

本教材共分 14 章，编写人员的具体分工如下：第 5，10，12，13 章由辽宁金融职业学院赵红梅编写；第 1～3 章由中山职业技术学院刘旭东编写；第 4，6，7 章由辽宁金融职业学院王艳萍编写；第 8，11 章由辽宁金融职业学院张虹编写；第 9 章由辽宁金融职业学院刘娜编写；第 14 章由辽宁金融职业学院朱鹤编写；本书由赵红梅、刘旭东任主编，王艳萍、张虹任副主编；刘旭东负责大纲的制定、总纂和定稿；赵红梅负责组织编写和审阅。由于金融法规涉及的内容较多，范围较广，加上编写时间较短和水平有限，书中难免有错误和疏漏之处，恳请读者批评指正，以便进一步修改完善。

本书在编写过程中，作者参考了大量的相关资料和论著，并吸收了其中的一些研究成果，在此，谨向所有文献的作者致谢。

编写组

2012 年 5 月

中国·沈阳

目　录

第1章　绪　　论

【学习目标】

理解金融的概念与特征、金融市场的功能、金融法律关系。

掌握金融市场的构成、金融工具的种类、我国金融法的基本原则。

了解金融法的概念及调整对象、金融市场的概念与分类、金融法律关系的概念与特征、金融法的体系及渊源。

【本章引例】

王某因购买商品房急需1万元钱，A财务公司建议其到B银行当地支行申请信用卡。B银行当地支行正在推广本行的信用卡，允许持卡人的最高信用额度是1万元，且该信用卡的还款利息大大低于当地的银行贷款利率。王某就到B银行申请了信用卡，通过A财务公司从B银行的特约商户C单位以刷卡消费的方式兑现了1万元现金（王某账面上在C单位刷卡消费了1万元），王某支付了A财务公司一定比例的酬金。请依据我国对信用卡的有关规定，分析上述案例中的违法之处。

【引例分析】

① C特约单位的行为是违法的。因为特约单位不得通过刷卡、签单等方式支付持卡人现金。

② A财务公司的行为是违法的。因为A财务公司的行为违反了信用卡的使用规定，协助王某套取现金。

③ 王某通过A财务公司套取现金的行为是违法的。王某申领信用卡的行为是合法的，但其通过A财务公司和C特约单位套取现金的行为是违法的。

资料来源：www.4juan.com（全国2005年10月自学考试《金融法》试题）

1.1　金融

1.1.1　金融的概念和特征

（1）金融的概念

金融是货币流通和信用活动以及与之相联系的经济活动的总称，广义的金融泛指一切与信用货币的发行、保管、兑换、结算、融通有关的经济活动，甚至包括金银的买卖。狭义的金融专指信用货币的融通。本书所称之“金融”，仅指狭义的金融，具体包括货币的发行与回笼，存款的吸收与付出，贷款的发放与回收，金银、外汇的买卖，有价证券的发行与转让，保险、信托、国内、国际的货币结算等。从事金融活动的机构主要有银行、信托投资公司、保险公司、证券公司，还有信用合作社、财务公司、投资信托公司、金融租赁公司以及证券、金银、外汇交易所等。

金融和信用是两个不同的概念，二者的区别如下。

① 金融不包括实物借贷，专指货币资金的融通（狭义金融），人们除了通过借贷货币融通资金之外，还以发行股票的方式来融通资金。

② 信用指一切货币的借贷，金融（狭义）专指信用货币的融通。人们之所以要在“信

用”之外创造一个新的概念来专指信用货币的融通，是为了概括一种新的经济现象。信用与货币流通这两个经济过程已紧密地结合在一起。最能表明金融特征的是可以创造和消减货币的银行信用，银行信用被认为是金融的核心。

（2）金融的特征

① 金融是信用交易。信用是金融的基础，金融最能体现信用的原则与特性。在发达的商品经济中，信用已与货币流通融为一体。信用交易的特点如下。

a. 一方以对方偿还为条件，向对方先行移转商品（包括货币）的所有权，或者部分权能。

b. 一方对商品所有权或其权能的先行移转与另一方的相对偿还之间，存在一定的时间差。

c. 先行交付的一方需要承担一定的信用风险，信用交易的发生是基于给予对方信任。

② 金融原则上必须以货币为对象。

③ 金融交易可以发生在各种经济成分之间。

阅读资料 1-1

邓小平关于金融的核心地位的论述

早在抗日战争时期，邓小平在《太行山区的经济建设》一文中指出：“我们的货币政策，也是发展生产与对敌斗争的重要武器……给了根据地经济建设以有力的保障。”

建国初期，邓小平在担任政务院副总理兼财政部长期间，在《财政工作六条方针》的工作报告中指出：“1950 年全国刚解放，金融不稳定，财政不可能稳固”，“为了发展经济，保证物价稳定，工商企业须有固定的流动资金，银行须有足够的银行基金”，阐明和强调了金融在经济生活中的重要地位。

1978 年，邓小平在一次谈话中指出：“银行应该抓经济”，“要把银行作为发展经济、革新技术的杠杆”。他总结第二次世界大战后国际发展金融业的经验，强调指出：“一些破坏得很厉害的国家，包括欧洲、日本，都是采用贷款的方式搞起来的；”他要求“金融改革的步子要迈得大一些”，多次强调“要把银行真正办成银行”。

随着社会主义市场经济在我国的逐步建立和发展，以融资为己任的金融业在整个国民经济中扮演着日益重要的角色，邓小平十分清晰地洞察到了金融对经济发展的重要地位和作用。1991 年春天，邓小平视察上海时高度评价浦东新区在开发中实施“金融先行”的做法。他说：“金融很重要，是现代经济的核心。金融搞好了，一着棋活，全盘皆活。”这段话精辟地说明了金融在现代经济生活中的重要地位，高屋建瓴地指出了金融在发展我国经济中的关键作用，阐明了金融与经济的本质联系。由此，形成了邓小平金融思想中最重要的观点——金融是现代经济核心的论断。

资料来源：http：//www. lw90. com

1.1.2 金融市场

（1）金融市场的概念

金融市场是资金融通市场，是资金供应者和资金需求者双方通过信用工具进行交易融通资金的市场，广而言之，是实现货币借贷和资金融通、办理各种票据和有价证券交易活动的市场。

资金融通，是指在经济运行过程中，资金供求双方运用各种金融工具调节资金盈余的活动，是所有金融交易活动的总称。在金融市场上交易的是各种金融工具，如股票、债券、储蓄存单等。资金融通简称为融资，一般分为直接融资和间接融资两种。直接融资是资金供求双方直接进行资金融通的活动，也就是资金需求者直接通过金融市场向社会上有资金盈余的机构和个人筹资；与此对应，间接融资则是指通过银行进行的资金融通活动，也就是资金需求者采取向银行等金融中介机构申请贷款的方式筹资。金融市场对经济活动的各个方面都有着直接而深刻的影响，如个人财富、企业的经营、经济运行的效率，都直接取决于金融市场的活动。

根据金融市场上交易工具的期限，可把金融市场分为货币市场和资本市场两大类。货币市场是融通短期资金的市场，资本市场是融通长期资金的市场。货币市场和资本市场又可以进一步分为若干不同的子市场。货币市场包括金融同业拆借市场、回购协议市场、商业票据市场、银行承兑汇票市场、短期政府债券市场、大面额可转让存单市场等。资本市场包括中长期信贷市场和证券市场。中长期信贷市场是金融机构与工商企业之间的贷款市场；证券市场是通过证券的发行与交易进行融资的市场，包括债券市场、股票市场、基金市场、保险市场、融资租赁市场等。

（2）金融市场的分类

① 按地理范围划分

a. 国际金融市场，由经营国际间货币业务的金融机构组成，其经营内容包括资金借贷、外汇买卖、证券买卖、资金交易等。

b. 国内金融市场，由国内金融机构组成，办理各种货币、证券等业务活动。它又分为城市金融市场和农村金融市场，或者分为全国性、区域性、地方性的金融市场。

② 按经营场所划分

a. 有形金融市场，指有固定场所和操作设施的金融市场。

b. 无形金融市场，以网络形式营运存在的市场，通过电子电讯手段在交易。

③ 按融资交易期限划分

a. 长期资金市场（资本市场），主要供应一年以上的中长期资金，如股票与长期债券的发行与流通。

b. 短期资金市场（货币市场），是一年以下的短期资金的融通市场，如同业拆借、票据贴现、短期债券及可转让存单的买卖。

④ 按交易性质划分

a. 发行市场，也称一级市场，是新证券发行的市场。

b. 流通市场，也称二级市场，是已经发行、处在流通中的证券的买卖市场。

⑤ 按交易对象划分。包括拆借市场、贴现市场、大额定期存单市场、证券市场（包括股票市场和债券市场）、外汇市场、黄金市场和保险市场。

⑥ 按交割期限划分

a. 金融现货市场，是以成交后“钱货两清”的方式进行交易的市场。在实际执行中，由于技术上的原因，现货市场的实际交割时间多在成交后1～3日内。

b. 金融期货市场，是以成交后按约定的后滞时间交割的方式进行交易的市场。在期货市场上，买卖成交后并不立即交割，而是按合约规定的日期交割。现代期货市场中，一般都规定标准化的合约形式，对交易对象的类型，交易数量的最小单位，交割时间和地点等都作出标准规定。在金融期货中，实际交割的并不多，绝大部分交易都是在交割日到达以前进行转让或对冲。

(3) 金融市场的功能

① 融通资金的“媒介器”。通过金融市场使资金供应者和需求者在更大范围内自主地进行资金融资，把多渠道的小额货币资金聚集成大额资金来源。

② 资金供求的“调节器”。中央银行可以通过公开市场业务，调剂货币供应量，有利于国家控制信贷规模，并有利于使用市场利率由资金供求关系决定，促进利率作用的发挥。

③ 经济发展的“润滑剂”。金融市场有利于促进地区间的资金协作，有利于开展资金融通方面的竞争，提高资金使用效益。

(4) 金融市场的构成要素

金融市场是市场体系的重要组成部分。一个完备的金融市场，应包括四个基本要素。

① 金融市场主体，即资金供应者和资金需求者。包括政府、金融机构、企业事业单位、居民、外商等，他们既能向金融市场提供资金，也能从金融市场筹措资金。这是金融市场得以形成和发展的一项基本因素。

② 金融市场客体，即信用工具。这是借贷资本在金融市场上交易的对象。如各种债券、股票、票据、可转让存单、借款合同、抵押契约等，是金融市场上实现投资、融资活动必须依赖的标的。

③ 金融市场媒体，即信用中介。这是指一些充当资金供求双方的中介人，起着联系、媒介和代客买卖作用的机构，如银行、投资公司、证券交易所、证券商和经纪人等。

④ 金融市场价格，即规定的货币资金及其所代表的利率或收益率的总和。

1.1.3 金融工具

(1) 金融工具的概念

金融工具是指在金融市场中可交易的，载明了相关主体财产权利关系的金融资产。

金融工具具有期限性、流动性、风险性、收益性的共同特性。期限性是指一般金融工具规定的债务人从举借债务到全部归还本金与利息所经历的时间。流动性是指金融工具在必要时迅速转变为现金而不致遭受损失的能力。一般说来，金融工具的流动性与偿还期成反比。金融工具的盈利率高低和发行人的资信程度也是决定流动性大小的重要因素。风险性是指购买金融工具的本金和预订收益遭受损失可能性的大小，包括信用风险和市场风险两个方面。收益性是指金融工具能够带来价值增值的特性。对收益率大小的比较要将银行存款利率、通货膨胀率以及其他金融工具的收益率等因素综合起来进行分析，还必须考察风险大小。

所有的金融工具一般都具有上述四个特征，但不同的金融工具在上述四个方面所表现的程度是有差异的，这种差异便是金融工具购买者在进行选择时所考虑的主要内容。不同种类的金融工具反映了各种特性的不同组合，故能够分别满足投资者和筹资者的不同需求。

(2) 金融工具的种类

① 票据。票据是指出票人依法签发的，约定自己或委托付款人在见票时或在指定日期向收款人或持票人无条件支付一定金额货币，并可以转让的有价证券。各种票据中最主要的是商业票据。商业票据有三类，即支票、本票、汇票，其中汇票按出票人的不同可以分为银行汇票和商业汇票，而商业汇票又可以根据承兑人的不同分为商业承兑汇票和银行承兑汇票。

② 股票。股票是股份有限公司公开发行的、用以证明投资者的股东身份和权益，并据以获得股息和红利的凭证。股票一经发行，持有者即为发行股票的公司的股东，有权参与公司的决策、分享公司的利益；同时也要分担公司的责任和经营风险。股票一经认购，持有者不能以任何理由要求退还股本，只能通过证券市场将股票转让和出售。

股票有多种分类方法。按股票所代表的股东权利划分，股票可分为普通股股票和优先股股票；根据股票上市地点及股票投资者的不同，可以将我国上市公司的股票分为A股、B股、H股、N股及S股等几种。

③ 债券。债券是债务人向债权人出具的、在一定时期支付利息和到期归还本金的债权债务凭证，上面载明债券发行机构、面额、期限、利率等事项。根据发行人的不同，债券可分为企业债券、政府债券和金融债券。企业债券又称公司债券，是企业为筹集资金而发行的债务凭证。政府债券是国家根据信用原则举借债务的借款凭证。政府债券按偿还期的不同可分为短期、中期、长期债券。金融债券是银行或其他金融机构作为债务人发行的借债凭证，目的是筹措中长期贷款的资金来源，同时也有用于资产负债的管理，形成资产与负债的最佳组合。

④ 基金（也称投资基金）。基金是指通过发行基金凭证（包括基金股份和受益凭证），将众多投资者分散的资金集中起来，由专业的投资机构分散投资于股票、债券或其他金融资产，并将投资收益分配给基金持有者的投资制度。目前，基金在许多国家都受到投资者的广泛欢迎。

⑤ 金融衍生工具。金融衍生工具，又称金融衍生产品，是指建立在基础金融工具或基础金融变量之上，其价格取决于后者价格变化的派生产品。金融衍生工具是20世纪70～80年代全球金融创新浪潮中的高科技产品，它是在传统金融工具基础上衍生出来的，通过预测股价、利率、汇率等未来行情走势，采用支付少量保证金或权利金签订远期合同或互换不同金融商品等交易形式的新兴金融工具。

基本的衍生金融工具主要有互换合约、远期合约、期货和期权等。当然，随着金融业的发展，目前有很多复杂的衍生金融工具，主要是由这些基本的衍生金融工具所组合而成的。

1.2 金融法

1.2.1 金融法的产生、概念及其调整对象

（1）金融法的产生

金融是现代经济的核心，金融法是经济法的重要组成部分，是随着金融活动的发展而产生的。研究金融法的产生和发展，必须追溯金融与金融业的产生和发展。金融是商品货币关系发展到一定阶段的产物，只要存在商品生产和货币交换，就必然会有金融活动。金融活动是国民经济的重要组成部分，是连接生产、交换、分配、消费各环节的纽带，是社会再生产的必要条件。有了金融活动，就会产生专门从事金融活动的金融机构。

在货币和信用发展的过程中，货币兑换、收支、借贷等活动逐渐形成一定的为交易活动主体所公认、具有普遍约束力的规则，这些规则最初表现为习惯，人们依据这些习惯从事各种金融活动，这便是金融法律制度的萌芽。随着社会化大生产的发展，金融在经济中的地位日益重要，为了保护资本主义的生产关系，维护正常的金融秩序，必然要求建立相应的金融法律制度，因此，金融法的产生是规范金融活动的必然要求。就世界范围而言，现代意义上的金融法是进入资本主义社会后才产生和发展起来的。1694年，英国创办英格兰银行，这标志着资本主义新的银行信用制度的建立。18～19世纪，从事存款、贷款、汇兑等业务的银行得到普遍发展，这一时期的金融法对金融活动的调整多表现为国王、国会或政府授予的特许状或特许令。1837年，美国密歇根州通过《自由银行条例》，规定符合法定条件即可申请开办银行，被认为是对普通银行的规范，故为世界各国银行立法所普遍借鉴。1844年，

英国国会通过《英格兰银行特许条例》，这是世界上第一部中央银行法，也是第一部专门性的金融法律规范。

(2) 金融法的概念

金融法，是指由国家制定或认可的，用以确定金融机构的性质、地位和职责权限，调整在金融活动中形成的金融监督管理关系和金融业务关系的法律规范的总称。

金融法是个总称，在我国，目前尚没有以金融法来命名某部法律，涉及金融类的具体法律通常用它所属的行业名称来命名。我国的金融法的内容主要包括：关于中央银行、政策性银行、商业银行和其他非银行金融机构的法律地位、性质、任务、组织机构、职责权限和业务范围的法律规范；关于存款、贷款的法律规范；关于货币发行和现金管理的法律规范；关于票据和结算的法律规范；关于外汇和金银管理的法律规范；关于保险的法律规范；关于信托和金融租赁的法律规范；关于证券的法律规范；关于融资担保的法律规范及其与金融相关的法律规范等。

(3) 金融法的调整对象

金融法的调整对象是金融业务和金融管理活动中形成的各种经济关系。包括金融监督管理关系、金融业务关系和金融宏观调控关系。

① 金融监督管理关系。是指国家金融监督管理部门在组织和管理全国的金融机构、金融市场、金融产品及金融交易过程中形成的经济监督管理关系，包括货币流通管理关系、金融机构资格监管关系、金融业务活动监管关系、金融处罚关系。金融监督管理关系的主要内容是金融监管机关依法制定监管规章，审批金融机构，对金融机构进行稽核和检查，对金融活动当事人的违法行为进行查处等。金融监管机关的监管行为必须依法进行，被监管的金融机构、其他组织和个人必须服从监管。金融监督管理关系本质上是一种金融行政关系。

② 金融业务关系。是指银行和其他非银行金融机构在法律、法规允许的范围内，从事业务活动而与其他平等主体之间发生的经济关系，包括间接资金融通关系、直接资金融通关系、金融中介服务关系、特殊融资关系。一般而言，金融业务是指存款、贷款、结算、保险、信托、金融租赁、票据贴现、融资担保、外汇买卖、金融期货、证券发行与交易等业务。金融业务关系本质上是一种民事关系。

③ 金融宏观调控关系。是指中央银行在金融宏观调控过程中与金融机构、其他政府部门、企业和个人之间发生的权利、义务关系。中央银行是我国的金融宏观调控机构。金融宏观调控的特点是中央银行主要利用经济手段依法对金融机构和金融活动进行调整，其调控的直接对象是金融机构及金融市场，间接对象是国民经济各部门、企业及个人，主要是通过货币政策工具及法律规定的其他方式进行。

阅读资料 1-2

宏观调控

宏观调控（Macro-economic Control）亦称国家干预，是政府对国民经济的总体管理，是一个国家政府特别是中央政府的经济职能。它是国家在经济运行中，为了促进市场发育、规范市场运行，对社会经济总体进行调节与控制。宏观调控的过程是国家依据市场经济的一系列规律，实现宏观（总量）平衡，保持经济持续、稳定、协调增长；而对货币收支总量、财政收支总量、外汇收支总量和主要物资供求进行调节与控制；运用调节手段和调节机制，实现资源的优化配置，为微观经济运行提供良性的宏观环境，使市场经济得到正常运行和均衡发展的过程。

政府的宏观调控主要表现为：国家利用经济政策、经济法规、计划指导和必要的行政管理，对市场经济的有效运作发挥调控作用。

资料来源：http：//wiki. mbalib. com

1.2.2 金融法律关系

（1）金融法律关系的概念与特征

金融法律关系是指金融法在调整人们的金融活动过程中形成的权利和义务关系。

金融法律关系的特征如下。

① 金融法律关系是在金融业务活动和金融监管活动过程中形成的权利义务关系，而金融业务和金融监管活动是以银行等金融机构为中心开展起来的。因此，在金融法律关系中，金融机构通常是一方当事人。

② 金融法律关系具有横向金融业务和纵向金融监管的双重性，是比较典型的经济法律关系。一方面，各金融主体之间要按照价值规律、金融市场运行机制开展金融业务活动；另一方面，国家金融监管部门要对金融机构的组织和金融活动的开展实施宏观监督和管理。因此，金融法律规范所调整的金融关系既有横向的金融业务关系，又有纵向的金融监管关系。

③ 金融法律关系具有广泛性、多样性。在当代社会经济生活中，金融活动已经渗透到社会生活的各个方面和领域，成为现代经济的核心。金融深化与金融创新决定了金融法律关系具有广泛性、多样性特征。

④ 金融法律关系的产生、变更、终止有着较为严格的准则性要求。金融法律关系的确立、变更多采用书面形式，而且其格式往往标准化，当事人不能随意加以更改。

（2）金融法律关系的构成

金融法律关系由主体、客体、内容三个要素构成。

① 金融法律关系的主体。法律关系的主体是指，在法律关系中享有一定的权利、承担一定的义务的当事人。金融法律关系的主体，是指在金融法律关系中，享有权利和承担义务的当事人。

金融法律关系的主要主体不同于一般的民事主体，它属于一种特殊的主体，因为作为金融机构主体，它需要经过主管部门的资格的确认。

金融法律关系的主体种类有中央银行——中国人民银行、国家政策性银行、商业银行、其他非银行金融机构、法人、非法人组织、自然人、国家。

② 金融法律关系的客体。法律关系的客体是指，参加法律关系的主体享有权利和义务所共同指向的对象。金融法律关系的客体，是指金融主体的经济权利和经济义务所共同指向的标的物。传统的金融法律关系的客体主要有货币、金银、有价证券和行为。由于金融创新日益深化，金融法律关系客体的形式是不断发展的，如股票、债券、存单、期货、期权等。

③ 金融法律关系的内容。法律关系的内容是指，法律关系的主体享有的权利和承担的义务。金融法律关系的内容是指金融法律关系的主体享有的权利和承担的义务。

a. 金融法律关系主体享有的权利。是指主体依法具有自己为或不为一定的行为和要求他人为或不为一定的行为的可能性。它包含以下几方面的含义：第一，权利人依法直接为一定行为的可能性；第二，权利人依法不为某种行为的可能性；第三，权利人依法请求义务人为某种行为的可能性；第四，权利人依法请求义务人不为某种行为的可能性。

b. 金融法律关系主体的义务。是指金融法律关系主体依法必须为一定的行为或不为一定行为的必要性。它包括以下几方面的含义：第一，义务人依法必须为一定的行为；第二，义务人依法不为一定的行为；第三，义务人只承担法定或约定范围内的义务；第四，义务人不承担义务将承担法律责任。

1.2.3 金融法的渊源及体系

（1）金融法的渊源

金融法的渊源，是指金融法律规范借以表现的形式。在我国没有以"金融法"来命名的单独的某个法律，金融法的渊源主要有以下几个方面。

① 宪法。宪法是由全国人民代表大会制定的国家根本法，具有最高的法律效力。宪法关于社会主义经济制度的规定，是对金融关系进行法律调整的基本依据。

② 法律。全国人民代表大会及其常务委员会制定的调整金融关系的法律，是金融法的主要渊源。如：全国人民代表大会制定的《中华人民共和国中国人民银行法》，全国人民代表大会常务委员会制定的《中华人民共和国商业银行法》、《中华人民共和国保险法》、《中华人民共和国票据法》。作为金融法渊源的，并不以上述的专门法律为限。如《中华人民共和国刑法》对金融犯罪及其刑罚作了规定，当然也是金融法的渊源。

③ 行政法规。国务院以及国务院授权所属部门（主要是中国人民银行、国家外汇管理局、国务院证券委员会及中国证券监督管理委员会）制定的调整金融关系的行政法规，是金融法的重要渊源。如：国务院颁布的《企业债券管理条例》、《储蓄管理条例》、《借款合同条例》、《股票发行与交易管理暂行条例》等。目前，由上述国务院金融管理职能部门制定的金融行政法规，数量十分庞大。同样，除专门调整金融关系的行政法规外，其他行政法规中调整金融关系的法律规范，也是金融法的渊源。

④ 地方法规。地方各级人民代表大会和地方各级人民政府，在法律规定的权限内制定的调整金融关系的地方性法规，也是金融法的渊源。地方法规仅在制定机关所辖区域内有效。

⑤ 国际条约。我国缔结或参加的与金融有关的国际条约，除我国声明保留的以外，构成我国金融法的重要渊源。我国缔结或者参加的国际条约与我国法律有不同规定的，适用该国际条约的规定，即国际条约具有优先于国内法的效力。

（2）金融法的体系

金融法的体系是指一国调整不同领域的金融关系的法律规范所组成的有机联系的统一整体。按不同的标准有不同的划分方法。根据其所调整的金融关系领域的不同，金融法的内容体系主要由以下几个部分组成。

① 金融机构与金融监管的法律。主要介绍金融管理机构和金融经营机构的法律法规。

② 金融服务市场管理法律。主要介绍储蓄、贷款、结算等金融服务业务的法律法规。

③ 货币市场管理的法律。主要介绍本币、外币、信用卡等方面的法律法规。

④ 资本市场管理的法律。主要介绍股票、债券、期货等方面的法律法规。

1.3 金融法的基本原则

1.3.1 金融法基本原则的含义

金融法的基本原则，是金融立法的指导思想，是调整整个金融关系、从事金融监督管理活动和金融业务活动必须遵循的行为准则。它是金融法本质和内容的最集中的表现，对金融法的各个法律制度具有普遍的指导作用。

金融法的基本原则在不同性质的国家有所不同，在同一国家经济发展的不同时期也会有别。它往往与一国某一时期的经济发展水平、货币政策目标等密切相关，是一国特定的经济、金融环境的反映。

1.3.2 我国金融法的基本原则

（1）稳定币值，促进经济发展的原则

金融促进经济的发展，必须受客观规律的制约，其中最重要的一条就是必须保持货币价值的稳定。经济的发展是指经济持续、稳定、健康、协调的发展，而非单纯指经济的增长速度。货币的稳定，是经济持续、稳定、健康、协调发展的必要条件。经济增长、币值稳定是市场经济协调发展的重要标志，是一国货币政策的主要目标。我国《中国人民银行法》也把“保持货币币值的稳定，并以此促进经济增长”明定为我国的货币政策目标，从而使其成为我国金融法的重要原则。这个原则，归根到底是要保持货币的稳定，是在稳定币值的基础上促进经济增长，实现国民经济可持续发展的战略。

（2）维护金融业稳定发展的原则

金融业是从事货币资金融通的特种行业，是时刻面临多种类型风险威胁的高风险行业。这些风险包括信用风险、国家风险（转移风险）、市场风险、利率风险、流动性风险、操作风险、法律风险、声誉风险等。风险的存在，严重影响着金融业的安全运营，并有可能影响到整个社会的经济生活和国家安定，因此，必须加以防范和化解，促进金融机构的审慎经营，化解风险隐患，杜绝金融危机，维护金融业运行稳健。

维护金融业稳定发展原则必须贯穿于金融立法、执法、守法和对外交往过程的始终。从立法上而言，必须科学、合理地建立、健全各种金融法律、法规和规章制度，为防范和化解金融风险创造良好的法律环境；从执法上而言，必须强化金融监管部门的地位和职权，改进监管的方式、方法，完善有关资本充足率、贷款损失准备金、资产集中度、流动性管理、风险管理和内部控制等方面的监管程序，切实加强非现场检查、现场检查和聘用外部审计、综合并表监管等措施；从守法方面而言，各金融机构必须健全内部控制和各项具体业务制度，实行合法、合规和审慎经营。在金融对外开放方面，必须积极稳妥，立足于国家主权和安全，切实做好涉外金融业务的经营和监管工作，防范国际金融风险的渗透和转移。

（3）分业经营、分业管理的原则

金融是货币资金融通的简称，而货币资金融通活动是由各种各样的金融机构完成的。这些金融机构种类繁多、设立条件不一，经营方式、业务范围、经营风险也有很大的差异，需要实施不同程度的管理。大体而言，金融机构依其服务对象的范围和性质，可以归结为四大类，即银行业、信托业、证券业、保险业。对这些不同的金融业很难以一个统一的标准、统一的法律来予以规范，必须根据它们的行业性质和特点，分别制定相应的法律，如银行法、信托法、证券法、保险法等，设置相应的专门监管部门，实施分行业管理。只有这样，才能使我国对金融事业的管理做到有的放矢、落到实处。

（4）保护投资人合法权益的原则

金融市场是融通资金、买卖有价证券的场所。金融市场可以从不同的角度进行多种分类，但一般分为货币市场（包括同业拆借市场、票据贴现市场、回购市场和短期外汇市场等）、资本市场（长期信用工具的发行市场与流通市场，如股票市场、债券市场、基金市场、期货市场和长期外汇市场）等。只有通过金融立法建立起规范有序的金融市场，使货币的收付、汇兑、结算、信贷等活动迅速、及时、准确，才能加速资金的横向流动和循环，提高融资的可选择性和有效性。同时，也只有建立起完善的金融市场，公开信息披露，防止内幕交易、欺诈等不法行为，广大投资者（债权人）的利益才能得到切实的保障。

(5) 在立足于中国国情的基础上与国际惯例接轨的原则

市场经济是外向型经济，市场经济体制要求与国际经济体制接轨。随世界经济一体化进程的加快和我国对外开放的深入，外资金融机构将大量涌入，我国的金融业也将越来越多地参与到国际金融活动中去。为此，一方面我国的金融立法要大胆地借鉴市场经济国家中的金融立法做法，采用国际金融立法的通例，培养和发育外向型的金融市场；另一方面，又要从我国的基本国情出发，从维护国家主权和促进本国经济的发展入手，对外债、外汇进行必要的监督管理，并对外资金融机构在华的活动及我国驻外的金融机构进行立法管理和必要的金融监督。

阅读资料 1-3

三大金融监管机构“换帅”

2011 年 10 月 29 日，我国三大金融监管机构——银监会、证监会、保监会——集体发布公告，宣布各自机构“换帅”的消息。原证监会主席尚福林、建设银行董事长郭树清、农业银行董事长项俊波分别成为上述三大机构的新掌门人。外界将此轮金融人事调整称为中国金融业近十年来最大的一次人事变动，而上一轮规模较大的人事调整还是在 2002～2003 年。彼时，银监会新设，我国银行业股份制改革大幕即将拉启，证券业股权分置改革亦“箭在弦上”。时至今日，“一行三会”的“掌门人”已呈多年稳定格局。

事实上，2011 年有关“一行三会”换帅的消息一直被广泛谈论，种种猜测不绝于耳。对本次人事调整的种种揣测主要来自两个方面的依据：一是银监会主席刘明康与保监会主席吴定富本年临近退休，二是涉及我国金融改革的取向、安排以及“十八大”后中国金融发展的基调问题。当然，人们对金融人事变动格外关注的原因，还在于中国大型金融机构和金融监管部门的人事任免历来具有“多米诺”骨牌效应，牵一发而动全身。正因如此，三大金融监管机构新掌门人的就位，使两大国有银行——建设银行和农业银行帅位出现空缺。新的监管领导履新一个月后，原中国人民银行（简称“央行”）纪委书记王洪章和原国家开发银行行长蒋超良，分别出任建行、农行的党委书记。一般而言，我国大型金融机构党委书记与董事长均为一人兼任，两位党委书记要成为两行董事长，还需董事会选举。

此轮金融人事调整虽余波未尽，但仍可以看出其中的几个典型特点：一是继任者都有多部门、多岗位从业经历，三大金融监管机构的新任领导者均具有央行副行长的从业经历，并担任过大型金融机构的领导者，部分还当过地方“父母官”；二是，人员任命体现了“交流”意图，表现为宏观管理部门与微观经营主体的相互交流，以及商业银行间的相互交流；三是个人操守成为考察的重点；四是上市机构的领导人更替仍然沿用了以往先任命、再履行相应程序的步骤，人事问题仍然是中国商业银行市场化改革中的一块“铁板”。

无论如何，我们关注人事更替，其实更关注的是人事更替后的政策和市场效果。适度的调整和交流，可以进一步推动改革向有益方向继续前进，一些“前任”未能推动或没有来得及完成的改革，或许可借由新的领导者的出现，获得进一步发展的推力。尤其是在国内外经济形势复杂变化的 2011 年，无论从央行的宏观管理，“三会”的行业监管，还是商业银行进一步深化改革等方面出发，适时的人事调整都具有非常积极的意义。

此次“三会”领导人继任后，首要任务仍是保证国内金融业的稳定、健康发展，促进金融业更好地服务于“调结构、促发展、保民生”的大局。为此，值得期待的是，未来中国金融监管应更多地体现综合性和全面性。三位新任领导人共同的央行工作背景，将有助于未来“一行三会”在金融监管综合性、协同性上的提升。其次，金融改革仍应继续向纵深推进，以改革促发展。此外，金融监管还应更注重承接性和延续性，三位领导者继任后，如何承上启下，开辟新局，也是我们所期待的。

无论如何，此轮金融人事变动的影响仍然持续。机构调整后的职位空缺，以及部分金融机构及管理层机构现任负责人的相继到位，预示着近期内金融机构领导者更替，仍将在包括商业银行、政策性银行、中国人民银行等机构中继续进行。金融体系的高管队伍将迎来一次较大规模的调整，中国金融业的发展在这些“领军人物”的带领下将焕发出何种“风采”，我们拭目以待。

资料来源：http：//finance. ifeng. com/bank/yhpl/20120112/5442346. shtml

本章小结

金融是货币流通和信用活动以及与之相联系的经济活动的总称，广义的金融泛指一切与信用货币的发行、保管、兑换、结算、融通有关的经济活动，甚至包括金银的买卖，狭义的金融专指信用货币的融通。

金融市场是资金融通市场，是资金供应者和资金需求者双方通过信用工具进行交易融通资金的市场。

金融工具是指在金融市场中可交易的，载明了相关主体财产权利关系的金融资产。

金融法，是指由国家制定或认可的，用以确定金融机构的性质、地位和职责权限，调整在金融活动中形成的金融监督管理关系和金融业务关系的法律规范的总称。

金融法律关系是指金融法在调整人们的金融活动过程中形成的权利和义务关系。

金融法的基本原则，是金融立法的指导思想，是调整整个金融关系、从事金融监督管理活动和金融业务活动必须遵循的行为准则。

【思考题】

1. 如何理解金融法律关系的含义？
2. 简述我国金融法的体系。
3. 试述我国金融法的基本原则。

【课堂讨论题】

2008 年金融危机发生后，希腊等欧盟国家发生债务危机，称之为欧债危机。请问：在经济全球化的今天，欧洲债务危机对中国经济有哪些影响。

【案例分析】

[案情简介]

张某系某市下岗职工，为生计于 2008 年 7 月向工商局申请领取营业执照摆起了蔬菜摊点，两年下来已小有积蓄。王某系张某表弟，与张某住同一城市，在某机关工作。2010 年 11 月王某所在机关集资建房，凡申请住房职工需交纳 7 万元集资款。王某为筹集款项便找到其在本市农业银行工作的同学李某，提出借用银行公款的要求，遭到李某的拒绝。为不驳同学的情面，李某建议王某找其表哥张某借钱。这时王某提出查询张某存款的要求，李某略加考虑后同意将张某的存款情况抄下来交给王某。王某了解张某的存款情况后便找张某去借钱，由于出言不慎把张某在银行的存款情况说了出来。张某听后非常气愤，在事后咨询了有关人员后，将银行作为被告起诉到县法院，请求银行赔偿其诉讼期间的损失，并赔礼道歉，同时反映给其主管机关作出处罚。

请问：银行违反了《商业银行法》的哪些规定？银行是否应赔偿张某诉讼期间的损失？

[分析提示]

储蓄存款是公民的私有财产，受法律保护。《商业银行法》第二十九条第二款规定："对个人储蓄存款，商业银行有权拒绝任何单位或者个人查询、冻结、扣划，但法律另有规定的除外"。这就是说，对于个人储蓄存款，只有全国人大及其常委会制定的大法中规定有查询的，银行方可办理查询。行政法规、行政规章、地方法规等法规性文件规定的查询都不能作为银行办理查询的依据。本案中银行职员李某基于友情为王某办理的查询属非法查询。根据《商业银行法》第七十三条"商业银行有下列情形之一，对存款人或者其他客户造成财产损害的，应当承担支付迟延履行的利息以及其他民事责任……（三）非法查询、冻结、扣划个人储蓄存款或者单位存款的……"由于本案案情简单，因此银行只应赔礼道歉，接受主管机关的处罚。张某诉讼期间的损失与银行的侵权行为之间没有直接因果关系。所以银行不承担赔偿责任。

资料来源：http：//www.zikao365.com

第2章　中华人民共和国人民银行法

【学习目标】

理解中国人民银行的性质与法律地位、货币政策的概念与特征。

掌握中国人民银行的职责、组织机构、业务、人民币的法律保护、货币政策工具。

了解人民币发行原则与程序、货币政策目标及效果分析、征信制度及违反中国人民银行法的法律责任。

【本章引例】

王某是中国人民银行某分行的工作人员，李某是王某的妻子，李某有一个餐饮公司，由于要扩大营业规模，需要向商业银行贷款，但是没有财产可供抵押，于是李某与其丈夫王某商量办法。王某找到他的领导赵某，送给赵某5万元钱，请求赵某帮忙。赵某收下钱后，同意用中国人民银行的财产为餐饮公司提供担保，使餐饮公司贷到了款项。但是餐饮公司一直经营状况不好，以致到期贷款无法偿还。最终使他们的行为败露。

请问：哪些人的哪些行为是违法行为？

【引例分析】

王某与李某的行为构成行贿罪。他们为了达到一定的目的，贿赂他人钱财，构成犯罪，应受到法律的制裁。赵某的行为构成受贿罪，同时也违反了中国人民银行的工作人员的纪律，违法为单位和个人提供担保，也应受到法律的制裁。

2.1　中国人民银行法概述

2.1.1　中央银行与中央银行法

(1) 中央银行

① 中央银行的概念。中央银行是一国金融体系中居于主导地位的机构，是依法制定和执行国家货币政策，实施金融调控与管理的特殊的国家机关。

中央银行的职能是宏观调控、保障金融安全与稳定、金融服务。中央银行是“发行的银行”，对调节货币供应量、稳定币值有重要作用。中央银行是“银行的银行”，它集中保管银行的准备金，并对它们发放贷款，充当“最后贷款者”。中央银行是“国家的银行”，它是国家货币政策的制定者和执行者，也是政府干预经济的工具；同时为国家提供金融服务，代理国库，代理发行政府债券，为政府筹集资金；代表政府参加国际金融组织和各种国际金融活动。

② 中央银行产生的经济背景

中央银行产生于17世纪后半期，形成于19世纪初叶，它产生的经济背景如下。

第一，商品经济的迅速发展。18世纪初，西方国家开始了工业革命，社会生产力的快速发展和商品经济的迅速扩大，促使货币经营业越来越普遍，而且日益有利可图，由此产生了对货币财富进行控制的欲望。

第二，资本主义经济危机的频繁出现。资本主义经济自身的固有矛盾必然导致连续不断的经济危机。面对当时状况，资产阶级政府开始从货币制度上寻找原因，企图通过发行银行券来控制、避免和挽救频繁的经济危机。

第三，银行信用的普遍化和集中化。资本主义产业革命促使生产力空前提高，生产力的提高又促使资本主义银行信用业蓬勃发展。主要表现在一是银行经营机构不断增加；二是银行业逐步走向联合、集中和垄断。

阅读资料 2-1

中央银行产生的历史背景与客观经济原因

（一）历史背景

1. 商品经济和社会生产力的迅猛发展

欧洲12世纪逐步兴起的“生产力革命”和科学技术的发展，13～14世纪西欧商品经济的初步发展，15～16世纪欧洲资本主义制度的初步形成，都促使社会生产加速转向商品化经历了17世纪商品经济的充分发展后，18世纪初开始的工业革命更是极大地促进了生产力的发展，落后的工场手工业被先进的机器大工业所代替，生产效率空前提高，社会财富被源源不断地创造出来。经济发展水平的提高，使货币经营业愈发普遍，且日益有利可图。这便是中央银行产生的历史背景之一。

2. 货币关系和信用关系的普遍化

随着商品经济的进一步发展和银行机构的逐渐增多，货币、信用与经济融合得愈加紧密，银行的业务创新使货币和信用活动与贸易和新兴工商业的发展紧密结合，使资本主义以社会资本积累的形式加速发展。货币和信用的观念深入人心，促进了资本主义银行业的蓬勃发展。以资本主义发展最早的英国为例，1814年银行有940家，比1766年增加了五倍之多。美国则仅用了10年时间，就从1830年的329家银行发展为1840年的901家银行。银行的大量存在，一方面为企业的资本联合和社会筹资提供了条件与便利，另一方面还直接提供银行贷款扩大企业资金，并通过对商业票据办理承兑、贴现、抵押贷款等方式，把商业信用转化为银行信用，大大扩展了信用的规模和范围。这是中央银行产生的历史背景之二。

3. 资本主义经济危机的频繁出现

伴随着资本主义的空前发展，由资本主义自身固有矛盾所决定的经济危机必然出现。由于信用制度和银行体系已成为当时商品经济运行体系的主要支撑，与经济危机相伴而产生的银行破产倒闭使得危机对经济的破坏性愈发严重。脆弱的银行信用体系不断受到冲击和破坏，对正在蓬勃发展的商品经济形成了持续的障碍。以英国的纺织工业为例，从1770～1815年的45年中，有5年是危机和停滞状态；从1815～1863年的48年中，有28年处于不振和停滞时期。面对现状，资产阶级政府开始从货币制度上寻找原因，试图建立一种有效的制度以稳定信用制度和银行体系，避免和挽救频繁发生的经济危机。这是中央银行产生的历史背景之三。

（二）客观经济原因

1. 统一发行银行券的需要

银行业竞争的激烈和跨地区商品交易的发展要求改变银行券分散发行的制度，由一家实力雄厚、信誉卓著的大银行集中发行能在全国范围流通的银行券。

2. 票据交换和清算的需要

银行业务和银行数量的增加，导致银行之间债权债务关系日益复杂，结算效率降低，信用纠纷增多，要求建立一个统一的银行间票据交换和资金清算中心。

3. 调节资金的需要

由于银行竞争的激烈和债权债务关系的复杂，银行的头寸管理越来越困难，流动性风险日益增加，任由银行倒闭会给社会与经济带来严重混乱和创伤，客观上要求有人为发生支付困难的银行提供资金支持。

4. 金融业统一管理的需要

银行业市场规模的扩大和市场关系的复杂，日益需要政府制定统一、公平的“游戏规则”，并由专门的机构监督执行，以维护市场秩序和金融效率。

资料来源：王广谦．中央银行学（第二版）．北京：高等教育出版社，2006.

(2) 中央银行法

① 中央银行法的概念。中央银行法是确立中央银行的性质、地位与职责权限，规范中央银行的组织及其业务开展的法律规范的总称。

我国的中央银行是中国人民银行，我国的中央银行法为《中华人民共和国中国人民银行法》。

1995年3月18日，第八届全国人民代表大会第三次会议通过《中华人民共和国中国人民银行法》。2003年12月27日，十届全国人大常委会第六次会议通过了《中华人民共和国中国人民银行法》(以下简称《人民银行法》)修正案，新修改的《人民银行法》于2004年2月1日起施行。

②《人民银行法》的立法目的和主要内容。《人民银行法》第一条规定：“为了确立中国人民银行的地位，明确其职责，保证国家货币政策的正确制定和执行，建立和完善中央银行宏观调控体系，维护金融稳定，制定本法。”这条确定了《人民银行法》的立法目的。

《人民银行法》共有八章，包括总则、组织机构人民币、业务、金融监督管理、财务会计、法律责任、附则的内容。

2.1.2 中国人民银行的性质与法律地位

《人民银行法》第二条规定“中国人民银行是中华人民共和国的中央银行。”“中国人民银行在国务院的领导下，制定和实施货币政策，防范和化解金融风险，维护金融稳定。”

中国人民银行作为我国的中央银行，代表国家进行金融调控与管理，是具有国家机构性质的特殊金融机构。

(1) 中央银行是银行，但不同于商业银行和一般的金融机构

中央银行是一个特殊的银行，与商业银行和一般金融机构相比较，其在经营目的、业务对象、拥有的法定特权、领导成员组成、业务方式、存款来源、资金运用等方面存在特殊性。中央银行代表国家制定和执行宏观金融调控管理政策，商业银行和其他金融机构作为企业，从事微观金融活动。

(2) 中央银行是国家机构，但不同于一般的国家机构

中国人民银行与一般的政府管理机关也不一样。它作为中央银行，为政府和金融机构办理银行业务与提供服务，发行货币，为政府办理国库业务，代理发行国库券业务。中国人民银行不仅靠行政手段，还有强有力的经济手段，如货币供应量、利率、贷款等进行管理，这些手段具有自愿性、有偿性的特征，按信用原则发挥作用。

中央银行的两重属性主次有别，银行属性是基础，国家机构属性是主导。银行职责与国家职能加以结合和调整，就是中央银行。

阅读资料 2-2

美国联邦储备系统

美国联邦储备系统（The Federal Reserve System，非正式称为 The Fed）简称美联储，负责履行美国的中央银行的职责。这个系统是根据《联邦储备法》（Federal Reserve Act）于 1913 年成立的。这个系统主要由联邦储备委员会，联邦储备银行及联邦公开市场委员会等组成。美国联邦储备系统由位于华盛顿特区的中央管理委员会和 12 家分布全国主要城市的地区性的联邦储备银行组成。本·伯南克为现任美联储管理委员会主席。作为美国的中央银行，美联储从美国国会获得权利。它的主要职责有：①制定并负责实施有关的货币政策；②对银行机构实行监管，并保护消费者合法的信贷权利；③维持金融系统的稳定；④向美国政府，公众，金融机构，外国机构等提供可靠的金融服务。

资料来源：王煜宇．金融法学．武汉：武汉大学出版社，2010.

2.1.3 中国人民银行的职能和职责

（1）中国人民银行的职能

① 发行的银行。发行的银行是指中央银行依法独家垄断一个国家的货币发行，统一掌管全国的货币流通，它所发行的货币是国内惟一的法定货币。中央银行垄断通货发行权，有利于稳定币值，建立良好的通货发行与流通秩序，保证通货的投入量与商品流转的需求相适应。世界各国几乎都以立法明确授予中央银行发行通货的垄断权，只有美国、日本等少数国家，由中央银行发行钞票，由财政部发行铸币。

② 银行的银行。银行的银行是指中央银行作为最后贷款人，主要以商业银行为业务对象，对商业银行进行贷款并监控其支付能力和风险能力。中央银行是银行的银行有利于中央银行服务于商业银行和整个金融机构体系，履行维持金融稳定、促进金融业发展的职责。

中央银行为银行与非银行金融机构服务，具体表现在如下方面。

a. 依法集中保管金融机构交存的存款准备金。

b. 对全国金融机构承担最后贷款人责任。

c. 主持全国金融机构之间的清算事宜。

③ 国家的银行。国家的银行是指中央银行隶属于国家，中国人民银行就是由中央政府即国务院领导的银行。其全部资本属于国家所有，它要为政府提供服务包括：

a. 受托经理国库，担任国库出纳；

b. 以法律允许的条件、额度和方式对政府提供信用；

c. 代表政府参与有关国际金融活动；

d. 担任政府的金融顾问和参谋；

e. 代理政府公债的发行和还本付息事宜；

f. 代理政府买卖黄金、外汇，管理国家的黄金、外汇储备。

（2）中国人民银行的职责

① 发布和履行与其职责有关的命令和规章。中国人民银行宏观调控职能的履行和货币政策的实施，必须有健全的法制作为前提和保障。中国人民银行作为国务院的职能部门，它有权根据法律、国务院的行政法规、决定、命令在本部门的权限范围内制定和发布命令和规章。

② 依法制定和执行货币政策。货币政策是各国中央银行对宏观经济进行调节的重要手

段，中国人民银行履行制定和执行货币政策的职能，就是指中国人民银行在国务院领导下，制定和实施货币政策；中国人民银行就年度货币供应量、利率、汇率和国务院规定的其他重要事项作出的决定，报国务院批准后执行；就其他有关货币政策事项作出的决定，即予执行，并报国务院备案。

③ 发行人民币，管理人民币流通。由于人民币具有无限法偿性质，在我国境内的一切公私交易中可以无限制地使用，任何单位和个人都无权拒绝收受人民币。因此，我国发行人民币按照经济发行和计划发行的原则发行。

④ 监督管理银行间同业拆借市场和银行间债券市场。银行间同业拆借市场，是我国货币市场的重要组成部分，指银行、非银行金融机构之间相互融通短期资金的交易场所，主要解决市场参与者短期资金流动性的需要。银行间债券市场是我国货币市场的重要组成部分，指银行、非银行金融机构作为机构投资者进行债券交易的场所，主要解决市场参与者短期资金流动性需要。该市场的交易工具有政府债券、金融债券和中信集团公司债券，交易方式包括现券买卖、债券回购和远期合约。

由于银行间同业拆借市场和银行间债券市场隐含着较大的系统风险，银行间债券市场还是中国人民银行公开市场的操作平台，中国人民银行应对其进行监督管理。包括制定同业拆借管理有关的规章制度；审核、批准有关金融机构成为同业拆借市场交易成员；对交易成员的行为进行监督、检查；授权中介机构发布市场信息等。

⑤ 实施外汇管理，监督管理银行间外汇市场。外汇管理是政府对外汇收、支、存、兑所进行的一种管理。伴随着经济市场化，我国的外汇管理体制已经进行了较大改革，基本线索可以概括为：微观上逐步放开、搞活，宏观上改善调控，最终目的是实现人民币可自由兑换。中国人民银行的一个重要职责是对外汇实施宏观管理。

银行间外汇市场是指经国家外汇管理局批准可以经营外汇业务的境内金融机构（包括银行、非银行金融机构和外资金融机构）之间通过中国外汇交易中心进行的人民币与外币之间的交易场所。该市场的职能是为各外汇指定银行相互调剂余缺和提供清算服务，由中国人民银行授权国家外汇管理局监督管理。

⑥ 监督管理黄金市场。黄金市场是买卖双方集中进行黄金买卖的交易中心，其提供即期和远期交易，允许交易商进行实物交易或者期权期货交易，以投机或者套期保值，是我国金融市场体系的重要组成部分。2002 年 10 月底上海黄金交易所开业。它的诞生打破了我国计划经济体制下的黄金统售统购制，宣告了我国黄金市场的正式开放，标志着国内黄金市场将逐步走向规范化、国际化。

黄金市场的开放需要中国人民银行的职能定位。中国人民银行是持有、管理和经营国家外汇储备和黄金储备的惟一机关，所以，在人民银行与银监会职责划分中，继续保留了中国人民银行对黄金市场的监管职责。

⑦ 持有、管理、经营国家外汇储备、黄金储备。外汇储备和黄金储备是一国国际储备的主要组成部分。外汇储备是一国中央银行能控制的国外存款和其他短期金融资产，通常包括在国际上可广泛使用的自由兑换货币，政府在国外的短期存款、外国有价证券、外国银行的票据等。黄金储备是一国中央银行持有的储备黄金，是指一国货币当局为应付其国际收支上的需要所持有的黄金总额。属于工业用的黄金和民间持有的黄金均不计算在内。

中国人民银行是持有、管理和经营国家外汇储备和黄金储备的惟一机关，其主要是对黄金储备、外汇储备的存量、构成、买卖收付等运行情况进行管理。

⑧ 经理国库。我国采取“委托国库制”，经理国库是中国人民银行的重要职能。中国人民银行作为政府的银行，代理政府的财政收入和支出。中国人民银行专设机构为政府开立各

种账户，经办政府的财政预算收支划拨与清算业务，执行国库出纳职能，为政府代办国债的发行、还本付息事宜。

⑨ 维护支付、清算系统的正常运行。维护支付、清算系统的正常运行是一国中央银行的基本职责之一。企业之间的经济往来、发生的债权债务关系，通过商业银行办理支付结算，而银行之间的债权债务关系又需要通过一个中枢机构办理清算结算，这种中枢机构就是中央银行。中央银行正是通过制定企业、商业银行、中央银行之间的支付、清算制度并组织实施，从而形成全国的资金支付、清算体系，并保证这个体系的正常运行。中央银行在办理银行间的清算结算工作中，必然要求商业银行开设存款账户，以便及时办理转账结算。中国人民银行通过办理全国银行的清算，一方面为各家银行提供服务，提高清算效率，加速资金周转；另一方面有利于中国人民银行对全国金融情况及各商业银行等金融机构的资金情况加强了解。

⑩ 指导、部署金融业反洗钱工作，负责反洗钱的资金监测。“洗钱”是指将毒品犯罪、黑社会性质的有组织犯罪、恐怖活动犯罪、走私犯罪或者其他犯罪的违法所得及其产生的收益，通过各种手段掩饰、隐瞒其来源和性质，使其在形式上合法化的行为。

反洗钱工作是金融机构应承担的社会责任之一，也是维护金融体系健康运行的一个重要环节，人民银行建立了大额人民币、外汇大额和可疑交易监测系统，便于追查可疑交易。所以，在人民银行与银监会职责划分时，将此职责划给人民银行，并成立了专门机构——反洗钱局。

⑪ 负责金融业的统计、调查、分析和预测。金融业的统计、调查、分析和预测，是中央银行正确制定和执行货币政策和维护金融宏观稳定的重要基础。中国人民银行通过对金融业的统计、调查、分析与预测，可以建立高效的货币政策和宏观金融监管预警系统，为国家的金融和宏观决策奠定科学的基础。

⑫ 作为国家的中央银行，从事有关的国际金融活动。中国人民银行作为国家中央银行从事的国际金融活动，主要包括代表政府参与世界银行、国际货币基金组织、亚洲开发银行等国际金融组织的活动，参与国际清算银行活动，参与国际金融监管活动，发展与各国中央银行的对外金融关系等。

⑬ 国务院规定的其他职责。这是一项弹性条款，即中国人民银行作为国务院的组成部门，有义务履行国务院规定的其他职责。

阅读资料 2-3

中央银行的资本构成

中央银行的资本金一般由实收资本、在经营活动中的留存利润、财政拨款等构成。中央银行资本金构成的结构形式主要有以下五种类型。

1. 全部资本为国家所有的资本结构

这种资本结构是指中央银行的资本是由政府拨款形成，或是政府通过收购股份的方式将私营商业银行改组成为中央银行，因而中央银行的资本金全部属于国家所有，是国有化性质的中央银行。目前大多数国家中央银行的资本结构都是国有形式，如英国、法国、德国、加拿大、瑞典、中国、印度、俄罗斯、尼日利亚、印度尼西亚等国。

全部资本为国家所有的资本结构形式成为中央银行资本结构的主要形式。

2. 国家和民间股份混合所有的资本结构

此种资本结构是指中央银行的资本一部分是由国家投资所形成的国家资本，另一部分是由私人投资所形成的私人资本共同构成。法律规定国家资本一般占资本总额的50%以上，有的国家则实行国家资本和民间股份各占50%的资本构成，国家拥有中央银行的经营管理权和决策权。私人股东则一般没有经营管理权和决策权，而只具有分取红利的权利，并且其股权转让也必须经中央银行同意后方可进行等，所以私人股份对中央银行的政策一般没有影响。采用这种中央银行资本结构的国家有日本、墨西哥、巴基斯坦、比利时、卡塔尔等。

3. 全部资本非国家所有的资本结构

此种资本结构是指中央银行的资本全部由民间资本形成，国家政府不持有股份的中央银行资本构成形式。美国、意大利、瑞士等少数国家的中央银行实行此类资本结构。美国联邦储备银行的股本全部由参加联邦储备体系的会员银行所拥有，会员银行按自己实收资本和公积金的6%认购所参加的联邦储备银行的股份，先缴付所认购股份的一半，另一半待通知随时缴付。会员银行按实缴股本享受一定年率的股息。

4. 无资本金的资本结构

这是指中央银行自身无资本金，中央银行的运行是由政府授权，依照国家法律履行中央银行各项职责的资本构成形式。韩国的中央银行是目前唯一没有资本金的中央银行。

5. 资本为多国共有的资本结构

这是指在跨国的中央银行制度下，中央银行的资本金由货币联盟成员国共同出资构成的形式。货币联盟各成员国一般按商定比例认缴资本，并以认缴比例拥有对中央银行的所有权。

资料来源：http：//www.wangxiao.cn/jjs/zjjs/fudao/1554440934.html

2.1.4 中国人民银行的组织机构

（1）行长

《人民银行法》第九条第一款规定“中国人民银行设行长一人，副行长若干人。”中国人民银行行长是中国人民银行的核心人物，是中央银行决策层的领导，也是中国人民银行最高的行政领导人，作为中国人民银行的法定代表人，他对内管理和执行中国人民银行内部事务，对外代表中国人民银行。中国人民银行副行长作为行长的助手，协助行长的工作，负责某些方面的工作或者办理专项事务。当行长不在时代替行长主持中国人民银行的工作。

（2）货币政策委员会

货币政策委员会是中国人民银行制定货币政策的咨询机构和议事机构，不是决策机构，它是人民银行的内部机构，其设立目的是保证中国人民银行在制定货币政策时更加民主化和科学化。其职责是在综合分析宏观经济形势的基础上，依据国家的宏观经济目标，讨论货币政策事项并提出建议：货币政策的制定、调整；一定时期内的货币政策控制目标；货币政策工具的运用；有关货币政策的重要措施；货币政策与其他宏观经济政策的协调。

（3）内设机构

为履行《中华人民共和国人民银行法》规定的职责，保证科学制定和实施货币政策，有效实行金融监管，中国人民银行设立多个职能司（厅），包括办公厅、条法司、货币政策司、金融市场司、金融稳定局、调查统计司、会计财务司、支付结算司、科技司、国际司、内审司、人事司、征信管理局、反洗钱局、党委宣传部、研究局、货币金银局、国库局、保卫局、培训中心等内部职能机构。

（4）分支机构

《人民银行法》规定，中国人民银行根据履行职责的需要设立分支机构。

① 分支机构的法律地位。分支机构只是中国人民银行总行的派出机构，没有独立的主体资格，不享有独立的权力。中国人民银行的分支机构是根据履行职责的需要而设立的，其一切职权必须经总行授权才能行使。因此，不同的分支机构（包括同一级别的分支机构）所拥有的职权是不同的，这完全取决于总行根据实施货币政策的需要而定。

② 分支机构独立于政府机构。中国人民银行根据履行职责的需要自主设立分支机构，其决定不受任何政府决定的影响。同时，中国人民银行分支机构根据中国人民银行的授权，而不是接受任何当地政府的领导。在负责维护其辖区范围内的金融稳定方面，中国人民银行分支机构仅接受中国人民银行的集中统一领导和管理，对于当地政府则具有相对的独立性。这样就确保了中央银行相对独立地位，真正实行了中央银行内部全面的垂直管理职能，克服了专业银行内部垂直领导过强导致的中央银行宏观调控职能被架空的局面。

（5）直属单位

中国人民银行的直属单位有中国反洗钱监测分析中心、中国人民银行征信中心、中国外汇交易中心、中国金融出版社、金融时报社、清算总中心、中国印钞造币总公司、中国金币总公司、金融电子化公司、中国人民银行研究生部、中国人民银行北京培训学院、中国人民银行郑州培训学院、中国钱币博物馆等。

（6）上海总部

由于目前外汇市场，全国银行同业拆借市场、全国银行间机构投资者债券市场、上海证券交易所、期货交易所、黄金市场、钻石市场都在上海，这些市场都是全国性的，因此，出于宏观经济管理需要，2005 年 8 月 10 日，中国人民银行第二总部在上海挂牌成立。该总部是经中编办批准的副部级机构，与央行上海分行分开办公。同时，中央银行一些跟市场关系较密切的部门也将随之移到上海，作为第二总部的构成单位。

2.2 中国人民银行的业务

2.2.1 中国人民银行业务活动的原则

（1）不以盈利为目标

中国人民银行从事业务以制定和实施货币政策，维护金融和经济稳定为主，不以盈利为目的，不经营一般银行业务，不支付存款利息。

（2）保持资产的流动性

中国人民银行需保持资产的流动性，以备商业银行和政府之需。

（3）保持业务的公开性

中国人民银行需定期公布业务状况，以便形成合理预期，增强货币政策效应使其活动置于公众的监督之下。

（4）业务活动需遵循相应的法律规范

2.2.2 中国人民银行业务范围

中国人民银行的主要业务包括负债业务、资产业务和清算业务，这是中央银行职能的具体体现。

（1）负债业务

负债业务是指金融机构、政府、特定部门持有的中央银行的债权。中央银行负债业务主要包括存款业务、货币发行业务和经理国库业务。

① 存款业务。中国人民银行的存款业务包括准备金存款、政府存款、外国存款、非银行金融机构存款等。准备金存款业务是中央银行存款业务中最主要的业务，它是中央银行资金的重要来源。准备金存款由两部分组成：一部分是法定准备金存款，即商业银行按照法律规定将吸收存款的一定比率上存中央银行；另一部分为超额准备金存款，即商业银行在中央银行的存款中超过法定准备金的部分。

中国人民银行是于1984年行使央行职能后开办准备金存款业务的。目前中国人民银行的准备金存款业务对象除了存款货币银行（包括商业银行、城乡信用社、财务公司）外，还包括特定存款机构，即信托投资公司、国家开发银行和中国进出口银行两家政策性银行。中国人民银行对各类金融机构的准备金存款按旬平均余额计提。我国现行对存款准备率的调整不作明确规定，根据货币政策的操作规程需要而进行调整。

阅读资料 2-4

存款准备金率历次调整一览表

次数	时间	调整前	调整后	调整幅度(%)
44	2012年2月24日	(大型金融机构)21.00%	20.50%	0.5
		(中小金融机构)17.50%	17.00%	0.5
43	2011年12月5日	(大型金融机构)21.50%	21.00%	0.5
		(中小金融机构)18.00%	17.50%	0.5
42	2011年6月20日	(大型金融机构)21.00%	21.50%	0.5
		(中小金融机构)17.50%	18.00%	0.5
41	2011年5月18日	(大型金融机构)20.50%	21.00%	0.5
		(中小金融机构)17.00%	17.50%	0.5
40	2011年4月21日	(大型金融机构)20.00%	20.50%	0.5
		(中小金融机构)16.50%	17.00%	0.5
39	2011年3月25日	(大型金融机构)19.50%	20.00%	0.5
		(中小金融机构)16.00%	16.50%	0.5
38	2011年2月24日	(大型金融机构)19.00%	19.50%	0.5
		(中小金融机构)15.50%	16.00%	0.5
37	2011年1月20日	(大型金融机构)18.50%	19.00%	0.5
		(中小金融机构)15.00%	15.50%	0.5
36	2010年12月20日	(大型金融机构)18.00%	18.50%	0.5
		(中小金融机构)14.50%	15.00%	0.5
35	2010年11月29日	(大型金融机构)17.50%	18.00%	0.5
		(中小金融机构)14.00%	14.50%	0.5
34	2010年11月16日	(大型金融机构)17.00%	17.50%	0.5
		(中小金融机构)13.50%	14.00%	0.5
33	2010年5月10日	(大型金融机构)16.50%	17.00%	0.5
		(中小金融机构)13.50%	不调整	—

续表

次数	时间	调整前	调整后	调整幅度(%)
32	2010年2月25日	(大型金融机构)16.00%	16.50%	0.5
		(中小金融机构)13.50%	不调整	—
31	2010年1月18日	(大型金融机构)15.50%	16.00%	0.5
		(中小金融机构)13.50%	不调整	—
30	2008年12月25日	(大型金融机构)16.00%	15.50%	−0.5
		(中小金融机构)14.00%	13.50%	−0.5
29	2008年12月05日	(大型金融机构)17.00%	16.00%	−1
		(中小金融机构)16.00%	14.00%	−2
28	2008年10月15日	(大型金融机构)17.50%	17.00%	−0.5
		(中小金融机构)16.50%	16.00%	−0.5
27	2008年09月25日	(大型金融机构)17.50%	17.50%	—
		(中小金融机构)17.50%	16.50%	−1
26	2008年06月07日	16.50%	17.50%	1
25	2008年05月20日	16%	16.50%	0.50
24	2008年04月25日	15.50%	16%	0.50
23	2008年03月18日	15%	15.50%	0.50
22	2008年01月25日	14.50%	15%	0.50
21	2007年12月25日	13.50%	14.50%	1
20	2007年11月26日	13%	13.50%	0.50
19	2007年10月25日	12.50%	13%	0.50
18	2007年09月25日	12%	12.50%	0.50
17	2007年08月15日	11.50%	12%	0.50
16	2007年06月05日	11%	11.50%	0.50
15	2007年05月15日	10.50%	11%	0.50
14	2007年04月16日	10%	10.50%	0.50
13	2007年02月25日	9.50%	10%	0.50
12	2007年01月15日	9%	9.50%	0.50
11	2006年11月15日	8.50%	9%	0.50
10	2006年08月15日	8%	8.50%	0.50
9	2006年07月5日	7.50%	8%	0.50
8	2004年04月25日	7%	7.50%	0.50
7	2003年09月21日	6%	7%	1
6	1999年11月21日	8%	6%	−2
5	1998年03月21日	13%	8%	−5
4	1988年09月	12%	13%	1
3	1987年	10%	12%	2
2	1985年	央行将法定存款准备金率统一调整为10%	—	—
1	1984年	央行按存款种类规定法定存款准备金率，企业存款20%，农村存款25%，储蓄存款40%	—	—

资料来源：http：//gz.house.sina.com.cn

② 货币发行业务。货币发行是中央银行作为国家政府的代表向社会提供流通手段和支付手段，是中央银行对货币持有者的一种负债，货币发行构成了中央银行最重要的负债业务。

中央银行的货币发行是通过再贴现、贷款、购买有价证券、收购金银及外汇等中央银行的业务活动，将货币投放市场、注入流通，进而增加社会货币供应量的。货币发行都有法律规定的程序，各国不尽相同，但都是根据中央银行法的规定，依据经济发展的进程制定操作程序，以配合货币政策的执行。

③ 经理国库业务。中国人民银行作为政府的银行，代理国家来经理国库。经常大量的财政存款构成了中央银行的负债业务之一。这部分存款经财政分配，下拨机关、团体单位作为经费后，形成机关、团体的存款，这部分存款是财政性存款，它与财政存款一样，也是中央银行的负债。两种存款均为中央银行资金的重要来源。

(2) 资产业务

资产业务是中央银行运用货币资金的业务，是调控信用规模和货币供应量的主要手段。它主要包括贷款业务、再贴现业务、公开市场业务和经营国际储备资产。

① 贷款业务。中央银行的贷款是商业银行基础货币的重要来源，它对于维护金融体系安全，抑制通货膨胀，调节经济具有非常重要的意义。该业务的对象主要是商业银行和国家财政，在特殊的情况下，也对一些非银行金融机构发放小额贷款。

② 再贴现业务。再贴现业务是指商业银行以未到期的商业票据向中央银行申请贴现取得融资的业务。中央银行运用再贴现执行最后贷款人的职能。

我国于 1986 年由人行上海分行开办了再贴现业务，随后此业务在全国其他城市逐步推开，1994 年 10 月人民银行总行开始办理再贴现业务。

③ 公开市场业务。公开市场业务是指中央银行在公开市场上买卖政府债券，从而调节货币供应量的活动。中央银行在公开市场业务中可以买卖的有价证券为国债、其他政府债券和金融债券及外汇四类。

④ 经营国际储备资产。国际储备是指各国政府委托本国中央银行持有的国际间广泛接受的各种形式资产的总称。目前国际储备主要由外汇、黄金组成，其中外汇储备是最重要的部分。

中央银行经营国际储备是中央银行作为政府的银行这一功能的又一表现。它能弥补国际收支逆差，干预外汇市场，维持汇率稳定。增强国际信誉度，增强本国货币的国际信誉。

(3) 清算业务

清算业务又称中间业务，即中央银行为各金融机构之间，因经营活动而发生的资金往来和债权债务进行了结。它主要有以下内容。

① 组织同城票据交换。工商企业、事业单位及消费者用票据进行债权债务清偿和支付时，要通过开户银行的转账结算系统实现资金收付。当各银行收到客户提交的票据后，通过票据交换的方式将代收的票据交付款行。所谓票据交换指将同一城市中各银行间收付的票据进行当日的交换。参加交换的各银行每日在规定时间内，在交换场所将当日收进的以其他银行为付款行的票据进行交换，这种票据交换的清算一般由中央银行组织管理，集中办理交换业务，结出各机构收付相抵后的差额，其差额通过各商业银行在中央银行的存款账户进行划转清算。

② 办理异地资金汇划。办理异地资金汇划指办理不同区域、不同城市、不同银行之间的资金转移。如各行的异地汇兑形成各行间异地的债权债务需要进行跨行、跨地区的资金划

转。这种跨地区的资金汇划，必须由中央银行统一办理。一般有两种方法：一是先由各金融机构内部组成联行系统，最后各金融机构的清算中心通过中央银行办理转账结算；二是将异地票据统一集中传至中央银行总行办理轧差头寸的划转。我国的清算通常也采用这两种方法。通过中央银行的异地资金汇划，减少了各行运送现款的麻烦，加速了资金周转。同时中央银行还通过此业务了解各金融机构的资金营运情况，有利于中央银行加强对金融机构的监管。

③ 跨国清算。跨国清算指由于国际贸易、国际投资及其他方面所发生的国际间债权债务，借助一定的结算工具和支付系统进行清算，实现资金跨国转移的行为。跨国清算通常是通过各国的指定银行分别向本国的中央银行办理。由两国中央银行集中两国之间的债权债务直接加以抵消，完成清算工作。

2.2.3 中国人民银行不得从事的业务

参考案例 2-1

某市的财政状况一直不好，当地建设缺少大量资金，于是政府指令当地中国人民银行分行贷款给政府财政，并且要求其为当地商业银行透支，同时命令其为当地的一项基本建设项目的外国贷款提供担保。

请问：该人民银行分行是否应执行当地政府的规定，为什么？

[参考案例 2-1] 分析

该分行有权拒绝当地政府的以上命令。因为中国人民银行的分支机构是中国人民银行的派出机构，在业务上与地方政府没有直接联系，也不受地方政府行政管理。并且《人民银行法》明确禁止中国人民银行向金融机构账户透支，禁止向地方政府贷款，禁止向任何单位和个人提供担保。

资料来源：陈明主编. 金融法——同步训练、同步过关. 北京：人民日报出版社，2006.

中国人民银行作为中央银行，其不得从事以下业务。

① 不得对政府财政透支，不得直接认购、包销国债和其他政府债券。

② 不得对银行业金融机构的账户透支。

③ 不得向地方政府、各级政府部门及其他单位或个人提供贷款。

④ 不得向非银行金融机构以及单位和个人提供贷款，但国务院决定人民银行可以向特定的非银行金融机构提供贷款的除外。

⑤ 不得向任何单位和个人提供担保。

2.3 货币政策

2.3.1 货币政策的概念与特征

(1) 货币政策的概念

货币政策，也称金融政策，是指主权国家为实现其特定的经济目标而采用的各种调节货币供应量或管制信用规模的方针政策和措施的总称。货币政策是一国主要的宏观经济政策，是中央银行的核心职责。

(2) 货币政策的特征

① 货币政策是一种宏观经济政策，而非微观经济政策。

② 货币政策是一种调整社会总需求的政策，而非调整社会总供给的政策。

③ 货币政策是一种间接的控制手段，而非直接的控制措施。

④ 货币政策是一种较长期的经济政策，而非短期的经济政策。

⑤ 货币政策是一种逆向调节政策，而非顺向调节政策。

2.3.2 货币政策目标

货币政策目标是指货币政策制定者所期望达到的最终实施结果，包括最终目标和中介目标，后者又包括货币政策的操作目标和中介目标。

(1) 货币政策的最终目标

货币政策的最终目标是中央银行组织和调节货币流通的出发点和归宿。它必须服务于国家宏观经济政策的总体目标，这也就决定了货币政策最终目标与宏观经济政策目标之间的一致性。对货币政策目标的选择，各个国家或地区根据本国或本地区的情况以及不同时期各有不同的选择。大多数国家的目标为物价稳定、充分就业、经济增长和国际收支平衡。由于货币政策的这四个终极目标之间存在矛盾性，因此在一定时间内几乎不可能同时实现全部目标。

(2) 货币政策的中介目标

货币政策的中介目标，又称中间目标，是指受货币政策工具作用，影响货币政策最终目标的传导性金融变量指标。由于从货币政策的制定、实施到影响金融市场参与者的行为、最后实现货币政策最终目标需要一个漫长的过程，需要在货币政策工具和最终目标之间设置中间目标，有利于目标的实现。

作为中介目标的金融变量一般应同时满足三个基本标准，即可测性、可控性和相关性。

根据各个中介目标对货币政策工具反应的先后和作用于最终目标的过程，可将中介目标分成两类：操作目标（近期指标）和中间目标（远期指标）。

① 操作目标。是指直接受货币政策工具作用，间接影响货币政策最终目标的金融变量。可供选择的金融变量主要有存款准备金、基础货币和短期利率。

② 中间目标。是指间接受货币政策工具作用，而直接影响货币政策最终目标的金融变量。主要有货币供应量、银行信贷规模、长期利率、汇率和通货膨胀。

阅读资料 2-5

各国货币政策目标的选择

国别	货币政策最终目标内容。
美国：	充分就业、经济增长、制止通货膨胀、平衡国际收支。
英国：	充分就业、实现收入合理增长率、低通货膨胀、国际收支均衡。
日本：	稳定物价、稳定经济增长、国际收支均衡、充分就业、资源合理配置、收入均等化。
加拿大：	充分就业、国际收支平衡、反通货膨胀。
中国：	保持货币币值的稳定，并以此促进经济增长。

资料来源：http：//wwwl. openedu. com. cn/

2.3.3 货币政策工具

货币政策工具是中央银行为实现其货币政策目标所采取的各种调控货币供应量的手段。货币政策工具从其操作对象来划分，可分为三类：一般性货币政策工具、选择性货币政策工具和其他货币政策工具。

(1) 一般性货币政策工具

一般性货币政策工具是从总体的角度，对货币和信用进行调节和控制，从而对经济体系产生普遍影响的工具。

① 法定存款准备金政策。是指中央银行对商业银行等存款金融机构的存款规定存款准备金率，强制性地要求其按照规定的比例计提并上缴存款准备金。目前，凡是实行中央银行制度的国家，一般都实行法定存款准备金制度。存款准备金为中央银行提供了稳定的、可预测的储备，便于公开市场操作和对短期利率的控制。

② 再贴现政策。是指人民银行通过调整其对金融机构的合格票据贴现的再贴现率和再贴现条件来扩大或缩小金融机构的信贷量，从而促使信用扩张或收缩。

③ 公开市场业务。是指中央银行在金融市场上买进或卖出有价证券，以改变商业银行等存款类金融机构的准备金数量，进而影响货币供给量和利率，实现货币政策目标的一种政策措施。公开市场业务具有公开性、公平性、主动性等优点，经常被使用，而且效果明显。

(2) 选择性货币政策工具

选择性货币政策工具是中央银行针对某些特殊的经济领域或特殊用途而采用的信用调节工具，主要包括如下手段。

① 消费者信用控制。中央银行根据需求状况和货币流通状况对消费信贷进行控制的一种手段，以达到抑制过度消费需求或刺激消费增长的目的。如规定分期购买耐用消费品首期付款的最低限额，规定消费信贷的最长期限，规定可用消费信贷购买的耐用消费品种类。

② 证券市场信用控制。中央银行有关证券交易的各种贷款进行限制，规定证券保证金率，抑制过多的投机等。

③ 不动产信用控制。指中央银行对商业银行等金融机构向客户提供不动产抵押贷款的管理措施。主要规定贷款的最高限额、贷款的最长期限和第一次付现的最低金额等。采取这些措施的目的主要在于限制房地产投机，抑制房地产泡沫。

④ 优惠利率。指中央银行对国家拟重点发展的某些部门、行业和产品规定较低的利率，以鼓励其发展，有利于国民经济产业结构和产品结构的调整和升级换代。优惠利率主要配合国民经济产业政策使用。实行优惠利率有两种方式：低贷款利率、低再贴现率。

⑤ 预缴进口保证金。指中央银行要求进口商预交进口商品总值的一定比率的外汇存入中央银行，防止外汇流失。

(3) 其他货币政策工具

① 利率最高限。指央行依据法令规定商业银行的定期及储蓄存款所能支付的最高利率。

② 信用配额。指央行根据金融市场状况及客观经济需要，权衡轻重缓急后对商业银行的信用规模加以合理分配与限制的措施。

③ 流动性比率。指央行规定商业银行的全部资产中流动性资产的比重，借以限制商业银行信用扩张的直接控制措施。

④ 直接干预。指央行直接对商业银行的信贷业务、放款范围等加以干预。

⑤ 道义劝导。指央行利用其权威地位，对商业银行和其他金融机构以发出书面通告，甚至与金融机构负责人面谈等形式向商业银行通报经济形势，劝其遵守法规，采取配合中央

银行货币政策的措施。

⑥ 窗口指导。指央行根据产业行情、物价趋势和金融市场动向，借用中央银行的地位与威望，通过非强制性手段规定商业银行贷款近期的增减额，并要求其执行，否则会加以制裁。

2.3.4 货币政策效果分析

货币政策效果分析包括四个方面：货币政策传导机制分析、货币政策效应分析、货币政策监测分析和中国人民银行的货币政策目标。

① 传导机制分析。中央银行确定货币政策之后，从选用一定的货币政策工具，现实地进行操作开始，到实现其预期目的之间，要经过各种中间环节相互之间的有机联系及因果联动。货币政策传导机制如图 2-1 所示。

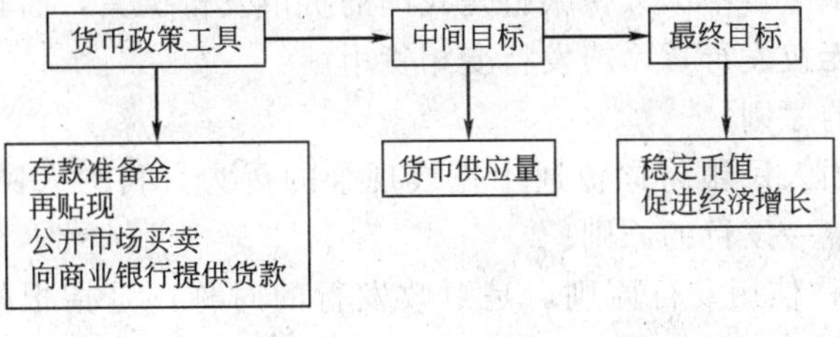

图 2-1 货币政策传导机制图

② 货币政策效应。货币政策实施后社会经济运行所作的现实反应。

③ 货币政策监测。货币政策在实施过程中的偏差及效果的测定、分析、评估，并作出预测。

④ 中国人民银行的货币政策目标。《中华人民共和国人民银行法》法律上确定了我国的货币政策目标是：保持货币币值的稳定，并以此促进经济增长。

2.4 人民币的发行和管理

2.4.1 人民币的法律地位与现钞概况

（1）人民币的法律地位

《人民银行法》第十六条规定：中华人民共和国的法定货币是人民币。所谓法定货币，是指由政府用行政命令强制的方式发行的，以法律赋予其具有购买与支付能力的，在商品交换中必须接受的货币。人民币作为我国的法定货币，具有以下基本特征。

① 法定惟一性。人民币是我国的法定货币，也就是说，人民币是中华人民共和国惟一合法货币，即在我国国内市场上人民币是一种等价物，只准人民币流通。

② 法偿性。凡在中华人民共和国境内的一切公私债务，均以人民币进行支付，任何债权人在任何时候均不得以任何理由拒绝接收。

③ 相对稳定性。人民币能够保持相对稳定的购买力。从根本上说，国家政局的安定和社会经济的健康发展是人民币币值稳定的坚强后盾。

④ 信用性。国家发行人民币是通过国家信贷程序发行的。同时，人民币的发行是以国家信用和相应的商品物资作保证的。

⑤ 独立自主性。人民币是独立自主的货币，是国家主权的象征，禁止人民币出入国境或限量出入国境，不准在国外流通，也禁止金银和外币在国内自由流通，即国内一切货币收

付、计价单位和汇价的确定都由人民币承担。

（2）现钞概况

1948年12月1日中国人民银行成立时，开始发行第一套人民币；1955年3月1日开始发行第二套人民币；1962年4月15日开始发行第三套人民币；1987年4月27日开始发行第四套人民币。目前市场上流通的人民币以第五套为主，还有部分第四套人民币。

人民币的单位为元（圆）（简写"RMB"，以"¥"为代号）。人民币辅币单位为角、分。人民币没有规定法定含金量，它执行价值尺度、流通手段、支付手段等职能。

2.4.2 人民币的发行

（1）人民币的发行管理

我国的货币发行权属于国家，国家授权中国人民银行具体掌握全国货币的发行工作，并集中管理货币的发行基金。中国人民银行是我国的货币发行机关，而且是惟一的货币发行机关，任何单位和个人无权发行货币或发行变相货币。

（2）人民币发行的原则

货币发行是指中国人民银行向流通中投放现金的行为。我国人民币的发行遵循经济发行、计划发行和集中统一发行的原则。

① 经济发行。或称信用发行原则，是财政发行的对称，是指根据国民经济发展情况，按照商品流通的实际需要而进行货币发行。这种发行是在经济增长的基础上增加货币投放，是为了适应和满足商品生产和商品流通对货币的客观需要。不会引起物价波动和通货膨胀。

② 计划发行。是指货币的发行必须纳入整个国家的计划体系之中，按计划办理，以保证币值和物价的稳定。具体由中国人民银行总行提出货币发行计划，报国务院批准后实施。

③ 集中统一发行。集中是指人民币的发行权集中于代表国家的中央政府——国务院。统一是指国家授权人民银行统一垄断货币发行。除人民银行外，任何地区、任何单位和个人都无权发行货币或发行变相货币。

（3）人民币的发行程序

① 人民币发行库与发行基金。人民币发行库是中国人民银行为保管货币发行基金而设置的金库，由中国人民银行根据经济发展和业务需要决定设置。发行库依法办理发行基金、金银和其他有价证券的保管、调运，负责损伤、残缺人民币的兑换和销毁等工作。业务库是各银行基层分、支行和处、所为办理日常现金收付而设置的金库。业务库保管的货币是流通中的货币，处于周转状态。

发行基金是指人民银行为国家保管的、准备向市场发行的人民币票券，是调节市场货币流通的准备基金。发行基金和现金既有联系，又有区别。它们的联系表现在发行基金从发行库进入业务库时，发行基金就变成了现金；而当现金从业务库缴存到发行库时，现金就成了发行基金。因此，二者在一定条件下是可以相互转化的。它们的区别主要表现在以下几个方面。a. 性质不同。发行基金是国家未发行的货币，从本质上说只能算是存放于库内的，印成钞票模样的印刷品。而现金则是国家以法律赋予强制通用的现实货币。b. 管理主体不同。发行基金的管理主体只能由国家授权，中国人民银行是我国惟一的货币的发行机关。而现金的管理主体则没有限制，任何单位和个人都可以成为现金的管理主体。c. 价值形态不同。发行基金的价值体现在印制费用、调拨费及管理费用三方面；而现金的价值则是以其购买力体现出其代表的社会一般劳动。d. 流通形式不同。发行基金的流通是通过上级行的调拨命令来实现的，没有上级行的调拨命令，任何单位和个人都无权动用。而现金则不同，只要现金持有者所持有的现金不是非法收入，他就可以随意支用。

② 人民币发行。人民币发行是指人民币从发行库到业务库的过程，也叫出库。中国人民银行不能将已经公告发行的人民币直接投放社会，而只能将其支付给金融机构，使人民币从“发行基金”转化为现实货币即现金，各金融机构将人民币发行库的发行基金调入业务库。然后金融机构再将已经进入自己业务库的人民币现金通过一定方式支付给各单位和个人，人民币就如此进入了市场，也称为现金投放。

③ 人民币回笼。人民币回笼是指人民币从业务库到发行库的过程，也叫入库。各金融机构依法将每日收回的现金放入业务库，当业务库的库存货币超过规定的限额时，超出部分要送交发行库保管，即货币回笼。

2.4.3 人民币的法律保护

参考案例 2-2

甲从 A 地购得面值 2 万元的假币，然后携带假币乘坐火车到 B 地。甲在车上与几个朋友赌博时被乘警发现，乘警按规定对甲处以罚款，甲欺骗乘警，以假币交纳罚款，被乘警发现。甲的行为构成下列哪些罪？（　　）

A. 购买、运输假币罪　　B. 诈骗罪　　C. 持有、使用假币罪　　D. 赌博罪

［参考案例 2-2］分析

A、C。购买假币后又使用的，按购买假币罪从重处罚。出售、运输假币又使用的，数罪并罚。

资料来源：www.jcrb.com

人民币是中国的法定货币，严格维护人民币的法律地位，对于稳定币值具有非常重要的意义。人民银行法规定了对人民币的法律保护。

① 禁止各种变相货币的发行与流通。变相货币是指没有法定货币发行权的单位或个人签发的、以货币单位标示面值并在世面流通转让的各种有价证券和凭证。如有的单位发行“代金券”、“购物券”、“礼品券”等就属于变相发行货币的行为。

② 禁止伪造、变造人民币和禁止出售、购买伪造、变造的人民币。伪造人民币是指仿照中国人民银行发行的现行流通的纸币或铸币的形状、颜色、图案，制造伪币、冒充真币的行为；变造人民币是指用剪贴、挖补、拼凑、涂改、正背两面撕开等方法增大人民币票面额或增多票张数的行为。由于伪造、变造人民币和贩运伪造、变造的人民币的行为严重扰乱金融秩序，对国家、集体以及个人利益均会造成严重侵害，所以为保护国家货币、巩固国家金融，法律对此种行为予以禁止。

③ 禁止运输、持有、使用伪造、变造的人民币。对明知是伪造、变造的人民币而加以运输、持有、使用的，也是法律所禁止的行为。

④ 禁止故意毁损人民币。人民币是国家金融制度的体现，是国家保证市场流通的一种手段。人民币作为支付手段，承担着商品交换的流通作用。对人民币的毁损，势必增加人民币的不必要发行，加大发行成本，给国家带来损失，所以禁止故意毁损人民币。

⑤ 禁止在宣传品、出版物或者其他商品上非法使用人民币图样。禁止非法使用人民币图样。这是为了保证国家货币的严肃性，也防止有人利用印有人民币图样的纸张冒充人民币，欺骗他人。

2.5 征信制度及违反中国人民银行法的法律责任

2.5.1 征信制度

（1）信用与市场的关系

① 信用是维系市场交易的基本链条。在市场经济中，信用关系是人与人之间最根本的经济关系，是整个社会赖以生存和发展的基础。随着交易的普遍发展，无论是商品交换、劳务交换，还是信息、服务交换，其交换的完成或实现，都存在一个时间和空间的差距，这个过程要靠一定的制度规范来保障，否则，交换就无法稳健地进行。信用有利于维护和促进各类经济主体之间长期的和较为稳定的经济关系，使经济主体能够实现对市场行为的预测以及预期的交易目标。

② 信用能够实现交易成本的最低化。在市场经济中，提高经济运行的效率，通常有两个基础：一是硬件基础，即物质技术基础；二是软件基础，即法律设施、伦理道德、信用制度、守信意识等思想文化基础。在软件基础中，信用机制发生作用好，会使交易乃至整个经济运行的成本最低。

③ 信用交易能够不断实现市场的扩展。在市场经济条件下，信用交易的范围越来越扩大，并渗透到社会生活的每一个方面。随着经济的发展，人们的经济交往也越来越扩大，在不断扩大的经济关系中，当人情式的特殊信用难以满足人们多种利益所需的新交换及复杂交换时，人们就选择了以契约为基础的普遍化信用来扩展分工合作，使交易深度和广度有了更大的前进，导致了市场的扩展。所以，信用交易是扩大人们的相互合作从而满足市场主体理性预期需要的经济纽带。

④ 信用关系最终反映市场的发育程度。在市场经济中，人们的信用关系越是普遍化，则信用行为越是持久和稳定；社会的信用制度越是完善，则市场的信用度越高，市场发育越成熟，反之亦然。所以，信用可以最终反映市场的发育程度和活力状况。

（2）国外征信情况简介

征信在本质上就是信用信息服务。“征信”的“征”可理解为“征集”，“信”可理解为“信用”，指为了满足从事放贷等信用活动的机构在信用交易中对客户信用信息的需要，专业化的征信机构依法采集、保存、整理、提供企业和个人信用信息的活动。信用征信主要包括两大系统：一是以企业、公司为主体的法人组织的信用征信；二是与公民个人经济和社会活动相关的信用征信。征信体系是现代金融体系运行的基石，是防范金融风险，保持金融稳定，促进金融发展和推动经济社会和谐发展的基础。

征信在国外已有100多年的历史，最初是提供赊销服务的小业主之间交换欠债不还的客户名单，以避免继续提供赊销服务造成损失。之后，消费者个人信用的形式逐渐由商品赊销转向银行贷款，征信业逐渐演变成了为银行等信贷机构服务的专业化机构，共享的信息也从所谓的“黑名单”逐渐加入了借款人按时还款的正面信息，征信的作用也从惩戒性，逐渐转变成了惩戒与褒奖相结合的消费者个人积累信用财富的机制。20世纪40～50年代以来，西方发达国家征信业发展迅速，已经形成了较完整的征信体系，在社会经济生活中发挥着重要的作用。

（3）征信内容

① 征信业务，又称信用信息服务业务，包括信用记录（报告）、信用调查、信用评分和信用评级。

② 信用记录，又称信用查询，是指征信机构利用数据库技术采集、汇总企业和个人借

款及还款历史记录并提供查询服务的业务。

③ 信用调查，又称信用咨询，指征信机构接受客户委托，依法通过信息查询、访谈和实地考察等方式，了解和评价被调查对象信用状况的活动。

④ 信用评分是利用数学和统计方法，根据中小企业和个人的还款记录等信息对其信用状况进行的量化评价。

⑤ 信用评级，又称资信评估、信用评估，是指征信机构通过定量、定性的分析，以简单、直观的符号标示对大中型企业主体和企业债务未来偿还能力的评价。

2.5.2 违反《中华人民共和国人民银行法》的法律责任

（1）违反人民币发行及流通管理规定行为人的法律责任

① 对伪造和变造货币等违法行为人员的处罚。伪造人民币，出售伪造的人民币或者明知是伪造的人民币而运输构成犯罪的，依法追究刑事责任；变造人民币，出售变造人民币，或者明知是变造的人民币而运输构成犯罪的，依法追究刑事责任；购买伪造、变造的人民币，或者明知是伪造、变造的人民币而使用构成犯罪的，依法追究刑事责任；实施上述行为，不构成犯罪的，由中国人民银行或其他相关部门予以处罚。

② 对非法使用人民币图样的人员的处罚。在宣传品、出版物或其他商品上非法使用人民币图样的，中国人民银行应当责令改正，并销毁非法使用的人民币图样，没收违法所得，并处5万元以下罚款。

③ 对印制、发售代币票券代替人民币流通的人员的处罚。印制、发售代币票券，以代替人民币在市场上流通的，人民银行应当责令停止违法行为，并处20万元以下的罚款。

（2）金融机构的法律责任

金融机构违反人民银行法的规定，须承担相应的法律责任。中国人民银行拥有金融调控权，金融机构要接受并积极配合中国人民银行依法履行金融调控行为，对于不积极配合提供报表和资料，或报表及资料虚假，不按规定办理金融机构设置等行为，中国人民银行可以作出行政处罚，责令其停止违法行为并对其罚款。金融机构如对处罚不服，可以提起行政诉讼。

（3）中国人民银行及其工作人员违法行为的法律责任

① 中国人民银行有以下行为之一，对直接责任人员依法给予行政处分，构成犯罪的依法追究刑事责任。

a. 违反银行法规定提供贷款的。

b. 对单位和个人提供贷款担保的。

c. 擅自动用发行基金的。

② 人民银行工作人员泄露国家秘密的法律责任。《人民银行法》第五十条规定：中国人民银行工作人员泄露国家秘密，情节严重，构成犯罪的，要追究其刑事责任。

③ 人民银行工作人员贪污受贿、徇私舞弊、滥用职权、疏忽职守的法律责任。《人民银行法》第五十一条规定：中国人民银行工作人员利用工作便利贪污受贿，构成犯罪的，要追究其刑事责任。中国人民银行工作人员徇私舞弊、滥用职权、玩忽职守，构成犯罪的，要追究其刑事责任。

（4）其他组织和个人违法行为的法律责任

地方政府、各级政府部门、社会团体和个人强令人民银行及其工作人员违反《人民银行法》的规定提供贷款或者担保的，对负有直接责任的主管人员和其他直接责任人员，依法给予行政处分；构成犯罪的，依法追究刑事责任；造成损失的，应当承担部分或者全部赔偿责任。

阅读资料 2-6

重庆首例变造货币案

开县某金融单位一位“聪明过人”的出纳为填补本人业务差款竟然想出损招，采取撕拆真币粘成多张残币的方法，然后再到银行兑换获取真币使用。

重庆开县某金融单位职工陈某，在金融单位工作已经 20 多年，一直干着出纳的工作。今年 1～5 月期间，陈某利用工作上的便利，采取拼凑、粘贴等手法，变造我国第 4 套人民币 100 元券和 50 元券，将 55 张 100 元纸币“变”成 73 张，47 张 50 元纸币“变”成 61 张，涉及金额 10350 元，以“残币”形式分数次上交，并利用职务的便利换取变造后增多数量的非残缺人民币，并将从中增值的 2450 元钱据为已有。

6 月下旬，残币被上缴到人民银行万州中心支行集中销毁，细心的工作人员在核对残币时，发现残币有人为变造的痕迹。经追根寻源，陈某变造货币的行为终于被发现。

陈某在接受审查时，对自己玩“货币魔术”捞钱的事实供认不讳，同时退出全部赃款并赔偿了损失。

审判中，法官考虑到陈某认罪态度好和主动退赃的情节后，当庭作出一审宣判：陈某犯变造货币罪，判处有期徒刑 1 年缓刑 2 年，并处罚金 1 万元。据悉，陈某也是自变造货币罪颁布实施以来，重庆市首个以身试法的人。

资料来源：《重庆时报》，张力，2005 年 9 月 7 日

本 章 小 结

中央银行是一国金融体系中居于主导地位的机构，是依法制定和执行国家货币政策，实施金融调控与管理的特殊的国家机关。中国人民银行是我国的中央银行。

中央银行法是确立中央银行的性质、地位与职责权限，规范中央银行的组织及其业务开展的法律规范的总称。

货币政策，也称金融政策，是指主权国家为实现其特定的经济目标而采用的各种调节货币供应量或管制信用规模的方针政策和措施的总称。

货币政策工具是中央银行为实现其货币政策目标所采取的各种调控货币供应量的手段。

中华人民共和国的法定货币是人民币。凡在中华人民共和国境内的一切公私债务，均以人民币进行支付，任何债权人在任何时候均不得以任何理由拒绝接收。

征信是指为了满足从事放贷等信用活动的机构在信用交易中对客户信用信息的需要，专业化的征信机构依法采集、保存、整理、提供企业和个人信用信息的活动。

【思考题】

1. 中国人民银行的职责有哪些？
2. 中国人民银行不得从事的业务有哪些？
3. 简述人民币的法律地位。
4. 征信业务的内容有哪些？

【课堂讨论题】

人民银行决定，从 2011 年 12 月 5 日起，下调存款类金融机构人民币存款准备金率 0.5 个百分点。这是自 2010 初以来，准备金率连续 12 次上调后的首次下调，意义非同凡响。纵观此前政府的一系列动作，此次存款准备金率下调无疑成为货币政策由紧到松的转折点。结合此内容，请谈一谈我国货币政策实施的意义。

【案例分析】

某市印刷厂在新年来临前，赶印了一批以吉祥猴为展现主题的挂历，为图吉利，该厂在所有挂历的月历位置均以 100 元人民币的图案作为背景。该系列挂历推出后，果然比往年该厂印制的挂历的销量好一些。不料，正在这批挂历热销的过程中，该厂却受到了当地市人民银行会同该市公安局的查处。通过调查核实，人民银行依法对该厂作出了责令立即停止印刷和销售印有人民币图案的挂历，销毁已经印刷的印有人民币图案的挂历成品，没收违法所得并处以 3 万元罚款的处罚决定。

请问：该印刷厂为什么会受到处罚？

[分析提示]

因为该印刷厂在其所印刷的挂历上采用扩大了的人民币图案作为挂历背景，此行为违反了《人民银行法》第十九条规定关于“禁止在宣传品、出版物或者其他商品上非法使用人民币图样”的规定。

资料来源：李志慧主编. 金融法规概论. 北京：中国财政经济出版社，2005.

第3章　商业银行法

【学习目标】

理解商业银行的概念与特征、商业银行的经营规则。

掌握商业银行法的适用范围、商业银行的设立条件、业务规则及业务范围。

了解商业银行的分类、组织体制、组织机构、接管、解散、破产、终止。

【本章引例】

2009年2月，甲银行向乙银行拆入资金2000万元人民币，此时股票市场和房地产市场十分火爆，甲银行见有利可图，遂将拆入资金一半投资于股票市场，另一半借贷给某房地产公司用以房地产开发。直到2009年10月甲银行才向乙银行归还该笔拆入款。请问：

① 甲银行在拆入资金的使用上有哪些违法之处？

② 我国《商业银行法》对拆入资金的用途有哪些特别规定？

【引例分析】

① 将拆入资金投资于股票市场；将拆入资金借贷给房地产公司进行固定资产投资；拆借资金的期限超过了4个月。

②《商业银行法》第四十六条规定，拆入资金仅用于弥补票据结算、联行汇差头寸的不足和解决临时性周转资金的需要，除此之外不能将拆入资金用于其他方面。

资料来源：http：//www. kaoshiweb. com/

3.1　商业银行法概述

3.1.1　商业银行的概念与特征

(1) 商业银行的概念

商业银行是指依照《中华人民共和国商业银行法》（以下简称《商业银行法》）和《中华人民共和国公司法》（以下简称《公司法》）设立的以盈利为目的，吸收公众存款，发放贷款，办理结算等业务的企业法人。

(2) 商业银行的特征

① 商业银行是企业。商业银行与一般工商企业一样，是以盈利为目的的企业，具有从事业务所需要的自有资本。它实行自主经营、自担风险、自负盈亏、自我约束，商业银行以利润最大化为自己的经营目的。

② 商业银行是金融企业。商业银行是不同于一般工商企业的特殊企业——金融企业。工商企业经营的是具有一定使用价值的商品，从事商品生产的流通，而商业银行经营的是某种特殊商品——货币。商业银行的主要业务是吸收存款和发放贷款，并经营结算业务等其他中间业务。其他不办理存贷款业务的非银行金融机构，如保险公司、财务公司，不属于商业银行的范畴。

③ 商业银行的法律形式是企业法人。商业银行拥有自己的名称和独立的财产，能够以自己的名义从事经济活动，以其全部的财产独立承担民事责任，这表明，商业银行是一个具有民事权利能力和民事行为能力、依法独立享有民事权利和民事义务的民事主体，是具有法

人资格的企业。

3.1.2 中国的商业银行

参考案例 3-1

某股份制商业银行，资本金总额为20亿元，总资产已经达到100多亿元。因开展业务需要，现欲在江苏无锡、苏州，广东惠州等五个城市同时设立分支机构。拨付资本金13亿元，向中国人民银行申请批准时，因拨付资本金违反法律规定，被中国人民银行纠正后，取得经营许可证，并领取了营业执照。1999年，该行设在无锡的分支机构在办理结算业务中，甲公司委托无锡分支机构将一笔款项划转到乙公司，但该分支机构错误地划到丙公司账户。由于乙公司没有及时收到预付款，甲乙之间的买卖合同解除，为此，甲公司的损失达20万元。甲公司将该行无锡分支机构告上法院，要求赔偿损失。

请问：

① 某股份制商业银行设立分支机构时哪些方面违反了《商业银行法》的规定？

② 无锡分支机构能否独立承担责任？为什么？

[参考案例 3-1] 分析

① 按照《商业银行法》第十九条的规定，商业银行在中华人民共和国境内设立分支机构，应当按照规定拨付与其经营规模相适应的营运资金。拨付各分支机构营运资金额的总和，不得超过总行资本金总额的60%。上述案例中的行为不符合本条的规定。

② 无锡分支机构不能承担独立承担责任。按照《商业银行法》的规定，商业银行分支机构不具有法人资格，在总行授权范围内依法开展业务，其民事责任由总行承担。但分支机构具有诉讼主体资格。

资料来源：http：//www.epdd.com

(1) 中国商业银行的分类

新中国的商业银行制度初创于20世纪80年代中后期，成长发展于90年代中期，90年代后期初步走向成熟和完善。目前，我国的商业银行根据其性质可分为以下四类。

① 国有独资商业银行。国有独资商业银行就是国家独资的以营利为目的的商业银行。但随着国有独资商业银行股份制改造的进行，原四大国有独资商业银行（工行、中行、建行、农行）的格局已不复存在，工行有美国高盛等外资股东、中行有苏格兰皇家银行等外资股东、建行有美国银行等外资股东。

② 股份制商业银行。股份制银行就是实行股份有限责任公司制的银行，任何人可以出资成为股东。在中国，除了政策性银行和国有独资商业银行外，都是股份制银行，如交通银行、深圳发展银行、福建兴业银行、华夏银行、招商银行、中国光大银行、中信实业银行、广东发展银行、上海浦东发展银行、中国民生银行等。

③ 城市商业银行。城市商业银行的前身是城市合作银行。1995年国务院决定，在中心城市及发达地区城市信用社清产核资的基础上，通过吸收地方财政、企业入股组建城市合作银行。其服务领域是，依照商业银行经营原则为地方经济发展服务，为中小企业发展服务。1998年，城市合作银行全部改名为城市商业银行。目前，城市商业银行还在进一步发展中。

④ 外资银行。外资银行，是指依照我国有关法律、法规，经批准在我国境内设立的下

列机构：a.1家外国银行单独出资或者1家外国银行与其他外国金融机构共同出资设立的外商独资银行；b. 外国金融机构与中国的公司、企业共同出资设立的中外合资银行；c. 外国银行分行；d. 外国银行代表处。

1981年，深圳引进第一家外资银行营业性机构。随着我国经济的发展，境内外资银行数量不断增多，目前，花旗、荷银、汇丰、恒生、东亚、渣打、日本瑞穗实业银行、日本三菱东京日联银行以及新加坡星展银行等9家银行已经取得法人资格。

（2）商业银行的组织体制

商业银行在组织体制上，主要有分支银行制、单元银行制、银行控股公司制三种形式。分支银行制是在总行或总管理处之外，广设国内外分支机构的银行体制。单元银行制又称独家银行制，是只能以单个机构从事经营，不准设立分支机构的银行体制。银行控股公司，又称银行持股公司，一般是指专为控制或收购两家或两家以上银行的股份而成立的公司。

我国商业银行组织体制是分支银行制。商业银行根据业务需要，经中国银监会审查批准，可以设立分支机构，由中国银监会颁发经营许可证，并凭此证办理工商登记，领取营业执照，商业银行的分支机构不具有法人资格，但可在总行授权范围内依法开展业务，其民事责任由总行承担。

（3）商业银行的组织形式

按照出资人数及法律责任承担形式，商业银行分为独资银行、合伙银行、股份制银行三种组织形式。独资银行和合伙银行目前在德国还有少量存在，股份制商业银行目前是世界各国商业银行采取的主要形式。我国商业银行的组织形式为有限责任公司和股份有限公司两种。

（4）商业银行的治理结构

商业银行的治理结构是指商业银行为保证其正常经营，并执行其意志而设立的有关机构。2001年3月中国证监会发布了《上市公司治理准则》，2002年6月4日，中国人民银行发布了《股份制商业银行公司治理指引》和《股份制商业银行独立董事和外部监视制度指引》，这三份规范性文件与《中华人民共和国商业银行法》、《中华人民共和国公司法》是我国商业银行规范治理的法律依据。

商业银行的组织机构包括股东大会、董事会、监事会及经理，上市的商业银行还须有独立董事。

3.1.3 商业银行法的概念与适用范围

（1）商业银行法的概念

商业银行行法是规定商业银行设立、变更、终止、组织机构、业务范围及其基本业务规定的法律规范的总称。

为了规范商业银行的行为，保证其信贷资产的质量，维护商业银行的稳健运行，保护商业银行、存款人、借款人及其他客户的合法权益，1995年5月10日第八届全国人民代表大会常务委员会第十三次会议通过了《中华人民共和国商业银行法》。随着我国加入世界贸易组织，以后金融市场将进一步对外开放，为适应商业银行改革的需要，加强对商业银行经营活动的监督和管理，2003年12月27日第十届全国人民代表大会常务委员会第六次会议《关于修改〈中华人民共和国商业银行法〉的决定》通过了《中华人民共和国商业银行法》，并与2004年2月1日起实施。

（2）商业银行法适用范围

《商业银行法》的适用范围，是指其对哪些金融机构的哪些活动有法律约束力，概括起来，主要有如下方面。

① 商业银行（国有独资商业银行、其他商业银行）的一切经营活动和管理，都适用于商业银行法。

② 外资商业银行、中外合资商业银行、外国商业银行的分行，但法律、行政法规另有规定的，适用其规定。

③ 城市信用合作社、农村信用合作社办理存款、贷款和结算等业务。

④ 邮政企业办理邮政储蓄、汇款业务。

3.2 商业银行的设立、变更

3.2.1 商业银行的设立

参考案例 3-2

2008 年，某市新成立了一家城市信用合作商业银行 A，成立之初即进行了两笔业务，一笔是购买政府债券 500 万元人民币，另一笔是向该市新客隆超市投资 100 万人民币。根据上述情况，请回答下列问题。

① A 银行作为一家城市合作银行，新设立时其注册资本最低限额应该是多少元人民币？

② A 银行的两笔业务属于商业银行的何种业务？

③ A 银行的两笔业务是否符合《商业银行法》的规定？如果不符合，根据《商业银行法》的规定，对 A 银行应该怎样处理？

[参考案例 3-2] 分析

① 根据《商业银行法》规定，新设立城市合作商业银行的注册资本最低限额为 1 亿元人民币。因此，A 银行新成立时的注册资本最低限额也必须是 1 亿元人民币。

② A 银行的两笔业务均属于商业银行的资产业务。

③《商业银行法》规定，商业银行可以买卖政府债券。因此，A 银行第一笔业务是合法的。《商业银行法》规定，商业银行不得向非银行金融机构和企业投资。因此，A 银行第二笔业务不符合《商业银行法》的规定。由于 A 银行向企业投资违反了《商业银行法》的规定，应承担法律责任：由中国人民银行责令改正。有违法所得的，没收违法所得；没有违法所得的，应处以 10 万元以上 50 万元以下的罚款。

资料来源：http：//www，bokee. net

商业银行的设立是指商业银行创办人依照法律规定的程序，通过筹建商业银行并使商业银行取得法律关系主体资格的法律行为。我国对商业银行的设立实行行政许可制。

(1) 商业银行的设立条件

根据《商业银行法》的规定，设立商业银行应当具备下列条件。

① 有符合《商业银行法》和《公司法》规定的章程。章程是商业银行用以规定其组织形式、注册资本、业务范围、组织机构、内部管理以及其他重要事项的书面法律文件。《公司法》规定："设立公司必须依照本法制定公司章程。公司章程对公司、股东、董事、监事、高级管理人员具有约束力。"商业银行的章程，在有限责任商业银行，由股东共同制定；在股份有限商业银行，由发起人制定并经创立大会通过。国有独资商业银行的章程，由国有资

产监督管理机构制定，或者由董事会制定报国有资产监督管理机构批准。章程的内容应当符合《商业银行法》和《公司法》的规定。

② 有符合《商业银行法》规定的最低限额以上的注册资本。注册资本为商业银行在公司登记机关登记的全体股东实缴的出资额。资本是商业银行从事经营活动的物质基础，起着信用保证、风险缓冲、亏损弥补的关键作用。考虑到商业银行的经营特性和在国民经济中的特殊地位，各国对商业银行规定了比普通公司高得多的资本要求。我国《商业银行法》规定：设立商业银行的注册资本最低限额为10亿元人民币；城市合作商业银行的注册资本最低限额为1亿元人民币，农村合作商业银行的注册资本最低限额为5000万元人民币；注册资本应当是实缴资本；国务院银行业监督管理机构根据审慎监管的要求可以调整注册资本最低限额，但不得少于前述规定的限额。

③ 有具备任职专业知识和业务工作经验的董事、高级管理人员。商业银行董事、高级管理人员的任职资格，由国务院银行业监督管理机构负责审查、认定。《商业银行法》规定，有下列情形之一的，不得担任商业银行的董事、高级管理人员：a. 因犯有贪污、贿赂、侵占财产、挪用财产罪或者破坏社会经济秩序罪，被判处刑罚，或者因犯罪被剥夺政治权利的；b. 担任因经营不善破产清算的公司、企业的董事或者厂长、经理，并对该公司、企业的破产负有个人责任的；c. 担任因违法被吊销营业执照的公司、企业的法定代表人，并负有个人责任的；d. 个人所负数额较大的债务到期未清偿的。另外，商业银行董事、高级管理人员的任职资格管理，还适用中国人民银行2000年3月发布的《金融机构高级管理人员任职资格管理办法》。

④ 有健全的组织机构和管理制度。健全的组织机构和管理制度是商业银行有效经营的组织保证。商业银行必须有健全的组织机构，并建立起各项管理制度，包括人事管理制度、风险管理制度（如授权授信制度、资产负债比例管理制度）、内部控制制度、结算管理制度、财务管理制度等。商业银行的组织形式不同，其组织机构也不一样。健全的组织机构应包括决策机构、执行机构和监督机构，即股东大会（股东会）、董事会和监事会，但国有独资商业银行按规定不设股东会，只设董事会和监事会。

⑤ 有符合要求的营业场所、安全防范措施和与业务有关的其他设施。营业场所是商业银行开展业务必备的物质条件；安全防范措施主要包括配备保安人员和防盗、报警、消防等设备；与业务有关的其他设施，一般应包括金库、通信设备、电脑、运钞车、点钞机、验钞机、保险箱等。商业银行的营业场所、安全防范措施和与业务有关的其他设施，应符合国务院银行业监督管理机构、公安部门、消防部门的有关规定。

⑥ 应当符合其他审慎性条件。上述五项条件，只是设立商业银行的必要条件，而不是充分条件。设立商业银行，还应当符合其他审慎性条件，如国务院银行业监督管理机构在审查设立外资独资商业银行、中外合资商业银行、外国商业银行分行的申请时，如查实申请人或外方合资者所在国家在此方面歧视中国国民，可以适用国际法上的对等原则驳回其申请。

（2）商业银行的设立程序

《商业银行法》将设立程序分为筹建和开业两个阶段以及申请、审批、登记、公告四个环节。

① 筹建

a. 申请。设立商业银行应向国务院银行业监督管理机构提出申请。申请书应当载明拟设立商业银行的名称、所在地、注册资本、申请经营的业务范围等，同时还需递交设立商业银行的可行性研究报告。申请人应当填写正式申请表，并向国务院银行业监督管理机构提交下列文件、资料：章程草案；拟任职的董事、高级管理人员的资格证明；法定验资机构出具的验资证明；股东名册及其出资额、股份；持有注册资本百分之五以上的股东的资信证明和有关资料；经营方针和计划；营业场所、安全防范措施和与业务有关的其他设施的资料；国务院银行业监督管理机构规定的其他文件、资料。

b. 审批。对符合《商业银行法》、《公司法》等法律法规规定的设立条件的商业银行，国务院银行业监督管理机构应颁发经营许可证。

② 开业

a. 登记。经批准设立的商业银行，应当在批准后 30 天内，凭国务院银行业监督管理机构颁发的经营许可证向工商行政管理部门提出登记申请。工商行政管理部门应当受理申请后 30 天内作出核准登记或者不准予登记的决定。商业银行只有在设立登记后，才具有法人资格，才可在法律许可的范围内开展经营活动。领取营业执照的日期是银行成立之日。

b. 公告。经批准设立的商业银行，由国务院银行业监督管理机构予以公告。商业银行自取得营业执照之日起无正当理由超过 6 个月未开业的，或者开业后自行停业连续 6 个月以上的，由国务院银行业监督管理机构应吊销其经营许可证，并予以公告。

3.2.2 商业银行的变更

商业银行设立后，在经营过程中，由于各种原因，可能需要在某些方面进行变更。《商业银行法》规定，商业银行有下列变更事项之一的，应当经国务院银行业监督管理机构批准：①变更名称；②变更注册资本；③变更总行或者分支行所在地；④调整业务范围；⑤变更持有资本总额或者股份总额 5%以上的股东；⑥修改章程；⑦国务院银行业监督管理机构规定的其他变更事项。商业银行更换董事、高级管理人员，虽然无须国务院银行业监督管理机构批准，但应当报经国务院银行业监督管理机构审查其任职资格。商业银行在报请国务院银行业监督管理机构批准其变更以前，应依《公司法》和章程的规定完成内部批准程序；变更以后，则应当依法向工商行政管理部门办理变更登记和予以公告。

3.3 商业银行的业务

3.3.1 商业银行的经营规则

商业银行的经营原则，是《商业银行法》所规定的、商业银行从事经营活动必须遵循的基本准则。

① 守法经营的原则。商业银行开展一切经营活动，必须遵守法律、行政法规和国务院银行业监督管理机构等监管部门发布的行政规章，不得损害国家利益、社会公共利益。这一原则是商业银行必须遵循的根本性原则，尽管非常概括，但含义十分丰富。

② 效益性、安全性、流动性原则。商业银行作为企业法人，盈利是其首要目的。但是，效益以资产的安全性和流动性为前提。安全性又集中体现在流动性方面，而流动性则以效益性为物质基础。商业银行在经营过程中，必须在三者之间寻求有效的平衡。

③ 依法独立自主经营的原则。这是商业银行作为企业法人的具体体现，也是市场经济机制运行的必然要求。商业银行依法开展业务，不受任何单位和个人的干涉。作为独立的市场主体，有权依法处理其一切经营管理事务，自主参与民事活动，并以其全部法人财产独立承担民事责任。

④ 保护存款人利益原则。存款是商业银行的主要资金来源，存款人是商业银行的基本

客户。商业银行作为债务人，是否充分尊重存款人的利益，严格履行自己的债务，切实承担保护存款人利益的责任，直接关系到银行自身的经营。如果存款人的合法权益得不到有效的尊重和保护，他们就选择其他银行或退出市场。

⑤ 自愿、平等、诚实信用原则。商业银行与客户之间是平等主体之间的民事法律关系。因此，商业银行与客户之间的业务往来，应以平等自愿为基础，公平交易，不得强迫，不得附加不合理的条件，双方均应善意、全面地履行各自的义务。

⑥ 公平竞争的原则。公平竞争是提高市场效率的前提。商业银行在处理与其他商业银行以及非银行金融机构的关系上，应当坚持公平竞争的原则，不得从事不正当竞争行为，如不得违反规定提高或者降低利率以及采取其他不正当手段，吸收存款，发放贷款。

阅读资料 3-1

浙江首例储户被抢状告银行案胜诉　被告补充赔偿

2005 年 5 月 9 日，周先生携带三十万元人民币到××银行金华双溪分理处营业大厅办理存款业务，该行没有在大厅安排引导人员，也没有保安负责保安事务。在周先生等候大约 5 分钟后，突然被一名歹徒抢走三十万元现金。该案不久就被金华市江南公安局侦破，犯罪嫌疑人也被抓获，但被抢的三十万元被犯罪嫌疑人大肆挥霍，只剩下现金十一万四千三百五十元，另有价值九千七百六十六元的金项链一条、总价值五千元的手机两部。周先生的经济损失共计十七万零八百八十四元。虽然案已告破，但周先生仍倍感气愤，认为银行存在严重失职，经协商无果。2005 年 7 月 27 日，周先生向法院起诉，请求法院判令被告银行赔偿他经济损失和精神损失费共计十九万零八百八十四元。围绕银行到底该不该为储户被抢负责这个问题，双方在法庭上展开激烈的辩驳。婺城区人民法院作出一审判决：由被告银行补充赔偿原告周先生经济损失人民币八万五千一百七十五元。

法院认为，消费者在接受服务时，享有人身财产安全不受损害的权利。从事经营活动的组织未尽合理限度范围内的安全保障义务，致使他人遭受人身及财产损害，应当由实施侵权行为的第三人承担赔偿义务。安全保障义务人有过错的，应当在其能够防止或者制止损害的范围内承担相应的补充赔偿责任。安全保障义务人承担责任后，可以向第三人追偿。

在本案中，被告作为依法成立的金融机构，根据《中华人民共和国商业银行法》、《储蓄管理条例》、《中华人民共和国消费者权益保护法》等规定，负有确保客户存取款安全的法定义务。但被告只设置了电视监控系统，没有设置其他必要的安全防范和保护设施，更没有安全保卫人员巡视。在原告现金被抢后，该银行没有人员协助原告追赶犯罪嫌疑人，原告孤身追到犯罪嫌疑人后，因缺少他人协助，被犯罪嫌疑人踹倒在地，致使犯罪嫌疑人逃脱，错过了抓获犯罪嫌疑人、挽回损失的良机。故被告在本案中存在一定的过错，应当补充赔偿原告适当的经济损失。

资料来源：中新网

3.3.2　商业银行的一般业务

参考案例 3-3

A 公司因经营房地产业务急需资金，向其开户银行 Y 申请贷款。Y 银行由于信贷规模有限，无法满足A公司的要求。A公司经理李某与Y银行行长王某有近亲属关系。李某提议王某向X银行办理同业拆借，用同业拆借拆入的钱贷给A公司。Y银行于是就从X银行拆入了为期3个月的资金。Y银行又将拆入的资金贷给A公司用于房地产开发，且未要求A公司提供担保。

请问：Y银行在给A公司的贷款中有哪些行为违法了《商业银行法》的规定？

[参考案例3-3] 分析

Y银行的以下行为违反了《商业银行法》。

首先，《商业银行法》禁止利用拆入资金发放房地产贷款或者投资，而Y银行却将拆入的资金用于发放房地产贷款。

其次，《商业银行法》禁止商业银行向关系人发放信用贷款。由于A公司经理李某和Y银行行长王某是近亲属关系，因此李某以及李某担任经理的A公司都是Y银行的关系人，而Y银行给A公司发放信用贷款显然违反了法律规定。

资料来源：www.xiqufb.com

(1) 负债业务

负债业务是商业银行筹措资金以形成其经营资产的业务。它主要包括以下方面。

① 吸收公众存款。吸收公众存款是指商业银行收受客户（不特定的社会多数人，包括单位和个人）的货币资金，对客户负即期或定期偿付的义务。存款构成商业银行主要的资金来源。商业银行可以吸收的存款种类，既包括单位存款，也包括个人储蓄存款，既包括活期存款，也包括定期存款、定活两便存款，还包括经国务院银行业监督管理机构批准的其他种类的存款。商业银行吸收的财政性存款，应按规定划转中国人民银行。

② 发行金融债券。金融债券是金融机构为了筹集中长期信贷资金而发行的、证明认购人或持有人债权的一种有价证券。商业银行发行金融债券，应当依照法律、行政法规的规定报经批准。

(2) 资产业务

资产业务是商业银行运用自己的资产获得利润的业务。它主要包括以下方面。

① 发放短期、中期、长期贷款。发放贷款是指商业银行处于债权人的地位，在借款人应定期或随时偿还本息的条件下，将货币资金（现金或现金请求权）贷给借款人。贷款是商业银行资金运用的主要形式。短期贷款指贷款期限在1年以内（含1年）的贷款；中期贷款指贷款期限在1年以上（不含1年）5年以下（含5年）的贷款；长期贷款是贷款期限在5年以上（不含5年）的贷款。

② 办理票据承兑与贴现。承兑是指汇票付款人承诺在汇票到期日支付汇票金额的票据行为。根据我国有关规定，不同的汇票的承兑期限是不同的。贴现是指商业银行以折扣方式预收利息购入未到期的商业票据，向票据持有人提供短期的资金融通。贴现期限（从贴现之日起到票据到期日止）最长不得超过6个月。

③ 买卖政府债券、金融债券。即商业银行为取得利息收入或市场差价收益，以自己的名义，自担风险，买入或者卖出政府债券、金融债券。买卖政府债券、金融债券是商业银行调整资产结构、保持资产流动性的重要手段。

④ 从事同业拆借。同业拆借是金融机构之间融通短期资金的行为。通过同业拆借，商业银行可以及时对其资金头寸进行余缺调剂。

⑤ 买卖、代理买卖外汇。买卖外汇是指商业银行在外汇市场上，卖出人民币资金，买入外汇资金，或者卖出外汇资金，买入人民币资金，以赚取利润、规避汇率风险、调整资产

结构的业务活动。代理买卖外汇，是指商业银行接受客户的委托，在外汇市场上买卖外汇以赚取手续费的业务。

(3) 中间业务

中间业务是商业银行不动用自己的资产，而是凭借自己的业务条件经营的金融服务，收取服务费的业务。它主要包括以下方面。

① 办理国内外结算。结算是单位或个人基于商品交易、劳务供应以及其他原因进行的货币收付活动。办理国内外结算，是指商业银行基于客户的结算存款账户，接受客户的委托，通过转账划拨代为办理货币的收付。

② 代理发行、代理兑付、承销政府债券。即商业银行以取得手续费收入为目的，接受政府或财政部的委托，以代理人的身份，向规定的对象销售政府债券，或者向政府债券的持有人支付到期的本息。

③ 从事银行卡业务。银行卡指由商业银行向社会发行的具有消费信用、转账结算、存取现金等全部或部分功能的信用支付工具。所谓银行卡业务是指商业银行发行银行卡，并以发行的银行卡为基础为持卡人提供消费信用、转账结算、存取现金等金融服务。

④ 提供信用证服务及担保。信用证是银行根据客户的申请开具的，承诺在信用证规定的条件得到满足时，由银行向信用证的受益人承担付款责任的信用函件。其实质是银行以自身信用补充其客户（开证申请人）信用的不足，并为此取得相应的收入。商业银行提供信用证服务，应不限于开立信用证，而应当还包括以信用证通知行、议付行、保兑行的身份提供与信用证相关的服务。所谓担保，是指商业银行应客户的请求，向客户的债权人承诺，当客户（主债务人）不履行债务时，由其按照约定履行债务或者承担责任的行为。商业银行提供担保，按规定向客户收取担保费。

⑤ 代理收付款项及代理保险业务。代理收付款项业务，是指商业银行利用自身的结算便利，接受客户的委托，代为办理指定款项的收付，如代发工资、代收水电费等。代理保险业务，是指商业银行根据保险公司的委托，向保险公司收取代理手续费，并在保险公司授权的范围内代为办理保险业务。

⑥ 提供保管箱服务。保管箱业务是商业银行出租保管箱供客户保管法律文书、储蓄存单(折)、有价证券、贵重金属、珠宝首饰、古玩文物等贵重物品，取得租金收入的一种服务性业务。保管箱业务对于方便群众，完善商业银行的服务功能，增加收入，具有一定的意义。

⑦ 经中国人民银行批准的结汇、售汇业务。结汇、售汇业务是指商业银行经中国人民银行批准，作为外汇指定银行办理与客户之间的结汇、售汇业务以及自身结汇、售汇业务。与客户之间的结汇、售汇业务是指为客户办理人民币与可自由兑换货币之间兑换的业务；自身结汇、售汇业务是指因其自身经营活动需求而产生的人民币与可自由兑换货币之间进行兑换的业务。

(4) 经国务院银行业监督管理机构批准的其他业务

以上只是法定的允许商业银行经营的业务种类，具体到特定的商业银行，其经营范围由章程规定，并须报国务院银行业监督管理机构批准。

3.3.3 商业银行不得从事的业务

为了进一步理顺分业经营的体制，规范商业银行的经营行为，《商业银行法》规定了商业银行不得经营的几种业务。

① 信托投资业务。信托本质上是一种为他人利益管理财产的制度。即财产所有人将自己的财产委托他人（即受托人）为自己或者第三人的利益进行保管或处分。所谓商业银行不

得经营信托投资业务，即是指商业银行不得作为受托人经营信托投资业务。

② 证券经营业务。所谓商业银行不得从事证券经营业务，主要是指商业银行不得承销证券发行，不得自营买卖证券，不得代理他人买卖证券。为了防止商业银行变相投资股票，《商业银行法》规定，商业银行因行使质权而取得的股权，应当自取得之日起 2 年内予以处分。

③ 向非自用不动产投资。不动产是指土地以及房屋等地上定着物。对商业银行而言，自用不动产是指其经营业务所必需的房屋、场地等不动产。除自用目的以外，商业银行不得以任何理由从事房地产的开发或买卖业务。禁止商业银行向非自用不动产投资，主要目的是控制固定资产投资规模，保证商业银行资产的流动性，杜绝商业银行的房地产投机活动。为了防止商业银行变相投资非自用不动产，《商业银行法》规定，商业银行因行使抵押权而取得的不动产，应当自取得之日起 2 年内予以处分。

④ 向非银行金融机构投资。非银行金融机构是指各类银行以外，经批准从事非银行类金融业务的金融机构，如保险公司、信托投资公司、企业集团财务公司、证券公司、金融租赁公司、城市信用合作社、农村信用合作社等。商业银行不得向非银行金融机构投资，是指商业银行不得向非银行金融机构投资入股，包括投资或参与投资设立非银行金融机构，受让非银行金融机构的股份。此项禁止性规定的目的，一是防止风险在金融机构之间转移和扩散，避免酿成系统性风险，二是防止商业银行变相从事混业经营。

⑤ 向企业投资。商业银行不得向企业投资，是指商业银行不得向非金融企业投资入股，包括投资或参与投资设立非金融企业，受让非金融企业的股份。此项规定的主要目的，是为了有效控制投资规模，维护商业银行资产的流动性，避免商业银行因企业的经营不善而受到不利影响。

须注意的是，商业银行仅在中华人民共和国境内不得从事上述业务，至于在境外从事则未予禁止。而且，如果国家另有规定，即使在境内，亦可从事。

3.3.4 商业银行的存款业务规则

① 商业银行应当保障存款人的合法权益不受任何单位和个人的侵犯。

② 商业银行办理个人储蓄存款业务，应当遵循存款自愿、取款自由、存款有息、为存款人保密的原则。

③ 商业银行应当保证存款本金和利息的支付，不得拖延、拒绝支付存款本金和利息。

④ 商业银行应当按照中国人民银行规定的存款利率上下限，确定存款利率，并予以公告。

⑤ 商业银行应当按照中国人民银行的规定，向中国人民银行交存存款准备金，留足备付金。

⑥ 对个人储蓄存款，商业银行有权拒绝任何单位或者个人查询、冻结、扣划，但法律另有规定的除外。对单位存款，商业银行有权拒绝任何单位或者个人查询、冻结、扣划，但法律、行政法规另有规定的除外。

3.3.5 商业银行的贷款业务规则

贷款是商业银行的资产业务和利润来源，商业银行贷款业务的经营情况，贷款资产的质量高低，直接影响到商业银行的经营业绩和安全。因此，《商业银行法》对商业银行经营贷款业务作了如下原则性规定。

① 贷款的指导思想。商业银行应当根据国民经济和社会发展的需要，在国家产业政策

的指导下，开展贷款业务。

② 贷款自主权。《商业银行法》规定，商业银行依法开展业务，不受任何单位和个人的干涉。任何单位和个人不得强令商业银行发放商业贷款。商业银行有权拒绝任何单位和个人强令要求其发放商业贷款。

③ 贷款的审查。商业银行的贷款实行审贷分离，分级审批制度。审查的内容：借款用途、偿还能力、还款方式。对贷款项目实行贷前调查、贷时审查和贷后检查。任何单位和个人不得强令商业银行发放贷款或者提供担保。

④ 有担保原则。商业银行贷款，借款人应当提供担保，银行应当对保证人的偿还能力，抵押物、质物的权属和价值以及实现抵押权、质权的可行性进行严格的审查。除了资信情况良好，确能按时偿还贷款的，所有的贷款均需提供担保。其中对银行的关系人贷款不得采用信用贷款形式。

⑤ 借款合同管理。商业银行贷款，应当与借款人订立书面合同。借款合同应当约定贷款种类、用途、金额、利率、还款期限、还款方式、违约责任以及双方认为需要约定的其他事项。

⑥ 利率管理。《商业银行法》规定，商业银行不得违反规定提高或者降低利率以及采用其他不正当手段，吸收存款，发放贷款。《贷款通则》对贷款利率也作出了规定，即贷款人应当按照中国人民银行规定的贷款利率的上下限，确定每笔贷款的利率，并在借款合同中记载清楚。

⑦ 资产负债比例管理。为适应新的金融管理体制，增强商业银行的自我约束和自我发展能力，改进人民银行的宏观调控方式，保证银行业的稳定发展，中国人民银行从 1994 年始对各商业银行的资金使用实行比例管理制度，对比例管理的考核指标采取区别对待、逐步过渡的办法。

⑧ 对关系人贷款的限制。关系人主要包括两种：一是具有特殊身份的关系人，包括商业银行的董事、监事、管理人员、信贷业务人员及其近亲属；二是与商业银行具有特殊利益关系的关系人，包括商业银行的董事、监事、管理人员、信贷业务人员及其近亲属投资或者担任高级管理职务的公司、企业和其他经济组织。商业银行的关系人，与商业银行有着利害关系的人，可以凭借这种利害关系或者特殊身份影响商业银行经营或者管理活动。因此，禁止向关系人发放信用贷款，且向关系人发放担保贷款的条件不得优于其他借款人同类贷款的条件。

⑨ 建立贷款主办行制度。借款人应当按中国人民银行的规定，与其开立基本账户的贷款人建立贷款主办行的关系。借款人发生企业分立、股份制改造、重大项目建设等涉及信贷资金使用和安全的重大经济活动，事先应当征求主办行的意见，一个借款人只能有一个主办行，主办行应当随借款人的基本账户的变更而变更。主办行不包资金，但应当按规定有计划地对借款人提供贷款，为借款人提供必要的信息咨询，以及各种金融代理服务。银团贷款应当确定一个贷款牵头行，并签订银团贷款协议，明确各贷款人的权利义务，评审贷款项目。牵头行应当按照协议确定的比例监督贷款的偿还。

3.4 商业银行与客户的关系

3.4.1 银行与客户关系的法律性质

(1) 银行客户的概念

客户是在银行开有账户与银行有存款、贷款、拆借等交易或通过银行与第三方进行结算支付交易及接受银行其他服务的自然人、法人和不具备法人资格的其他社会组织，可分为一般客户和特别客户两类。

(2) 银行与客户关系的法律性质

商业银行与客户间的关系，从表面来看，是资金融通关系；从本质看是债权债务关系，即是一种合同关系。各国银行法，尤其是英国、美国、法国的判例对此均予以确认。我国《商业银行法》规定，商业银行与客户的业务往来，应当遵循平等、自愿、公平和诚实信用的原则。所以，我国《商业银行法》也确定了银行与客户间债权债务关系的民事法律关系性质。

3.4.2 商业银行与客户关系的种类

(1) 存款关系

存款是商业银行的负债业务。这种存款人与银行之间的存款合同关系，其实质是借贷关系，是一种法律上的债权债务关系。

(2) 贷款关系

贷款是商业银行的资产业务。这种银行与借款人之间的贷款合同关系，其实质仍是借贷关系，是一种债权债务关系。

(3) 代理关系

银行中间业务的大部分属于代理业务，如代理客户收付款项、转账结算、代收水费、电费、煤气费、电话费等，从而与客户之间形成代理关系。

除以上三类主要关系外，商业银行还开展保险箱、投资基金托管及典当、质押借款等业务，从而与客户形成寄托关系。有的国家银行法还允许银行从事受人之托，代人理财的投资信托业务，从而形成信托关系。我国《商业银行法》不允许商业银行从事信托投资业务。

3.4.3 银行与客户的基本权利与义务

(1) 商业银行的权利和义务

① 商业银行的权利。完全支配客户存款资金的权利；收回本息的权利；抵消的权利；收费的权利。

② 商业银行的义务。代客支付的义务；执行客户支付委托或命令的义务；代客收款并结账的义务；保密的义务。

(2) 客户的权利和义务

① 客户的权利。请求兑付存款本金的权利；取得利息的权利；签发支票的权利。

② 客户的义务。偿还银行贷款本息和透支本息的义务；向银行交付服务费的义务；自我保护的义务。

3.5 商业银行的接管、解散、破产、终止

3.5.1 商业银行的接管

接管是国务院银行业监督管理机构为保护存款人的利益，恢复商业银行的正常经营能力，对已经发生信用危机或可能发生信用危机的商业银行在一定期限内行使经营管理权的制度。

(1) 接管的前提和目的

国务院银行业监督管理机构对商业银行实行接管的前提，是商业银行已经或者可能发生

信用危机，严重影响到存款人的利益。此种情形的出现，可能是由于商业银行经营不善，严重亏损，以致无力偿债，也可能是由于商业银行严重违法违规经营，出现偿债困难或者经营上的严重混乱。

接管的目的是对被接管的商业银行采取必要措施，以保护存款人的利益，恢复商业银行的正常经营能力。但是，接管并不是法律对国务院银行业监督管理机构规定的强制义务，国务院银行业监督管理机构有权根据具体情况，决定接管或者不接管。另外，接管也不是商业银行破产前的必经程序。

（2）接管的性质

接管是国务院银行业监督管理机构对特定商业银行采取的一种短期的、强制性的监管补救措施。国务院银行业监督管理机构是否接管，并不取决于被接管商业银行的意志。接管表现为国务院银行业监督管理机构派遣人员进驻被接管的商业银行，在接管期限内行使其经营管理权。被接管的商业银行的债权债务关系不因接管而变化。

（3）接管的程序

① 接管的决定。国务院银行业监督管理机构认为商业银行出现危机时，可以决定对其接管，并组织实施。接管决定国务院银行业监督管理机构在公开的媒介上予以公告，宣布某商业银行因不能清偿到期债务，为了保护债权人的合法权益，由国务院银行业监督管理机构指定某商业银行对其进行接管。公告应载明下列主要内容：被接管的商业银行的名称、接管的理由、接管组织、接管期限。

② 接管期限。接管决定由国务院银行业监督管理机构予以公告。接管自接管决定实施之日起开始。自接管之日起，由接管组织行使商业银行的经营管理权。接管期限届满，国务院银行业监督管理机构可以决定延期，但接管期限最长不得超过 2 年。

③ 接管的法律后果。自接管开始之日起，由接管组织行使商业银行的经营管理权利，接管组织的组成人员由国务院银行业监督管理机构指定。被接管的商业银行的债权债务关系不因接管发生变化。

④ 接管终止。有下列情形之一的，接管终止：接管决定规定的期限届满或者国务院银行业监督管理机构决定的接管延期届满；接管期限届满前，被接管的商业银行已恢复正常经营能力；接管期限届满前，被接管的商业银行被合并或者被依法宣告破产。

3.5.2 商业银行的解散

（1）商业银行解散的条件

商业银行因分立、合并或者出现公司章程规定的解散事由需要解散的，应当向国务院银行业监督管理机构提出申请，并附申请解散的理由和支付存款人本金和利息等债权债务清偿计划，经银监会批准后解散。

（2）商业银行解散程序

国务院银行业监督管理机构批准商业银行解散的，应当依法成立清算组，清算组成员由国务院银行业监督管理机构指定。清算组对商业银行进行清算，按照既定的清算计划及时偿还个人存款本金和利息债务，然后再偿还银行其他的债务。国务院银行业监督管理机构在监督清算过程中，对清算的重大事项有否决权。

3.5.3 商业银行的破产

（1）商业银行破产的条件

商业银行不能支付到期债务，经国务院银行业监督管理机构同意，由人民法院宣告破产。商业银行被宣告破产的，由人民法院组织国务院银行业监督管理机构等部门和有关人员成立清算组，进行清算。商业银行破产的条件主要有三个：不能支付到期债务；经营状况持续恶化；债权人或银行自己申请，并经国务院银行业监督管理机构会同意。这三个条件缺一不可。

（2）商业银行破产清算支付顺序

商业银行破产清算时，在支付清算费用、所欠职工工资和劳动保险费用后，应当优先支付个人储蓄存款的本金和利息。然后，剩余的破产财产按顺序支付国家的税款，之后剩余的财产才能清偿普通的债权，包括其他银行、单位、机构在银行的存款、拆出资金和破产银行所欠他人债务。在对所有的债权人清偿完毕后，尚余的财产就是银行股东权益，由各股东按拥有股份比例分配。

3.5.4 商业银行的终止

商业银行的终止又可称为商业银行的消灭，是指商业银行因出现法律规定的或者章程约定的情形，其主体资格归于消灭的法律行为。能够引起商业银行终止的法定原因有以下三种情形。

① 商业银行的解散，即依法已经设立的商业银行由于出现了法律规定或者商业银行章程规定的特定事由，停止对外经营活动，清算尚未了结的债权债务，而使商业银行的法人资格归于消灭的法律行为和法律事实。

② 商业银行的撤销，即已经依法成立的商业银行因在经营活动中出现违反法律、法规的，有关国家机关吊销其经营许可证，使其丧失法人资格的状态。依法撤销违法经营的商业银行是国务院银行业监督管理机构对金融机构进行依法监督和管理的方式之一。

③ 商业银行破产，即商业银行因不能支付到期债务，发生了信用危机，而依法被人民法院宣告破产、终止其法人资格的情况。

商业银行的终止是重大的金融市场活动，必须先经国务院银行业监督管理机构的批准，再按照《商业银行法》和《公司法》、《公司登记条例》等法律法规的规定办理。

阅读资料 3-2

巴林银行倒闭事件

巴林银行：历史显赫的英国老牌贵族银行，世界上最富有的女人——伊丽莎白女王也信赖它的理财水准，并是它的长期客户。

尼克·李森：国际金融界“天才交易员”，曾任巴林银行驻新加坡巴林期货公司总经理、首席交易员，以稳健、大胆著称。在日经 225 期货合约市场上，他被誉为“不可战胜的李森”。

1994 年下半年，李森认为，日本经济已开始走出衰退，股市将会有大涨趋势。于是大量买进日经 225 指数期货合约和看涨期权。然而“人算不如天算”，事与愿违，1995 年 1 月 16 日，日本关西大地震，股市暴跌，李森所持多头头寸遭受重创，损失高达 2.1 亿英镑。

这时的情况虽然糟糕，但还不至于能撼动巴林银行。只是对李森先生来说已经严重影响其光荣的地位。李森凭其天才的经验，为了反败为胜，再次大量补仓日经 225 期货合约和利率期货合约，头寸总量已达十多万手。

要知道这是以“杠杆效应”放大了几十倍的期货合约。当日经 225 指数跌至 18500 点以下时，每跌一点，李森先生的头寸就要损失两百多万美元。

“事情往往朝着最糟糕的方向发展”，这是强势理论的总结。

2月24日，当日经指数再次加速暴跌后，李森所在的巴林期货公司的头寸损失，已接近其整个巴林银行集团资本和储备之和。融资已无渠道，亏损已无法挽回，李森畏罪潜逃。

巴林银行面临覆灭之灾，银行董事长不得不求助于英格兰银行，希望挽救局面。然而这时的损失已达14亿美元，并且随着日经225指数的继续下挫，损失还将进一步扩大。因此，各方金融机构竟无人敢伸手救助巴林这位昔日的贵宾，巴林银行从此倒闭。

一个职员竟能短期内毁灭一家老牌银行，究其各种复杂原因，其中，不恰当的利用期货“杠杆效应”，并知错不改，以赌博的方式对待期货，是造成这一“奇迹”的关键。

虽然最后警方很快抓住了逃跑的李森，但如果不能抓住期货风险控制的要害，更多的“巴林事件”还会发生，包括我们个人投资者中间的小“巴林事件”。

资料来源：http：//baike. baidu. com/

本章小结

商业银行是指依照《中华人民共和国商业银行法》和《中华人民共和国公司法》设立的以盈利为目的，吸收公众存款，发放贷款，办理结算等业务的企业法人。

商业银行的组织机构包括股东大会、董事会、监事会及经理。

商业银行法是规定商业银行设立、变更、终止、组织机构、业务范围及其基本业务规定的法律规范的总称。

商业银行的设立是指商业银行创办人依照法律规定的程序，通过筹建商业银行并使商业银行取得法律关系主体资格的法律行为。负债业务是商业银行筹措资金以形成其经营资产的业务。资产业务是商业银行运用自己的资产获得利润的业务。中间业务是商业银行不动用自己的资产，而是凭借自己的业务条件经营的金融服务，收取服务费的业务。

客户是在银行开有账户与银行有存款、贷款、拆借等交易或通过银行与第三方进行结算支付交易及接受银行其他服务的自然人、法人和不具备法人资格的其他社会组织。

【思考题】

1. 商业银行与其他类型的金融机构有何区别?
2. 在我国，设立商业银行应当具备什么条件?
3. 论述商业银行经营的“安全性、流动性、效益性”原则。

【课堂讨论题】

据银监会披露的数据，2011年3月末，我国银行业金融机构境内外合计本外币资产总额突破了百万亿元大关，截至2011年10月末，总资产达到约106.21万亿元。2010年，农业银行成功登陆A股和H股市场，成为四大国有商业银行上市的收官之作。鉴于此，谈谈商业银行股份制改革探索及改革带来的巨大变化。

【案例分析】

2008年2月某商业银行与某房地产开发公司共同开发某经济特区的房地产项目，并成立项目公司，由该行副行长兼任房地产公司副董事长，商业银行向该项目公司投资1亿元人民币。同年6月房地产开发公司以该公司的房地产作抵押，向商业银行提出贷款申请，商业银行经审核后，向其发放了 2 亿元抵押贷款。该行当月资本余额为 17.9 亿元人民币。2009 年 7 月房地产开发公司因经营亏损濒临破产，商业银行的贷款已无法收回。2009 年底该商业银行被银监会决定接管。

请问：

① 商业银行能否向项目公司投资？为什么？

② 商业银行能否向房地产开发公司发放抵押贷款？为什么？

③ 商业银行向房地产开发公司发放 2 亿元人民币贷款是否合法？为什么？

④ 银监会对该商业银行的接管决定是否正确？为什么？

［分析提示］

① 不能。《商业银行法》规定，商业银行不得向企业投资。

② 能。《商业银行法》禁止向关系人发放信用贷款，并不禁止向关系人发放担保贷款，只是发放担保贷款的条件不得优于其他借款人同类贷款的条件。

③ 不合法。因为《商业银行法》关于对资产负债比例管理的规定，对同一借款人的贷款余额与商业银行资本余额的比例不得超过 10%。该商业银行向房地产开发公司发放 2 亿元人民币贷款已超过其资本余额的 10%。

④ 正确。因为该商业银行巨额贷款无法收回，可能发生信用危机，在此情况下银监会可以对该银行实行接管。

资料来源：http：//www1.openedu.com.cn/

第 4 章　政策性银行和非银行金融机构的法律制度

【学习目标】

理解政策性银行和非银行金融机构的概念。

知晓政策性银行的引导性、补充性、服务性三大职能。

了解我国的政策性银行及其基本制度、非银行金融机构及其基本制度以及城乡信用社及其联合社的法律制度。

掌握对政策性银行和非银行金融机构的行为规范。

【本章引例】

国家开发银行某省分行为扩大信贷规模，促进融资，在全省范围内开展了吸收公众存款的业务，3 个月内共吸收公众存款约 1 亿元人民币，并以此发放商业性贷款 2000 万元人民币。

请问：该分行的行为是否合法？

【引例分析】

不合法。因为国家开发银行的业务范围不包括吸收公众存款。

4.1　政策性银行的法律制度

4.1.1　政策性银行的概念及主要职能

① 政策性银行的概念。政策性银行是指由政府创立和担保、以贯彻国家产业政策和区域发展政策为目的、具有特殊的融资原则、不以盈利为目的的金融机构。

政策性银行是国家干预、协调经济的产物，是为适应国家宏观经济调控政策，弥补“市场失灵”的需要而产生的，对于发展国民经济、实现社会稳定有着很重要的意义。20 世纪 30 年代，美国、日本、法国等先后成立了本国的政策性银行。之后的几十年，世界各国为扶持基础产业，调节区域差距，促进本国企业开拓国际市场而纷纷成立自己的政策性银行，并制定相应的法律规范加以调整。

② 政策性银行的特征

a. 由政府创立。政策性银行多由政府创立、参股或保证，以政府为后盾。这使得政策性银行与政府之间有着密切的联系，政府对政策性银行有着实质上的控制权和影响力。

b. 业务范围的特定性。政策性银行有着自己特定的服务领域，不与商业银行展开竞争，其经营范围主要集中于关系国民经济健康、稳定、可持续发展和体现国家产业政策的农业、住房业、进出口贸易、公共工程建设、扶贫助困等基础部门或领域，为其提供必要的资金支持。

c. 经营目的的非盈利性。政策性银行是政府进行宏观调控、发展国民经济的专门性金融机构，因此，其与商业银行的根本区别就在于政策性银行不以盈利为目的，而以国家和社会公共利益的实现为其经营的出发点。政策性银行在发放资金上主要侧重于商业银行不愿投资的领域，这些领域普遍存在着投资数额大、周期长等特点，难以满足商业银行短期盈利的目的。因此，政策性银行对符合条件的组织提供中长期低利率信贷资金，以实现其执行政府决策的经营目的。

d. 融资方式的特殊性。政策性银行不能吸收公众存款，融资渠道和商业银行有着明显区别。由于政策性银行以政府投资为主，国家财政拨款是其主要的融资渠道；另外，中央银行的再贷款、再贴现和专项基金以及发行政策性金融债券等也是其重要的融资方式。

e. 法律调整的单独性。在大多数国家，政策性银行均由单独的法律、法规进行调整，如韩国的《产业银行法》、《住宅银行法》、《进出口银行法》；日本的《开发银行法》、《农林渔业金融公库法》；美国的《农业信贷法》、《全国住房建筑法》等。

4.1.2 我国的政策性银行

1993年12月25日，国务院发布《关于金融体制改革的决定》，提出“建立政策性金融与商业性金融分离，以国有商业银行为主体、多种金融机构并存的金融组织体系”。组建政策性银行的目的是：实现政策性金融和商业性金融分离，以解决国有专业银行身兼两任的问题；割断政策性贷款与基础货币的直接联系，确保人民银行调控基础货币的主动权。

根据国务院《关于金融体制改革的决定》，我国先后组建了国家开发银行、中国农业发展银行和中国进出口银行三家政策性银行。

(1) 国家开发银行

国家开发银行于1994年3月成立，直属国务院领导。它是一家以国家重点建设为主要融资对象的政策性投资开发银行。自成立以来，国家开发银行在国家经济建设的各个领域中发挥了重要的作用，有力地支持了国家基础设施、基础产业、支柱产业等重点领域的建设，先后开发了三峡工程、南水北调工程、哈大电气化铁路项目、杭州湾跨海大桥项目、天津市区至滨海新区快速轨道交通工程项目、四川高速公路建设开发总公司项目、国家石油储备项目、北京奥运建设项目和上海世博会项目等大型优质贷款项目。国家开发银行通过其金融活动，力求平衡中西部地区和沿海地区的经济发展水平，引导和调节国家固定资产投资的总量和结构，促进国家重大项目的开发和建设。

经过多年的发展，国家开发银行初步建立了自主经营、市场运作的运行机制，取得良好业绩，截至2010年末，国家开发银行资产规模突破5万亿元，不良贷款率0.68%，连续23个季度将不良贷款率控制在1%以内；全年实现净利润353亿元。

国家开发银行于2008年12月16日挂牌成立股份有限公司，并拟在适当时候上市。

① 国家开发银行的宗旨。立足社会主义初级阶段经济发展的瓶颈制约和市场缺损的国情特点，按照科学发展观的要求和宏观调控政策目标，运用开发性金融的建设市场方法，建立长期稳定的资金来源，筹集和引导社会资金，重点支持“两基一支”和高新技术产业及其配套工程建设，以及政府急需发展的其他领域，完善风险约束机制，推进市场建设，促进城乡、区域、经济社会、人与自然、国内和对外开放的协调发展，实现经济持续稳定发展的目标。

② 国家开发银行的资金来源。国家开发银行的资金来源首先是财政部拨付的500亿元的注册资本金和重点建设基金。另外，国家开发银行还发展了多渠道的融资手段，包括发行债券、税收返还、同业拆借市场等。特别是在债券发行方面，近几年来取得了不俗的业绩。

③ 国家开发银行的主要业务

a. 融资业务包括发行国债和金融债券；办理同业拆借；境外发行外币债券和办理国际银团信贷；其他融资业务。

b. 贷款业务包括对基础设施、基础产业和支柱产业进行中长期贷款；办理间接银团贷款、联合贷款业务和资产管理业务；中小型企业融资的贷款业务；其他符合国家产业政策和发展规划的贷款业务。

c. 中间业务包括承销有信贷关系的企业债券；建设项目贷款的评审、咨询和担保业务；与贷款项目有关的本外币企业存款和结算业务；其他金融服务业务。

④ 国家开发银行的组织和管理。国家开发银行总部设在北京，目前在全国设有 32 家分行和 4 家代表处。

国家开发银行受国务院直接领导，下设行长 1 人，副行长和行长助理若干人，由国务院任命。行长是银行的法定代表人，负责全行工作；副行长协助行长工作并分管相应的部门工作。国家开发银行根据实际需要成立分支机构和办事机构。

国家开发银行在业务上接受中国人民银行和银监会的指导和监督，并设国家开发银行监事会，监督银行对国家政策的执行情况和经营状况。

（2）中国农业发展银行

中国农业发展银行是根据国务院《关于金融体制改革的决定》和《关于组建中国农业发展银行的通知》于 1994 年 11 月 18 日成立的国有农业政策性银行，直属国务院领导。中国农业发展银行成立以来，全面贯彻落实国家粮棉购销政策和有关经济、金融政策，为国家实施宏观调控、确保国家粮食安全、保护广大农民利益、促进农业和农村经济发展发挥了重要作用。

① 中国农业发展银行的宗旨。按照国家的法律、法规和方针、政策，以国家信用为基础，筹集农业政策性信贷资金，承担国家规定的农业政策性金融业务，代理财政性支农资金的拨付，为农业和农村经济发展服务。

② 中国农业发展银行的资金来源。注册资金 200 亿元人民币，从中国农业银行资本金中拨付；业务范围内开户企事业单位的存款；发行金融债券；财政支农资金；向中国人民银行申请再贷款；境外筹资。

③ 中国农业发展银行的主要业务

a. 办理由国务院确定的粮食、油料、棉花收购、储备、调销贷款；b. 办理肉类、食糖、烟叶、羊毛等国家专项储备贷款；c. 办理中央财政对上述主要农产品补贴资金的拨付，为中央和省级政府共同建立的粮食风险基金开立专户并办理拨付；d. 办理粮食、棉花、油料加工企业收购资金贷款；e. 办理粮食、棉花、油料产品的龙头企业收购资金贷款；f. 办理业务范围内开户企事业单位的存款；g. 办理开户企事业单位的结算；h. 发行金融债券；i. 办理保险代理等中间业务；j. 办理粮棉油政策性贷款企业进出口贸易项下的国际结算业务以及与国际业务相配套的外汇存款、外汇汇款、同业外汇拆借、代客弃汇买卖和结汇、售汇业务；以及办理经国务院批准的其他业务。

④ 中国农业发展银行的组织和管理。中国农业发展银行在机构设置上实行总行、分行、支行制，总行设在北京。按照合理分工、精简高效、协调制衡的原则，设立分支机构。中国农业发展银行设行长 1 人，副行长若干人，由国务院任命。行长为法定代表人，负责全行工作；副行长协助行长工作并分管相应的部门工作。

中国农业发展银行在业务上接受中国人民银行和银监会的指导和监督。同时设立中国农业发展银行监事会，对银行的业务经营状况和国家农业产业政策执行情况等进行监督。

（3）中国进出口银行

中国进出口银行成立于 1994 年，直属国务院领导，是政府全资拥有的国家出口信用机构。中国进出口银行是我国外经贸支持体系的主要力量和金融体系的重要组成部分。经过十多年的发展，已成为我国机电产品、高新技术产品出口和对外承包工程及各类境外投资的政策性融资主渠道，外国政府贷款的主要转贷行和中国政府对外优惠贷款的承贷行。

① 中国进出口银行的宗旨。贯彻执行国家产业政策、外经贸政策、金融政策和外交政策，为扩大我国机电产品、成套设备和高新技术产品出口，推动有比较优势的企业“走出去”开展对外承包工程和境外投资，促进对外关系发展和国际经贸合作，提供政策性金融支持。

② 中国进出口银行的资金来源。中国进出口银行注册资金为33.8亿元人民币，由财政部核拨。此外，中国进出口银行还对金融机构发行金融债券，也可以在境外资本市场、货币市场筹集资金和开展同业拆借。

③ 中国进出口银行的主要业务。a. 办理出口信贷（包括出口卖方信贷和出口买方信贷）；b. 办理对外承包工程和境外投资类贷款；c. 办理中国政府对外优惠贷款；d. 转贷外国政府和金融机构提供的贷款；e. 办理本行贷款项下的国际国内结算业务和企业存款业务；f. 在境内外资本市场、货币市场筹集资金（不含发行股票）；g. 办理国际银行间的贷款，组织或参加国际、国内银团贷款；h. 从事人民币同业拆借和债券回购；i. 从事自营外汇资金交易和经批准的代客外汇资金交易；j. 办理与本行业务相关的资信调查、咨询、评估和见证业务；以及经批准或受委托的其他业务。

④ 中国进出口银行的组织和管理。中国进出口银行设董事会，实行董事会领导下的行长负责制。董事会设董事长1名，副董事长2名，由国务院任命。行长为法定代表人，另设副行长若干人，协助行长工作。中国进出口银行总部在北京，目前设有总行营业部和上海、深圳等分行以及哈尔滨、武汉等国内代表处和东南非、巴黎两个境外分行。

中国进出口银行接受中国人民银行和银监会的指导和监督。同时设立中国进出口银行监事会，对银行的业务经营状况等进行监督。

阅读资料 4-1

国家开发银行股份有限公司

根据国务院决定，经银监会批准，国家开发银行股份有限公司于2008年12月16日在开行总部召开创立大会。

国家开发银行股份有限公司继承原国家开发银行全部资产、负债、业务、机构网点和员工，注册资本3000亿元。财政部和中央汇金投资有限责任公司分别出资1539.08亿元和1460.92亿元，分别持有国家开发银行股份有限公司51.3%和48.7%的股权。

陈元任国家开发银行股份有限公司董事长、党委书记。

改制目标：使国开行成为资本充足、内控严密、运营安全、服务优质、效益良好、创新能力和竞争能力强、有中长期特色的商业银行，并继续发挥中长期融资优势的作用，实现最优的股东回报。

资料来源：根据相关资料整理

4.1.3 我国政策性银行的法律规范

(1) 我国政策性银行法律规范的现状

我国政策性银行已经建立十余年并得到了迅速发展，为国家进行宏观调控，调整产业结构，发展对外贸易做出了巨大贡献。但是，在相关法律制度建设方面非常欠缺，尚无一部专门调整政策性银行的法律规范。目前政策性银行的运作规范仍然是以《中国人民银行法》，国务院《关于金融体制改革的决定》和一些行政法规、规章为主，而其中的大量条款已和政策性银行的发展现状相去甚远，显然已经不能适应政策性银行的发展变化，政策性银行的重新立法已迫在眉睫。

近几年来，国家有关部门高度关注新形势下国家开发银行、中国农业发展银行和中国进出口银行的战略定位及立法问题，这是一件意义重大而又影响深远的大事，也表明中国政策性金融即将迈入依法和健康有效运行的新阶段。2005 年初，银监会主席表示，要尽快推动颁布实施《国家开发银行条例》和《进出口银行条例》，立法程序上是由中国人民银行和政策性银行共同起草政策性银行条例。

（2）我国政策性银行的立法

我们认为，政策性银行立法应立足于我国的实际国情，并广泛借鉴国外的先进经验，在把握政策性银行发展趋势的前提下，对我国政策性银行立法进行准确定位。除此之外，三家政策性银行的多年经营为立法提供了较为丰富的实践经验；各政策性银行的章程也在一定程度上为立法提供了前导经验；而其间所存在和显现出来的一系列亟待解决的问题以及必须消除的弊病，也从反面为立法提供了可供参考的资料。

由于三家政策性银行的目标宗旨等各有不同，所追求的国家经济政策各有侧重，因此政策性银行立法应该遵循“一行一法”的单独立法原则，即分别制定《中国国家开发银行法》、《中国农业发展银行法》和《中国进出口银行法》，对各政策性银行的定位、宗旨、性质、任务、资本构成与总量、资金来源与资金运用、业务种类与原则、赋税减免和其他优惠、内部权力结构、主要领导人的任免、董事会的组成与权力、与政府各相关实际部门的关系、外部监督等都应有相关的具体规定。

阅读资料 4-2

国家开发银行 2011 年上半年 1/8 贷款投向环保节能

截至 2011 年 6 月底，国家开发银行（以下简称“国开行”）在过去 3 年半的时间里，累计向城镇污水处理、工业污染整治等环保项目，以及清洁能源等节能项目发放贷款 5896 亿元，贷款余额 5784.1 亿元。2011 年上半年，国开行新发放环保和节能减排贷款 1198.4 亿元，占全行发放额的 13%，重点支持了新疆乌鲁木齐城市燃煤锅炉拆并工程、安吉节能环保设备租赁项目等。

国开行相关负责人表示，发展低碳、环保、可持续的绿色经济顺应全球经济发展的趋势，也符合我国转变经济发展方式的新要求。近年来，国开行积极探索发展绿色金融，促进经济发展方式转变，形成了一套独特的绿色金融战略发展体系。国开行与环保部、发改委、住建部等部委以及各地方政府加强合作，积极筹集和引导社会资金投向战略性新兴产业、生态环保领域。该行一方面不断优化资源配置，支持国家十大重点节能工程和清洁能源、重点流域水环境治理、城市和农村环境综合治理、工业企业节能减排技术改造等领域；另一方面严把贷款环评关，坚决不向未取得环评、“两高一低”、产能过剩的行业提供贷款。

2011 年以来，国开行先后发布了《节能环保产业开发评审工作指引》、《2011 年环保及节能减排贷款工作方案》，对节能环保和资源循环利用领域、节能环保服务业、城镇环保基础设施建设、重点流域水环境治理等项目给予政策倾斜。同时，国开行积极推动苏州工业园、无锡太湖新城中心区等低碳生态城市建设，重点开发了深圳水务、北控水务等大型水务集团污水处理项目。2011 年上半年，国开行向环保和节能减排项目承诺贷款 2380.8 亿元，用于支持城市环境综合治理、工业污染治理及循环经济、十大重点节能工程和清洁能源项目。

资料来源：国家开发银行网站 http://www.cdb.com.cn

4.2 非银行金融机构的法律制度

4.2.1 非银行金融机构的概述

(1) 非银行金融机构的概念和特征

① 非银行金融机构的概念

非银行金融机构是指银行以外的从事货币信用业务和金融服务业务的金融机构，是国家金融体系的重要组成部分。非银行金融机构在中国的发展是近二十年中国金融经济改革取得的显著成绩之一。

② 非银行金融机构的特征

a. 未冠以“银行”名称。非银行金融机构的名称不能冠以“银行”字样，只能是与本机构经营业务相对应的名称，如保险公司、证券公司、信用合作社等。

b. 从事的金融服务业范围较为单一。非银行金融机构从事的主营业务一般较为单一，大多数非银行金融机构不能吸收存款和发放贷款，其主要从事的经营活动受到相应法规的严格限制。

c. 由单独的法规调整。非银行金融机构一般由单独的法律规范调整，如《保险法》、《证券法》、《金融资产管理公司条例》、《城市信用合作社管理办法》等。

阅读资料 4-3

非银行类金融机构发展简史

1979年10月，国务院批准建立中国国际信托投资公司（CITIC），这是中国非银行金融机构发展的起点。1980～1982年底，全国各类信托机构已有620多家，其中中国人民银行的信托部186家，建设银行的信托部266家，中国银行的信托部96家，农业银行的信托部20多家；到1988年9月，作为独立法人的信托投资公司达到745家。此后信托投资公司的数量开始下降。

中国第一家证券公司是1987年成立的深圳特区证券公司，证券公司的发展高峰是1989～1991年，这两年间有50家证券公司成立。特别需要指出的是，这期间成立的许多证券公司是由中国人民银行地方分行控股或独资的，事后证明这是一个严重的错误。

财务公司的发展开始于1987年，当年批准的第一家财务公司是东风汽车工业财务公司。1991年，国务院批发了《关于发展企业集团的通知》，该文件确定了中国第一批企业集团55家，并提出企业集团要优先设立财务公司。从此，批准设立财务公司的一个前提就是，提出申请者必须是国务院文件上确定的企业集团。到1996年末，上述55家企业集团中已成立财务公司33家。1997年4月，国务院把企业集团的名单扩大到120家。

第一家融资租赁公司是1986年11月成立的中国对外贸易租赁公司。到1988年底，融资租赁公司已有9家。由于租赁公司在中国非银行金融机构中的地位很低，而且至今没有一个统一的管理规定，其业务经营实际上与信托投资公司类同，所以就不再专门分析租赁公司的情况。

以上中国非银行金融机构的发展简史说明，非银行金融机构的出现和发展是对大一统银行体制的冲击。在1980年以前，中国的存款、贷款市场和结算业务基本由中国人民银行垄断，当时的中国人民银行既是中央银行，又是商业银行，在农村则由中国农业银行和农村信用社垄断存款、贷款和结算业务。在这种情况下，非银行金融机构是中国金融机构多样化和金融市场发展的动力，也是中国金融改革的先驱。尽管非银行金融机构的市场份额一直不大，但由此打破大一统国家银行的垄断，引起金融业的竞争，其意义是十分重大的。从金融改革的角度分析，中国的情况是十分特殊的：打破传统国家银行垄断体制，不是从增加银行的数量开始，而是从增加非银行金融机构开始；而且，无论是银行或是非银行金融机构，其所有制结构或产权结构都没有根本性改变。

资料来源：中国经济学教育科研网（中国非银行金融机构的发展，谢平，2003年5月16日）

(2) 非银行金融机构的分类

① 根据业务性质，非银行金融机构可分为合作性金融机构、保险公司、证券公司、信托投资公司、金融公司、财务公司、邮政储蓄等。

② 根据活动区域，非银行金融机构可分为全国性非银行金融机构和地方性非银行金融机构。

(3) 非银行金融机构的设立和监管

① 非银行金融机构的设立

a. 设立原则：符合国民经济发展需要；符合金融发展的政策和方向；符合银行业、信托业、保险业、证券业分业经营、分业管理的原则；符合金融机构合理布局、公平竞争的原则；符合经济核算原则。

b. 设立条件：具有符合金融监管机构规定的最低限额以上的人民币货币资本或营运资金。经营外汇业务的，应具有符合规定的外币资本或营运资金；法定代表人和董事长、副董事长、总经理、副总经理、主任、副主任必须符合金融监管机构规定的任职资格。同时其从业人员中应有百分之六十以上从事过金融业务工作或属于大中专院校金融专业毕业生；具有符合金融监管机构规定条件的营业场所和完备的防资、报警、通信、消防等设施；金融监管机构要求具备的其他条件。

c. 申请和审批：申请筹建金融机构，应向金融监管机构提交筹建申请报告、筹建可行性报告、筹建方案、筹建人员名单及其简历等资料各三份；金融监管机构对金融机构筹建申请的答复期为三个月，逾期未获批准的，申请人六个月内不得再次提出同样的申请。筹建申请经批准后方可筹建，筹建期限为六个月。筹建期内不得从事金融业务活动。金融机构筹建就绪，应向金融监管机构提出开业申请，并提交开业申请报告，会计师事务所或有关单位出具的验资证明，资本金或营运资金入账原始凭证复印件，投资者的背景资料、资产负债表和会计报表，拟任法定代表人和主要负责人的名单及履历，从事过金融业务工作的人员占从业人员的比例，营业场所所有权或使用权的证明文件，章程等资料。金融监管机构在收到申请开业文件之日起三十日内通知申请人是否批准其申请。经批准开业的金融机构，应持批准文件到工商行政管理部门办理登记注册手续，并领取《金融机构法人许可证》或《金融机构营业许可证》，经营外汇业务的按规定申领《经营外汇业务许可证》。

② 非银行金融机构的监督和管理。

非银行金融机构实行分类监管和统一监管相结合的原则，分别由银监会、保监会和证监会行使监督管理权。

银监会设立非银行金融机构监管部，承办对全国非银行金融机构（证券、期货和保险类除外）的监管：依法审核有关机构的设立、变更、终止及业务范围；拟订监管规章制度；会同有关部门提出存款类金融机构紧急风险处置意见和建议；监测资产负债比例、资产质量、业务活动、财务收支等经营管理、内部控制和风险情况；对违法违规行为进行查处；审查高级管理人员任职资格。

保监会负责对各保险公司的审批和监管：审批保险公司及其分支机构、保险集团公司、保险控股公司的设立；会同有关部门审批保险资产管理公司的设立；审批境外保险机构代表处的设立；审批保险代理公司、保险经纪公司、保险公估公司等保险中介机构及其分支机构的设立；审批境内保险机构和非保险机构在境外设立保险机构；审批保险机构的合并、分立、变更、解散，决定接管和指定接受；参与、组织保险公司的破产、清算等。

证监会负责对各证券公司和期货公司的审批和监管：监管证券期货经营机构、证券投资基金管理公司、证券登记清算公司、期货清算机构、证券期货投资咨询机构；与中国人民银行共同审批基金托管机构的资格并监管其基金托管业务；制定上述机构高级管理人员任职资格的管理办法并组织实施；负责证券期货从业人员的资格管理。研究和拟订证券期货市场的方针政策、发展规划；起草证券期货市场的有关法律、法规；制定证券期货市场的有关规章。统一管理证券期货市场，按规定对证券期货监督机构实行垂直领导。监督股票、可转换债券、证券投资基金的发行、交易、托管和清算；批准企业债券的上市；监管上市国债和企业债券的交易。

4.2.2 我国城乡信用合作社及其联合社的法律规范

（1）城乡信用合作社的概念

城乡信用合作社是城市信用合作社（简称城市信用社）和农村信用合作社（简称农村信用社）的统称，是指依法设立的，以社员集体投资为基础的合作性金融机构。城乡信用合作社是我国非银行金融机构的重要组成部分。

城乡信用合作社本着自愿参加、社员集资、民主管理、自我服务、自我约束、自负盈亏的原则开展经营活动。

（2）农村信用合作社及其联合社

① 农村信用合作社的概念。农村信用合作社是中国金融体系的重要组成部分，也是目前最主要的合作金融组织形式，是指由农户、信用社职工、农村经济组织等入股组成，实行民主管理，主要为社员提供金融服务的合作金融机构。农村合作金融机构（含农村信用社、农村商业银行和农村合作银行）一直承担着支农服务的重任，发挥着农村金融主力军的作用。截至 2010 年末，全国农村合作金融机构共有法人机构 2954 个，占全国银行业金融机构的 78.5%，营业性网点 75856 个，占全国的 38.8%，上述机构的绝大部分分布在县及县以下农村地区。

② 我国农村信用合作社的历史沿革

a. 新中国成立初期到 1958 年“大跃进”前，是新中国农村信用合作社普遍建立和发展的时期，有信用互助组、农村信用社、农业生产合作社的信用部等形式。

b. 从 1958 年“大跃进”开始到 1978 年党的十一届三中全会前，是农村信用社历经波折的时期。

c. 1980～1996 年是农村信用社恢复和发展的时期。信用社归农业银行管理，实行两套编制，两本账簿。农村基层信用社入股组建县联社，信用社与县联社为两级法人体制。

d. 1996 年至今。1996 年信用社脱离农业银行，开始恢复合作金融性质。同年 8 月，国务院发布《关于农村金融体制改革的决定》，农村信用社正式脱离与农业银行的行政隶属关系，逐步改变为“农民自愿入股，社员民主管理，主要为社员服务”的合作金融组织，并由中国人民银行对其进行监督和管理。

当前农村信用社正处于体制改革的关键时期。根据2003年国务院发布的《深化农村信用社改革试点方案》，信用社改革要重点解决好以下两个问题。

第一，以法人为单位，改革信用社产权制度，明晰产权关系，完善法人治理结构，区别各类情况，确定不同的产权形式。深化信用社改革应遵循以下原则：一是按照市场经济规则，明晰产权关系，促进信用社法人治理结构的完善和经营机构转换，使信用社真正成为自主经营、自我约束、自我发展、自担风险的市场主体；二是按照为“三农”服务的经营方向，改进服务方式，完善服务功能，提高服务水平；三是按照因地制宜、分类指导原则，积极探索和分类实施股份制、股份合作制、合作制等各种产权制度，建立与各地经济发展、管理水平相适应的组织形式和运行机制；四是按照权责利相结合原则，充分发挥各方面积极性，明确信用社监督管理体制，落实对信用社的风险防范和处置责任。

第二，改革信用社管理体制，将信用社的管理交由地方政府负责。按照“国家宏观调控、加强监管，省级政府依法管理、落实责任，信用社自我约束、自担风险”的监督管理体制，分别确定有关方面的监督管理责任。通过将农村信用社管理和风险责任移交省级政府，在管理体制上进行了积极探索。截至2006年2月，已有25个省（区、市）的省级联社，北京、上海农村商业银行、天津农村合作银行等机构相继成立，新疆维吾尔自治区农村信用联社即将挂牌，海南省的改革也正在进行中。通过改革，农村信用社行业管理职责比较顺利地移交给省级政府，初步明确了地方政府的责任。

③ 农村信用社的设立条件。根据《中国银行业监督管理委员会合作金融机构行政许可事项实施办法》（以下简称《办法》），设立农村信用合作社，应当具备下列条件：a. 有符合银监会规定的章程；b. 以发起方式设立且发起人不少于500人；c. 注册资本最低限额为100万元人民币，且为实缴资本；d. 有符合任职资格条件的理事和高级管理人员；e. 主任和副主任的人数不少于2名；f. 80%以上的从业人员有1年以上金融工作经历或具有金融及相关专业中专以上的学历；g. 有健全的组织机构和管理制度；h. 有符合要求的营业场所、安全防范措施和与业务有关的其他设施。

设立农村信用合作社，还应当符合以下审慎性条件：a. 有健全的风险管理体系，能有效控制关联交易风险；b. 有科学有效的人力资源管理制度，有较高素质的专业人才；c. 具备有效的资本约束和补充机制；d. 没有地方人民政府财政资金入股；e. 银监会规定的其他审慎性条件。

④ 农村信用社的业务范围。经金融监管机构批准，农村信用社可经营下列人民币业务：a. 办理存款、贷款、票据贴现、国内结算业务；b. 办理个人储蓄业务；c. 代理其他银行金融业务；d. 代理收付款项及受托代办保险业务；e. 买卖政府债券；f. 代理发行、代理兑付、承销政府债券；g. 提供保险箱业务；h. 由县联社统一办理资金融通调剂业务；i. 办理经金融监管机构批准的其他业务。

⑤ 农村信用社的股权设置和组织机构

a. 股权设置。农村信用社的注册资本金是农村信用社社员缴纳的股本金和农村信用社公积金转增形成的资本总额。

农村信用社所有社员必须用货币资金入股，单个社员的最高持股比例不得超过该农村信用社股本金总额的2%。农村信用社不得印制股票，只发记名式股金证书，作为入股者所有权凭证和分红依据。股金证书应载明认缴股金数额及所享有的所有者权益份额。农村信用社社员持有的股本金，经向本社办理登记手续后可以转让。农村信用社社员经本社理事会同意后，可以退股。

b. 组织机构。农村信用社实行民主管理，其权力机构是社员代表大会。社员代表大会由本社社员代表组成。选举社员代表时每个社员一票。社员代表每届任期3年。社员代表大会由理事会召集，每年召开1次。理事会认为必要，可随时召开；经1/2以上的社员代表提议，或2/3以上监事提议，也可临时召开。

社员代表大会行使下列职权：制定或修改章程；选举或更换理事会、监事会成员；审议批准理事会、监事会工作报告；审议批准年度财务预算方案、决算方案、利润分配方案和弥补亏损方案；对农村信用社的分立、合并、解散和清盘事项做出决议；决定其他重大事项。其中章程的修改，农村信用社的分立、合并、解散和清盘，要经社员代表大会以全体代表的2/3以上多数通过；其他议案必须经社员代表大会以全体代表的1/2以上多数通过。

理事会是社员代表大会的常设执行机构，由5名以上（奇数）理事组成。理事均由社员担任，由社员代表大会选举和更换。理事会会议由理事长召集和主持。每半年召开1次，必要时可随时召开。

理事会行使下列职权：召集社员代表大会，并向社员代表大会报告工作；执行社员代表大会决议；选举和更换理事长、副理事长；审定农村信用社的发展规划、经营方针、年度业务经营计划；聘任和解聘农村信用社主任、副主任；审议农村信用社主任的工作报告；批准农村信用社的内部管理制度；批准农村信用社内部职能部门和分支机构的设置方案；拟订农村信用社年度财务预算方案、决算方案、利润分配方案和弥补亏损方案；拟订农村信用社合并、分立、解散等重大事项的计划和方案；章程规定和社员代表大会授予的其他职权。

理事会设理事长1人，主持理事会工作；副理事长1～2人，协助理事长工作。理事长、副理事长由县联社提名，由理事会选举产生。理事长、副理事长的选举和更换，要经理事会全体理事的2/3以上的多数通过，其他议案必须经理事会全体理事的1/2以上多数通过。

监事会是农村信用社的监督机构，由3名以上（奇数）监事组成。监事由社员代表大会选举或更换。每届任期同社员代表大会，行使职权到下届社员代表大会选出新的监事为止。监事应由社员代表、职工代表组成。理事、主任、副主任和财务负责人不得兼任监事。监事会会议由监事长召集和主持，每半年召开1次，必要时可随时召开。

监事会行使下列职权：派代表列席理事会会议；监督农村信用社执行国家法律、法规、政策；对理事会决议和主任的决定提出质询；监督农村信用社经营管理和财务管理；向社员代表大会报告工作；章程规定和社员代表大会授予的其他职权。

监事会设监事长1名，主持监事会工作。监事长的选举和更换要经监事会全体监事2/3以上多数通过，其他议案须经监事会全体监事的1/2以上多数通过。

信用社实行理事会领导下的主任负责制。设主任1人，为法定代表人，副主任1～2人。农村信用社规模较小的，其主任、副主任可由理事长、副理事长兼任。农村信用社主任由县联社推荐并进行考核，报经地（市）银监分局审核批准其任职资格后，由理事会予以聘任。

农村信用社的理事长、副理事长、主任、副主任及其他主要管理人员不得在党政机关任职，不得兼任其他企事业单位的高级管理人员，不得从事除本职工作以外的其他任何以营利为目的的经营活动。

⑥ 农村信用社省级联合社。农村信用社省级联合社是由所在省（自治区、直辖市）内的农村信用合作社市（地）联合社、县（市、区）联合社、县（市、区）农村信用合作联社、农业合作银行自愿入股组成，实行民主管理，主要履行行业自律管理和服务职能，具有独立企业法人资格的地方性金融机构。省联社不对公众办理存贷款金融业务。

a. 设立。根据《办法》，应当具备下列条件：有符合银监会规定的章程；以发起方式设立；注册资本最低限额为500万元人民币，且为实缴资本；有符合任职资格条件的理事和高级管理人员；主任和副主任的人数不少于2名；80%以上的从业人员有1年以上金融工作的经历或具有金融及相关专业中专以上的学历；有健全的组织机构和管理制度；有符合要求的住所、消防设施和与业务有关的其他设施。

设立省（区、市）农村信用社联合社，还应当符合以下审慎条件：有良好的公司治理结构；有科学有效的人力资源管理制度，有高素质的专业人才；具备有效的资本约束和补充机制；没有地方人民政府财政资金入股；银监会规定的其他审慎性条件。

设立省联社，申请人应当向省（自治区、直辖市）监管局提出申请，经审核同意后报银监会批准。经批准开业的省联社，由省（自治区、直辖市）监管局颁发《金融许可证》，并凭《金融许可证》向工商行政管理部门办理登记，领取营业执照。

b. 股权设置。农村信用合作社市（地）联合社、县（市、区）联合社、县（市、区）农村信用合作联社、农村合作银行和农村商业银行可向省联社入股，省联社不吸收其他法人和自然人入股。

省联社每股股金10元人民币。单个社员社出资比例不得超过省联社股本总额的10%，社员社入股金额不得超过其实收资本的30%。社员社必须以货币资金入股，股金必须一次募足。

省联社印发记名股权证书，以人民币标明面值，作为社员社所有权凭证和分红依据。省联社股权证书依法可以继承和转让。股份过户手续在年终决算之后、社员大会之前办理。

c. 组织机构。社员大会是省联社权力机构，由社员社代表组成。每个社员社的代表数量相同。社员社代表每届任期3年，可连选连任。

省联社设理事会。理事会是社员大会的执行和监督机构，由9至数名理事（奇数）组成。每个社员社担任理事的人数不得超过1人、省联社职工中担任理事的人数不得超过理事人数的20%。理事每届任期3年，可连选连任。

省联社高级管理层由主任和副主任组成。省联社设主任1名，副主任2～4名。主任、副主任的聘任由全体理事2/3以上通过。主任、副主任任期3年，期满后可以连任。主任不得由理事长兼任。

d. 基本职能。省联社履行下列职能：督促农村信用社贯彻执行国家金融方针政策，落实支农工作；制定行业自律管理制度并督促执行；指导农村信用社健全法人治理结构，完善内控制度；对农村信用社业务经营、财务活动、劳动用工和社会保障及内部管理等工作进行辅导和审计；督促农村信用社依法选举理事和监事，选举、聘用高级管理人员；指导防范和处置农村信用社的金融风险；指导、协调电子化建设；指导员工培训教育；协调有关方面关系，维护农村信用社的合法权益；组织农村信用社之间的资金调剂；参加资金市场，为农村信用社融通资金；办理或代理农村信用社的资金清算和结算业务；提供信息咨询服务；省联社章程规定的其他职能。

(3) 城市信用合作社及其联合社

城市信用合作社是指依照《城市信用合作社管理办法》，在城市市区内由城市居民、个体工商户和中小企业法人出资设立的，主要为社员提供服务，具有独立企业法人资格的合作金融组织。

城市信用合作社实行社员民主管理、一人一票的原则。社员具有平等的表决权、选举权和被选举权。遵循自主经营、自负盈亏、互利互助、自我约束、自我积累的原则开展各项业务活动。

① 设立。设立城市信用社，必须具备下列条件：a. 有50个以上的社员，其中企业法人社员不少于10个；b. 有符合规定的注册资本最低限额；c. 有符合规定的章程；d. 有具备任职专业知识和业务工作经验的理事长、主任及其他高级管理人员；e. 有健全的组织机构和管理制度；f. 有符合要求的营业场所、安全防范措施和与业务有关的其他设施。

城市信用社的注册资本最低限额为100万元人民币，由社员实际缴纳的股金总额构成。

② 社员。城市信用社的社员为具备规定条件，并向城市信用社缴纳股金者。一家城市信用社的社员不得同时成为其他城市信用社的社员。国家公务员和金融机构的工作人员不得成为城市信用社的社员。

社员须用货币资金入股，不得以债权、实物资产、有价证券等折价入股。

城市信用社社员缴纳的股金最低限额为5000万人民币。个人、个体工商户和企业法人社员所持股金最高限额分别不得超过城市信用社股金总额的2%、3%和5%。城市信用社成立后应当向社员签发社员证书。

③ 组织机构。城市信用社由全体社员组成社员大会。社员大会是城市信用社的权力机构。

城市信用社设立理事会，其成员为5～11人。理事可由社员担任，也可由非社员担任，但非社员理事人数不得超过理事会成员的20%。理事任期3年，可连选连任。理事会对社员大会负责。理事会设理事长1人、副理事长1～2人。非社员理事不得担任理事长、副理事长。理事长为城市信用社的法定代表人。

城市信用社设立监事会，其成员为单数，但不得少于5人。监事会成员由社员代表、职工代表组成，职工代表出任的监事由职工民主推选产生。理事、主任、副主任及其他主要经营管理人员不得兼任监事。监事会应在监事中推选1名首席监事。

城市信用社实行理事会领导下的主任负责制。主任由理事会聘任或者解聘。

④ 业务范围。a. 吸收社员存款；b. 吸收规定限额以下的非社员的公众存款；c. 发放贷款；d. 办理结算业务；e. 办理票据贴现；f. 代收代付款项及受托代办保险业务；g. 办理经批准的其他业务。

⑤ 城市信用合作社联合社。城市信用合作社联合社是由市区内城市信用合作社出资组成的金融机构，是城市信用社的联合组织，为独立的企业法人。

联社设在地级城市，名称为“××市城市信用合作社联合社”，并具备以下条件：当地市区城市信用社机构数量8家以上；最低实收资本为80万元人民币，每家城市信用社出资金额不得超过10万元人民币；所有城市信用社必须与原行政挂靠单位实行人、财、物完全脱钩。

联社实行社员制。社员是指在联社章程上签名盖章、认缴出资，并以出资额对联社承担责任的城市信用社。凡设立联社的城市，市区内城市信用社必须参加联社，成为联社的社员。

联社实行民主管理，社员大会是联社权力机构，由社员派出的代表组成，每个社员可选派1名代表。社员不论出资多少，都只拥有1票表决权。社员大会每年召开1次，必要时可召开临时社员大会。

联社设理事会，理事会是社员大会闭会期间的执行机构。其成员由社员大会选举和罢免。理事会成员中非社员理事不得超过理事会成员的20%。

联社设监事会。监事会为联社的内部监督机构，监事会由联社社员代表、联社职工代表等组成。

联社可设1个营业部，营业部经营下列业务：办理城市集体企业、私营企业和个体工商户的存款、贷款和结算业务；组织管理城市信用社的联合贷款；组织；城市信用社之间的资金调剂；办理城市信用社的结算业务；办理经批准的其他金融业务。

4.2.3 我国其他非银行金融机构的法律规范

（1）保险公司

根据《保险法》的规定，保险是指投保人根据合同约定，向保险人支付保险费，保险人对于合同约定的可能发生的事故因其发生所造成的财产损失承担赔偿保险金责任，或者当被保险人死亡、伤残、疾病或者达到合同约定的年龄、期限时承担给付保险金责任的商业保险行为。保险公司是专门经营各种保险业务的金融机构。

从 1949 年至今，我国的保险业经历了开创、停滞阶段到现在的繁荣壮大。1985 年，国务院发布了《保险企业管理暂行条例》，使我国的保险业开始步入法制化的管理轨道。为了规范保险活动，保护当事人的合法权益，加强对保险业的监督管理，促进保险业的健康发展，1995 年第八届全国人民代表大会常务委员会第 14 次会议通过了《保险法》，并于 2009 年予以修订。《保险法》就保险公司的组织形式、设立条件和程序、经营活动和监督管理等做出了明确规定。保险公司从事保险活动必须遵守法律法规，遵循自愿、诚实信用和公平竞争的原则。

1998 年 11 月 18 日全国商业保险的主管部门——保监会成立。保监会根据国务院授权履行行政管理职能，依照法律、法规统一监督管理全国保险市场，维护保险业的合法、稳健运行。

（2）金融租赁公司

金融租赁也称为融资租赁，是指出租人根据承租人对出卖人、租赁物的选择，向出卖人购买租赁物件，提供给承租人使用，向承租人收取租金的交易，它以出租人保留租赁物的所有权和收取租金为条件，使承租人在租赁合同期内对租赁物取得占有、使用和受益的权利。

根据《金融租赁公司管理办法》（银监会令 2007 年第 1 号），金融租赁公司是指经中国人民银行批准以经营融资租赁业务为主的非银行金融机构。金融租赁公司组织形式、组织机构适用《公司法》的规定，并在其名称中标明“金融租赁”字样。未经中国人民银行批准，其他公司名称中不得有“金融租赁”字样。金融租赁公司依法接受银监会的监督管理。

阅读资料 4-4

金融租赁实例

保德县德能煤业有限公司，在投资煤矿开采业务过程中遇到资金问题。在其提供了必需的各项资料后，娄底市中兴液压件有限公司通过资料分析以及实地考察，认为该煤业企业基础好，业务来源稳定，资产质量较好，财务状况无重大缺陷，目前的现金流已可以足额偿付租金，符合中国康富国际租赁有限公司对煤矿企业的挑选标准，遂推荐该企业采用了融资租赁方式租入设备。最后该公司以全额两年的融资租赁方式向康富公司租赁了娄底市中兴液压件有限公司煤机设备，租期 2 年，按月支付租金。这样一来，该企业最终用前期 165.86 万元的自有资金投入（其中包括 148 万元的租赁保证金，该保证金最终将归还客户），两年累计 68.872 万元利息的成本，按月支付租金的方式引进了娄底市中兴液压件有限公司两台共价值 740 万元的掘进机。投入不多却保证了企业的发展。租赁到期后，企业再支付 100 万元“转让费”，就能获得该设备的所有权。

资料来源：http://www.sanygroup.com/

(3) 企业集团财务公司

财务公司是指依据《公司法》和《企业集团财务公司管理办法》设立的，为企业集团成员单位技术改造、新产品开发及产品销售提供金融服务，以中长期金融业务为主的非银行金融机构。财务公司是独立的企业法人，应自主经营、自担风险、自负盈亏、自我约束。

企业集团的成员单位包括集团母公司，母公司控股51%以上的子公司，母公司、子公司单独或共同持股20%以上的公司，或持股不足20%但处于最大股东地位的公司。外资企业集团的成员单位还包括该外资企业集团的外方投资者在中国境内直接持股或与该外资企业集团共同持股20%以上的公司。

1996年中国人民银行颁布《企业集团财务公司暂行办法》，开始对财务公司进行规范化管理。2000年，中国人民银行发布了《企业集团财务公司管理办法》，修订了《企业集团财务公司暂行办法》中的部分内容。2004年中国银监会重新颁布了《企业集团财务公司管理办法》，并于2006年进行了修订。此办法对企业集团财务公司的设立条件和程序、业务范围和风险控制、监督管理和行业自律以及整顿、接管及终止等内容作了明确规定。

银监会负责对企业集团财务公司的监督管理。2005年银监会发布了《申请设立企业集团财务公司操作规程指引》，2007年银监会修订了《企业集团财务公司分支机构设立操作规程》，目的是要合理设定新设财务公司的市场准入门槛，从市场准入政策方面积极引导企业集团设立财务公司，通过对财务公司进行管理，提高和促进企业集团资金的使用效率和风险管理。

(4) 邮政金融

邮政金融业务是在综合利用邮政网点的基础设施、人员等资源的基础上，面向城乡居民提供的零售金融业务。邮政金融业务主要包括邮政储蓄业务、邮政汇兑业务和邮政代理业务。

邮政储蓄是经中国人民银行批准成立的专门办理居民个人储蓄业务的金融机构。邮政储蓄自1986年4月恢复开办以来，历经多年的发展，目前已经成为我国零售金融市场的重要组成部分。2006年6月，中国邮政储蓄银行获准筹建，并依法纳入银行监管体系。中国邮政储蓄银行有限责任公司于2007年3月6日正式成立，注册资本为200亿元人民币，由中国邮政集团公司全资持有。银监会在批准邮储银行开业的文件中也指出，邮储银行的市场定位是：充分依托和发挥网络优势，完善城乡金融服务功能，以零售业务和中间业务为主，为城市社区和广大农村地区居民提供基础金融服务，与其他商业银行形成互补关系，支持社会主义新农村建设。

我国于1898年1月就开办了邮政汇兑业务。近年来，邮政汇兑业务发展平稳，每年开发汇票2.2亿张左右，收汇款额2700多亿元。国内邮政汇兑业务品种主要有普通汇款、电报汇款、入账汇款、礼仪汇款等。目前正在积极依托信息技术开发电子汇款、网上汇款等业务。邮政部门于20世纪80年代末开始发展代理业务，近两年来代理业务发展力度加大。代理业务品种主要有代理保险、代理国债、代发工资、代发养老金、代收代付各种资费等多种业务。到2006年3月，代理保险网点达到2.6万处，成为我国城乡居民办理个人金融业务的重要机构。

(5) 汽车金融公司

① 汽车金融公司的概念。汽车金融公司是指是指经中国银行业监督管理委员会依据有关法律、行政法规和《汽车金融公司管理办法》规定批准设立的，为汽车购买者及销售者提

供金融服务的非银行金融机构。

汽车金融公司在国外有近百年历史。通常，汽车金融公司隶属于较大的汽车工业集团，成为向消费者提供汽车消费服务的重要组成部分。随着我国汽车消费市场的不断扩大和消费层次的多样化，为实现我国加入 WTO 的承诺，我国银行业监管委员会决定设立汽车金融公司。2008 年中国银监会颁布新的《汽车金融公司管理办法》，对 2003 年实施的《汽车金融公司管理办法》作出了修改，对汽车金融公司的设立、变更、终止、业务范围、风险控制与监督管理等作了具体规定。

② 汽车金融公司的设立

a. 设立汽车金融公司的出资人条件：中国境内外依法设立的企业法人，其中主要出资人须为生产或销售汽车整车的企业或非银行金融机构。

汽车金融公司出资人中至少应有 1 名出资人具备 5 年以上丰富的汽车金融业务管理和风险控制经验。

非金融机构作为汽车金融公司出资人，还须具备：最近 1 年的总资产不低于 80 亿元人民币或等值的可自由兑换货币；年营业收入不低于 50 亿元人民币或等值的可自由兑换货币；最近 1 年年末净资产不低于资产总额的 30％等条件。

非银行金融机构作为汽车金融公司出资人，应当具备注册资本不低于 3 亿元人民币或等值的可自由兑换货币等条件。

b. 被设立的汽车金融公司应具备的条件：汽车金融公司注册资本的最低限额为 5 亿元人民币或等值的自由兑换货币。注册资本为实缴货币资本；具有符合《公司法》和银监会规定的章程；具有符合任职资格条件的董事、高级管理人员和熟悉汽车金融业务的合格从业人员；具有健全的公司治理、内部控制、业务操作、风险管理等制度；具有与业务经营相适应的营业场所、安全防范措施和其他设施；银监会规定的其他审慎性条件。

③ 汽车金融公司的设立程序。汽车金融公司的设立须经过筹建和开业两个阶段。公司拟设地银监局（银监会省级派出机构）是公司设立申请的审核机关，银监会是公司设立申请的审批机关。银监局对汽车金融公司筹建和开业申请资料实行签收制度。

④ 汽车金融公司的业务范围。经中国银监会批准，汽车金融公司可以从事以下部分或全部的业务：a. 接受境外股东及其所在集团在华全资子公司和境内股东 3 个月（含）以上定期存款；b. 接受汽车经销商采购车辆贷款保证金和承租人汽车租赁保证金；c. 经批准，发行金融债券；d. 从事同业拆借；向金融机构借款；e. 提供购车贷款业务；f. 提供汽车经销商采购车辆贷款和营运设备贷款，包括展示厅建设贷款和零配件贷款以及维修设备贷款等；g. 提供汽车融资租赁业务（售后回租业务除外）；h. 向金融机构出售或回购汽车贷款应收款和汽车融资租赁应收款业务；i. 办理租赁汽车、残值变卖及处理业务；j. 从事与购车融资活动相关的咨询、代理业务；k. 经批准，从事与汽车金融业务相关的金融机构股权投资业务；l. 经中国银监会批准的其他业务。

⑤ 汽车金融公司的监督管理制度

a. 在汽车金融公司的市场准入、业务管理与风险控制、高级管理人员任职资格以及处置风险措施等方面都提出了监管要求。b. 机构设立的要求。除规定出资人资格、机构设立条件外，对机构设立的申报资料提出具体要求并予以严格审查。明确机构设立须经过筹建和开业两个阶段，筹建期内不得以汽车金融公司名义从事经营活动。汽车金融公司不得设立分支机构。c. 业务管理与风险控制的监管要求。主要包括：对汽车金融公司实行资本总额与风险资产比例控制管理，要求资本充足率不得低于 8％。公司要建立、健全各项业务管理制度与内控制度以及建立定期外部审计制度等。d. 对其高管人员实行任职资格核准或备案制度。公司董事长、总经理及副总经理、执行董事和财务总监等的任职资格应报经中国银监会审查核准。

(6) 在农村设立村镇银行、贷款公司和农村资金互助社等新型银行业金融机构

2006 年 12 月 20 日，中国银监会发布《关于调整放宽农村地区银行业金融机构准入政策更好支持社会主义新农村建设的若干意见》，并决定在四川、内蒙古等六省（区）进行试点。中国银监会已核准四川仪陇惠民村镇银行有限责任公司和四川仪陇惠民贷款有限责任公司等 2 家机构开业，批准吉林东丰诚信村镇银行股份有限公司、梨树阎家村百信农村资金互助社和青海乐都雨润镇兴乐农村资金互助社等 3 家机构筹建。

在农村设立村镇银行、贷款公司和农村资金互助社等新型银行业金融机构，是深化我国农村金融改革的一项创新之举，标志着我国农村金融市场正式向各类资本开放，农村将迎来一支新的支农生力军。这类新型机构的诞生，将为我国金融机构网点覆盖率低、金融供给不足、竞争不充分的广大农村地区客户提供方便、快捷、持久的金融服务，使他们能够享受到与城市客户同等的金融服务权利，满足我国“三农”持续增长的金融服务需求，逐步解决我国农民贷款难的问题。同时，也将加快形成农村地区投资多元、种类多样、覆盖全面、治理灵活、服务高效的银行业金融服务体系，更好地改进和加强农村金融服务，支持社会主义新农村建设，积极促进构建社会主义和谐社会。

阅读资料 4-5

国内主要汽车金融公司一览

(1) 上汽通用汽车金融有限责任公司

上汽通用汽车金融有限责任公司于 2004 年 8 月成立，是通用汽车金融服务公司和上海汽车集团财务有限责任公司共同组建的。

(2) 大众汽车金融公司

大众汽车金融公司 2004 年 10 月正式宣布在中国开展汽车贷款业务。目前大众提供两款贷款产品供消费者选择：标准信贷和百龙信贷。前者与商业银行贷款并无大异，只是首付比例由两成提高到 3 成，期限仍最长为 5 年。比较有新意的是百龙信贷，它适合那些希望贷款买车同时又不希望月供压力太大的消费者。百龙信贷的月供比传统信贷方式低 15%左右。月供的降低是通过在合同到期时支付一笔尾款来实现的，这笔尾款最高不超过贷款总额的 20%，如果按 30%的首付比例计算相当于总车价的 14%。

(3) 丰田汽车金融（中国）有限公司

丰田汽车金融（中国）有限公司 2005 年 1 月 1 日开业，是丰田金融服务株式会社在中国的独资企业。

(4) 福特汽车金融公司

福特汽车金融公司于 2005 年第三季度在我国开展业务。成立初期，该公司首先开展经销商存货融资业务，以满足经销商在中国销售福特品牌汽车的需求，同时在部分市场试行消费者分期付款融资业务。除为进口福特产品提供金融服务外，福特汽车金融公司也支持福特在中国生产汽车的销售。

(5) 戴姆勒-克莱斯勒汽车金融公司

戴姆勒-克莱斯勒汽车金融（中国）有限公司于 2005 年 11 月 2 日成立，是在中国第一

家同时为轿车和商用车提供融资服务的汽车金融公司。

(6) 东风标致雪铁龙汽车金融有限公司

东风标致雪铁龙汽车金融有限公司于2006年8月成立，其中中银集团保险有限公司占有50%的股份。该公司经营宗旨是为东风标致和东风雪铁龙两个品牌的经销商库存车辆提供融资，并向购买东风标致和东风雪铁龙汽车的最终客户提供贷款。

(7) 沃尔沃汽车金融（中国）有限公司

沃尔沃汽车金融（中国）有限公司2006年8月底在上海正式成立，是中国首家专为商用车和建筑设备提供金融服务的汽车金融公司，向客户提供融资、保险、不动产以及资金管理等服务。

(8) 菲亚特汽车金融有限责任公司

菲亚特中国公司于2007年12月正式成立。该公司于2008年初起为菲亚特集团在华用户和经销商提供相关金融服务。

(9) 东风日产汽车金融有限公司

东风日产汽车金融有限公司2007年3月在上海成立。该金融公司为购买日产品牌和英菲尼迪品牌轿车的顾客提供个人新车消费信贷业务，同时为经营上述品牌轿车的经销店提供库存融资。

资料来源：http://www.ifeng.com

本章小结

政策性银行和非银行金融机构是构成一国金融机构体系的重要组成部分。建立政策性银行是为了实现政策性金融与商业性金融的分离；以城市和农村信用合作社为代表的非银行金融机构也是我国金融机构的重要组成部分。本章着重介绍了以下四个重点问题：政策性银行的引导性、补充性、服务性三大职能；我国的政策性银行及其基本制度；非银行金融机构及其基本制度；城乡信用社及其联合社的法律制度。

【思考题】

1. 简述政策性银行的概念及特征。
2. 简述我国三家政策性银行的基本宗旨。
3. 简述非银行金融机构的概念和特征。
4. 简述城乡信用合作社的基本概念。
5. 简述我国邮政金融的业务范围。
6. 简述我国汽车金融公司的设立条件。

【课堂讨论题】

某省15个农村信用合作社、县（市、区）联合社欲共同出资申请设立农村信用社省联合社，出资总额为600万元人民币，其中甲县信用社出资80万元人民币，乙县信用社拟以自己的办公楼作为出资（价值50万元人民币）。为尽快募得资金，还吸收了丙市商业银行的入股45万元人民币。此外，省联社章程还规定：社员社股金若不能一次缴纳，可在省联社成立后再行补缴。

请回答：该农村信用社者联社的设立过程中有哪些错误？

【案例分析】

信用社是否还应支付存款?

2004 年 1 月 25 日，吴某在某信用社存入人民币 4 万元，定期一年，2005 年 1 月 25 日到期，年息 2.574%。信用社储蓄代办员方某经办后出具了整存整取定期存单一张。2004 年 2 月底，吴某在方某手中拿走现金 40020 元。2004 年 5 月，方某因储蓄业务问题被停职，并负案外逃。2005 年 1 月，存款到期后，吴某持该存单到信用社取款时，信用社以该存款已从方某手中提前支取为由拒付，并强行在存单上加盖了“作废”的印章。吴某因此诉至法院，要求信用社兑付存款 4 万元及利息。

请问：信用社会是否应向存款人吴某支付存款？为什么？

[分析提示]

信用社应支付存款及利息。其理由是：其一，吴某在信用社存入 4 万元 1 年期定期存款，信用社出具定期存单，该存单虽然加盖有“作废”印章，但吴某陈述是其持单支取存款时，信用社单方面强行加盖的，且信用社对存单的真实性不持异议，故该存单应认定是真实有效的凭证。其二，对于未到期的定期存款，储户要求提前支取的，依照《储蓄管理条例》第二十九条的规定，必须持存单和存款人的身份证明办理。储蓄机构须经过对储户提交的身份证件和存单进行认真审查后，由经办业务员在存单上签章，并加盖“现金付讫”戳记，以证明储蓄机构对该笔存款履行了兑付义务，同时应将已办理兑付手续的存单收回存档备查。现吴某手中持有信用社对真实性不持异议的存单，并否认在方某手中已提前支取了存款，而信用社不能提供证据证实方某给付吴某 40020 元现金是兑付存款的职务行为，即不能证实其与存款人吴某之间的储蓄存款合同关系已终止，故吴某（存款人）和信用社（储蓄机构）之间的存款关系仍然存在，信用社应当承担兑付存款的义务。其三，吴某从方某手中拿取的 40020 元现金的行为如属不当得利，则是与本案存单纠纷不同的另一法律关系，权利人即信用社可另行主张，但不应对抗吴某，不应影响本案存单纠纷的审理。综上所述，本案中存单虽被盖上“作废”印章，信用社仍应兑付存款及利息。

第5章 担 保 法

【学习目标】

理解担保、保证、抵押的特征及抵押与质押的区别。

掌握保证、抵押、质押几种担保方式的含义、效力及其他规定。

了解担保的概念、分类。

【本章引例】

小陈为向建设银行申请个人消费贷款，用其一辆轿车作抵押，该车价值15万元。借款合同签订当日，双方就该车办理了抵押登记手续。后小陈在驾车外出途中，被一辆货车由后面追尾，造成车严重损坏，价值减至9万元。经查，造成该起交通事故的全部责任在货车司机。此外，货车司机已准备赔偿小陈经济损失5万元。

请问：

① 如果建设银行要求小陈另外提供担保，以确保其到期还本付息，这种要求是否合理？

② 对于赔偿费5万元，建设银行能否用其作为担保？为什么？

【引例分析】

① 这种要求并不合理。《担保法》第五十一条规定："抵押人对抵押物价值减少无过错的，抵押权人只能在抵押人因损害而得到的赔偿范围内要求提供担保。抵押物价值未减少的部分，仍作为债权的担保。"本案中，既然造成抵押物损失的全部责任在货车司机，小陈并无可归责的过错，因此，银行无权要求小陈提供新的担保。

② 银行可用该赔偿金作为担保。抵押权的效力及于抵押物的代位物。抵押权是把握抵押物的交换价值的权利，属于一种价值权，因此，抵押物的形态或性质上发生变化时，只要仍能维持其交换价值，抵押权的效力也就及于抵押物的代位物。银行可就汽车价值减少部分的赔偿金行使担保权。

资料来源：http://www.ahtvu.ah.cn

5.1 担保法概述

5.1.1 担保法的概念及特征

参考案例 5-1

甲公司与乙公司签订一份借款协议。借款金额1000万元，月利率20%，期限为2010年1月1日至2011年1月1日。丙公司为甲公司的债务提供了担保，其向乙公司出具的担保书声称：如借款人到期不还，担保人清偿，担保期至借款人还清全部本息止。还款期限将至，甲公司无力偿还，乙公司要求保证人丙公司偿还债务和利息。则下列说法正确的是哪一项？（ ）

A. 尽管借款利率高于银行贷款利率，但主合同有效，丙公司应负保证责任

B. 尽管主合同无效但保证合同有效，丙公司仍应承担保证责任

C. 企业间禁止借贷且利率达 20%，故主合同无效，而保证合同作为从合同也因此无效，甲、乙公司均有过错，各依过错承担责任；丙公司若有过错，也应当承担不超过债务人不能清偿部分的 1/3 的责任

D. 丙公司仅向乙公司出具了担保书，此为单方允诺而非合同，故保证合同不成立

[参考案例 5-1] 分析

C。本题涉及对担保的从属性的理解问题。主合同无效，担保合同也无效，当事人按相应的过错承担责任。

资料来源：根据相关资料整理

(1) 担保的概念

担保是指以第三人的信用或者在特定财产上设定的权利来确保特定债权人债权实现的法律制度。

债的双方当事人互为债权人和债务人。债务人以其全部财产为其债务作担保。但债务人在宣布破产前可以自由处分其财产，如债务人任意处分其财产，债权人利益即受到影响。其次，债权人有多数时，债务人的总资产不够偿还，每一债权人的债权亦不能确保，因此，债权人的债权实现在现实中往往难以保障。因此，各国都建立了担保法律制度来督促债务人履行债务，促进资金融通和商品流通，保障债权的实现。我国于 1995 年 6 月 30 日第八届全国人大常委会第十四次会议通过了《中华人民共和国担保法》(以下简称《担保法》)，并于同年 10 月 1 日起正式施行。2007 年 3 月 16 日第十届全国人民代表大会第五次会议通过了《中华人民共和国物权法》(以下简称《物权法》)，并自 2007 年 10 月 1 日起施行。《物权法》第一百七十八条规定："担保法与本法的规定不一致的，适用本法。"这说明，《物权法》施行后，《担保法》依然有效，但担保法与物权法规定不一致的，适用物权法。

(2) 担保的特征

① 从属性。担保关系是一种从法律关系，它从属于所担保的主债权债务关系。主债权债务关系的存在是担保关系存在的基础和前提。没有特定的主债权债务关系的存在，担保关系就不能产生。担保在处分和消灭上也体现出了从属性：担保应随主债权的转移而转移，提供担保者在处分其作为担保的财产时，也不能破坏其担保义务；主债权消灭，担保关系随之消灭。

② 补充性。即合同担保在主合同的权利义务关系上补充了某种权利义务关系。在主债务因适当履行等而正常终止时，补充的义务并不实际履行；只有在主债务不履行时，补充的义务才履行，使主债权得以实现。

③ 保障性。设立担保的目的，是保障主债权的实现。担保的具体方法，是以特定人的信用或者特定财产作为债权实现的保证。当债务人不履行到期债务时，应由担保人代为履行或者以特定财产折价或变卖的价款优先补偿债权人。

5.1.2 担保的分类

① 人的担保。人的担保是指在债务人的财产或权利之外，又附加了其他人的一般财产作为债权实现的总担保。其形式主要有保证人、连带债务人、并存的债务承担。

② 物的担保。物的担保是指以债务人或其他人的财产作为保证债权实现的标的，在债务人不履行债务时，债权人可以将财产变换成价值，从中优先受偿。主要方式有抵押、质权、留置等。

③ 金钱担保。金钱担保指在债务以外又交付一定金钱，该金钱的得失与债务的清偿联系在一起，从而在心理给债务人造成压力，促使其履行债务，实现债权人债权的制度，如押金、定金。

④ 反担保。反担保是指为了换取担保人提供担保，而由债务人或第三人向该担保人提供新担保，相对原担保这被称为反担保。反担保可以是债务人提供，也可以是第三人提供。反担保的形式不能是留置权、定金，只能是保证、抵押权、质押权。

5.2 保证

5.2.1 保证的概念和特征

(1) 保证的概念

根据《中华人民共和国担保法》第六条的规定，保证是指保证人和债权人约定，当债务人不履行债务时，保证人按照约定履行债务或者承担责任的行为。

(2) 保证的特征

保证是一种民事法律关系，是债权人和保证人之间订立的担保之债，通常有以下特征。

① 人身性。保证是保证人以自己的信用和财产为他人的担保，属于人的担保。保证责任的承担，由保证人亲自为之。因此，保证与保证人的人身密不可分。

② 补充性。保证补充性，即只有在主债务人不履行主债务时，保证人才履行其保证债务。

③ 从属性。保证合同从属于主合同，具体体现在：a. 保证以被保证担保的债的成立为前提。如果被保证人无债的法律关系，保证就会因为无担保对象而失去了存在的意义。b. 保证责任范围不得超过被保证人的债务。c. 被保证担保的债务如果解除，保证担保责任也随之解除。

④ 相对独立性。保证的相对独立性表现在：a. 可就主债务的一部分进行保证，或限定保证的责任范围，例如限额保证或损害赔偿保证，或者对无条件之主债设定附条件保证。b. 保证合同无效，撤销或者解除，其效力并不及于主债。c. 债权人免除保证债务，主债务并不因此消灭。d. 保证合同所特有的抗辩权，例如先诉抗辩权，唯保证人能够享有，主债务人无此权利等。

5.2.2 保证人的条件

参考案例 5-2

保证人的代偿能力纠纷案

1996 年 8 月，某商业银行贷给 A 公司 500 万元，期限 1 年。B 公司在借款合同担保人一栏签字，盖章，承诺承担连带保证责任。借款到期后，A 公司未还款。经法院判决，A、B 对银行承担连带责任。B 提出，其公司注册资金为 200 万元，1995 年审计核算的总资产为 156 万元，其根本没有能力为 500 万元债务担保，不具有《担保法》规定的“代为清偿能力”，保证合同应无效，其不再承担保证责任。

请问：保证人不具有与保证金额相应的代偿能力，能否以无法履行保证合同为由，请求确认保证合同无效进而免除保证责任?

［参考案例5-2］分析

不能。《担保法》第七条的规定，立法目的是提醒债权人选择保证人时应注意保证人的代偿能力，而不是禁止没有代偿能力的人做保证人。如果本案中确认B的保证无效，这将助长当事人利用保证合同进行欺诈，不利于交易的安全。代为清偿能力不应是保证合同生效要件。

资料来源：李玫著．银行法案例选评．北京：对外经济贸易大学出版社，2005.

（1）保证人的基本条件

《担保法》第七条规定：具有代为清偿债务能力的法人、其他组织或者公民，可以作保证人。这说明，保证人的基本资格要求，即"具有代为清偿能力"。保证人为债务人向债权人提供保证，目的在于保证债权能够得到实现，或者说债务能够得到清偿，因此，具有代为清偿能力是保证人的基本条件。

代为清偿既包括代为金钱性质的清偿，也包括代为履行其他给付。需指出的是，《担保法》关于保证人资格的基本要求并非强制性规定，故不能以保证人不具有代偿能力为由认定保证合同不具有法律效力。为此，最高人民法院在《担保法解释》第十四条规定：不具有完全代偿能力的法人、其他组织或者自然人，以保证人身份订立保证合同后，又以自己没有代偿能力要求免除保证责任的，人民法院不予支持。

（2）禁止提供保证的主体

根据《担保法》及其《司法解释》，下列主体不得作为保证人。

① 国家机关不得为保证人，但经国务院批准为使用外国政府或者国际经济组织贷款进行转贷的除外。

② 学校、幼儿园、医院等以公益为目的的事业单位、社会团体。

③ 企业法人的分支机构、职能部门。但企业法人的分支机构有法人书面授权的，可以在授权范围内提供保证。最高人民法院《担保法解释》第十七、十八条也规定，企业法人的分支机构未经法人书面授权提供保证，以及企业法人的职能部门提供保证的，保证合同无效。

5.2.3 保证的合同

（1）保证合同的形式

《担保法》第十三条规定，保证合同应当采取书面形式。根据最高人民法院《关于审理经济合同纠纷案件有关保证的若干问题的规定》、最高人民法院《担保法解释》的规定，保证合同的形式可以归纳为以下几种：

① 主从合同的形式，即保证人与债权人单独订立保证合同；

② 主从条款形式，即债权人、债务人与保证人共同订立一个合同，作为从合同的保证合同仅作为保证条款出现在主合同中；

③ 以保证人身份在主合同上承保的形式，即保证人在债权人与债务人签订的主合同上以保证人身份或在"保证人"栏下签名或者盖章；

④ 保证人单方面出具保证承诺书的形式，即保证人单方以书面形式向债权人出具担保书，债权人接受且未提出异议。

（2）保证合同的内容

① 被保证的主债权种类、数额。

② 债务人履行债务的期限。

③ 保证的方式。

④ 保证担保的范围。

⑤ 保证的期间。

⑥ 双方认为需要约定的其他事项。

保证合同对以上内容约定不全的，可以协议补充，无法协商达成补充协议的，依法律规定。

5.2.4 保证方式

参考案例 5-3

本案保证人系一般保证还是连带保证

2006 年元月，杨某因做生意无钱便找马某借 3 万元现金，马某同意借钱，但要求其找担保人进行担保。于是杨某找到张某进行担保，张某同意担保后，杨某与马某签订了协议，约定："由杨某于 2006 年 4 月底还清借款，若杨某到期未还款，由张某作为担保人负全责"。担保人张某并在协议上签了字。至还款期限，杨某却并未按期还款，于是马某向法院提起诉讼，要求杨某和张某共同偿还借款。

请问：马某能否起诉张某？为什么？

[参考案例 5-3] 分析

能。因为张某的保证方式为连带保证方式。

资料来源：http://www.qh.xinhuanet.com

保证方式包括一般保证方式和连带责任保证方式。

(1) 一般保证

一般保证是指当事人在保证合同中约定，债务人不能履行债务时，由保证人承担保证责任。一般保证人享有先诉抗辩权，即保证人在主合同纠纷未经审判或者仲裁，并就债务人财产依法强制执行仍不能履行债务前，对债权人可以拒绝承担保证责任。根据《担保法解释》规定，所谓"不能清偿"，是指债务人的存款、现金、有价证券、成品、半成品、原材料、交通工具等可以执行的动产和其他方便执行的财产执行完毕后，债务清偿。但有下列情形之一的，保证人不得行使先诉抗辩权：

① 债务人住所变更，致使债权人要求其履行债务发生重大困难的。重大困难包括债务人下落不明、移居境外，且无财产可供执行。

② 经法院受理债务人破产案件，中止执行程序的。

③ 保证人以书面形式放弃前款规定的权利的。

另外，一般保证的保证人在主债权履行期间届满后，向债权人提供了债务人可供执行财产的真实情况的，债权人放弃或者怠于行使权利致使该财产不能被执行，保证人可以请求法院在其提供可供执行财产的实际价值范围内免除保证责任。

(2) 连带责任保证

连带责任保证是指保证人在债务人不履行债务时与债务人负连带责任的保证。连带责任保证的债务人在主合同规定的债务履行期届满没有履行债务的，债权人可以要求债务人履行债务，也可以要求保证人在其保证范围内承担保证责任。当事人对保证方式没有约定或者约定不明确的，按照连带责任保证承担保证责任。

需注意的是，一般保证和连带责任保证的保证人享有债务人的抗辩权。债务人放弃对债务的抗辩权的，保证人仍有权抗辩。

5.2.5 保证责任

参考案例 5-4

借钱过了保证期间免除保证人责任

2010 年 1 月 3 日，被告张某经王某担保向原告李某借款 2.5 万元，双方约定 2 个月内还清。被告张某为原告李某出具了欠条，注明于 3 月 3 日之前还清欠款，被告王某作为保证人在欠条上签名。2010 年 10 月 8 日，原告李某起诉张某、王某，要求被告张某还清欠款，被告王某作为保证人承担连带保证责任。

请问：本案应如何处理?

[参考案例 5-4] 分析

法院审理后认为，原告李某与被告张某之间形成了民间借贷关系，被告张某应当清偿 2.5 万元债务。保证人王某没有约定担保方式，本应与被告张某承担连带清偿责任，但是被告张某在出具借条时，明确约定 2 个月内偿还，保证期间为自债务履行期届满之日起 6 个月，即截止到 9 月 3 日。而原告李某直到 10 月 8 日才提起诉讼，并且在庭审中没有提供向担保人王某主张权利的证据。因此，该担保已过保证期，对原告李某要求被告张某承担连带责任的诉讼请求，不予支持。

资料来源：根据相关资料整理

(1) 保证责任的范围

保证责任范围，是指保证担保的范围，也就是保证人承担保证债务的范围。保证担保的范围包括以下两种。

① 有限范围。也称约定范围，是指保证人仅在约定的范围内承担保证责任，对超出约定范围的债务，保证人不负保证责任。同一债务有两个以上保证人的，保证人应当按照保证合同约定的保证份额承担保证责任。

② 无限范围。也称全部范围，是指保证人对主债务人的全部债务清偿负保证责任。同一债务有两个以上保证人，没有约定保证份额的，保证人承担连带责任，债权人可以要求任何一个保证人承担全部保证责任，保证人都负有担保全部债权实现的义务。

《担保法》规定：“保证担保的范围包括主债权及利息、违约金、损害赔偿金和实现债权的费用。保证合同另有约定的，从其约定。”保证合同中约定保证担保范围的，为有限保证，但约定的保证担保范围不得超出主债务的数额，否则超出部分无效。保证合同对保证担保的范围没有约定或者约定不明确的，为无限保证，保证人应当对全部债务承担责任。

(2) 保证期间

保证期间是保证人承担责任的时间范围。即保证人在保证期间内才承担保证责任，超过保证期间，保证人就不承担保证责任。

保证期间分为约定与法定两种，约定保证期间具有优先效力。如果没有约定或者约定不明时，可以对其进行补正，补正的方法有两种：一是当事人约定补正；二是根据法律的直接规定加以补正，即法定补正。

确定保证期间可按照以下原则进行。

① 当事人在保证合同中约定了保证期间的，依其约定的保证期间承担保证责任。此时需注意的是，如果当事人约定的保证期间早于或等于主债务履行期限的，视为没有约定，保证期间为主债务履行期届满之日起 6 个月。

② 当事人在保证合同中没有约定保证期间的，依照法律规定的保证期间承担保证责任，即自主债务履行期限届满之日起 6 个月。

③ 当事人在保证合同中对保证期间约定不明的，保证期间为主债务履行期届满之日起 2 年。约定不明指当事人在保证合同中约定的保证人承担保证责任直至主债务本息还清时为止等类似内容。

（3）保证责任的免除

保证责任的免除，是指对已经存在的保证责任基于法律的规定或当事人的约定加以除去、保证人不承担保证责任的现象。根据《担保法》及其司法解释，保证责任的免除事由主要如下。

① 主合同当事人双方恶意串通，骗取保证人提供保证的，保证人不承担保证责任。

② 主合同债权人采取欺诈、胁迫等手段，使保证人在违背真实意思的情况下提供保证的，保证人不承担保证责任；主合同债务人采取欺诈、胁迫等手段，使保证人在违背真实意思的情况下提供保证；债权人知道或者应当知道欺诈、胁迫事实的，保证人也不承担保证责任。

③ 保证期间，债权人依法将主债权转让给第三人，而保证人与债权人事先约定仅对特定的债权人承担保证责任或者禁止债权转让的，保证人不再承担保证责任。

④ 保证期间，债权人许可债务人转让债务，但未经保证人的同意的，保证人对未经其同意转让部分的债务不再承担保证责任。

⑤ 债权人与债务人协议变更主合同，但未经保证人同意，如果加重债务人债务的，保证人对加重的部分不承担保证责任。

⑥ 在一般保证的情况下，保证期间届满，债权人未对债务人提起诉讼或者申请仲裁的，保证人免除保证责任。在连带责任保证的情况下，保证期间届满，债权人未要求保证人承担保证责任的，保证人免除保证责任。

⑦ 一般保证的保证人在主债权履行期间届满后，向债权人提供了债务人可供执行财产的真实情况，债权人放弃或者怠于行使权利致使该财产不能被执行的，保证人可以请求人民法院在该可供执行财产的实际价值范围内免除其保证责任。

⑧ 在同一债权既有保证又有物的担保的情况下，债权人放弃物的担保时，保证人在债权人放弃权利的范围内免除保证责任。债权人在主合同履行期届满后怠于行使担保物权，致使担保物的价值减少或者毁损、灭失的，视为债权人放弃部分或全部物的担保，保证人在债权人放弃权利的范围内减轻或者免除保证责任。

⑨ 主合同双方当事人协议以新贷偿还旧贷，除保证人知道或者应当知道的外，保证人不承担民事责任。

5.3 抵押

5.3.1 抵押和抵押物

（1）抵押

抵押是指为担保债务的履行，债务人或者第三人不转移财产的占有，将该财产抵押给债权人的，债务人不履行到期债务或者发生当事人约定的实现抵押权的情形，债权人有权就该财产优先受偿。享有这种权利的人为抵押权人，债务人或者第三人为抵押人，抵押人提供的担保财产为抵押物。

由于抵押担保对债权人比较安全可靠，同时由于财产抵押后并不转移占有，不影响抵押人对抵押物的使用，因此，在经济活动中以财产抵押作为担保的越来越多，尤其是银行贷款，多数采用抵押贷款的方式。

(2) 抵押物

参考案例 5-5

钟某自家承包经营的荒地是否可以抵押

某乡村民钟某为提高家庭经营能力，打算向乡农村信用社贷款 4 万元购买两辆农用车，信用社要求其提供相应的担保。钟某提出以自家承包经营的荒山作抵押，并说明所承包的荒山已经种上果树，很快就有收成。但信用社以承包土地不能用于抵押为由，不同意以此做贷款担保。

请问：钟某能否以自己所承包的荒山作贷款抵押？

[参考案例 5-5] 分析

可以。根据《物权法》、《担保法》的规定，抵押人依法取得的荒地承包经营权可以用作抵押。

资料来源：王丽萍主编. 经济法. 成都：西南财经政法大学，2006.

① 可以抵押的财产。《物权法》第一百八十条规定，债务人或者第三人有权处分的下列财产可以抵押：

a. 建筑物和其他土地附着物；

b. 建设用地使用权；

c. 以招标、拍卖、公开协商等方式取得的荒地等土地承包经营权；

d. 生产设备、原材料、半成品、产品；

e. 正在建造的建筑物、船舶、航空器；

f. 交通运输工具；

g. 法律、行政法规未禁止抵押的其他财产。

抵押人可以将前款所列财产一并抵押。

另外，《物权法》第一百八十一条规定："经当事人书面协议，企业、个体工商户、农业生产经营者可以将现有的以及将有的生产设备、原材料、半成品、产品抵押，债务人不履行到期债务或者发生当事人约定的实现抵押权的情形，债权人有权就实现抵押权时的动产优先受偿。"这是《物权法》新增加的动产浮动抵押。

② 不得抵押的财产。《物权法》第一百八十四条规定，下列财产不得抵押：

a. 土地所有权；

b. 耕地、宅基地、自留地、自留山等集体所有的土地使用权，但法律规定可以抵押的除外；

c. 学校、幼儿园、医院等以公益为目的的事业单位、社会团体的教育设施、医疗卫生设施和其他社会公益设施；

d. 所有权、使用权不明或者有争议的财产；

e. 依法被查封、扣押、监管的财产；

f. 法律、行政法规规定不得抵押的其他财产。

③ 抵押物登记

参考案例 5-6

甲向乙借款，约定以自己的皇冠车抵押与乙。双方为此签订了抵押合同，但在抵押登记时，登记为甲的奥迪车抵押给乙。因甲未能及时还款，乙欲行使抵押权。下列表述正确的是(　　)。

A. 乙只能对甲的皇冠车行使抵押权

B. 乙只能对甲的奥迪车行使抵押权

C. 乙是对皇冠车还是对奥迪车行使抵押权，由乙决定

D. 乙是对皇冠车还是对奥迪车行使抵押权，由甲决定

［参考案例 5-6］分析

B。依据《担保法解释》第六十一条之规定，抵押物登记记载的内容与抵押合同约定的内容不一致的，以登记记载的内容为准。

资料来源：http://datum.studyget.com

抵押物登记，又称为抵押登记、抵押权登记。抵押权属担保物权，物权的公示的方法有两种：交付和登记。就抵押权而言，由于不转移抵押物的占有，所以不能够以交付的方式进行公示，而只能采取登记形式。对抵押物进行登记，有利于维护交易安全，充分发挥抵押的担保功能，并保护第三人利益避免纠纷的发生。

根据《物权法》及《担保法》的规定，抵押物的登记效力有登记要件主义和登记对抗主义两种。登记要件主义是指抵押权的成立除当事人之间存在抵押合同外，还必须进行登记，否则不产生抵押权成立的效力；登记对抗主义是指抵押权的成立只需在当事人间达成抵押合意即可。但若要对抗善意第三人，可以进行抵押权登记。

a. 以建筑物和其他土地附着物；建设用地使用权；以招标、拍卖、公开协商等方式取得的荒山、荒沟、荒丘、荒滩等土地承包经营权；正在建造的建筑物抵押的，应当办理抵押登记，抵押权自登记时发生效力。不动产登记，由不动产所在地的登记机构办理。

b. 以生产设备、原材料、半成品、产品；交通运输工具或者正在建造的船舶、飞行器抵押的，抵押权自抵押合同生效时发生效力；未经登记，不得对抗善意第三人。其中，以航空器、船舶、车辆抵押的，运输工具的登记部门为登记机构，以企业的设备和其他动产抵押的，财产所在地的工商行政管理部门为登记机构。

c. 企业、个体工商户、农业生产经营者以现有的以及将有的生产设备、原材料、半成品和产品进行动产抵押的，应当向抵押人住所地的工商行政管理部门办理登记。抵押权自抵押合同生效时发生效力；未经登记，不得对抗善意第三人。

5.3.2 抵押合同

(1) 抵押合同的形式

根据《担保法》的规定，抵押人和抵押权人应当以书面形式订立抵押合同。书面形式应包括债权人与债务人就抵押担保的设立而达成的抵押条款，亦包括债权人与债务人或第三人专门就抵押担保问题达成的独立协议，还包括当事人之间就抵押担保的设立而制作的信函、传真等书面材料。

(2) 抵押合同的内容

《担保法》规定，抵押合同应当包括以下内容：

① 被担保的主债权种类、数额；

② 债务人履行债务的期限；

③ 抵押物的名称、数量、质量、状况、所在地、所有权权属或者使用权权属；

④ 抵押担保的范围；

⑤ 当事人认为需要约定的其他事项。

抵押合同不完全具备前款规定内容的，可以补正。

（3）流质条款的禁止

流质条款又叫流质契约，是指如果债务人不履行债务时，担保物即归债权人所有的一种约定。《担保法》规定，抵押权人在债务履行期届满前，抵押权人和抵押人在合同中不得约定在债务履行期届满抵押权人未受清偿时，抵押物的所有权转移为债权人所有。如果合同中有这样的条款，则该条款无效，即“流质条款无效”，该条款的无效不影响抵押合同其他部分内容的效力。自罗马法以来，各国法律都禁止流质契约，这主要是保护债权人债务人和担保人各方的利益。

5.3.3 抵押的效力

（1）抵押担保的范围

抵押担保的范围包括主债权及利息、违约金、损害赔偿金和实现抵押权的费用。抵押合同另有约定的，按照约定。

（2）抵押人的权利、义务

参考案例 5-7

下列关于抵押人权利的表述，正确的是：

A. 抵押人享有对抵押物的占有权。

B. 抵押人不享有对抵押物的处分权。

C. 抵押人可以对抵押物设定多项抵押权。

D. 抵押人可以对抵押物设定用益物权。

［参考案例 5-7］分析

ACD。依我国《担保法》规定，抵押人对抵押物享有下列权利：占有权；依法设定多项抵押权；设定用益物权；处分权。

资料来源：http://www.gdppla.edu.cn

① 对抵押物享有占有权及抵押物孳息的收取权。

② 对抵押物的用益物权的设定权。但抵押人将抵押财产出租的，抵押权实现后对受让人不具有约束力。抵押人出租时未书面告知承租人抵押事实的，承租人可要求抵押人对其损失承担赔偿责任。抵押人在出租时告知承租人财产抵押事实的，抵押权实现造成承租人损失的由承租人自己承担。但是，抵押人将出租的财产抵押的，抵押权实现后，租赁合同在承租期内对抵押物的受让人继续有效。

③ 对抵押物再设定抵押权。财产抵押以后，该财产的价值大于所担保的债权的余额部分，抵押人可再次抵押。在设定多个抵押权的情况下，各抵押权人按照抵押权成立的先后时间行使抵押权。

④ 对抵押物享有的处分权。在抵押期间，抵押人在通知抵押权人并告知受让人抵押事实的情况下，可转让抵押物。抵押人未通知抵押权人，或未告知受让人的，如果抵押物已经登记的，该转让行为无效，抵押权人可行使抵押权，取得抵押物所有权的受让人也可以代替债务人清偿其全部债务，使抵押权消灭。受让人清偿债务后，可以向债务人追偿。如果抵押物未登记的，抵押权人不得对抗受让人，因此给抵押权人造成损失的，由抵押人赔偿损失。抵押人的主要义务是妥善保管好抵押物，如果抵押人的行为造成抵押物的价值减少的，有义务提供与减少价值相当的担保。

(3) 抵押权人的权利、义务

① 支配抵押物并排除他人侵害的权利。在抵押期间，抵押物受到第三人或抵押人侵害的，抵押权人有权要求停止侵害、恢复原状、赔偿损失。因抵押人的行为使抵押物的价值减少的，抵押权人有权要求抵押人恢复原状或提供担保，抵押权人要求抵押人恢复原状或提供担保遭拒绝的，抵押权人可请求债务人履行债务，也可以请求提前行使抵押权。

② 孳息收取权。抵押权的效力原则上不及于孳息，但履行期限届满，债务人不履行债务的，致使抵押物被人民法院依法扣押的，自扣押之日起，抵押权人有权收取抵押物的孳息。

③ 优先受偿权。抵押权人的义务主要是实现抵押权时，严格依据法定或约定的方式及程序进行。

5.3.4 抵押权的实现

参考案例 5-8

租赁不能对抗在先抵押权

张某有空房一套，2010 年 1 月张某因借款将房屋抵押给了李某。为了获得租金并早日还贷，张某将这套房子出租给王某，约定月租金为 300 元，租期为 3 年。2011 年，张某做生意亏本，无法还款，李某因行使抵押权取得了房屋的所有权。李某取得房屋所有权后，因其儿子结婚要住房，便通知王某限期搬出，王某不同意搬出，认为房屋即使买卖也不能破除租赁，因抵押取得的房屋更不能解除原租赁关系。双方协商未果，遂诉至法院。

[参考案例 5-8] 分析

法院经审理认为，房屋抵押在先，出租在后，抵押权实现后，租赁合同不得对抗受让人，抵押权人有权解除租赁合同，遂支持了李某的主张，判决王某限期搬出房屋。

资料来源：根据相关资料整理

抵押权的实现，又称抵押权的实行，是指债权已届清偿期而未受清偿时，抵押权人可以就抵押物优先受偿的办法。

(1) 抵押权实现的条件

根据《担保法》的规定，抵押权的实现必须具备以下条件：

① 债务人债务已到期；

② 债务人未履行债务；

③ 存在合法有效的抵押权。

(2) 抵押权实现的方式

抵押权人可以与抵押人协议以抵押物折价或者以拍卖、变卖该抵押物所得的价款受偿。抵押权人与抵押人未就抵押权实现方式达成协议的，抵押权人可以请求人民法院拍卖、变卖抵押财产。协议损害其他债权人利益的，其他债权人可以在知道或者应当知道撤销事由之日起一年内请求人民法院撤销该协议。

抵押物折价或者拍卖、变卖后，其价款超过债权数额的部分归抵押人所有，不足部分由债务人清偿。如果价款低于抵押权设定时约定价值的，应当按照抵押物实现的价值进行清偿。不足清偿的剩余部分，由债务人清偿。

抵押物折价或者拍卖、变卖所得的价款，当事人没有约定的，按下列顺序清偿：实现抵押权的费用；主债权的利息；主债权。

（3）抵押权行使的期间

《物权法》第202条规定，抵押权人应当在主债权诉讼时效期间行使抵押权，未行使的，人民法院不予保护。

（4）同一抵押物有数个抵押权时，抵押权相互之间的优先顺序

同一抵押物有数个抵押权的，进行登记的优先于未登记的；都进行了登记的，则按抵押物登记的先后顺序清偿，顺序相同的，按照债权比例清偿；都未登记的，按照债权比例清偿。

5.3.5 最高额抵押

（1）最高额抵押权

最高额抵押，是指抵押人为担保债务的履行，以一定的抵押物对一定期间内连续发生的债权提供抵押，抵押权人有权在约定的最高额债权额限度内就抵押物优先受偿的抵押担保制度。

最高额抵押权与一般抵押权的区别是，最高额抵押权不是一次发生的债权，抵押人对一定期间内将要连续发生的债权总额提供的担保财产，抵押权人有权在最高债权额限度内就该担保财产优先受偿的权利。而一般抵押权则是对一次性发生的债权、债务设立的抵押权。

（2）最高额抵押权的实现

根据《物权法》规定，抵押权人的债权在有下列情况时确定。

① 约定的债权确定期间届满。

② 没有约定债权确定期间或者约定不明确，抵押权人或者抵押人自最高额抵押权设立之日起满二年后请求确定债权。

③ 新的债权不可能发生。

④ 抵押财产被查封、扣押。

⑤ 债务人、抵押人被宣告破产或者被撤销。

⑥ 法律规定债权确定的其他情形。

5.4 质押

5.4.1 质押概述

（1）质押的概念

质押是指为担保债务的履行，债务人或者第三人将其动产或权利出质给债权人占有，债务人不履行到期债务或者发生当事人约定的实现质权的情形，债权人有权就该动产优先受偿。质押包括动产质押和权利质押。该债权人为质权人，债务人为出质人，移交的动产或权利为质物。

(2) 质押与抵押的区别

① 抵押与质押的标的物不同：抵押的标的物是不动产，而质押的标的物是动产与权利。

② 抵押与质押对标的物是否转移占有有不同规定：抵押的标的物不转移占有，仍由抵押人占有、使用、收益，质押的标的物交付质权人占有，动产要交付占有，权利要交付权利证书。

5.4.2 动产质押和权利质押

参考案例 5-9

甲向乙借款，并约定将自己的奥迪车出质给乙，乙因自己不会开车，要求甲将该车开回。后甲向丙借款，又将该车出质给丙。丙对该车进行了占有。因甲无力还款而引起纠纷。乙丙均欲行使对该车的质权。下列表述正确的是（　　）。

A. 甲与丙之间的质押合同无效。

B. 甲与乙之间的质押合同生效。

C. 乙可对依法对抗丙的质权。

D. 乙对抗丙的质权人民法院不予支持。

［参考案例 5-9］分析

D。甲与乙之间虽然签订了质押合同，但乙放弃了质物的占有，故乙的质权未生效。甲与丙之间签订了质押合同，且交付了质物的占有，故丙对该汽车享有质权。

资料来源：http://www.habc.edu.cn

(1) 动产质押

动产质押是指为担保债务的履行，债务人或者第三人将其动产出质给债权人占有，债务人不履行到期债务或者发生当事人约定的实现质权的情形，债权人有权就该动产优先受偿。

动产质押的标的物为可转移占有的动产。债务人或者第三人将其金钱以封金、保证金等形式特定化后，可作为动产质押的标的物。移交债权人占有作为债权的担保，债务人不履行债务时，债权人可以以该金钱优先受偿。

动产质押之质权自出质人交付质押财产时设立。

(2) 权利质押

① 权利质押范围。权利质押是指为担保债务的履行，债务人或者第三人将其权利出质给债权人占有，债务人不履行到期债务或者发生当事人约定的实现质权的情形，债权人有权就该动产优先受偿。

《物权法》第二百二十三条规定，债务人或者第三人有权处分的下列权利时可以出质：

a. 汇票、支票、本票；

b. 债券、存款单；

c. 仓单、提单；

d. 可以转让的基金份额、股权；

e. 可以转让的注册商标专用权、专利权、著作权等知识产权中的财产权；

f. 应收账款；

g. 法律、行政法规规定可以出质的其他财产权利。

其中，应收账款是指未被证券化的（即不以流通票据或者债券为代表的）、以金钱为给付标的的现有以及将来的合同债权，包括：非证券化的以金钱为给付标的的现有债权，如卖方销售货物后形成的对卖方的价金债权、出租人出租房屋后对承租人的租金债权、借款人对贷款人的借款债权等；各类经营性收费权，如收费公路的收费权，农村电网收费权以及城市供水、供热、公交、电信等基础设施项目的收益权，公园景点、风景区门票等经营性服务收费权等。

② 权利质押的登记

a. 有价证券的质押。以汇票、支票、本票、债券、存款单、仓单、提单出质的，当事人应当订立书面合同。质权自权利凭证交付质权人时设立。没有权利凭证的，质权自有关部门办理出质登记时设立。

b. 可以转让的基金份额、股权的质押。以基金份额、股权出质的，当事人应当订立书面合同。以基金份额、证券登记结算机构登记的股权出质的，质权自证券登记结算机构办理出质登记时设立；以其他股权出质的，质权自工商行政管理部门办理出质登记时设立。

c. 知识产权中的财产权质押。以注册商标专用权、专利权、著作权等知识产权中的财产权出质的，当事人应当订立书面合同。质权自有关主管部门办理出质登记时设立。

d. 应收账款质押。以应收账款出质的，当事人应当订立书面合同。质权自信贷征信机构办理出质登记时设立。

5.4.3 质押合同

参考案例 5-10

甲乙（均为某村村民）订立借款合同一份，作如下约定：甲借给乙 10 万元，乙交付甲一件黄金饰品作担保，3 年后乙归还本金，甲归还该饰品，如乙无力还款，则该饰品归甲所有。对此，下列说法中正确的是(　　)。

A. 甲乙之间关于“如乙无力还款，则该饰品归甲所有”的约定无效。

B. 因甲乙之间关于“如乙无力还款，则该饰品归甲所有”的约定无效，故担保合同无效。

C. 因甲乙之间的担保合同无效，故其借款合同无效。

D. 担保合同的全部条款有效，故甲乙之间的借款合同有效。

[参考案例 5-10] 分析

A。依《担保法》规定，流质条款不具有效力。但流质条款无效的，不影响担保合同的效力。担保合同为从合同，担保合同的无效不能决定借款合同的效力。

资料来源：http://edu.sina.com.cn

(1) 质押合同的形式和内容

出质人和质权人应当以书面形式订立质押合同。质押合同应当包括以下内容：①被担保的主债权种类、数额；②债务人履行债务的期限；③质物的名称、数量、质量、状况；④质押担保的范围；⑤质物移交的时间；⑥当事人认为需要约定的其他事项。质押合同不具备上述规定的内容的，可以补正。

(2) 流质条款

根据《物权法》及《担保法》的规定，质权人在债务履行期届满前，不得与出质人约定债务人不履行到期债务时质押财产归债权人所有，如果合同中有该条款则条款无效，即禁止“流质条款”。

另外，《物权法》规定，出质人与质权人可以协议设立最高额质权。

5.4.4 质押的效力

参考案例 5-11

甲向乙借款，将自己所有的受孕母牛出质于乙，质押期间，母牛产下牛犊。对于该牛犊下列表述正确的是( )。

A. 牛犊所有权归甲享有。

B. 牛犊所有权归乙享有。

C. 甲可基于牛犊所有权享有牛犊占有返还请求权。

D. 甲对牛犊虽享有所有权，但不享有牛犊占有返还请求权。

[参考案例 5-11] 分析

AD。在质权期间，质物所生孳息，质权人享有收取权，但质物所生孳息的所有权仍为出质人享有，但因质权人享有收取权，质物的孳息与质物处于同等的地位，出质人的所有权受质权的限制，而不享有占有返还请求权。

资料来源：http://www.fl365.com

(1) 质押担保的范围

根据《担保法》的规定，质押担保的范围包括主债权及利息、违约金、损害赔偿金、质物保管费用和实现质权的费用。质押合同另有约定的，按照约定。

(2) 质权人的权利、义务

质权人的权利如下。

① 占有质物，质权人有权在债权受清偿前占有质物。

② 收取质物所生孳息。

③ 转质权。质权人在质权存续期间，为担保自己的债务，经出质人同意，以其所占有的质物为第三人设定质权的；应当在原质权所担保的债权范围之内，超过的部分不具有优先受偿的效力。转质权的效力优于原质权。质权人在质权存续期间，未经出质人同意，为担保自己的债务，在其所占有的质物上为第三人设定质权的无效。质权人对因转质而发生的损害承担赔偿责任。

④ 处分质物并就其价金优先受偿。

⑤ 费用支付请求权。质权人有请求出质人支付保管标的物的费用的权利。

⑥ 保全质权的权利。质物有损坏或者价值明显减少的可能，足以危害质权人权利的，质权人可以要求出质人提供相应的担保。出质人不提供的，质权人可以拍卖或者变卖质物，并与出质人协议将拍卖或者变卖所得的价款用于提前清偿所担保的债权或者向与出质人约定的第三人提存。

质权人的义务如下。

① 保管标的物。

② 返还质物的义务——质权消灭时。

(3) 出质人的权利

① 出质人在质权人因保管不善致使质物毁损灭失时，有权要求质权人承担民事责任。

② 质权人不能妥善保管质物可能致使其灭失或者毁损的，出质人可以要求质权人将质

物提存，或者要求提前清偿债权而返还质物。将质物提存的，质物提存费用由质权人负担；出质人提前清偿债权的，应当扣除未到期部分的利息。

③ 债务履行期届满，债务人履行债务的，或出质人提前清偿所担保的债权的，出质人有权要求质权人返还质物。

本章小结

担保是指以第三人的信用或者在特定财产上设定的权利来确保特定债权人债权实现的法律制度。

保证是指保证人和债权人约定，当债务人不履行债务时，保证人按照约定履行债务或者承担责任的行为。

抵押是指为担保债务的履行，债务人或者第三人不转移财产的占有，将该财产抵押给债权人的，债务人不履行到期债务或者发生当事人约定的实现抵押权的情形，债权人有权就该财产优先受偿。

质押是指为担保债务的履行，债务人或者第三人将其动产或权利出质给债权人占有，债务人不履行到期债务或者发生当事人约定的实现质权的情形，债权人有权就该动产优先受偿。质押包括动产质押和权利质押。

【思考题】

1.《担保法》对保证人的条件有哪些限制?

2. 可以抵押的财产有哪些?

3. 禁止抵押的财产有哪些?

4. 可以用于质押的权利有哪些?

【课堂讨论题】

1. 讨论一般保证与连带责任保证的区别。

2. 讨论抵押与质押的区别。

3. 讨论担保合同的效力与担保物权的关系。

【案例分析】

某房地产开发公司（以下简称开发公司）因贷款需要，将其所有的一商住楼抵押给某商业银行（以下简称银行）。此后，开发公司又将该商住楼出租。后因无力偿还银行贷款，开发公司与银行协商，将该商住楼折抵给银行，以清偿其所欠贷款。银行获得该商住楼的所有权后，拟自行使用，故向各租户发出解除租赁合同的书面通知。各租户认为租赁合同尚未到期，拒绝搬出。

请问：① 开发公司在将商住楼抵押后又将其出租的行为是否有效?

② 银行是否有权解除租赁合同?

③ 本案中，如果开发公司是将已出租的商住楼向银行设定抵押，情形又将如何?

[分析提示]

① 抵押权的设定，并不影响抵押人作为抵押物的所有权人行使对抵押物的使用、占有、处分和收益的权利。抵押人将抵押物出租，属于对抵押物行使收益权的行为。根据《物权法》的规定，抵押人经抵押权人同意甚至可以转让抵押物，但是应当将转让所得的价款向抵押权人提前清偿债务或者提存。本案中，抵押人只需向抵押权人和承租人履行告知义务，因

此，开发公司在将商住楼抵押后又将其出租的行为有效。

② 由于抵押权设定于前，租赁权设定于后，根据《物权法》的规定，抵押权设立后抵押财产出租的，该租赁关系不得对抗已登记的抵押权，抵押可破租赁，银行受让该楼的所有权后，原先的租赁合同对其无约束力，银行有权解除租赁合同。

③ 如果开发公司是将已出租的商住楼向银行设定抵押，由于租赁权设定于前，抵押权设定于后，根据《物权法》的规定，订立抵押合同前抵押财产已出租的，原租赁关系不受该抵押权的影响，抵押不破租赁。银行无权解除租赁合同。

资料来源：朱明主编. 金融法规与案例. 北京：机械工业出版社，2009.

第6章　证　券　法

【学习目标】

理解证券的概念及特征、证券市场的功能。

掌握证券法的基本原则、证券发行及证券交易的相关规定、各证券机构的相关规定。

了解证券的类型，证券市场、证券法的概念，违反证券法的法律责任。

【本章引例】

丁某在某证券公司营业部开了一账户，从事证券投资业务。一天丁某发出以10元价格卖出其账户上A公司股票1000股的指令。由于该营业部场内交易员小王操作不慎，将丁某卖出指令，敲成买入。以每股10元价格为丁某购入A公司股票1000股。当日该股票收盘价是10.2元，由于丁某账面资金不足，小王向营业部经理汇报后，给丁某透支了营业部其他客户保证金3000元。次日，该股即下跌，开盘价为9.8元，最高价10.18元，收盘价为9.75元。交易员小王在10.15元卖出1000股A公司股票后，将透支的保证金归还，当日，丁某发现此事，提出索赔。

请问：

① 该案中小王有哪些违反《证券法》的行为？小王应直接承担相应的法律责任吗？为什么？

② 丁某应向谁索赔？从《证券法》角度看，他的索赔依据是什么？

【引例分析】

① 小王在该案中违反《证券法》的行为主要有：a. 违背客户的委托为其买卖证券；b. 挪用客户账户上的资金；c. 假借客户的名义买卖证券；d. 违背客户的真实意思表示，损害客户利益。他在证券交易中，构成了证券公司及其从业人员从事为《证券法》所禁止的损害客户利益的欺诈行为。

小王不应直接向丁某承担责任。因为小王是证券公司营业部的场内交易员，其行为又得到营业部经理的批准，应视为小王的职务行为。

② 丁某应向小王所在营业部所属的证券公司索赔。《证券法》第二百一十条规定：“证券公司违背客户的委托买卖证券、办理交易事项，或者违背客户真实意思表示，办理交易以外的其他事项的，责令改正，处以一万元以上十万元以下的罚款。给客户造成损失的，依法承担赔偿责任。”

资料来源：http://netcourse.shtvu.edu.cn/

6.1　证券法概述

6.1.1　证券和证券市场

(1) 证券

① 证券的概念。证券是商品经济和社会化大生产发展的产物。“证券”一词含义十分广泛。

广义上的证券是指各类财产所有权或者债券凭证的总称，是用来证明证券持有者有权按照其所载明的内容取得相应的权益的凭证。如股票、债券、基金证券、票据、提单、栈单、保险单等都属于广义证券的范畴。凡根据我国政府有关法规发行的证券都具有法律效力。

狭义的证券，一般仅指有价证券。有价证券是指一种具有一定票面金额，证明持券人有权按期取得一定收入，并可自由转让和买卖的所有权或债权凭证证书，简称证券。它的主要表现形式是股票、债券和基金证券。

② 证券的特征。证券具有以下三个基本的特征：

a. 法律特征，即它本身必须具有合法性，这样它所包含的特定内容才会具有法律效力；

b. 书面特征，即必须采取书面或与书面具有同等效力的形式，且按照规定的格式载明全部必要事项；

c. 是一种信用凭证，是商品经济和信用经济发展的产物。

③ 证券的类型。通常将证券分为有价证券和凭证证券两类。凭证证券又称无价证券，是指本身不能使持有人（或第三者）取得一定收入的证券，如不可转让的存款单、借据、栈单等为为凭证证券。

有价证券包括广义的有价证券和狭义的有价证券。

广义有价证券包括：

a. 商品证券，如货运单、提单、栈单等；

b. 货币证券，如本票、汇票、支票等；

c. 资本证券，如股票、债券、基金、认股权证等。

狭义的有价证券是指一种具有一定票面金额，证明持有人有权按期取得一定收入的所有权或债权证书，也就是说，它包括的范围仅仅是资本证券（股票、债券等）。

《中华人民共和国证券法》（以下简称《证券法》）所指的证券是一种狭义的证券，即有价证券，更具体来说《证券法》中所指的"证券"就是资本证券，即由筹资者向社会公众发行，由公众购买的表示投资和收益请求权的凭证。在我国，根据《证券法》的规定，它包括股票、公司债券及国务院依法认定的其他证券。

（2）证券市场

① 证券市场的概念。证券市场是股票、债券、投资基金券等各种有价证券发行和买卖的场所。从广义上讲，证券市场是指一切以证券为对象的交易关系的总和。证券市场通过证券信用的方式融通资金，通过证券的买卖活动引导资金流动，有效合理地配置社会资源，支持和推动经济发展，因而是资本市场的核心和基础，是金融市场中最重要的组成部分。

② 证券市场的特征。证券市场作为证券发行和交易的场所，与一般商品市场相比，具有以下一些明显的特征。

a. 一般商品市场的交易对象是各种实物商品，人们购买商品的目的是获得其使用价值。

证券市场的交易对象则是股票、债券等金融商品，人们购买的主要目的是为了获得股息、利息和买卖证券的差价收入。

b. 证券市场的流动性通常比商品市场要高得多，证券持有者可以随时转让证券。

一般而言，证券市场越发达，交易规模越大，投资者越多，其流动性也越强。

c. 一般商品市场的商品价格，是商品价值的货币表现，商品的价值量取决于生产该商品的社会必要劳动时间。

证券市场上的证券价格决定机制则比较复杂，证券价格不但受到发行人的资产、盈利能力的影响，还受到政治、经济，甚至投资者心理等方面因素的影响。证券市场上的供求关系变动频繁，因此证券的市场价格也随之不断上下波动，由此而产生证券市场的风险。

d. 同企业用于购买厂房、机器和原材料等实物资本不同，证券是一种虚拟形式的资本，它不在生产过程中发挥直接作用。

从经济运行的本质来看，一般商品市场的活动体现了经济流程中“实质经济”的运转；而证券市场的活动则体现了经济流程中“金融经济”的运转，其最终作用是实现实物资源的有效配置和使用，从而实现社会实物财富的增长。

③ 证券市场的功能

a. 筹资功能。证券市场的筹资功能是指证券市场为资金需求者筹集资金的功能。在经济运行过程中，既有资金盈余者，又有资金短缺者。资金盈余者为了使自己的资金价值增值，就必须寻找投资对象。在证券市场上，资金盈余者可以通过买入证券实现投资；而资金短缺者为了发展自己的业务，就要向社会寻找资金。为了筹集资金，资者短缺者就可以通过发行各种证券来达到筹资的目的。

b. 资本定价功能。证券市场的第二个基本功能就是为资本决定价格。证券是资本的存在形式，所以，证券的价格实际上是证券所代表的资本的价格。证券的价格是证券市场上证券供求双方共同作用的结果。证券市场的运行形成了证券需求者竞争和证券供给者竞争的关系，这种竞争的结果是：能产生高投资回报的资本，市场的需求就大，其相应的证券价格就高；反之，证券的价格就低。因此，证券市场是资本的合理定价机制。

c. 资本配置功能。证券市场的资本配置功能是指通过证券价格引导资本的流动而实现资本的合理配置的功能。在证券市场上，证券价格的高低是由该证券所能提供的预期报酬率的高低来决定的。证券价格的高低实际上是该证券筹资能力的反映。而能提供高报酬率的证券一般来自于那些经营好、发展潜力巨大的企业，或者是来自于新兴行业的企业。由于这些证券的预期报酬率高，因而其市场价格也就相应高，从而其筹资能力就强。这样，证券市场就引导资本流向其能产生高报酬率的企业或行业，从而使资本产生尽可能高的效率，进而实现资本的合理配置。

参考案例 6-1

1. 证券法的调整对象包括（　　）。

A. 证券发行关系　　B. 证券交易关系

C. 上市公司经营关系　　D. 证券监管关系

2. 以下何种证券为证券法调整的范围（　　）。

A. 股票　B. 公司债券　C. 投资基金　D. 政府债券

［参考案例 6-1］分析

1. ABD　2. ABCD

资料来源：根据相关资料整理

6.1.2　证券法的概念和基本原则

（1）证券法的概念

① 证券法的概念。证券法是规范证券发行与交易的法律。证券法的概念有狭义和广义之分。狭义的证券法指《中华人民共和国证券法》。广义的证券法除《证券法》外，还包括其他法律中有关证券管理的规定国务院颁发的有关证券管理的行政法规、证券管理部门发布的部门规章，地方立法部门颁布的有关证券管理的地方性法规和规章等。证券交易所等有关证券自律性组织依法制定的业务规则和行业活动准则等对我国证券市场的规范运作也起到重要调整作用。

② 证券法的历史沿革。1998年12月29日，第九届全国人民代表大会常务委员会第六次会议通过了《证券法》，自1999年7月1日起施行。

2004年8月28日，根据第十届全国人民代表大会常务委员会第十一次会议《关于修改〈中华人民共和国证券法〉的决定》，对《证券法》作了个别条款的修正。

2005年10月27日，第十届全国人民代表大会常务委员会第十八次会议对《证券法》作了大幅修订后重新颁布，自2006年1月1日起施行。新的《证券法》共十二章二百四十条，对我国证券的发行、交易以及证券交易、中介机构和监督管理等内容作出了详细的规定。《证券法》以及其他法律中有关证券管理的规定、国务院和政府有关部门发布的有关证券方面的法规、规章以及规范性文件，构成了我国的证券法律体系。

③ 证券法的调整范围。《证券法》的调整范围，是在中华人民共和国境内股票、公司债券和国务院依法认定的其他证券的发行和交易。《证券法》未规定的，适用《公司法》和其他法律、行政法规的规定。政府债券、证券投资基金份额的上市交易适用《证券法》，其他法律、行政法规有特别规定的，适用其规定。证券衍生品种发行、交易的管理办法，由国务院依照《证券法》的原则规定。

（2）证券法的基本原则

证券法的基本原则是指《证券法》所规定的证券发行和证券交易活动必须遵循的基本准则，是证券立法、司法和执法的出发点和指导思想，它体现了《证券法》的基本精神。《证券法》的基本原则是公平、公正、公开的原则和自愿、有偿、诚实信用原则。

① 公平原则。公平原则是指在证券发行和交易活动中，投资人、发行人、证券商和证券专业服务机构等市场主体的法律地位平等，即平等地享受权利和承担义务，公平地开展竞争，合法权益受到公平保护。它要求不同经济实力、不同地区的投资人应享受同等的待遇。

② 公正原则。公正原则是指在证券市场中，立法者应制定公正的规则，司法者和管理者按照这一规则公正地执行法律，对一切被监管者给予公正待遇。它禁止任何人在证券发行或交易中以其特权或优势获得不公正利益，使对方当事人蒙受不公正的损失。市场操纵、虚假陈述、欺诈客户、内幕交易等都是违反公正原则的行为。

③ 公开原则。公开原则，即信息披露制度，是指依照法律、行政法规的规定，具有信息披露义务的证券发行人、证券持有人及其他有关机构和人员，应当按照证券主管部门规定的内容、程序和时间履行公开义务。公开原则是公正、公平的前提和保障，是实现公平、公正的必要措施，是《证券法》的精髓所在。实行公开原则，有利于投资者在全面了解情况的基础上做出投资决定，以维护投资者的利益；有利于发行公司接受广大股东和社会公众的监督，从而改善自身的经营管理；有利于国家及时掌握证券发行和交易信息，对证券市场实行统一管理和监督。

④ 诚实信用原则。证券法律制度中的诚实信用原则是指证券发行与交易活动的当事人应当诚实履行义务，不得有任何证券欺诈行为；不得以损害国家、集体或他人利益为目的，不得滥用权力。如果没有法律依据，应当依据诚实信用原则处理问题。

此外，证券法基本原则还包括：

a. 守法原则；

b. 禁止欺诈、内幕交易和操纵证券交易市场原则；

c. 证券业与银行业、信托业、保险业分业经营、分业管理原则；

d. 统一监督管理证券市场的原则；

e. 自律管理与监督管理结合的原则；

f. 审计监督的原则。

参考案例 6-2

原告A与被告某证券公司B签订了一份“证券交易协议”，该协议书上留存了原告的身份证号码及深圳、上海股东卡号码等。此后，原告在股票交易的过程中认识了股民杨某某，并常带杨某某进大户室。在此期间，杨某某偷看了原告的个人资料，随后，杨某某凭所盗的资料伪造了原告的身份证和上海、深圳股东卡，于同年7月26日到中国工商银行开设了一本银行存折，以原告名义与被告签订一份“证券交易协议”，并办理了电话委托项目。后原告下单给B的工作人员准备买入股票时，被告知保证金只剩下800多元，方知出现了问题。原告向广州市东山区人民法院起诉称：由于被告的过错，致使自己的保证金被他人转走，要求原告承担赔偿责任。

请问：原告和证券公司应该承担什么法律责任?

[参考案例 6-2] 分析

原告没有保管好涉及商业利益的资料，有一定过错。尽管原告有过错，但该过错既无主观恶意又不是操作程序中的过错，而是疏忽大意被案犯钻了空子，因此过错显著轻微。

证券公司作为一个专门代理股民从事股票交易的行业机构，其成立经过专门机构的审批，拥有训练有素的专业工作人员，它必须谨慎行事，因为它的任何疏忽都可能给股民带来损失。根据《证券法》的公平原则及法官自由裁量权的运用，认定证券公司应当承担赔偿责任。

资料来源：http://law. tjpu. edu. cn/

6.2 证券发行

参考案例 6-3

海风股份有限公司于2001年6月经国务院证券监督管理机构批准，发行三年期公司债券1000万元，到期一次还本付息。但其仅募集到690万元。由于公司经营管理不善，连年亏损，2001年6月发行的公司债券有100万元未还本付息。到2003年5月，公司净资产仅有2800万元。为弥补公司亏损，公司拟再次发行公司债券，并且为吸引投资者募集到足够的资金，债券利率水平高于国务院限定的利率水平。

请问：海风股份有限公司能否获准再次发行公司债券？为什么？

[参考案例 6-3] 分析

海风股份有限公司不能获准再次发行公司债券。因为：①前一次发行的公司债券尚未募足。②对已发行的公司债券有迟延支付本息的事实，且仍处于继续状态。③公司近几年连续亏损，不符合债券的发行条件。④公司的净资产额不足3000万元。发行公司债券募集的资金不得用于弥补亏损。⑤债券的利率水平不得高于国务院限定的利率水平。

资料来源：李志慧主编. 金融法概论. 北京：中国财政经济出版社，2005.

6.2.1 证券发行的条件

《证券法》规定，公开发行证券，必须符合法律、行政法规规定的条件，并依法报经国务院证券监督管理机构或者国务院授权的部门核准；未经依法核准，任何单位和个人不得公开发行证券。

（1）股票发行的条件

① 新设立股份有限公司公开发行股票的条件。设立股份有限公司公开发行股票应当符合《中华人民共和国公司法》（以下简称《公司法》）规定的条件和经国务院批准的国务院证券监督管理机构规定的其他条件。根据《公司法》的规定，新设立股份有限公司公开发行股票应具备以下条件：

a. 股份有限公司的生产经营符合国家的产业政策；

b. 发行的普通股限于一种，同股同权；

c. 发起人认购的股本数额不少于公司拟发行的股本总额的35%；

d. 在公司拟发行的股本总额中，发起人认购的部分不少于人民币3000万元但国家另有规定的除外；

e. 向社会公众发行的部分不少于公司拟发行股本总额的25%，其中公司职工认购的股本数额不得超过拟向社会公众发行的股本总额的10%；公司拟发行的股本总额超过人民币4亿元的，证监会按规定可酌情降低向社会公众发行的部分的比例，但最低不得少于公司拟发行股本总额的10%（公司法变更为15%）；

f. 发起人在近3年内没有重大违法行为；

g. 证监会规定的其他条件。

② 发行新股的条件。新股发行除应当具备股票设立发行的条件外，还必须符合有关增资发行的特殊条件：

a. 前一次发行的股份已经募足，并间隔1年以上；

b. 公司在最近3年内连续盈利，并可向股东支付股利；

c. 公司最近3年内财务会计文件无虚假记载，从前一次公司公开发行股票至本次申请期间没有重大违法行为；

d. 公司预期利润率可达同期银行存款利率；

e. 前一次公开发行股票所得资金的使用与其招股说明书相同，并且资金使用效益良好。

依照本法规定聘请保荐人的，还应当报送保荐人出具的发行保荐书。

（2）公司债券发行的条件

①《证券法》规定，公开发行公司债券，应当符合下列条件：

a. 股份有限公司的净资产不低于人民币三千万元，有限责任公司的净资产不低于人民币六千万元；

b. 累计债券余额不超过公司净资产的百分之四十；

c. 最近三年平均可分配利润足以支付公司债券一年的利息；

d. 筹集的资金投向符合国家产业政策；

e. 债券的利率不超过国务院限定的利率水平；

f. 国务院规定的其他条件。

② 禁止再次公开发行公司债券的情形。有下列情形之一的，不得再次公开发行公司债券：

a. 前一次公开发行的公司债券尚未募足；

b. 对已公开发行的公司债券或者其他债务有违约或者延迟支付本息的事实，仍处于继续状态；

c. 违反本法规定，改变公开发行公司债券所募资金的用途。

为了保证证券市场的稳定和投资者的正当利益，证券发行都必须按一定的程序进行。

6.2.2 证券发行的程序

（1）证券发行报批前的准备工作

发行前的准备工作对于证券能否取得发行资格，能否顺利发行有着重要意义，主要内容包括如下方面。

① 聘请中介人。主要是证券承销商，其次还包括具有从事证券相关业务资格的律师事务所、会计审计机构、资产评估机构等其他中介人。选择中介机构应当综合考虑中介机构的实力、业绩、人员素质等情况。

② 进行财产重估和资信评审。新建股份有限公司必须经国家有关部门批准，并由发起单位认购全部股份总额的35%以上，方能对外发行股票。现有企业改制成股份有限公司必须经国家有关部门批准，并进行财产重估，合理核定企业资产的价值。我国采用资产评估的方法主要有收益现值法、重置成本法、现行市价法和清算价格法。

如果发行企业债券，则必须进行资信审查和评估，对于向社会公开发行债券的企业，还必须先向有关信誉评估机构申请评估，评估机构根据有关标准评定企业的资信等级。

③ 围绕证券发行审批的要求准备好各项文件资料。

（2）证券发行人向有关部门提交申请文件

发行人完成了各项文件资料的准备工作后，便可向有关政府部门递交发行证券申请报告及其他所要求的文件资料。

设立股份有限公司公开发行股票，应向国务院证券监督管理机构报送募股申请和下列文件：①公司章程；②发起人协议；③发起人姓名或者名称，发起人认购的股份数、出资种类及验资证明；④招股说明书；⑤代收股款银行的名称及地址；⑥承销机构名称及有关的协议。依照本法规定聘请保荐人的，还应当报送保荐人出具的发行保荐书。法律、行政法规规定设立公司必须报经批准的，还应当提交相应的批准文件。

公司公开发行新股，应当向国务院证券监督管理机构报送募股申请和下列文件：①公司营业执照；②公司章程；③股东大会决议；④招股说明书；⑤财务会计报告；⑥代收股款银行的名称及地址；⑦承销机构名称及有关的协议。

申请公开发行公司债券，应当向国务院授权的部门或者国务院证券监督管理机构报送的文件包括：①公司营业执照；②公司章程；③公司债券募集办法；④资产评估报告和验资报告；⑤国务院授权的部门或者国务院证券监督管理机构规定的其他文件。

依照本法规定聘请保荐人的，还应当报送保荐人出具的发行保荐书。

（3）证券发行的审批

有关证券管理部门接获发行人的申报后，即进入审查批复阶段，经过对申报资料的审核，有关部门会出具书面反馈意见，发行人和中介机构须按照反馈意见修改和补充资料。对于股票发行，一般要经过两级审查，中国证监会发行部初审和发行审核委员会复审，通过后即可公开发行证券。

（4）实施发行阶段

发行人在获得证券发行审批部门同意其公开发行证券的批复后，即可按批准的发行方案发行证券，大致可分为以下几个步骤。

第一，刊登发行公告。

第二，披露招募说明书并备案。招募说明书是发行人向特定的或不特定的投资人发出销售某种证券的书面要约，发行人向社会公开发行证券，必须公告招募说明书，并承担相应的法律责任。

第三，发行证券。发行人通过证券承销机构按照一定的发行方式向公众发行证券。

第四，验资。发行的证券价款缴足后，须经法定的验资机构验资并出具证明。

第五，证券托管。

第六，发行结束。

阅读资料 6-1

保荐人制度

新股发行的“保荐人制度”指由保荐人（券商）负责发行人的上市推荐和辅导，核实公司发行文件与上市文件中所载资料是否真实、准确、完整，协助发行人建立严格的信息披露制度，并承担风险防范责任。保荐机构及其保荐代表人履行保荐职责，但也不能减轻或者免除发行人及其高管人员、中介机构及其签名人员的责任。

中国的香港首先在其创业板市场（Growth Enterprise Market，简称 GEM）实行保荐人制度，而且保荐是针对于上市环节而言，又称“上市保荐人”（sponsor）。香港联交所在审核企业上市申请时，首先强调信息披露，但是同时也非常倚重保荐人，原因是因为在香港上市的公司中相当大比例的公司注册地及主要业务都在香港以外，核实有关资料（包括发起人的资历）必须依靠中介机构，尽量减少企业诈骗。

为积极推进证券市场发展，借鉴境外证券市场的经验，保荐人制度正式登上中国内地证券市场舞台。2003 年，证监会先是在券商中征求意见，继而发布了“征求意见稿”，向社会公开征求意见。2003 年 12 月 28 日，证监会公布了《证券发行上市保荐制度暂行办法》（以下简称《暂行办法》），决定从 2004 年 2 月 1 日起在中国内地施行保荐人制度。这也是世界上第一次在主板市场实行保荐人制度。

证监会对保荐代表人的要求相当苛刻。如关于保荐代表人投资银行业务经历，证监会相关通知的规定如下。（一）具备三年以上投资银行业务经历，且自 2002 年 1 月 1 日以来至少担任过一个境内外首次公开发行股票、上市公司发行新股或可转换公司债券的主承销项目的项目负责人。该项目负责人应是列名于公开发行募集文件的项目负责人。一个项目应只认定一名项目负责人。（二）具备五年以上投资银行业务经历，且至少参与过两个境内外首次公开发行股票、上市公司发行新股或可转换公司债券的主承销项目。该参与人员应列名于公开发行募集文件。一个项目应只认定两名参与人员，其中包括一名项目负责人。（三）具备三年以上投资银行业务经历，目前担任主管投资银行业务的公司高级管理人员、投资银行业务部门负责人、内核负责人或投资银行业务其他相关负责人，每家综合类证券公司推荐的该类人员数量不得超过其推荐通道数量的两倍。

资料来源：http://baike.baidu.com

6.3 证券交易

参考案例 6-4

A 公司为我国境内上市公司，已发行股份为 10000 万股，假设在本案发生过程中 A 公司股本总额没有发生变化。B公司为我国境内的一家有限责任公司。B公司通过证券交易所的证券交易，逐步购买A公司的股票。

请问：

① B公司持有A公司500万股时，应遵守什么行为规范？

② 当B公司通过证券交易所的证券交易，持有A公司3000万股时，若B公司欲继续收购A公司股份，应当怎么做？

③ 当收购要约的期限届满，B公司持有A公司已发行股份达到多少万股时，A公司股票应当在证券交易所终止上市？

[参考案例6-4] 分析

① 当B公司通过证券交易所的证券交易，持有A公司500万股时，达到了A公司已发行股份的5%，应当在该事实发生之日起3日内，向国务院证券监督管理机构、证券交易所作出书面报告，通知A公司，并予以公告；在此期间内，不得再行买卖A公司的股票。之后，B公司通过证券交易所的交易，所持A公司已发行的股份比例每增加5%，均应依照前述要求进行报告和公告，在报告期间内和作出报告及公告后2日内，不得再行买卖A公司股票。

② 通过证券交易所的证券交易，B公司持有A公司3000万股时，达到A公司已发于股份的30%，B公司欲继续收购A公司股份，应当依法向A公司所有股东发出收购要约，但经国务院证券监督管理机构免除发生要约的除外。

B公司发出收购要约前，须事先向国务院证券监督管理机构报送上市公司收购报告书，并同时提交A公司所在证券交易所。B公司依法报送上市公司收购报告书之日起15日后，公告其收购要约。

在收购要约的有效期限内，B公司不得撤回其收购要约，若有变更事项的，B公司必须事先向国务院证券监督管理机构及证券交易所提出报告，经获准后，予以公告。

③ 10000万股×75%＝7500万股，收购要约期限届满，B公司持有A公司股份达到7500万股时，A公司股票应当在证券交易所终止上市。

资料来源：http://law.hubu.edu.cn

6.3.1 证券上市与证券交易

(1) 证券上市

① 证券上市的概念。所谓证券上市，是指经国务院证券监督管理机构核准公开发行的股票、公司债券等证券，按照《公司法》、《证券法》规定的条件，经该证券的发行人提出申请并报经国务院证券监督管理机构核准，国务院证券监督管理机构可以授权证券交易所依法定条件和法定程序核准股票上市申请，同时由证券交易所依规定在证券交易所挂牌交易。在证券交易所上市买卖的证券，为上市证券。

② 证券上市的条件

a. 股份有限公司申请股票上市，应当符合下列条件：股票经国务院证券监督管理机构核准已公开发行；公司股本总额不少于人民币三千万元；公开发行的股份达到公司股份总数的百分之二十五以上；公司股本总额超过人民币四亿元的，公开发行股份的比例为百分之十以上；公司最近三年无重大违法行为，财务会计报告无虚假记载。

证券交易所可以规定高于前款规定的上市条件，并报国务院证券监督管理机构批准。

b. 公司申请公司债券上市交易，应当符合下列条件：公司债券的期限为一年以上；公司债券实际发行额不少于人民币五千万元；公司申请债券上市时仍符合法定的公司债券发行条件。

③ 证券上市的意义。证券上市是连接证券发行市场与证券交易所的中间环节，对于投资者和上市公司而言，都具有十分重要的意义。对投资者来说，证券上市方便投资者进行证券投资，更好地进行投资决策，而且有利于减少投资风险，降低投资成本。对于上市公司而言，证券上市有利于提高上市公司的信誉和知名度，促进上市公司改善经营管理，增强上市公司的筹资能力。当然，证券上市也有利于证券管理者对上市公司的监管，以保障广大投资者合法权益，促进证券市场的健康发展。

(2) 证券交易

① 证券交易的概念。证券交易是指依照交易规则对已经依法发行并经投资者认购的证券进行买卖的行为。证券交易是证券转让的一种形式。

② 证券交易的特征及分类。与一般市场交易行为相比，证券交易具有如下特征。

第一，证券交易是对一种具有财产价值的特定权利的买卖行为，证券交易的对象是特定的投资凭证，交易的结果体现为相应投资权利的转移；第二，证券交易是一种具有标准化合同性质的买卖行为，证券交易一般按照证券法和相关交易规则确定的程序、格式进行，这与一般买卖交易具有明确不同；第三，证券交易是对已经发行并经投资者认购的证券的买卖行为，主要体现为对已经发行的股票或者债券等的买卖行为，而非实物或者其他市场交易品种。

证券交易按照不同标准可以作不同分类，如按交易对象不同可以分为股票交易、债券交易、基金交易等；按成交时间和交割时间不同可以分为期货交易和现货交易、足额保证金交易和信用交易等。

③ 证券交易的一般规则

a. 证券交易以现货进行交易。我国《证券法》规定证券交易以现货进行交易，即不能进行证券期货交易。

b. 证券公司不得从事向客户融资或融券的证券交易活动。

禁止证券公司为客户垫付资金，供客户进行证券买卖，也不允许证券公司将证券供给客户，供客户交易。

c. 证券从业人员和管理人员不得持有和买卖股票。证券交易所、证券公司、证券登记结算机构从业人员、证券监督管理机构工作人员和法律、行政法规禁止参与股票交易的其他人员，在任期或者法定限期内，不得直接或者以化名、借他人名义持有、买卖股票，也不得收受他人赠送的股票。任何人在成为上述人员时，其原已持有的股票，必须依法转让。

工作人员——证券交易所、公司、登记结算机构等的正、副总经理（不负责证券业务的副总经理除外）；以上机构内设的业务部门和下设的证券营业部的正、副经理；证券经营机构从事证券代理、自营业务的专业人员；以上机构从事为客户提供咨询的专业人员；出市代表；电脑管理人员；证监会认为属于工作人员的其他人员。

d. 为股票发行出具审计报告、资产评估报告或者法律意见书等文件的专业机构和人员，在该股票承销期内和期满后 6 个月内，不得买卖该种股票；自接受上市公司委托之日起至上述文件公开后 5 日内，不得买卖股票。

6.3.2 持续信息公开

(1) 信息公开的概念

信息公开是指证券发行上市公司按照法定要求将自身财务、经营等情况向证券监督管理部门报告，并向投资者公告的活动。证券发行时的信息公开称为初次公开或发行公开，证券上市及上市期间的信息公开称为持续公开或继续公开。

（2）信息公开的形式

证券发行和交易中应公开的信息包括招股说明书、上市公告书、定期报告和临时报告等。

① 招股说明书和上市公告书。招股说明书有效期为6个月，自招股说明书签发完毕之日起计算，在承销股票前向社会公众公告；上市公告书自公司股票上市前5日向社会公告。

② 定期报告。定期报告是上市公司和公司债券上市交易的公司进行持续信息披露的主要形式之一，包括中期报告和年度报告。

a. 中期报告。上市公司和公司债券上市交易的公司，应当在每一会计年度的上半年结束之日起两个月内，向国务院证券监督管理机构和证券交易所报送记载以下内容的中期报告，并予公告：公司财务会计报告和经营情况；涉及公司的重大诉讼事项；已发行的股票、公司债券变动情况；提交股东大会审议的重要事项；国务院证券监督管理机构规定的其他事项。

b. 年度报告。上市公司和公司债券上市交易的公司，应当在每一会计年度结束之日起四个月内，向国务院证券监督管理机构和证券交易所报送记载以下内容的年度报告，并予公告：公司概况；公司财务会计报告和经营情况；董事、监事、高级管理人员简介及其持股情况；已发行的股票、公司债券情况，包括持有公司股份最多的前十名股东名单和持股数额；公司的实际控制人；国务院证券监督管理机构规定的其他事项。

③ 临时报告。发生可能对上市公司股票交易价格产生较大影响的重大事件，投资者尚未得知时，上市公司应当立即将有关该重大事件的情况向国务院证券监督管理机构和证券交易所报送临时报告，并予公告，说明事件的起因、目前的状态和可能产生的法律后果。

下列情况为前款所称重大事件：

a. 公司的经营方针和经营范围的重大变化；

b. 公司的重大投资行为和重大的购置财产的决定；

c. 公司订立重要合同，可能对公司的资产、负债、权益和经营成果产生重要影响；

d. 公司发生重大债务和未能清偿到期重大债务的违约情况；

e. 公司发生重大亏损或者重大损失；

f. 公司生产经营的外部条件发生的重大变化；

g. 公司的董事、三分之一以上监事或者经理发生变动；

h. 持有公司百分之五以上股份的股东或者实际控制人，其持有股份或者控制公司的情况发生较大变化；

i. 公司减资、合并、分立、解散及申请破产的决定；

j. 涉及公司的重大诉讼，股东大会、董事会决议被依法撤销或者宣告无效；

k. 公司涉嫌犯罪被司法机关立案调查，公司董事、监事、高级管理人员涉嫌犯罪被司法机关采取强制措施；

l. 国务院证券监督管理机构规定的其他事项。

6.3.3 禁止的证券交易行为

《证券法》禁止的交易行为主要有：内幕交易、操纵市场、虚假陈述和欺诈客户。

（1）禁止内幕交易

① 内幕交易的概念。内幕交易又称知情证券交易，是指内幕人员以及其他通过非法途径获取公司内幕信息的人，利用该利息进行证券交易而获利的行为。《证券法》禁止证券交

易内幕信息的知情人员利用内幕信息进行证券交易活动。

② 内幕信息。证券交易活动中，涉及公司的经营、财务或者对该公司证券的市场价格有重大影响的尚未公开的信息，称为内幕信息。

下列各项信息皆属内幕信息。

第一，前述临时报告中，所列重大事件，如经营范围的重大变化、重大投资行为，发生重大债务与诉讼等。

第二，公司分配股利或者增资的计划。

第三，公司股权结构的重大变化。

第四，公司债务担保的重大变更。

第五，公司营业用主要资产的抵押、出售或者报废一次超过该资产的30%。

第六，公司的董事、监事、经理、副经理或者其他高级管理人员的行为可能依法承担重大损害赔偿责任。

第七，上市公司收购的有关方案。

第八，国务院证券监督管理机构认定的对证券交易有显著影响的其他重要信息。

③ 知悉证券交易内幕信息的知情人员。下列人员为知悉证券交易内幕信息的知情人员：

a. 发行股票或者公司债券的公司董事、监事、经理、副经理及有关的高级管理人员；

b. 持有公司5%以上股份的股东；

c. 由于所任公司职务可以获取公司有关证券交易信息的人员；

d. 证券监督管理机构工作人员以及由于法定的职责对证券交易进行管理的其他人员；

e. 由于法定职责而参与证券交易的社会中介机构或者证券登记结算机构、证券交易服务机构的有关人员；

f. 国务院证券监督管理机构规定的其他人员。

《证券法》规定，知悉证券交易内幕信息的知情人员或者非法获取内幕信息的其他人员，不得买入或者卖出所持有的该公司的证券，或者泄露该信息或者建议他人买卖该证券。

(2) 禁止操纵市场

操纵证券交易价格是指在证券市场中，制造虚假繁荣、虚假价格、诱导或者迫使其他投资者在不了解真相的情况下作出错误投资决定，使操纵者获利或减少损失的行为。

《证券法》明确禁止任何人以下列操纵市场的手段获取不正当利益或转嫁风险：

① 单独或者通过合谋，集中资金优势、持股优势或者利用信息优势联合或者连续买卖，操纵证券交易价格或者证券交易量；

② 与他人串通，以事先约定的时间、价格和方式相互进行证券交易，影响证券交易价格或者证券交易量；

③ 在自己实际控制的账户之间进行证券交易，影响证券交易价格或者证券交易量；

④ 以其他手段操纵证券市场。

(3) 禁止虚假陈述

虚假陈述是指负有陈述义务的行为人，在证券发行和证券交易过程中所公开的信息不符合真实性、准确性和完整性的要求。

《证券法》的相关规定如下。

① 禁止国家工作人员、新闻传播媒介从业人员和有关人员编造并传播谣言或者虚假信息，严重影响证券交易。

② 禁止证券交易所、证券公司、证券登记结算机构、社会中介机构及其从业人员，证券业协会、证券监督管理机构及其工作人员，在证券交易活动中作出虚假陈述或者信息

误导。

③ 证券交易信息主要通过各种传播媒介来进行传播，其影响面广，且往往具有一定的权威性。因此，各种传播媒介在传播有关证券信息时，必须做到真实、客观，不得利用传播媒介误导投资者。

(4) 禁止欺诈客户

禁止欺诈客户的规定主要是针对证券经营机构及其从业人员，在证券交易中禁止各种诱骗投资者买卖证券以及其他违背投资者真实意愿、损害其利益的行为。《证券法》规定的欺诈客户行为主要包括：

① 违背客户的委托为其买卖证券；

② 不在规定时间内向客户提供交易的书面确认文件；

③ 挪用客户所委托买卖的证券或者客户账户上的资金；

④ 未经客户的委托，擅自为客户买卖证券，或者假借客户的名义买卖证券；

⑤ 为牟取佣金收入，诱使客户进行不必要的证券买卖；

⑥ 利用传播媒介或者通过其他方式提供、传播虚假或者误导投资者的信息；

⑦ 其他违背客户真实意思表示，损害客户利益的行为。

另外，《证券法》还明确规定，禁止法人非法利用他人账户从事证券交易；禁止法人出借自己或者他人的证券账户。禁止任何人挪用公款买卖证券。依法拓宽资金入市渠道，禁止资金违规流入股市。国有企业和国有资产控股的企业买卖上市交易的股票，必须遵守国家有关规定。证券交易所、证券公司、证券登记结算机构、证券服务机构及其从业人员对证券交易中发现的禁止的交易行为，应当及时向证券监督管理机构报告。

参考案例 6-5

甲公司、乙有限公司、丙公司、丁有限公司自 1998 年 10 月 5 日起，集中资金，利用 627 个个人股票账户及 3 个法人股票账户，大量买入“深锦兴”（后更名为“亿安科技”）股票。持仓量从 1998 年 10 月 5 日的 53 万股，占流通股的 1.52%，到最高时 2000 年 1 月 12 日的 3001 万股，占流通股的 85%。同时，上述四家还通过其控制的不同股票账户，以自己为交易对象，进行不转移所有权的自买自卖，影响证券交易价格和交易量，联手操纵“亿安科技”的股票价格。截至 2001 年 2 月 5 日，上述四家公司控制的 627 个个人股票账户及 3 个法人股票账户共实现盈利 4.49 亿元，股票余额 77 万股。

请问：上述四家公司的行为属于什么性质的行为？试述《证券法》的有关规定。

[参考案例 6-5] 分析

上述四家公司的行为属于操纵市场和法人以个人名义开立账户的法律禁止的交易行为。根据《证券法》第七十七条的规定，禁止任何人以下列手段操纵证券市场：（一）通过单独或者合谋，集中资金优势、持股优势或者利用信息优势联合或者连续买卖，操纵证券交易价格；（二）与他人串通，以事先约定的时间、价格和方式相互进行证券交易或者相互买卖并不持有的证券，影响证券交易价格或者证券交易量；（三）以自己为交易对象，进行不转移所有权的自买自卖以影响证券交易价格或者证券交易量；（四）以其他方法操纵证券交易价格。《证券法》第八十条规定，禁止法人非法利用他人账户从事证券交易；禁止法人出借自己或者他人的证券账户。

资料来源：http：//blog.tianya.cn/

6.3.4 上市公司收购

（1）上市公司收购的概念

上市公司收购，是指收购人通过在证券交易所的股份转让活动而持有一个上市公司的股份达到一定比例，通过证券交易所股份转让活动以外的其他合法方式控制一个上市公司的股份达到一定程度，导致其获得或者可能获得对该公司的实际控制权的行为。

（2）上市公司收购的方式

① 要约收购。投资者自愿选择以要约方式收购上市公司股份的，可以向被收购公司所有股东发出收购其所持有的全部股份的要约（简称全面要约），也可以向被收购公司所有股东发出收购其所持有的部分股份的要约（简称部分要约）。通过证券交易所的证券交易，收购人持有一个上市公司的股份达到该公司已发行股份的30%时，继续增持股份的，应当采取要约方式进行，发出全面要约或者部分要约。根据《证券法》和《上市公司收购管理办法》的有关规定，要约收购应当遵守下述规定。

a. 以要约方式收购一个上市公司股份的，其预定收购的股份比例均不得低于该上市公司已发行股份的5%。以要约方式进行上市公司收购的，收购人应当公平对待被收购公司的所有股东。持有同一种类股份的股东应当得到同等对待。

收购人拟收购上市公司股份超过30%，须改以要约方式进行收购的，收购人应当在达成收购协议或者作出类似安排后的3日内对要约收购报告书摘要作出提示性公告，并按照《收购管理办法》有关规定履行报告和公告义务，同时免于编制、报告和公告上市公司收购报告书；依法应当取得批准的，应当在公告中特别提示本次要约须取得相关批准方可进行。

收购人向中国证监会报送要约收购报告书后，在公告要约收购报告书之前，拟自行取消收购计划的，应当向中国证监会提出取消收购计划的申请及原因说明，并予公告；自公告之日起12个月内，该收购人不得再次对同一上市公司进行收购。

b. 被收购公司董事会应当对收购人的主体资格、资信情况及收购意图进行调查，对要约条件进行分析，对股东是否接受要约提出建议，并聘请独立财务顾问提出专业意见。在收购人公告要约收购报告书后20日内，被收购公司董事会应当将被收购公司董事会报告书与独立财务顾问的专业意见报送中国证监会，并抄送证券交易所。

c. 收购人按照本办法规定进行要约收购的，对同一种类股票的要约价格，不得低于要约收购提示性公告日前6个月内收购人取得该种股票所支付的最高价格。

d. 收购要约约定的收购期限不得少于30日，并不得超过60日；但是出现竞争要约的除外。在收购要约约定的承诺期限内，收购人不得撤销其收购要约。采取要约收购方式的，收购人作出公告后至收购期限届满前，不得卖出被收购公司的股票，也不得采取要约规定以外的形式和超出要约的条件买入被收购公司的股票。收购要约期限届满前15日内，收购人不得变更收购要约，但是出现竞争要约的除外。

e. 同意接受收购要约的股东（以下简称预受股东），应当委托证券公司办理预受要约的相关手续。收购人应当委托证券公司向证券登记结算机构申请办理预受要约股票的临时保管。

f. 收购期限届满，发出部分要约的收购人应当按照收购要约约定的条件购买被收购公司股东预受的股份，预受要约股份的数量超过预定收购数量时，收购人应当按照同等比例收购预受要约的股份；以终止被收购公司上市地位为目的的，收购人应当按照收购要约约定的条件购买被收购公司股东预受的全部股份；未取得中国证监会豁免而发出全面要约的收购人应当购买被收购公司股东预受的全部股份。收购期限届满后3个交易日内，接受委托的证券公司应当向证券登记结算机构申请办理股份转让结算、过户登记手续，解除对超过预定收购比例的股票的临时保管；收购人应当公告本次要约收购的结果。

收购期限届满，被收购公司股权分布不符合上市条件，该上市公司的股票由证券交易所依法终止上市交易。在收购行为完成前，其余仍持有被收购公司股票的股东，有权在收购报告书规定的合理期限内向收购人以收购要约的同等条件出售其股票，收购人应当收购。

收购期限届满后15日内，收购人应当向中国证监会报送关于收购情况的书面报告，抄送证券交易所，通知被收购公司。

② 协议收购。协议收购采取协议方式收购上市公司的，收购人可以依照法律、行政法规的规定同被收购公司的股东协议转让股份。收购协议达成后，收购人必须在3日内将该收购协议向国务院证券监督管理机构及证券交易所作出书面报告，并予以公告。在公告前不得履行收购协议。

协议收购的双方可以临时委托证券登记结算机构保管协议转让的股票，并将资金存放于指定的银行。采取协议收购方式的，收购人收购或者通过协议、其他安排与他人共同收购一个上市公司已发行的股份达到30%时，继续进行收购的，应当向该上市公司所有股东发出收购上市公司全部或者部分股份的要约。但是，经国务院证券监督管理机构免除发出要约的除外。

收购人依照上述规定以要约方式收购上市公司股份，应当遵守《证券法》第八十九条至第九十三条有关要约收购的规定。

参考案例 6-6

甲上市公司通过证券交易所的交易，持有乙上市公司已发行的股份5%时，没有停止对乙公司股票的买入。

请问：① 甲公司是否存在违规行为？

② 如果甲公司通过证券交易所的交易，持有了乙公司的已发行股份的30%时仍继续进行收购，甲公司应采取什么措施？

［参考案例 6-6］分析

① 甲公司存在违规行为。《证券法》第八十六条规定，通过证券交易所的证券交易，投资者持有或者通过协议、其他安排与他人共同持有一个上市公司已发行的股份达到百分之五时，应当在该事实发生之日起三日内，向国务院证券监督管理机构、证券交易所作出书面报告，通知该上市公司，并予公告；在上述期限内，不得再行买卖该上市公司的股票。而事实上，甲公司并没有这样做。

②《证券法》第八十八条规定，通过证券交易所的证券交易，投资者持有或者通过协议、其他安排与他人共同持有一个上市公司已发行的股份达到百分之三十时，继续进行收购的，应当依法向该上市公司所有股东发出收购上市公司全部或者部分股份的要约。因此，甲公司持有乙公司30%的股份时，应当依法向乙公司所有股东发出收购要约。

资料来源：http：//blog. tianya. cn/

6.4 证券机构

6.4.1 证券交易所

(1) 证券交易所的概念

证券交易所是为证券集中交易提供场所和设施，组织和监督证券交易，实行自律管理的法人。证券交易所有会员制证券交易所和公司制证券交易所两种形式。会员制证券交易所是以会员协会形式成立的不以营利为目的的法人组织，其会员主要为证券商，只有会员以及有特许权的经纪人，才有资格在交易所中交易。会员制证券交易所实行会员自治、自律、自我管理。目前，多数国家的证券交易所都实行会员制。公司制证券交易所是以营利为目的的公司法人。公司制证券交易所对在本所内的证券交易负有担保责任。公司制证券交易所的证券商及其股东不得担任证券交易所的董事、监事或经理。我国的证券交易所是会员制证券交易所，是不以营利为目的的法人。

(2) 证券交易所的组织机构

① 理事会。《证券法》规定，证券交易所设理事会。理事会是证券交易所的决策机构，目前每届任期 3 年。理事会的主要职责是：制定、修改证券交易所的业务规则；审议总经理提出的工作计划、财务预算、决算方案；审议对会员的接纳、处分；根据需要决定专门委员会的设置等。

② 总经理。证券交易所设总经理一人，由国务院证券监督管理机构任免。总经理为证券交易所的法定代表人，主持证券交易所的日常管理工作。证券交易所可根据需要设立专门委员会。如证券发行审核委员会、监察委员会等。

(3) 证券交易所的职责和交易规则

① 证券交易所的职责

a. 证券交易所依照证券法律、行政法规制定上市规则、交易规则、会员管理规则和其他有关规则，并报国务院证券监督管理机构批准。

b. 证券交易所应当为组织公平的集中交易提供保障，公布证券交易即时行情，并按交易日制作证券市场行情表，予以公布。未经证券交易所许可，任何单位和个人不得发布证券交易即时行情。

c. 因突发性事件而影响证券交易的正常进行时，证券交易所可以采取技术性停牌的措施；因不可抗力的突发性事件或者为维护证券交易的正常秩序，证券交易所可以决定临时停市。

d. 证券交易所对证券交易实行实时监控，并按照国务院证券监督管理机构的要求，对异常的交易情况提出报告。证券交易所应当对上市公司及相关信息披露义务人所披露的信息进行监督，督促其依法及时、准确地披露信息。证券交易所根据需要，可以对出现重大异常交易情况的证券账户限制交易，并报国务院证券监督管理机构备案。

e. 筹集、管理风险基金。证券交易所应当从其收取的交易费用和会员费、席位费中提取一定比例的金额设立风险基金。风险基金由证券交易所理事会管理。风险基金提取的具体比例和使用办法，由国务院证券监督管理机构会同国务院财政部门规定。证券交易所应当将收存的风险基金存入开户银行专门账户，不得擅用。

f. 证券交易所可以自行支配的各项费用收入，应当首先用于保证其证券交易场所和设施的正常运行并逐步改善。实行会员制的证券交易所的财产积累归会员所有，其权益由会员共同享有，在其存续期间，不得将其财产积累分配给会员。

② 证券交易规则

a. 进入证券交易所参与集中交易的，必须是证券交易所的会员。

b. 投资者应委托证券公司买卖证券。投资者应当与证券公司签订证券交易委托协议，并在证券公司开立证券交易账户，以书面、电话以及其他方式，委托该证券公司代其买卖证券，不能自己到证券交易所进行证券交易。

c. 证券公司根据投资者的委托，按照证券交易规则提出交易申报，参与证券交易所场内的集中交易，并根据成交结果承担相应的清算交收责任；证券登记结算机构根据成交结果，按照清算交收规则，与证券公司进行证券和资金的清算交收，并为证券公司客户办理证券的登记过户手续。

d. 按照依法制定的交易规则进行的交易，不得改变其交易结果。对交易中违规交易者应负的民事责任不得免除；在违规交易中所获利益，依照有关规定处理。

e. 证券交易所的负责人和其他从业人员在执行与证券交易有关的职务时，与其本人或者其亲属有利害关系的，应当回避。

在证券交易所内从事证券交易的人员，违反证券交易所有关交易规则的，由证券交易所给予纪律处分；对情节严重的，撤销其资格，禁止其入场进行证券交易。

6.4.2 证券公司

(1) 证券公司的概念

证券公司是指依照《公司法》和《证券法》规定设立的经营证券业务的有限责任公司或者股份有限公司。

依我国《公司法》的规定，证券公司从它成立的时候起就按照现代企业制度来规范管理，以使证券公司能够成为具有一定规模的，产权清晰、风险自负、权责分明、管理科学的现代企业，担负起证券公司在证券发行与交易中的责任。

(2) 设立证券公司的条件

设立证券公司，应当具备下列条件：

① 有符合法律、行政法规规定的公司章程；

② 主要股东具有持续盈利能力，信誉良好，最近三年无重大违法违规记录，净资产不低于人民币两亿元；

③ 有符合本法规定的注册资本；

④ 董事、监事、高级管理人员具备任职资格，从业人员具有证券从业资格；

⑤ 有完善的风险管理与内部控制制度；

⑥ 有合格的经营场所和业务设施；

⑦ 法律、行政法规规定的和经国务院批准的国务院证券监督管理机构规定的其他条件。

(3) 证券公司的业务

经国务院证券监督管理机构批准，证券公司可以经营下列部分或者全部业务：

① 证券经纪；

② 证券投资咨询；

③ 与证券交易、证券投资活动有关的财务顾问；

④ 证券承销与保荐；

⑤ 证券自营；

⑥ 证券资产管理；

⑦ 其他证券业务。

6.4.3 证券登记结算机构

（1）证券登记结算机构的概念

《证券法》规定，证券登记结算机构是指为证券交易提供集中登记、存管与结算服务，不以营利为目的的法人。

（2）证券登记结算机构的设立条件

证券登记结算机构的设立条件包括：

① 自有资金不少于人民币两亿元；

② 具有证券登记、存管和结算服务所必需的场所和设施；

③ 主要管理人员和从业人员必须具有证券从业资格；

④ 国务院证券监督管理机构规定的其他条件。

（3）证券登记结算机构的职能

① 证券账户、结算账户的设立。这是专门为投资者买卖证券而设立的，证券账户用于记录投资者的买卖证券情况，结算账户的作用在于证券交易中为买卖双方清算交收服务。证券公司在证券登记结算机构设立账户，实际上就是证券公司与证券登记结算机构建立了一种服务的关系，登记结算机构为证券公司提供证券交易的有关服务。

② 证券的托管和过户。托管就是证券持有人将其所持有的证券委托证券登记结算机构保管，这样便于交易结算，也比较安全；过户就是根据证券交易清算交收的结果，将证券持有人持有证券的事实记录下来；所用的形式是将一个所有者账户上的证券转移到另一个所有者账户上，这种转移是股权、债权的一种转移，它由证券登记结算机构经办。

③ 证券持有人名册登记。这是由证券登记结算机构进行股权、债权的登记，它是根据证券交易中结算、交收、过户的结果进行的，这种登记是确定了投资者的权利，并形成了证券持有人名册。

④ 证券交易所上市证券交易的清算和交收。这是在实际履行交易双方的责任，完成一方交付证券，另一方支付价款的过程，这样证券交易才能完成，下一步的交易才能开始并继续。

⑤ 受发行人的委托派发证券权益。一般来说，证券在发行后并上市交易，在投资者之间流动，发行人再难以掌握哪些人持有证券，但是要向股东派发权益，或者向债权人支付利息，最好的办法就是委托证券登记结算机构依据证券持有人登记名册派发，可以做到准确、便捷，有利于保护投资者利益。

⑥ 办理与上述业务有关的查询。它有一个限定，就是与上述业务有关的事项，这是合理的，也可以说是相关业务的延伸，这是又一项法定的职能。

⑦ 国务院证券监督管理机构批准的其他业务。除了上述六项业务外，还会有一些是证券登记结算机构可以提供的服务，但它需要经过国务院证券监督管理机构的批准。

6.4.4 证券交易服务机构

证券交易服务机构是指专门从事证券投资咨询业务、证券资信评级业务、证券发行与交易的会计、审计及法律业务的机构。在证券的发行市场上，它们能为投资者提供准确的投资信息，帮助投资者作出正确的投资决策，使证券的发行工作得以顺利进行；在证券的交易市场中，它们能够协助上市公司及时而准确地披露经营、财务和资产状况，为政府的监督管理提供依据，从而使投资者的权益得到切实的维护。

《证券法》规定，投资咨询机构及其从业人员从事证券服务业务不得有下列行为：

① 代理委托人从事证券投资；

② 与委托人约定分享证券投资收益或者分担证券投资损失；

③ 买卖本咨询机构提供服务的上市公司股票；

④ 利用传播媒介或者通过其他方式提供、传播虚假或者误导投资者的信息；

⑤ 法律、行政法规禁止的其他行为。

有前款所列行为之一，给投资者造成损失的，依法承担赔偿责任。

6.4.5 证券业协会

(1) 证券业协会的概念

证券业协会是证券业的自律性组织，是社会团体法人。协会的宗旨是根据发展社会主义市场经济的要求，贯彻执行国家有关方针、政策和法规，发挥政府与证券经营机构之间的桥梁和纽带作用，促进证券业的开拓发展。加强证券业的自律管理，维护会员的合法权益，建立和完善具有中国特色的证券市场体系。

中国证券业协会的会员分为团体会员和个人会员，团体会员为证券公司。《证券法》规定：证券公司应当加入证券业协会。个人会员只限于证券市场管理部门有关领导以及从事证券研究及业务工作的专家，由协会根据需要吸收。

证券业协会的权力机构为由全体会员组成的会员大会。证券业协会章程由会员大会制定，并报国务院证券监督管理机构备案。会员大会每两年举行一次，必要时经常务理事会决议可临时召开。证券业协会设会长、副会长。证券业协会设理事会，理事会成员依章程的规定由选举产生，每届任期两年，可连选连任。

(2) 证券业协会的职责

证券业协会履行下列职责：

① 协助证券监督管理机构教育和组织会员执行法律、行政法规；

② 依法维护会员的合法权益，向证券监督管理机构反映会员的建议和要求；

③ 收集整理信息。为会员提供服务；

④ 制定会员应遵守的规则，组织会员单位从业人员的业务培训，开展会员间的业务交流；

⑤ 调解会员之间、会员与客户之间发生的纠纷；

⑥ 组织会员就证券业的发展、运作及有关内容进行研究；

⑦ 监督、检查会员行为，对违反法律、行政法规或者协会章程的，按规定给予纪律处分；

⑧ 国务院证券监督管理机构赋予的其他职责。

6.5 法律责任

参考案例 6-7

上市公司A在股票发行申报材料中，对当地国土管理部门未批准处置的两块土地作了违规处理，按照评估结果计入公司总资产，由此虚增公司无形资产1000万元；在公司股票发行材料中，将公司国家股、法人股和内部职工股数额作了相应缩减，该事实在A公司股票发行文件中未作披露；公司股票申请发行前，已将其内部职工股在某产权交易报价系统挂牌交易，对此，A公司未在招股说明中披露。

请问：A公司有哪些违法行为，其法律责任应如何承担？

［参考案例6-7］分析

本案中A公司虚增公司无形资产及缩减公司股本、内部职工股在产权交易报价系统挂牌交易未作披露。A公司有在股票发行中对重大事项有虚假记载和未予披露的违法行为。根据《证券法》第一百九十三条的规定："发行人、上市公司或者其他信息披露义务人未按照规定披露信息，或者所披露的信息有虚假记载、误导性陈述或者重大遗漏的，责令改正，给予警告，并处以三十万元以上六十万元以下的罚款。对直接负责的主管人员和其他直接责任人员给予警告，并处以三万元以上三十万元以下的罚款。"

资料来源：http://olclass.shtvu.org.cn

6.5.1 违反证券发行规范的法律责任

（1）擅自公开或者变相公开发行证券的法律责任

《证券法》规定，未经法定机关核准，擅自公开或者变相公开发行证券的，责令停止发行，退还所募资金并加算银行同期存款利息，处以非法所募资金金额百分之一以上百分之五以下的罚款；对擅自公开或者变相公开发行证券设立的公司，由依法履行监督管理职责的机构或者部门会同县级以上地方人民政府予以取缔。对直接负责的主管人员和其他直接责任人员给予警告，并处以三万元以上三十万元以下的罚款。

（2）以欺骗手段骗取发行核准的法律责任

发行人不符合发行条件，以欺骗手段骗取发行核准，尚未发行证券的，处以三十万元以上六十万元以下的罚款；已经发行证券的，处以非法所募资金金额百分之一以上百分之五以下的罚款。

对直接负责的主管人员和其他直接责任人员处以三万元以上三十万元以下的罚款。发行人的控股股东、实际控制人指使他人从事前款违法行为的，依照前款的规定处罚。

6.5.2 违反证券交易规范的法律责任

《证券法》第一百九十条规定，证券公司承销或者代理买卖未经核准擅自公开发行的证券的，责令停止承销或者代理买卖，没收违法所得，并处以违法所得一倍以上五倍以下的罚款；没有违法所得或者违法所得不足三十万元的，处以三十万元以上六十万元以下的罚款。给投资者造成损失的，应当与发行人承担连带赔偿责任。对直接负责的主管人员和其他直接责任人员给予警告，撤销任职资格或者证券从业资格，并处以三万元以上三十万元以下的罚款。

证券公司违反《证券法》规定，为客户买卖证券提供融资融券的，没收违法所得，暂停或者撤销相关业务许可，并处以非法融资融券等值以下的罚款。对直接负责的主管人员和其他直接责任人员给予警告，撤销任职资格或者证券从业资格，并处以三万元以上三十万元以下的罚款。

证券公司违反《证券法》规定，假借他人名义或者以个人名义从事证券自营业务的，责令改正，没收违法所得，并处以违法所得一倍以上五倍以下的罚款；没有违法所得或者违法所得不足三十万元的，处以三十万元以上六十万元以下的罚款；情节严重的，暂停或者撤销证券自营业务许可。对直接负责的主管人员和其他直接责任人员给予警告，撤销任职资格或者证券从业资格，并处以三万元以上十万元以下的罚款。

证券公司违背客户的委托买卖证券、办理交易事项，或者违背客户真实意思表示，办理交易以外的其他事项的，责令改正，处以一万元以上十万元以下的罚款。给客户造成损失的，依法承担赔偿责任。

证券公司及其从业人员违反《证券法》规定，私下接受客户委托买卖证券的，责令改正，给予警告，没收违法所得，并处以违法所得一倍以上五倍以下的罚款；没有违法所得或者违法所得不足十万元的，处以十万元以上三十万元以下的罚款。

6.5.3 证券机构的法律责任

（1）证券机构的法律责任的概念

证券机构的法律责任是指证券机构违反证券法律规定的义务，所产生的应当承担的具有法定强制力的不利后果。研究证券经营机构的法律责任，对于证券市场的规范发展和保障投资人与筹资人的利益，维护“三公”原则，提高证券市场的效率，有着重要的理论和实际意义。

（2）证券交易所违反《证券法》的规定应承担的法律责任

《证券法》规定，证券交易所对不符合《证券法》规定条件的证券上市申请予以审核同意的，给予警告，没收业务收入，并处以业务收入一倍以上五倍以下的罚款。对直接负责的主管人员和其他直接责任人员给予警告，并处以三万元以上三十万元以下的罚款。

证券交易所、证券公司、证券登记结算机构、证券服务机构的从业人员或者证券业协会的工作人员，故意提供虚假资料，隐匿、伪造、篡改或者毁损交易记录，诱骗投资者买卖证券的，撤销证券从业资格，并处以三万元以上十万元以下的罚款；属于国家工作人员的，还应当依法给予行政处分。

（3）证券公司违反《证券法》的规定应承担的法律责任

证券公司擅自设立、收购、撤销分支机构，或者合并、分立、停业、解散、破产，或者在境外设立、收购、参股证券经营机构的，责令改正，没收违法所得，并处以违法所得一倍以上五倍以下的罚款；没有违法所得或者违法所得不足十万元的，处以十万元以上六十万元以下的罚款。对直接负责的主管人员给予警告，并处以三万元以上十万元以下的罚款。

证券公司擅自变更有关事项的，责令改正，并处以十万元以上三十万元以下的罚款。对直接负责的主管人员给予警告，并处以五万元以下的罚款。

证券公司超出业务许可范围经营证券业务的，责令改正，没收违法所得，并处以违法所得一倍以上五倍以下的罚款；没有违法所得或者违法所得不足三十万元的，处以三十万元以上六十万元以下罚款；情节严重的，责令关闭。对直接负责的主管人员和其他直接责任人员给予警告，撤销任职资格或者证券从业资格，并处以三万元以上十万元以下的罚款。

证券公司对其证券经纪业务、证券承销业务、证券自营业务、证券资产管理业务，不依法分开办理，混合操作的，责令改正，没收违法所得，并处以三十万元以上六十万元以下的罚款；情节严重的，撤销相关业务许可。对直接负责的主管人员和其他直接责任人员给予警告，并处以三万元以上十万元以下的罚款；情节严重的，撤销任职资格或者证券从业资格。

证券公司或者其股东、实际控制人违反规定，拒不向证券监督管理机构报送或者提供经营管理信息和资料，或者报送、提供的经营管理信息和资料有虚假记载、误导性陈述或者重大遗漏的，责令改正，给予警告，并处以三万元以上三十万元以下的罚款，可以暂停或者撤销证券公司相关业务许可。对直接负责的主管人员和其他直接责任人员，给予警告，并处以三万元以下的罚款，可以撤销任职资格或者证券从业资格。

证券公司为其股东或者股东的关联人提供融资或者担保的，责令改正，给予警告，并处以十万元以上三十万元以下的罚款。对直接负责的主管人员和其他直接责任人员，处以三万元以上十万元以下的罚款。股东有过错的，在按照要求改正前，国务院证券监督管理机构可以限制其股东权利；拒不改正的，可以责令其转让所持证券公司股权。

（4）证券登记结算机构、证券交易服务机构违反《证券法》的规定应承担的法律责任

《证券法》规定，证券服务机构未勤勉尽责，所制作、出具的文件有虚假记载、误导性陈述或者重大遗漏的，责令改正，没收业务收入，暂停或者撤销证券服务业务许可，并处以业务收入一倍以上五倍以下的罚款。对直接负责的主管人员和其他直接责任人员给予警告，撤销证券从业资格，并处以三万元以上十万元以下的罚款。

为股票的发行、上市、交易出具审计报告、资产评估报告或者法律意见书等文件的证券服务机构和人员，违反《证券法》第四十五条的规定买卖股票的，责令依法处理非法持有的股票，没收违法所得，并处以买卖股票金额等值以下的罚款。

阅读资料 6-2

中国证券博客第一案

2007年年初，吉林长春的“带头大哥777”先后在新浪、网易开炒股博客，大肆宣传其炒股成就与子虚乌有的证券从业经历，3个月的时间点击量就超过1000万，由此大肆收取咨询费与会员费。经过调查，发现其涉案金额达上千万元。“带头大哥”于2007年7月4日被吉林警方控制，其真名为王秀杰，并被长春市人民检察院以涉嫌非法经营罪提起公诉。2008年1月9日，吉林长春市绿园区人民法院开庭审理“带头大哥”王秀杰案，并将择日宣判。

[律师点评]

王秀杰案的出现，形成了中国证券博客第一案。博客在网络中最初只是个人心得的产物或私人圈的空间，但随着博客承载的功能越多，实际上形同电子证券媒体，成为一种证券市场的公共产品。在这种情况下，炒股博客博主及所载的内容必须承担一定的社会公共责任，并避免出现非法经营、散布虚假证券信息或涉嫌坐庄、操纵股价行为。那些以炒股博客名义出现而实质上实施非法经营、集资诈骗、非法吸收公众存款、散布虚假证券信息、操纵股价、内幕交易等行为的，监管部门和司法部门应当坚决予以打击，并向广大投资者提示风险。另外，也应修订相应法规，实施网络实名制。

根据《证券法》及相关法规，未经国务院证券监督管理机构批准，任何单位和个人不得经营证券业务。而这位“带头大哥”王秀杰所从事的股评与股市预测行为，既未得到任何批准，也未做任何备案，属于违法违规行为，应由行政监管机关予以行政处罚。由于涉嫌的违法行为涉及人员较多，金额较大，根据我国《刑法》第二百二十五条，便构成非法经营罪，将受到刑事制裁。权益受到损失的投资者，应当通过司法追赃程序或参与刑事附带民事诉讼程序，追回自己的损失。

在一般情况下，投资者碰到因听信不实股评受到权益损害时，可以依法向人民法院对实施不实股评的人员或机构提出索赔诉讼。这种诉讼可分成侵权型与合同型两大类。其中，如果签订了会员制合同的，对不实股评索赔包括会费损失和投资损失两个方面。对不实股评追究其法律责任，适用的法律法规包括《证券法》、中国证监会《证券、期货投资咨询管理暂

行办法》与《会员制证券咨询机构管理暂行办法》等，投资者提起诉讼时，应当关注诉讼时效问题，关注投资者的损失与不实股评之间存在的因果关系以及相关的损失计算方法，必要时，应当办妥证据保全公证或向法院申请证据保全。

资料来源：根据相关资料整理

本章小结

狭义的证券，一般仅指有价证券。有价证券是指一种具有一定票面金额，证明持券人有权按期取得一定收入，并可自由转让和买卖的所有权或债权凭证证书，简称证券。它的主要表现形式是股票、债券和基金证券。

证券市场是股票、债券、投资基金券等各种有价证券发行和买卖的场所。

《证券法》规定，公开发行证券，必须符合法律、行政法规规定的条件，并依法报经国务院证券监督管理机构或者国务院授权的部门核准；未经依法核准，任何单位和个人不得公开发行证券。

证券交易是指依照交易规则对已经依法发行并经投资者认购的证券进行买卖的行为。

证券上市，是指经国务院证券监督管理机构核准公开发行的股票、公司债券等证券，按照公司法、证券法规定的条件，经该证券的发行人提出申请并报经国务院证券监督管理机构核准，国务院证券监督管理机构可以授权证券交易所依法定条件和法定程序核准股票上市申请，同时由证券交易所依规定在证券交易所挂牌交易。

证券交易所是为证券集中交易提供场所和设施，组织和监督证券交易，实行自律管理的法人。

证券公司是指依照《公司法》和《证券法》规定设立的经营证券业务的有限责任公司或者股份有限公司。

证券交易服务机构是指专门从事证券投资咨询业务、证券资信评级业务、证券发行与交易的会计、审计及法律业务的机构。

证券业协会是证券业的自律性组织，是社会团体法人。

【思考题】

1. 新股发行的条件的有哪些？
2. 试述证券交易的概念及特征。
3. 简述要约收购制度的主要内容。
4. 证券交易所的职责有哪些？

【课堂讨论题】

2005 年 10 月 27 日修订并于 2006 年 1 月 1 日生效的新《公司法》、《证券法》，第一次以法律的形式规定了私募发行制度。请谈一谈私募发行制度的积极作用。

【案例分析】

某年 12 月 6 日，某报头版头条发布了“A 公司致函本报向社会公告收购 B 上市公司股票”的消息，并全文刊载了 A 公司的函件，函件称，至 12 月 6 日下午收市，A 公司持有 B 公司已发行股份的 5%，并表示按法定程序继续收购 B 公司股票。经查，A 公司为赚取利润，董事会决定投资股票市场。A 公司在以生产经营为用途的银行贷款中取出 1000 万元人民币，分别存在证券公司开设的数个个人账户上，具体操作由公司职工赵某负责。赵某为了替公司赚更多钱，在并不具备收购B公司条件的情况下，致函某报，某报未经核实即登载于头版头条，之后B公司股票在证券市场交易价格剧烈波动，赵某又与钱某、孙某等联手，集中资金优势，约定时间和价格，不断拉高B公司股票价格，从中获利近千万元。其后赵某将利润及本金全部上交A公司。

请问：根据《证券法》的规定，指出本案中的违法事实。

[分析提示]

本案中违法事实主要有：

① 赵某编造并传播虚假信息，严重影响证券交易；

② 某报传播证券交易信息没有做到其实客观，误导了投资者；

③ 银行贷款违规流入股市；

④ 法人以个人名义开立证券交易账户，买卖证券；

⑤ 赵某、钱某、孙某共谋操纵证券交易价格行为，且因其数额巨大，可能构成操纵证券交易价格罪。

资料来源：http://netcourse.shtvu.edu.cn

第7章　证券投资基金法

【学习目标】

了解证券投资基金的概念、特征和分类。

理解证券投资基金当事人的权利与义务。

掌握证券投资基金的募集、交易和运作程序。

明确证券投资基金的监管内容。

熟悉证券投资基金信息披露的内容。

【本章引例】

某投资咨询有限公司自1998年4月8日以来，集中1.3亿元资金，利用179个个人账户连续买入海鸥基金，持仓量从4月8日的454万单位增加到6月4日4346万单位，最高时达海鸥基金基金单位总份额的87%。同时，该公司多次利用所控制的不同账户对该基金做价格相近、方向相反的交易，以制造成交活跃的假象，使该基金价格从2元升至5.99元(收盘价)。1998年7月21日之前，该公司将所持有的海鸥基金全部卖出，共计获利4678万元。

请问：该公司的行为是否违法?

【引例分析】

投资咨询有限公司的行为是操纵基金交易价格的行为。它利用资金优势，借用个人账户连续买卖基金，造成交易活跃的假象，并非法获利。这是对投资者的一种欺诈行为。该公司的行为违反了《禁止欺诈办法》第七条关于“禁止任何单位或者个人以获取利益或者减少损失为目的，利用其资金、信息等优势或者滥用职权操纵市场，影响证券市场价格，制造证券市场假象，诱导或者致使投资者在不了解事实真相的情况下作出证券投资决定，扰乱证券市场秩序”的规定。

资料来源：中国证券监督管理委员会稽查一局编. 证券期货稽查典型案例分析. 北京：首都经济贸易大学出版社.

7.1　证券投资基金法概述

7.1.1　证券投资基金的概念和特征

(1) 证券投资基金的概念

证券投资基金指一种利益共享、风险共担的集合证券投资方式，即通过发行基金单位，集中投资者的资金，由基金托管人托管，由基金管理人管理和运用资金，从事股票、债券等金融工具投资。

证券投资基金起源于英国，盛行于美国。它是随着证券市场的发展产生的，是专门投资于各类证券的投资基金。世界各国和地区对证券投资基金的称谓也不尽相同。如美国将证券投资基金称为“共同基金”；英国和我国香港特别行政区称为“单位信托基金”；日本和我国台湾地区则称之为“证券投资信托基金”。我国的证券投资基金起步于1991年，并以1998年出台的《证券投资基金暂行办法》为标志，进入规范化发展的阶段。2003年10月28日

《中华人民共和国证券投资基金法》（以下简称《证券投资基金法》）的通过正式确立了我国证券投资基金的法律地位，标志着我国基金业的发展进入了一个新的纪元。

阅读资料 7-1

证券投资基金的起源与发展

基金的出现与世界经济的发展有着密切的关系。在19世纪的英国，工业革命和产业调整极大地刺激了生产力的发展，经济获得了高速增长，社会财富和国民财富迅速增加。为了谋取更多的利润，他们竞相进行新的投资。鉴于英国国内的投资成本不断提高，这些投资者开始将注意力转向国外，以便在劳动力相对低廉得多的境外市场寻找合适的投资机会。在当时的英国，向境外特别是向殖民地投资成为一种社会时尚，并且得到了英国政府的鼓励和扶持。可是，任何投资都是有风险的，尤其是向遥远的海外投资，风险就更大，而且由于地域、人文及语言等诸多障碍，使得大多数投资者无法直接进行海外投资。在这种情况下，有人提出了将众人资金集中起来，委托专职人员进行经营和管理，以便减少投资风险的构想。这一构想很快便得到了政府和社会的认可与赞许。不久，英国政府批准成立了一家海外投资实体，由投资者集体出资、专职经理人负责管理和运作。为确保资本的安全和增值，还委托律师签订了文字契约。这样，一种新型的信托契约型间接投资模式便由此产生了。这个海外投资实体便是世界出现的首家“投资基金海外及殖民地政府信托”（The Foreign And Colonial Government Trust），它成立于1868年。这家基金与现代意义上的基金相比，还不那么规范和完善。从本质上看，它更类似于股票，它没有期限，不能退股，也不能兑现，投资者在购买了基金后只能按期获得分红和股息。但它毕竟在许多方面为现代基金的产生奠定了基础。所以，金融史学家们均将它视为现代基金的雏形。

随着世界经济的进一步发展，从20世纪初开始，基金业在欧美国家受到了越来越广泛的注意，被越来越多的投资者所接受和利用。早期的基金投资最多的对象往往是金融市场上回报较高的有价证券，这似乎为日后的基金投资定了基调。从此，有价证券始终是各国基金的主要投资对象。第一次世界大战结束以后，欧美国家的经济获得了一段相对稳定的发展，证券业在这些国家里也得到了相应的发展，随之而来的是基金业的广泛兴起。1921年4月，美国组建了国内第一个共同基金组织“美国国际证券信托基金”（International Securities Trust of America），但稍后至1924年由200名哈佛大学教授出资5万美元在波士顿成立的“马萨诸塞投资信托基金”则更具现代面貌。到1930年底，在基金发源地的英国正式注册运作的基金公司已达200多家。在投资基业金发展史上值得一提的是，1931年出现了世界首家以净资产值向投资者赎回基金单位的基金，为日后开放式基金开创了先例，丰富了基金的内容和运作形式。1934年英国成立了一家名为“海外政府契约信托”（The Foreign Government Bond Trust）的新的基金。在这家基金的信托契约中，除明确写明基金公司应以净资产值赎回基金单位外，还指出该基金灵活的投资组合，从而显示出世界投资基金业的发展已进入成熟阶段。第二次世界大战之后，各发达国家的政府更加明确地认识到投资基金业的重要性，以及它对稳定金融及证券市场所起的作用，从而大大提高了对投资基金业的重视程度。各国政府根据本国金融业的发展状况和传统习惯，相继制定了一系列有关法规，对投资基金业加强了监管。像美国政府就对国内的投资基金业进行了多次改革，先后制定了公司法、证券投资信托法、投资公司法案，以法律的形式明确了基金的宗旨、作用，以及运作规范，为投资基金业的发展提供了良好的外部条件。美国股市1929年大幅下泻时，仅有19种开放式共同基金。11年后，联邦政府通过1940年投资公司法案，管辖整个共同基金行业，当时市场内有85项共同基金，资产总值约5亿美元。20年后，即1960年，共同基金数目已达200个，其资产总值接近200亿美元。到了1990年，共同基金业的资产首次达到1万亿美元，可供投资者选择的基金达3100多个。1996年，共同基金资产更是超过了传统的金融产业——商业银行业的资产，成为第一大金融产业。最新资料显示，美国共同基金资产已突破了5万亿美元大关。全球则超过7万亿美元。据有资料可查的22个国家或地区的基金资产增长情况统计，从1991年到1998年全球基金平均年增长率为13.3%。投资基金与其他金融行业相比而言具有不同的特征。在海外金融领域多行业竞争共同繁荣的局面由来已久，在国内目前情况下，为避免金融风险过于集中银行的情况，政府加快了金融资本市场的开拓与发展，为此就必须适当扩大居民的非银行投资。其中主要的是居民直接参与证券投资，而基金投资方式是证券投资的最佳方式，由于其具有方便投资、专家管理、分散风险和规模经济等独特优势，现已经成为风靡全球的大众投资方式。投资基金在国内的经济发展中应有一个较高的定位，它有利于改变我国目前不尽合理的投资结构、金融结构和产业结构，有利于储蓄转化为投资和提高金融市场的竞争性，从而提高金融市场的效率，充分发挥金融市场的资源配置作用。

资料来源：http://www.sying.com/apply_news/newsinfo.asp? news_id=11864

(2) 证券投资基金的特征

① 集合投资。证券投资基金是一种集合投资方式，即通过向投资人发行基金份额或基金单位，能够在短期内募集大量的资金用于投资。同时，在投资过程中，能够发挥资金集中的优势，有利于降低投资成本，获取投资的规模效益。

② 专业管理。专业管理也称专家管理。即证券投资基金是通过监管机构认可的专业化的投资管理机构来进行管理和运作的。这类机构由具有专门资格的专家团队组成。专业管理还表现在：证券市场中的各类证券信息由专业人员进行收集、分析；各种证券组合方案由专业人员进行研究、模拟和调整；分散投资风险的措施由专业人员进行计算、测试等。

③ 组合投资、分散风险。证券投资基金有特定的投资目标、投资范围、投资组合和投资限制。证券投资基金在投资过程中通过科学的投资组合和投资限制，实行分散化投资，这将有利于实现资产组合的多样化，并通过不同资产和不同投资证券的相互补充，达到降低投资风险和提高收益的目的。

④ 制衡机制。证券投资基金在运作中实行制衡机制，即投资人拥有所有权、管理人运作基金资产、托管人保管基金资产。这种三方当事人之间相互监督、相互制约的机制，规范基金运作，保护投资人的权益。

⑤ 利益共享、风险共担。证券投资基金实行“利益共享、风险共担”，即投资人根据其持有基金单位或份额的多少，分配基金投资的收益或承担基金投资风险。

参考案例 7-1

以下关于证券投资基金中的专业理财含义描述正确的有哪些？(　　)。

A. 专业理财就是由拥有超常能力的基金经理理财

B. 理财的主要方法是由投资者决定的

C. 理财机构的从业人员由专业人士组成

D. 理财是由专业机构运作的

[参考案例 7-1] 分析

CD

资料来源：http://club.topsage.com/

(3) 证券投资基金的分类

根据不同的分类标准，投资基金有如下多种分类方法。

① 根据组织形态，可分为信托型投资基金、公司型投资基金和有限合伙型基金。

信托型投资基金，又称契约型投资基金。它是依据信托契约，通过发行收益凭证募集基金资产而组建，并将基金资产投资于有价证券。它没有基金章程和董事会，而是通过信托契约来规范基金管理人、托管人和投资人三方当事人的行为。

公司型投资基金，是依据《公司法》而成立的投资基金，委托人发起组织以投资为目的的投资公司，发行投资基金股份，投资者购买投资基金股份、参与共同投资的信托财产形态。因而具有独立的法人资格。

有限合伙制证券投资基金是依据合伙协议而设立的基金组织。合伙人是基金的投资者。与前两种类型的基金相比，它并不是基金的主要形式。

② 根据发行的证券能否赎回，可分为开放式投资基金（也称开放式基金）与封闭式投资基金（也称封闭式基金）。

开放式投资基金，又称为管理型投资基金，是公司发行的一种普通股票，发行数量不固定，根据需要可以随时增发基金股份来增加公司资本，也允许基金投资者随时赎回投资来减少公司资本。投资基金的单位总数是变动的，但追加购买或赎回的价格不同于原始行价，而是以投资基金当时的净资产价值为基础加以确定。投资者可以按投资基金的报价在国家规定的营业场所申购或者赎回投资基金单位。

封闭式投资基金，又称为固定型投资基金，是指公司发行的股份数量是固定的，基金公司股东可以在证券市场上转让或购买基金股票（基金单位），但是不得随时赎回自己的投资，公司如需增资扩股，须按照公司法和证券法规定的实质性条件和程序性条件操作。

开放式投资基金与封闭式投资基金的区别如下。

a. 基金规模的可变性不同。开放式投资基金的基金单位是可赎回的，而且投资者可随时申购基金单位，所以基金的规模不固定，封闭式投资基金的规模是固定不变的。

b. 基金单位的交易价格不同。开放式投资基金的基金单位的买卖价格是以基金单位对应的资产净值为基础，不会出现折价现象。封闭式投资基金单位的价格更多地会受到市场供求关系的影响，价格波动较大。

c. 基金单位的买卖途径不同。开放式投资基金的投资者可随时直接向基金管理公司购买或赎回基金，手续费较低。封闭式投资基金的买卖类似于股票交易，可在证券市场买卖，需要交手续费和证券交易税。一般而言，费用高于开放式投资基金。

d. 投资策略不同。开放式投资基金必须保留一部分基金，以便应付投资者随时赎回，进行长期投资会受到一定限制。而封闭式投资基金不可赎回，无须提取准备金，能够充分运用资金，进行长期投资，取得长期经营绩效。

e. 所要求的市场条件不同。开放式投资基金的灵活性较大，基金规模伸缩比较容易，所以适用于开放程度较高，规模较大的金融市场；而封闭式投资基金正好相反，适用于金融制度尚不完善、开放程度较低且规模较小的金融市场。

③ 根据募集方式的不同，可以分为公募证券投资基金和私募证券投资基金。

公募证券投资基金，简称为公募基金，也可以分为公司型的公募基金和信托型的公募基金。前者是通过向社会公众公开发行股票募集资金、成立基金股份公司的方式而设立的基金；而后者是通过向社会公众公开发行基金收益凭证募集资金、缔结基金信托契约的方式设立的基金。公募特点是公开、规范和监管严格。

私募证券投资基金，简称为私募基金，在国外法律中没有明确的定义。在中国，私募基金往往是指通过非公开的方式，面向少数个人或机构投资者募集资金而设立的投资基金。其出售和赎回都是通过基金管理人与投资者私下协商来进行的。私募基金的组织形式可以是公司型的，也可以是信托型的。其特点是不公开和监管不严格。

④ 根据投资基金投资对象的不同，分为股票基金、债券基金、货币市场基金指数基金和期货基金等。

从名称上可以看出，上述基金投资的对象分别为股票、证券、货币市场上的有价证券、股票价格指数和期货等。但是这里的期货指的是金融期货，而非实物商品的期货。

⑤ 根据资金来源与投向地域范围，可分为国内基金、海外基金、区域基金和环球基金。

国内基金是指基金组织在本国国内市场上发行收益凭证，而以其集中的资金到有利可图的投资市场，特别是国际市场进行投资的基金。

海外基金是相对于国内基金而言的，它是指基金的发行对象为一个国家以外的投资者，而投资方向是本国国内的有价证券组合。

区域基金是指某些特定的经济区域为投资对象设立的基金形式。基金的资金来源可以来自国内，也可以来自国外。

环球基金是一种投资于世界各地市场的空间范围最广的基金，故也称为国际基金或世界基金。其最大特点是通过将投资分散到世界各地来最大限度地降低风险。

⑥ 根据收入性质或投资目标的不同，可分为成长型基金、收入型基金和平衡型基金。

成长型基金追求基金资产长期增值为目的；收入型基金以获得当期的最大收入为目的；平衡型基金则追求收入的平稳。

⑦ 证券投资基金的其他形式——对冲基金。

对冲基金通常是一种以私募方式设立的公司型基金，常以投资咨询公司为名。这种基金没有在监管部门注册，因而很少受到监管部门的监管。

7.1.2 证券投资基金法律关系

证券投资基金法律关系是指依据《证券投资基金法》规定，证券投资基金当事人在基金资金募集、基金投资运作以及基金利益分配等相关证券基金活动中所形成的权利与义务关系。证券投资基金法律关系是由证券投资基金当事人即基金份额持有人、基金管理人和托管人，当事人在证券基金活动中享有的权利和承担的义务。

(1) 证券投资基金当事人

① 基金份额持有人。基金份额持有人是指参与基金投资，持有基金份额的当事人。购买了基金份额，便成为基金份额持有人和基金资产的最终拥有人，享有由基金资产投资产生的各种权利，也要承担相应的义务。

基金份额持有人的权利和义务通常是由基金合同来规定的，虽然投资者不直接参与签订基金合同，但其投资于基金，购买基金份额，即等于承认基金合同，并认可合同规定的持有人的权利和义务。

基金份额持有人的权利有：a. 分享基金财产收益；b. 参与分配清算后的剩余基金财产；c. 依法转让或者申请赎回其持有的基金份额；d. 按照规定要求召开基金份额持有人大会；e. 对基金份额持有人大会审议事项行使表决权；f. 查阅或者复制公开披露的基金信息资料；

g. 对基金管理人、基金托管人、基金份额发售机构损害其合法权益的行为依法提起诉讼；h. 基金合同约定的其他权利。

基金份额持有人应履行的义务包括：a. 遵守基金契约；b. 交纳基金认购款项及规定的费用；c. 承担基金亏损或终止的有限责任；d. 不从事任何有损基金及其他基金持有人利益的活动。

② 基金管理人。基金管理人是指发行基金份额，募集证券投资基金，并按照法律、行政法规的规定和基金合同的约定，为基金份额持有人的利益，采取资产组合方式对基金财产进行管理、运用的当事人。在证券投资基金法律关系中，基金管理人处于核心地位。基金投资者的利益能否得到有效保护，能否实现投资收益的预期，受基金管理人经营水平和职业道德的制约。

我国基金管理人须由依法设立的基金管理公司担任。设立基金管理公司，应当具备以下条件，并经国务院证券监督管理机构批准：a. 有符合《证券投资基金法》和《公司法》规定的章程；b. 注册资本不低于1亿元人民币，且必须为实缴货币资本；c. 主要股东具有从事证券经营、证券投资咨询、信托资产管理或者其他金融资产管理的较好的经营业绩和良好的社会信誉，最近3年没有违法记录，注册资本不低于3亿元人民币；d. 取得基金从业资格的人员达到法定人数；e. 有符合要求的营业场所、安全防范设施和与基金管理业务有关的其他设施；f. 有完善的内部稽核监控制度和风险控制制度；g. 法律、行政法规规定的和经国务院批准的国务院证券监督管理机构规定的其他条件。

根据《证券投资基金法》，基金管理公司应当履行的职责主要有：a. 依法募集基金，办理或者委托国务院证券监督管理机构认定的其他机构代为办理基金份额的发售、申购、赎回和登记事宜；b. 办理基金备案手续；c. 对所管理的不同基金财产分别管理、分别记账，进行证券投资；d. 按照基金合同的约定确定基金收益分配方案，及时向基金份额持有人分配收益；e. 进行基金会计核算并编制基金财务会计报告；f. 编制中期和年度基金报告；g. 计算并公告基金资产净值，确定基金份额申购、赎回价格；h. 办理与基金财产管理业务活动有关的信息披露事项；i. 召集基金份额持有人大会；j. 保存基金财产管理业务活动的记录、账册、报表和其他相关资料；k. 以基金管理人名义，代表基金份额持有人利益行使诉讼权利或者实施其他法律行为；l. 国务院证券监督管理机构规定的其他职责。

基金管理人不得有下列行为：a. 将其固有财产或者他人财产混同于基金财产从事证券投资；b. 不公平地对待其管理的不同基金财产；c. 利用基金财产为基金份额持有人以外的第三人牟取利益；d. 向基金份额持有人违规承诺收益或者承担损失；e. 依照法律、行政法规有关规定，由国务院证券监督管理机构规定禁止的其他行为。

基金管理人由于主客观原因不能继续履行职责的，应当退任。这些主客观原因主要有：a. 有重大违法违规行为；b. 不再具备基金管理公司的设立条件；c. 被依法取消基金管理资格；d. 被基金份额持有人大会解任；e. 依法解散、被依法撤销或者被依法宣告破产；f. 基金合同约定的其他情形；g. 法律、行政法规规定的其他情形。

基金管理人职责终止的，基金份额持有人大会应当在6个月内选任新基金管理人；新基金管理人产生前，由国务院证券监督管理机构指定临时基金管理人。基金管理人职责终止的，应当妥善保管基金管理业务资料，及时办理基金管理业务的移交手续，新基金管理人或者临时基金管理人应当及时接收。基金管理人职责终止的，应当按照规定聘请会计师事务所对基金财产进行审计，并将审计结果予以公告，同时报国务院证券监督管理机构备案。

③ 基金托管人。基金托管人是基金财产的托管者，与基金管理人共同受托，分工负责处理基金事宜。基金托管人由依法设立并取得基金托管资格的商业银行担任。

申请取得基金托管资格，应当具备以下条件，并经国务院证券监督管理机构和国务院银行业监督管理机构核准：a. 净资产和资本充足率符合有关规定；b. 设有专门的基金托管部门；c. 取得基金从业资格的专职人员达到法定人数；d. 有安全保管基金财产的条件；e. 有安全高效的清算、交割系统；f. 有符合要求的营业场所、安全防范设施和与基金托管业务有关的其他设施；g. 有完善的内部稽核监控制度和风险控制制度；h. 法律、行政法规规定的和经国务院批准的国务院证券监督管理机构、国务院银行业监督管理机构规定的其他条件。

基金托管人应当履行下列职责：a. 安全保管基金财产；b. 按照规定开设基金财产的资金账户和证券账户；c. 对所托管的不同基金财产分别设置账户，确保基金财产的完整与独立；d. 保存基金托管业务活动的记录、账册、报表和其他相关资料；e. 按照基金合同的约定，根据基金管理人的投资指令，及时办理清算、交割事宜；f. 办理与基金托管业务活动有关的信息披露事项；对基金财务会计报告、中期报告和年度基金报告出具意见；g. 复核、审查基金管理人计算的基金资产净值和基金份额申购、赎回价格；h. 按照规定召集基金份额持有人大会；i. 按照规定进行监督基金管理人的投资运作；j. 国务院证券监督管理机构规定的其他职责。

基金托管人不得有以下行为：a. 将其固有财产或者他人财产混同于基金财产从事证券投资；b. 不公平地对待其管理的不同基金财产；c. 利用基金财产为基金份额持有人以外的第三人牟取利益；d. 向基金份额持有人违规承诺收益或者承担损失；e. 依照法律、行政法规有关规定，由国务院证券监督管理机构规定禁止的其他行为。

基金托管人发现基金管理人的投资指令违反法律、行政法规和其他有关规定，或者违反基金合同约定的，应当拒绝执行，立即通知基金管理人，并及时向国务院证券监督管理机构报告。基金托管人发现基金管理人依据交易程序已经生效的投资指令违反法律、行政法规和其他有关规定，或者违反基金合同约定的，应当立即通知基金管理人，并及时向国务院证券监督管理机构报告。

基金托管人由于主客观原因不能继续履行基金托管职责的，应当退任。这些主客观原因有：a. 有重大违法违规行为；b. 不再具备《证券投资基金法》基金托管人的条件；c. 法律、行政法规规定的其他情形；d. 被依法取消基金托管资格；e. 被基金份额持有人大会解任；f. 依法解散、被依法撤销或者被依法宣告破产；g. 基金合同约定的其他情形。

基金托管人职责终止的，基金份额持有人大会应当在6个月内选任新基金托管人；新基金托管人产生前，由国务院证券监督管理机构指定临时基金托管人。基金托管人职责终止的，应当妥善保管基金财产和基金托管业务资料，及时办理基金财产和基金托管业务的移交手续，新基金托管人或者临时基金托管人应当及时接收。基金托管人职责终止的，应当按照规定聘请会计师事务所对基金财产进行审计，并将审计结果予以公告，同时报国务院证券监督管理机构备案。

（2）基金财产

基金财产是基金管理人通过设立募集的资金和管理运作基金而取得和形成的财产。基金财产是构成基金法律关系的基本要素之一，它通常表现为货币形式，有时表现为其他证券。

① 基金财产范围

a. 设立募集的资金。即基金管理公司在设立基金时所募集的资金。从《证券投资基金法》第四十四条的内容来看，没有具体规定基金成立的最低限额。该法条规定：基金募集期限届满，封闭式投资基金募集的基金份额总额到核准规模的百分之八十以上，开放式投资基金募集的基金份额总额超过核准的最低募集份额总额，并且基金份额持有人人数符合国务院证券监督管理机构规定的，基金管理人应当自募集期限届满之日起十日内聘请法定验资机构验资，自收到验资报告之日起十日内，向国务院证券监督管理机构提交验资报告，办理备案手续，并予以公告。

b. 投资所得的收益。即基金管理人、基金托管人因基金财产的管理、运用或者其他情形而取得的财产和收益。它具体包括收益、利息和孳息等积极财产，也包括债务等消极财产。对于不同类型的基金，由于投资目标和投资策略的不同，取得收益的来源和方式也不一样。其中包括：一是利息收入，即以现金形式存在或将部分基金财产存于商业银行获取的利息收入。二是持有股票收入，即持有公司发行的股票取得的收入。三是炒作资本收入，即基金财产通过投资股票所得的价差收入，它是基金最主要的收益形式，收益多少决定于经济发展状况、证券市场行情和基金管理人的操作水平。四是资本增值。

② 基金财产的独立性。法律规定基金财产独立于基金管理人、基金托管人，要严格区分基金财产与基金管理人、基金托管人的自有财产，保护基金及其份额持有人的合法权益。这有利于基金的独立、公正运作，使之免受外界干扰，以获取最大收益。

为体现基金财产的独立性，法律一般都规定：a. 基金财产独立于基金管理人、基金托管人的自有财产，不得归入基金管理人、基金托管人的自有财产。基金管理人、基金托管人因依法解散、被依法撤销或者被依法宣告破产等原因进行清算的，基金财产不属于其清算财产。b. 基金财产债权独立于基金管理人、基金托管人的固有财产债权，基金的债权不得与基金管理人、基金托管人的固有财产债务抵消，不同基金财产的债权债务不得相互抵消。c. 非因基金本身承担的债务，债权人不得对基金财产主张强制执行。d. 基金托管人对其托管的不同基金财产应当分别独立设置账户，确保基金的完整与独立。

参考案例 7-2

下列行为中，符合证券投资基金法律制度规定的是（　　）。

A. 甲基金管理公司为销售基金，向购买人承诺收益

B. 乙商业银行同时担任某证券投资基金的基金管理人和基金托管人

C. 丙商业银行作为基金托管人对所托管的不同基金财产分别设置账户

D. 丁基金管理公司为获取高收益，用基金财产投资于某高科技普通合伙企业

［参考案例 7-2］分析

C。选项 A，基金管理公司不得向基金份额持有人违规承诺收益或者承担损失；选项 B，基金托管人、基金管理人不得为同一人，不得相互出资或者持有股份；选项 C，基金托管人应当对所托管的不同基金财产分别设置账户，确保基金财产的完整与独立；选项 D，基金财产不得从事无限责任的投资。

资料来源：http://sh.yuloo.com/

7.2 证券投资基金的募集、交易与运作

7.2.1 证券投资基金的募集

基金募集即根据法律规定，由设立基金的机构提出基金募集方案，并按相关程序向监管机关提出募集申请，经批准后即进行的基金募集活动。

（1）基金发行募集核准制

我国对证券投资基金的发行募集实行核准制。基金管理人依照《证券投资基金法》发售基金份额，募集基金，应当向中国证监会提交以下文件，并经中国证监会核准：①申请报告；②基金合同草案；③基金托管协议草案；④招募说明书草案；⑤基金管理人和基金托管人的资格证明文件；⑥经会计师事务所审计的基金管理人和基金托管人最近3年或者成立以来的财务会计报告；⑦律师事务所出具的法律意见书；⑧国务院证券监督管理机构规定提交的其他文件。

（2）申请与核准

中国证监会收到基金管理人发售基金份额、募集基金的上述文件后，应当自受理基金募集申请之日起6个月内依照法律、行政法规及中国证监会的规定的监管原则进行审查，作出核准或者不予核准的决定，并通知申请人。不予核准的，应当说明理由。

（3）基金募集的程序

基金募集的程序如下。

① 基金募集申请经核准后，即可发售基金份额。基金份额的发售，由基金管理人负责办理；基金管理人可以委托经中国证监会认定的其他机构代为办理。

② 基金管理人应当在基金份额发售的3日前公布招募说明书、基金合同及其他有关文件。前款规定的文件应当真实、准确和完整。

③ 基金募集不得超过国务院证券监督管理机构核准的基金募集期限。基金募集期限自基金份额发售之日起不得超过3个月。

（4）基金募集期满的处理

① 基金募集期限届满，封闭式基金募集的基金份额总额达到核准规模的80%以上，开放式基金募集的基金份额总额超过核准的最低募集份额总额，并且基金份额持有人人数符合中国证监会规定的，基金管理人应当自募集期限届满之日起10日内聘请法定验资机构验资，自收到验资报告之日起10日内，向中国证监会提交验资报告，办理基金备案手续，并予以公告。

② 基金募集期限届满，不能满足上条规定的条件的，基金管理人应当承担下列责任：以其固有财产承担因募集行为而产生的债务和费用；在基金募集期限届满后30日内返还投资人已缴纳的款项，并加计银行同期存款利息。

阅读资料
7-2

证券投资基金的募集方式

在国外，常见的基金募集（发行）方式有以下四种。

① 直接销售发行。直接销售方式，是指基金不通过任何专门的销售部门直接销售给投资者的销售办法。

② 包销方式。包销方式，是指基金由经纪人按基金的资产净值买入，然后再以公开销售价格转卖给投资人，从中赚取买卖差价的销售办法。

③ 销售集团方式。销售集团方式，是指由包销人牵头组成几个销售集团，基金由各销售集团的经纪人代销，包销人支付给每个经纪人一定的销售费用的销售方式。

④ 计划公司方式。计划公司方式，是指在基金销售过程中，有一公司在基金销售集团和投资人之间充当中间销售人，以使基金能以分期付款的方式销售出去的方式。

在我国，证券投资基金的发行方式主要有以下两种。

① 上网发行方式。上网发行方式，是指将所发行的基金单位通过与证券交易所的交易系统联网的全国各地的证券营业部，向广大的社会公众发售基金单位的发行方式。

② 网下发行方式。网下发行方式，是指将所要发行的基金通过分布在一定地区的证券或银行营业网点，向社会公众发售基金单位的发行方式。

资料来源：http://www.examda.com/zq/zhidao/20060624/161939397.html

7.2.2 证券投资基金的交易

（1）封闭式基金的交易

① 封闭式基金交易核准制。封闭式基金的交易应在证券交易所公开进行，但需经基金管理人申请，并经中国证监会核准。中国证监会可以授权证券交易所依照法定条件和程序核准基金份额上市交易。

② 封闭式基金上市条件。基金份额上市交易，应当符合下列条件：a. 基金的募集符合《证券投资基金法》规定；b. 基金合同期限为5年以上；c. 基金募集金额不低于2亿元人民币；d. 基金份额持有人不少于1000人；e. 基金份额上市交易规则（由证券交易所制定，报中国证监会核准）规定的其他条件。

③ 封闭式基金上市交易的终止。基金份额上市交易后，有下列情形之一的，由证券交易所终止其上市交易，并报中国证监会备案：a. 不再具备上市交易条件；b. 基金合同期限届满；c. 基金份额持有人大会决定提前终止上市交易；d. 基金合同约定的或者基金份额上市交易规则规定的终止上市交易的其他情形。

（2）开放式基金份额的申购与赎回

① 开放式基金份额的申购、赎回和登记的时间。基金管理人应当在每个工作日办理基金份额的申购、赎回业务；基金合同另有约定的，按照其约定。

② 开放式基金份额的申购、赎回和登记的办理。开放式基金份额的申购、赎回和登记由基金管理人负责办理；基金管理人可以委托经中国证监会认定的其他机构代为办理。

③ 开放式基金的现金流。开放式基金应当保持足够的现金或者政府债券，以备支付基金份额持有人的赎回款项。基金财产中应当保持的现金或者政府债券的具体比例，由国务院证券监督管理机构规定。

④ 基金份额的申购与赎回的价格。基金份额的申购与赎回的价格应依据申购、赎回日基金份额净值加、减有关费用计算。基金份额净值计价出现错误时，基金管理人应当立即纠正，并采取合理的措施防止损失进一步扩大。计价错误达到基金份额净值0.5%时，基金管理人应当公告，并报国务院证券监督管理机构备案。

因基金份额净值计价错误造成基金份额持有人损失的，基金份额持有人有权要求基金管理人、基金托管人予以赔偿。

7.2.3 证券投资基金的投资运作

证券投资基金投资收益的最大化是基金管理人与基金持有人的利益所在。能否带来投资的高回报，关键在于基金管理人所进行的投资组合选择。

（1）基金管理人运用基金财产进行证券投资，应当采用资产组合方式

所谓资产组合方式，指的是基于证券投资基金的投资目的和投资方向，将基金财产投资按照一定原则选择并按照一定比例进行组合的多种证券。运用基金财产进行组合投资的目的是降低投资风险，保持基金资产的流动性和投资收益的稳定性。

基金资产组合分为以下几种类型。

① 可投资的主要证券品种之间的组合。一只基金通常组合了不同的证券品种，但是以某一证券品种的资产组合为主，比如股票型基金以股票组合为主，债券型基金以债券组合为主。

② 同一种证券的品种组合。以投资某一种证券为主的基金，根据其投资方向和目的的不同，其资产组合的具体品种各不相同，比如同样是股票型基金，对于积极成长性基金，主要追求高风险、高回报，以买入卖出股票的差价为收益的主要来源，资产组合主要以具有高速成长潜力的中小型企业的股票为主；对于平稳成长性基金，主要追求稳定的长期的投资收益，以大型绩优公司的股票组合为主；而对于股票指数基金，则以证券市场代表性指数的成分股股票为主进行投资组合。

③ 某些基金还对投资证券所代表的行业另有要求，在进行资产组合时应当按照基金合同的约定，对代表不同行业的证券进行资产组合。

（2）基金财产投资范围

证券投资基金的基金财产应当用于证券投资。广义的证券包括各种表明民事权利的书面凭证。狭义的证券则指的是资本证券，主要包括表明债权关系的债券以及表明股东权利的股票。基金财产投资的证券是指狭义的证券，即资本证券。

① 上市交易的股票。股票是发行公司为筹集资本向投资人发行的股份凭证，它代表的是股票持有者对发行公司的股东权。上市交易的股票，是指在证券交易所挂牌，进行集中竞价交易的股票。投资于上市交易的股票，可以获取分配的股息和红利以及买入卖出股票的差价收益。上市交易的股票实行集中竞价交易，流通性强，股票所属公司的信息公开，并受到严格的市场监管，是证券投资基金主要投资品种之一。

② 上市交易的债券。债券是发行人为向社会借债筹措资金，向投资人发行的承诺到期支付利息和返还本金的债权凭证。目前我国证券市场发行的债券主要包括政府债券（国债）、金融债券以及公司、企业债券三种。我国的政府债券是由中央政府发行的债券；金融债券是由银行或者非银行金融机构发行的债券；公司、企业债券是由符合法律规定条件的公司、企业发行的债券。上市交易的债券，是指在证券交易所挂牌，实行集中竞价交易的债券。上市交易的债券到期偿还本息，收益比较稳定，风险较小，同样具有流通性，是证券投资基金主要投资品种之一。

③ 国务院证券监督管理机构规定的其他证券品种。国务院证券监督管理机构可以按照《证券投资基金法》的授权，根据我国证券市场和证券投资基金业的发展状况和实际需要，规定证券投资基金可投资的证券品种。

（3）基金财产投资的比例限制

运用基金财产进行证券投资，除应当以资产组合方式进行外，还需要遵守对投资于某一证券的比例限制，以分散投资风险，保障基金财产的安全性和流动性，并避免因基金财产投资过分集中于某一证券而影响该证券交易价格的公正性，一些国家和地区大多在其法律中对基金财产投资所应遵守的比例限制作了具体规定。比如：日本有关法律规定，基金财产购买某发行人发行的有价证券不得超过其发行总额的10%。《证券投资基金法》未对基金财产投资的具体比例限制作出规定，运用基金财产进行证券投资时，应当遵守国务院证券监督管理机构的具体规定。

参考案例 7-3

A证券公司、B基金管理公司和C信托投资公司拟作为发起人共同设立一封闭式证券投资基金（以下称“D基金”）。上述发起人拟定的设立D基金的有关计划要点如下。

① D基金的基金单位拟定为8亿份，每份面值为人民币1元，每份发行价格拟定为人民币1.02元。基金的募集期限为6个月，自该基金批准之日起，在6个月内募集的资金达到人民币6亿元，该基金即为成立。

② D基金的存续时间为4年。其封闭期限届满时，基金持有人大会同意续期的，即可续期；基金持有人大会不同意续期的，即不得续期。

③ D基金拟以其资产总值的75%用于股票、债券的投资。为了保证基金资产的安全，其投资于1家上市公司的股票将不超过自身资产净值的15%。

④ D基金的托管人拟由A证券公司担任，基金管理人拟由B基金管理公司担任。如果D基金不能在批准的规模内募集到法定的资金，将不能成立。基金发起人必须将已募集的资金在扣除募集费用之后的余款退还给基金认购人。

要求：按上述各点之顺序，分别指出其中的不符规定之处，并说明理由。

［参考案例7-3］分析

① 首先，D基金的募集期限的安排不符合有关规定。根据有关规定，封闭式基金的募集期限为3个月，而非6个月。其次，D基金的募集资金达到人民币6亿元即为成立，不符合有关规定。根据有关规定，封闭式基金募集的资金超过批准规模的80%方可成立。以此计算，D基金募集的资金只有达到人民币6.4亿元方可成立。

② 首先，D基金的存续时间不符合有关规定。根据有关规定，D基金的存续时间不得少于5年，而非4年。其次，D基金有关续期的表述有不当之处。根据有关规定，基金的续期除了须经过基金持有人大会同意及具备其他条件外，还须经过国务院证券监督管理机构的批准。

③ D基金用于投资股票、债券的资产比例和持有1家上市公司的股票比例不符合有关规定。根据有关规定，1个基金投资于股票、债券的比例，不得低于该基金资产总值的80%；1个基金持有1家上市公司的股票，不得超过该基金资产净值的10%。

④ 根据有关规定，基金托管人应为商业银行，D基金的基金托管人由A证券公司担任不符合规定。基金发起人在基金不能成立时返还已募集的资金的方式不符合有关规定。

根据有关规定，如果基金不能成立，基金发起人必须承担基金募集费用，已募集的资金并加计银行活期存款利息在30天内退还基金认购人。

资料来源：1999年度注册会计师考试《经济法》试题

7.3 证券投资基金信息披露

7.3.1 证券投资基金信息披露的含义及禁止行为

（1）基金信息披露的含义

基金信息披露是指基金市场上的有关当事人在基金募集、上市交易、投资运作等一系列环节中，依照法律法规规定向社会公众进行的信息披露。

世界各国（地区）证券市场监管的普遍做法主要是依靠强制性信息披露，培育和完善市场运行机制，增强市场参与各方对市场的理解和信心，基金市场作为证券市场的组成部分也不例外。

（2）基金信息披露的禁止行为

为了防止信息误导给投资者造成损失，保护公众投资者的合法权益，维护证券市场的正常秩序，法律法规对于借公开披露基金信息为名，编制、传播虚假基金信息，恶意进行信息误导，诋毁同行或竞争对手等行为作出了禁止性规定。具体包括以下情形。

① 虚假记载、误导性陈述或者重大遗漏。虚假记载是指信息披露义务人将不存在的事实在基金信息披露文件中予以记载的行为；误导性陈述是指使投资者对基金投资行为发生错误判断并产生重大影响的陈述；重大遗漏是指披露中存在应披露而未披露的信息，以至于投资者作出重大决策。以上三类行为将扰乱市场正常秩序，侵害投资者合法权益，属于严重的违法犯罪行为。

② 对证券投资业绩进行预测。对于证券投资基金，其投资领域横跨资本市场和货币市场，投资范围涉及股票、债券、货币市场工具等金融产品，基金的各类投资标的由于受到发行主体、经营情况、市场涨跌、宏观政策以及基金管理人的操作等因素影响，其风险收益变化存在一定的随机性，因此，对基金的证券投资业绩水平进行预测并不科学，应予以禁止。

③ 违规承诺收益或者承担损失。基金是存在一定投资风险的金融产品，投资者应根据自己的收益偏好和风险承受能力，审慎选择基金产品，即所谓“买者自慎”。一般情况下，管理人可以受托管理基金资产，托管人可以受托保管基金资产，但没有人可以替代投资者承担基金投资的盈亏。对于基金信息披露义务人而言，他没有承诺收益的能力，也不存在承担损失的能力。因此，如果信息披露中违规承诺收益或承担损失，则将被视为对投资者的诱骗及进行不正当竞争。

④ 诋毁其他基金管理人、托管人或者基金份额发售机构。如果基金管理人、托管人或者基金销售机构对其他同行进行诋毁、攻击，借以抬高自己，则将被视为违反市场公平原则，扰乱市场秩序，构成一种不当竞争行为。

⑤ 登载任何自然人、法人或者其他组织的祝贺性、恭维性或推荐性的文字。

⑥ 中国证监会禁止的其他行为。

7.3.2 证券投资基金主要当事人的信息披露义务

在基金募集和运作过程中，负有信息披露义务的当事人主要有基金管理人、基金托管人、召集基金份额持有人大会的基金份额持有人。他们应当依法及时披露基金信息，并保证所披露信息的真实性、准确性和完整性。各基金当事人在信息披露中的具体职责如下。

(1) 基金管理人的信息披露义务

对于基金管理人来说，主要负责办理与基金财产管理业务活动有关的信息披露事项，具体涉及基金募集、上市交易、投资运作、净值披露等各环节，包括向中国证监会提交基金合同草案、托管协议草案、招募说明书草案等募集申请材料；在基金合同生效的次日，在指定报刊和管理人网站上登载基金合同生效公告；开放式基金合同生效后每 6 个月结束之日起 45 日内，将更新的招募说明书登载在管理人网站上，更新的招募说明书摘要登载在指定的报刊上；在公告的 15 日前，应向中国证监会报送更新的招募说明书，并就更新内容提供书面说明；基金拟在证券交易所上市的，应向交易所提交上市交易公告书等上市申请材料；至少每周公告 1 次封闭式基金的基金资产净值和基金份额净值；在每年结束后 90 日内，在指定报刊上披露年度报告摘要，在管理人网站上披露年度报告全文；当发生对基金份额持有人权益或者基金价格产生重大影响的事件时，应在 2 日内编制并披露临时报告书，并在公开披露日分别报中国证监会及其各地方证监局备案；当媒体报道或市场流传的消息可能对基金价格产生误导性影响或者引起较大波动时，管理人应在知悉后立即对该消息进行公开澄清，并将有关情况报告中国证监会及基金上市的证券交易所；管理人召集基金份额持有人大会的，应至少提前 30 日公告大会的召开时间、会议形式、审议事项、议事程序和表决方式等事项；

基金管理人职责终止时，应聘请会计师事务所对基金财产进行审计，并将审计结果予以公告，同时报中国证监会备案。

除依法披露基金财产管理业务活动相关的事项外，对管理人运用固有资金进行基金投资的事项，基金管理人也应履行相关披露义务，包括：在基金季度报告中披露运用固有资金投资封闭式基金的情况；持有封闭式基金超过基金总份额5%的，还应按规定进行临时公告；拟申购、赎回开放式基金的，或已投资其他公司管理的开放式基金的，应按规定提前披露相关信息。

（2）基金托管人的信息披露义务

基金托管人的信息披露义务主要是办理与基金托管业务活动有关的信息披露事项，具体涉及基金资产保管、代理清算交割、会计核算、净值复核、投资运作监督等环节，包括：在基金份额发售的3日前，将基金合同、基金托管协议登载在托管人网站上；对基金管理人编制的基金资产净值、基金份额净值、基金份额申购赎回价格、基金定期报告和定期更新的招募说明书等公开披露的相关基金信息进行复核、审查，并向基金管理人出具书面文件或者盖章确认；在基金年度报告中出具托管人报告，对报告期内托管人是否尽职尽责履行业务以及是否遵规守约等情况作出声明；当基金发生涉及托管人及托管业务的重大事件时，托管人应当在事件发生之日起2日内编制并披露临时公告书，并报中国证监会及其各地方证监局备案；托管人召集基金份额持有人大会的，应至少提前30日公告大会的召开时间、会议形式、审议事项、议事程序和表决方式等事项。会议召开后，应将基金份额持有人大会决定的事项报中国证监会核准或备案，并予公告；基金托管人职责终止时，应聘请会计师事务所对基金财产进行审计，并将审计结果予以公告，同时报中国证监会备案。

同基金管理人一样，基金托管人也应建立健全各项信息披露管理制度，指定专人负责管理信息披露事务。

（3）基金份额持有人的信息披露义务

基金份额持有人的信息披露义务主要体现在与基金份额持有人大会相关的披露义务。根据《证券投资基金法》，当代表基金份额10%以上的基金份额持有人就同一事项要求召开持有人大会，而管理人和托管人都不召集的时候，代表基金份额10%以上的持有人有权自行召集。此时，该类基金份额持有人应至少提前30日公告持有人大会的召开时间、会议形式、审议事项、议事程序和表决方式等事项。会议召开后，如果基金管理人和托管人对持有人决定的事项不履行信息披露义务的，召集基金份额持有人大会的基金份额持有人应当履行相关的信息披露义务。

另外，有时公开披露的基金信息需要由中介机构出具意见书。例如，会计师事务所须对基金年度报告中的财务报告、基金清算报告等进行审计，律师事务所须对基金招募说明书、基金清算报告等文件出具法律意见书。此时，该类中介机构应保证所出具文件内容的真实性、准确性和完整性。

7.3.3 证券投资基金信息披露的内容

（1）证券投资基金的信息披露的概念

证券投资基金的信息披露是指依据《证券投资基金法》有关规定，在基金募集、交易、运作等一系列环节中，基金信息披露义务人向社会公众进行信息披露，并保证所披露信息的真实性、准确性和完整性。

建立基金信息披露制度，一方面有利于提高证券市场的效率，防范证券市场信息披露无序状况，克服可能存在的管理人道德风险问题；另一方面可以增加资本市场的透明度，有利于投资者的价值判断，做出理性投资选择。

（2）证券投资基金的信息披露的内容

① 基金募集信息披露。基金募集信息披露是指在基金募集过程中，基金管理人向社会公众公开披露有关信息。在基金募集信息披露中，基金招募说明书是较为重要的一个文件。基金招募说明书是基金管理人为发售基金份额而依法制作的，供投资者了解管理人基本情况，说明基金募集有关事宜，指导投资者认购基金份额的规范性文件。其编制原则是，基金管理人应将所有对投资者做出投资判断有重大影响的信息予以充分披露，以便投资者更好地做出投资决策。

根据《证券投资基金法》规定，基金招募说明书应当包括下列内容：a. 基金募集申请的核准文件名称和核准日期；b. 基金管理人、基金托管人的基本情况；c. 基金合同和基金托管协议的内容摘要；d. 基金份额的发售日期、价格、费用和期限；e. 基金份额的发售方式、发售机构及登记机构名称；f. 出具法律意见书的律师事务所和审计基金财产的会计师事务所的名称和住所；g. 基金管理人、基金托管人报酬及其他有关费用的提取、支付方式与比例；h. 风险警示内容；i. 国务院证券监督管理机构规定的其他内容。

② 基金运作信息披露。基金运作信息披露主要是指在基金合同生效后至基金合同终止前，基金信息披露义务人依法定期披露基金的上市交易、投资运作及经营业绩等信息。主要文件包括基金份额上市交易公告书和定期报告。

a. 上市公告书。凡是根据有关法律法规发售基金份额并申请在证券交易所上市交易的基金，基金管理人均应编制并披露基金份额上市交易公告书。目前披露上市交易公告书的基金品种主要有封闭式基金、上市型开放式基金（LOF）和交易型开放式指数基金（ETF）。

b. 定期报告。根据《证券投资基金信息披露管理办法》，定期报告包括基金年度报告、基金半年度报告和基金季度报告。

基金年度报告。基金管理人应当在每年结束之日起九十日内，编制完成基金年度报告，并将年度报告正文登载于网站上，将年度报告摘要登载在指定报刊上。基金年度报告的财务会计报告应当经过审计。

基金半年度报告。基金管理人应当在上半年结束之日起六十日内，编制完成基金半年度报告，并将半年度报告正文登载于网站上，将半年度报告摘要登载在指定报刊上。

基金季度报告。基金管理人应当在每个季度结束之日起十五个工作日内，编制完成基金季度报告，并将季度报告登载在指定报刊和网站上。

基金合同生效不足两个月的，基金管理人可以不编制当期季度报告、半年度报告或者年度报告。基金定期报告应当在公开披露的第二个工作日，分别报中国证监会和基金管理人主要办公场所所在地中国证监会派出机构备案。报备应当采用电子文本和书面报告两种方式。

③ 基金临时信息披露。基金临时信息披露主要是指在基金存续期间，当足以影响到投资者决策和足以影响到证券市场价格变动的重大事件出现时，基金信息披露义务人依法对外披露的临时报告。

基金发生重大事件，有关信息披露义务人应当于重大事件发生起两日内编制临时报告书，予以公告，并在公开披露日分别报中国证监会和基金管理人主要办公场所所在地中国证监会派出机构备案。这里说的重大事件包括下列情况：a. 基金投资人大会的召开；b. 提前终止基金合同；c. 基金扩募；d. 延长基金合同期限；e. 转换基金运作方式；f. 更换基金管理人、基金托管人；g. 基金管理人、基金托管人的法定名称、住所发生变更；h. 基金管理人股东及其出资比例发生变更；i. 基金募集期延长；j. 基金管理人的董事长、总经理及其他高级管理人员、基金经理和基金托管人基金托管部门负责人发生变动；k. 基金管理人的董事在一年内变更超过百分之五十；l. 基金管理人、基金托管人、基金托管部门的主要业务人员在一年内变动超过百分之三十；m. 涉及基金管理人、基金财产、基金托管业务的诉讼；n. 基金管理人、基金托管人受到监管部门的调查；o. 基金管理人及其董事、总经理及其他高级管理人员、基金经理受到严重行政处罚，基金托管人及其基金托管部门负责人受到严重行政处罚；p. 重大关联交易事项；q. 基金收益分配事项；r. 管理费、托管费等费用计提标准、计提方式和费率发生变更；s. 基金份额净值计价错误达基金份额净值百分之零点五；t. 基金改聘会计师事务所；u. 变更基金份额发售机构；v. 基金更换注册登记机构；w. 开放式基金开始办理申购、赎回；x. 开放式基金申购、赎回费率及其收费方式发生变更；y. 开放式基金发生巨额赎回并延期支付；z. 开放式基金连续发生巨额赎回并暂停接受赎回申请；开放式基金暂停接受申购、赎回申请后重新接受申购、赎回；中国证监会规定的其他事项。

阅读资料
7-3

戴朝钢诉宝盈基金管理有限公司履行信息公开义务案

根据媒体报道，深圳市证监局在例行检查宝盈基金管理有限公司过程中，发现该基金管理人存在诸多违纪违规运作基金的行为，于是，监管机关向其下达了《关于宝盈基金管理有限公司现场检查的反馈意见函》，而按照基金契约，基金持有人有权取得与宝盈基金公司有关文件资料的复印件。但宝盈基金公司却以“上级对下级的检查是不公开信息”为由拒绝了北京盲人基民戴朝钢的请求。

于是，戴朝钢为了维护自己的合法权益，克服行动不便的困难，三度前往北京顺义区人民法院，要求对基金管理人违法侵权行为提出索赔。2010 年 4 月，最终他以证券投资基金交易纠纷为案由，要求宝盈基金公司提供深圳证监局《意见函》复印件为诉请，立案成功了。受诉讼管辖地限制，案件已移交至深圳市福田区法院。

这实际上是一场基民知情权诉讼案。过去，依《公司法》出现过股东知情权诉讼，依《证券法》出现过股民知情权诉讼，而该案系依《基金法》出现的基民知情权诉讼。当基金管理人、基金托管人管理不善，未能尽勉尽责，而受到监管机构处理时，相关信息无疑是应向基民公开的，并有责任接受基民的监督。毫无疑问，基民对于基金管理人、基金托管人的运作是享有知情权，而这种知情权是基民持有基金期间所依法享有的、不可剥夺的，在基金运作过程中，涉及敏感的商业机密如持仓、融资、交易等细节等是不可随意泄露的，但到事后，则没有封锁的必要，而这次监管部门现场检查的结果，并非是商业机密，不存在保密而不能公开的问题。

资料来源：http://blog. p5w. net/

7.4 证券投资基金监督管理

7.4.1 证券投资基金监管概述

基金是面向社会大众销售的投资产品，不断完善对基金活动的监管，是保护广大投资者利益的重要保证。建立、健全基金监管体系，既是我国基金业规范运作的客观要求，也是我国基金业快速、健康发展的重要保证。中国证券监督管理委员会在对我国基金的监管上负有最主要的责任。

（1）基金监管的含义

基金监管是指监管部门运用法律的、经济的以及必要的行政手段，对基金市场参与者行为进行的监督与管理。基金监管对于维护证券市场良好秩序、提高证券市场效率、保护基金份额持有人利益均具有重大意义，是证券市场监管体系中不可缺少的组成部分。

（2）基金的监督管理体系

证券投资基金监管体系可分为基金从业机构的内部监管体系和监管机构的外部监管体系。

内部监管体系包括：①内部自我控制体系。其目的在于合理评价和控制风险。在基金管理业务中，管理投资风险的技术和防范操作风险的制度共同构成了内部控制制度的基本框架。②公司治理结构。基金管理公司属于专业投资管理机构，其治理结构中不但要综合考虑股东、董事会、管理层之间的权利和义务制衡机制，还要建立相关的机制来保护利益相关人的权益。通过完善治理结构，可在基金管理公司内部形成基金监管的第一道防线。

外部监管体系包括：①独立中介机构的监督；②信息披露和媒体监督；③行业自律监管；④国务院证券监督管理机构的监管，它是基金监管的最后一道防线，也是整个基金监管体系的核心。

7.4.2 基金监管机构和自律组织

中国证监会是我国基金市场的监管主体，其依法对基金市场参与者的行为进行监督管理，在涉及个别监管事项上，如基金托管资格核准、行业银行设立基金公司的审核及监管等，则由中国证监会联合其他有关金融监管部门实施联合监管。中国证券业协会作为我国证券业的自律性组织，对基金业实行行业自律管理。证券交易所负责组织和监督基金的上市交易，并对上市交易基金的信息披露进行监督。

（1）证券监督管理机构的监督管理

国务院证券监督管理机构的监管是整个基金监管体系的核心。我国《证券投资基金法》规定，国务院证券监督管理机构在监管基金活动中，依法履行下列职责：①依法制定有关证券投资基金活动监督管理的规章、规则，并依法行使审批或者核准权；②办理基金备案；③对基金管理人、基金托管人及其他机构从事证券投资基金活动进行监督管理，对违法行为进行查处，并予以公告；④制定基金从业人员的资格标准和行为准则，并监督实施；⑤监督检查基金信息的披露情况；⑥指导和监督基金同业协会的活动；⑦法律、行政法规规定的其他职责。

根据《证券投资基金法》，对证券投资基金活动的监管主要包括对基金管理公司的监管、对基金托管人的监管以及对证券投资基金的监管等。

（2）证券业协会的自律性管理

证券业协会是具有独立法人地位、由经营证券业务的金融机构自愿组成的行业性自律组织。2002年12月4日，中国证券业协会证券投资基金业委员会（简称基金业委员会）成立，承接了原基金公会的职能和任务，在中国证券业协会的领导下开展工作。

《证券投资基金法》第十条规定：基金管理人、基金托管人和基金份额发售机构，可以成立同业协会，加强行业自律，协调行业关系，提供行业服务，促进行业发展。

（3）证券交易所的自律管理

证券交易所的监管主要包括两个方面：一是对基金上市的监管，主要体现在证券交易所制定详细的交易规则，对基金上市行为进行规范；二是对基金投资行为的监管。根据国务院证券监督管理机构的有关规定，证券交易所应当在规定时间内向国务院证券监督管理机构报送基金交易行为月度监控报告。当单一基金或基金管理公司管理的不同基金出现异常交易行为时，证券交易所可视情况进行处理，包括提示、警告、公开谴责等，对异常交易程度和性质的认定有争议的，书面报告国务院证券监督管理机构。

7.4.3 基金服务机构监管

（1）对基金管理公司的监管

对基金管理公司的监管主要包括市场准入监管和日常持续监管。

市场准入监管主要指对相关资格的审核与批准，包括：①对基金管理公司设立的审核；②对基金管理公司重大事项变更的审核，如变更股东、注册资本或者股东出资比例，变更名称、住所；修改章程等；③对基金管理公司分支机构设立的审核等。

基金管理公司日常监管的主要内容是：①基金公司的治理监管，如监督基金管理公司股东会、董事会、监事会的职责规定是否明确、合法、有效等；②内部控制监管，基金管理公司的内部控制对防范和化解风险、保护基金资产的安全、保障持有人利益有着十分重要的作用，是日常监管的重点。

（2）对基金托管人的监管

中国证监会对基金托管人的监管可分为市场准入监管和日常持续监管两个方面。市场准入监管包括确立托管人托管资格，要求在资产质量、人员配备、办公硬件及系统软件、风险控制等方面符合《证券投资基金法》及《基金托管资格管理办法》等法律、法规的规定；规定基金托管人批准资格，即由中国证监会、中国银监会核准。日常监管主要是对基金托管机构高级管理人员从业资格的监管和对托管人托管业务的日常监管。

（3）对基金销售机构和注册登记机构的监管

主要是对基金代销机构、登记机构的准入监管及对基金销售机构的日常监管。

7.4.4 基金运作监管

（1）对基金募集申请的核准

基金募集申请核准是基金运作的首要业务环节。对基金募集申请核准的监管包括对基金设立申报材料是否齐备的审查；对基金设立申报材料是否合法的审查；对基金设立申报材料进行评议以及国务院证券监督管理机构核准或者不予核准的决定。

（2）对基金销售活动的监管

我国对证券投资基金销售的监管主要包括销售人资格和销售行为监管两个方面。

按照《证券投资基金法》规定，商业银行、证券公司等机构可以接受基金管理人的委托，办理开放式基金单位的认购、申购和赎回业务，但其资格要经国务院证券监督管理机构认定核准。此外，基金管理公司、基金代销机构中向投资人提供基金投资咨询服务的工作人员应当具备基金从业资格。

《证券投资基金法》体现了对禁止性销售行为的监管，如不得有虚假记载、误导性陈述和重大遗漏；不得对证券投资业绩进行预测；不得诋毁其他基金管理人、基金托管人或者基金份额发售机构；不得有国务院证券监督管理机构规定禁止的其他行为。

（3）对基金信息披露的监管

目前对基金信息披露进行监管的部门主要是国务院证券监督管理机构和证券交易所，但各自的分工和权限有所不同。国务院证券监督管理机构主要负责起草修订基金信息披露的相关规章，对基金设立信息披露文件进行审核，指导、督促交易所的监管等；证券交易所则主要负责监管上市基金的持续信息披露。

（4）基金投资与交易行为监管

监管部门对证券投资基金投资和交易行为的日常监管主要是指对基金投资的比例、投资禁止行为等进行监管。《证券投资基金法》规定，对证券投资基金投资与交易违法违规行为，监管部门可视情节严重程度给予不同程度的处理。

7.4.5 基金行业高级管理人员和投资管理人员监管

（1）基金行业高级管理人员监管

基金高级管理人员的监管由市场准入监管、任职期间监管、违规处理以及市场退出等环节组成。根据中国证监会制定的《基金从业人员资格管理暂行规定》，高级管理人员是指基金管理公司、基金托管部总经理、副总经理以及国务院证券监督管理机构认定的其他人员。

加强对基金高级管理人员的监督管理，有利于规范基金管理公司的运作，防范基金管理公司的经营风险；有利于提高基金高级管理人员的执业素质，保护基金份额持有人利益；也有利于实现信息资源的集中共享。

（2）基金管理公司投资管理人员监管

基金管理公司投资管理人员，是指在公司负责基金研究、投资、交易的人员以及实际履行相应职责的人员。包括：公司投资决策委员会成员；公司分管投资、研究、交易业务的高级管理人员；公司投资、研究、交易部门的负责人；基金经理、基金经理助理；中国证监会规定的其他人员。

对基金管理公司投资管理人员的监管包括对任职资格、注册制度、行为规范、日常管理等的监管。

阅读资料 7-4

基金业老鼠仓首次施刑

2009 年 1 月 6 日，年仅 36 岁的韩刚被任命为长城久富基金的基金经理，之前韩刚先后担任长城久恒的基金经理和长城基金研究部总经理。2009 年 8 月，深圳证监局对辖区 14 家基金公司的基金经理的执业行为进行了突击检查。韩刚在这一次检查中被发现私设老鼠仓。深圳证监局在检查中发现，景顺长城基金公司基金经理涂强，长城基金公司基金经理韩刚、刘海涉嫌利用非公开信息买卖股票，涉嫌账户金额从几十万元至几百万元不等。

证监会在得到深圳证监局的检查结果后，立即对韩刚等三人进行了立案稽查。2009 年 9 月 22 日，韩刚被停职。2010 年 9 月 6 日，证监会宣布，韩刚因在担任基金经理期间，利用任职优势，与他人共同操作其亲属开立的证券账户，先于或同步于韩刚管理的久富基金多次买入、卖出相同个股，获利较大，被证监会将涉嫌犯罪的证据材料移送至司法机关，追究刑事责任。证监会对涂强、刘海二人的处罚决定是没收违法所得、进行不同程度罚款，并被施以市场禁入的处罚。

2011 年，深圳市福田区人民法院对基金经理韩刚涉嫌利用未公开信息交易案作出公开判决，判处韩刚有期徒刑一年，没收其违法所得并处罚金 31 万元。该案成为我国第一起基金从业人员因利用未公开信息违规交易被追究刑事责任的案件。

资料来源：根据相关资料整理

本章小结

证券投资基金是随着证券业的发展而出现的一种实行组合投资、专业管理、利益共享、风险共担的集合投资方式。与投资股票、债券不同，证券投资基金是一种间接投资工具。为了规范证券投资基金活动，保护投资者的合法权益，2004 年 1 月 1 日我国颁布了《证券投资基金法》，专门调整和规范证券投资基金行为。证券投资基金当事人包括基金份额持有人、基金管理人和基金托管人，他们享有权利也需履行义务。证券投资基金应当按照法律规定的程序进行募集、交易与运作，不得违规操作。证券投资基金的信息披露应真实、准确、完整。同时，证券投资基金的监管部门要依法对基金市场参与者的行为进行监督与管理。

【思考题】

1. 证券投资基金的特点是什么？
2. 开放式投资基金与封闭式投资基金的区别？
3. 基金管理人、基金托管人的职责有哪些？
4. 证券投资基金监管的内容是什么？

【课堂讨论题】

请谈谈证券投资基金的法律关系。

【案例分析】

1999 年 10 月 28 日，“基金湘证”在上海证券交易所上市。当日的开盘价 2.45 元，上午走势尚属平稳，及至下午开市后交投逐渐萎缩，抛盘压力越来越轻，20 分钟以后，该基金的价格突然暴涨，同时成交量急剧放大，拉升至 122 高点，紧接着在不到 15 分钟内，价格掉头向下，急跌至 6.41 元，尾市又于 7.20 元收盘，较发行价上涨 620%，振幅达 417%，全天换手率高达 90%，其中 2.80 元以下的成交量占全天的 80%，主力低成本收集筹码相当集中，其收市价格已经严重超出其单位资产净值。于是上海证券交易所勒令其停牌一天。并以 1：6.5 的比例对其进行惩罚性扩募，并更名为“基金裕元”。该基金复牌后出现连续跌停，令大多数中小投资者根本无法出资，大量资金被套牢，还得交纳扩募部分基金价款，损失惨重。经过调查，发现该基金的经理人动用了所管理的基金，并参与了该基金的恶炒，是该基金的最大庄家，并从中获得大量收益。而广大中小投资者却因此而损失惨重，于是有投资者向法院提出诉讼，要求制裁基金管理人。

请问：请对该案例进行分析。

[分析提示]

证券投资基金是一种利益共享，风险共担的集合证券投资方式，即通过发行基金单位，集中投资者的资金，由基金托管人托管，由基金经理人管理和运用资金，从事股票、债券等金融工具投资。在本案中，基金经理人参与对自己管理的基金的过度炒作，导致投资者投资受损。

证券投资基金关系的实质是一种信托法律关系，而基金投资者与基金经理之间是委托与代理的法律关系；投资者为了获得固定的投资收益将自己的资金作为一种投资，依照一定的规则委托给基金经理人，使之代为理财，其处于委托人的位置；基金经理人是基金资产的实际经营者，受投资者之托代为理财，处于代理人的位置。依代理的一般原则，代理人应对委托人尽最大忠诚和勤勉义务，对委托人委托的事务，应尽到一个善良管理人的职责，在保证投资人的投资收益的情况下，获得尽可能高的佣金。而本案中，投资基金经理人用投资者的资金恶炒其管理经营的基金，实际上是违反委托代理关系中有关代理人的义务，超越自身代理权限的行为。另外，根据《证券法》第七十一条第一项的规定和《禁止证券欺诈行为暂行办法》第七条的规定，属于证券市场操纵行为。

资料来源：根据中国证监会网上部分内容整理而成

第8章　保　险　法

【学习目标】

理解保险的概念与特征，保险合同的概念、特征、形式。

掌握保险法的基本原则，保险法律关系，保险合同的订立、履行。

了解保险法的概念、保险法的立法概况、保险业法律制度。

【本章引例】

某年春节，李某为其刚满8岁的儿子买了价值200元的烟花爆竹。某日，李某与其妻出门访客。其子独自在家感觉无聊，遂将李某藏的烟花爆竹翻出，在屋内玩耍，不慎引起火灾，造成衣服、被褥、家电、家具等均有不同程度的损坏，损失约为30000元。所幸，李某投保了家庭财产险，遂向保险公司索赔。保险公司是否赔付?

对于这样一起火灾，保险公司认为，火灾是李某之子故意行为造成的，而根据家庭财产保险条款规定，被保险人及其家庭成员的故意行为引起的财产损失，属于除外责任。保险公司不应赔付。而李某认为，其子并非故意纵火，不应视为被保险人家庭成员的故意行为，保险公司应该赔付。

请问：该案如何解决。

【引例分析】

① 本案的争论焦点在于对“故意行为”的认定。

根据法理解释，“故意”是指行为人预见到自己的行为会引起一定的损害结果，仍然希望该结果发生或者放任结果发生的心理状态。显然，“故意”总是与行为人的“明知”和“有意”有关。

② 本案中行为人是刚满8岁的儿童，按《中华人民共和国民法通则》的规定：“不满10岁的未成年人是无民事行为能力的人。”8岁的儿童应认定为无民事行为能力人。根本谈不上故意或非故意的问题，对其行为后果不负民事责任。根据《中华人民共和国民法通则》的规定：“无民事行为能力的人，限制民事行为能力的人造成他人损害的，由监护人承担民事责任，监护人尽了民事责任的，可以适当减轻他的民事责任”。李某及其妻在出门之前将烟花爆竹藏起来，说明他已尽了责任，但将未成年的孩子单独留在家中，将有可能产生一些难以预料的不良后果，对此，李某及其妻应该想到，但却因疏忽而未想到。即便如此，也只能说李某及妻子有过错，但绝不是“故意”。结论：既然本案的财产损失不是被保险人及其家属的故意行为造成的，保险公司应该承担赔偿责任。

资料来源：中国金融网．2009-2-16

8.1　保险和保险法概述

8.1.1　保险

阅读资料 8-1

上海保险业预估雪灾赔款超9.48亿

2008年春节期间，我国南方地区遭遇50年未遇的大雪。2008年3月10日，上海保监局公布的数据显示，到 2 月底，上海市各财产保险公司累计接到因雪灾造成的各类保险事故报案 49819 件，预估赔款超过 9.48 亿元，已付赔款 5270.43 万元。据介绍，这些赔案主要涉及企业财产及建筑工程保险、农业保险、机动车辆保险等。其中，企业财产及建筑工程保险已付赔款 2846.95 万元，机动车辆保险赔款 2055.64 万元，农业保险 343.63 万元。

资料来源：孙玉. 证券时报. 2008-03-11

(1) 保险的概念与特征

① 保险的概念。保险是指为确保社会经济生活的安定，运用多数机构和个人的集合力量，根据合理的计算，共同建立基金，对因特定危险事故所造成的财产损失给予补偿或对人身约定事件的出现实行给付的一种经济保障制度。保险的实质不是保证危险不发生、不遭受损失，而是对危险发生后遭受的损失予以经济补偿。

《中华人民共和国保险法》(以下均简称为《保险法》) 第二条的规定："本法所称保险，是指投保人根据合同约定，向保险人支付保险费，保险人对于合同约定的可能发生的事故因其发生所造成的财产损失承担赔偿保险金责任，或者当被保险人死亡、伤残、疾病或者达到合同约定的年龄、期限时承担给付保险金责任的商业保险行为。"可见，《保险法》中的保险是一种约定的商业保险行为，这种约定行为的法律形式就是保险合同。

② 保险的特征

a. 强制与自愿的结合性。保险的强制性表现在，保险立法具有强制性，保险关系一经确定，任何人不得随意取缔；保险费率、待遇标准及调解办法统一以后，由保险机构强制执行，不能随意更改。保险的自愿性表现在，社会成员是否向保险公司投保、投保的险种、投保的期限如何，都是自愿性与强制性又是相互结合的。如签订保险合同是当事人双方自愿的事情，合同一旦生效，就具有强制性。

b. 权利与义务的对等性。保险人和被保险人双方既享有一定权利，又承担一定义务。保险人承担给付保险金的义务，被保险人或受益人享有受领保险金的权利；投保人有缴纳保险费的义务，保险人有收取保险费的权利。

c. 补偿的有限性。保险的补偿一般在事后进行，即当风险发生并造成危害后果时，补偿才开始。补偿是有限的，其有限性表现在两个方面：一是保险补偿是价值补偿，而非实物补偿，财产损失不能退回，人身伤害亦不能复原，保险人对损失做价值估算，以货币形式赔偿受害人；二是保险补偿只是一定程度的补偿，补偿金额与受害者损失的实际价值不能完全对等。

(2) 保险的分类

① 按照保险目的的不同，保险可分为社会保险和商业保险。社会保险是指在既定的社会政策下，由国家通过立法手段对全体社会公民强制征缴保险费，形成保险基金，用以对其中因年老、疾病、生育、伤残、死亡和失业而导致丧失劳动能力或失去工作机会的成员提供基本生活保障的一种社会保障制度。社会保险不以营利为目标，运行中若出现赤字，国家财政将给予支持。商业保险指保险公司所经营的各类保险业务。商业保险是指社会保险以外的普通保险，它以营利为目的，其资金主要来源于投保人交纳的保险费，一般受保险法规范。我国《保险法》规定的保险，也以商业保险为限。

② 按保险标的性质的不同，保险分为财产保险、人身保险。财产保险是以物质财产或财产性利益为保险标的，以实物的毁损和利益的灭失为保险事故的各种保险。包括普通财产保险、农业保险、保证保险、责任保险和信用保险等。人身保险是以人的生命或健康为保险标的，以人的生理意外事故作为保险事故的保险。人身保险又可分为人身意外伤害保险、健康保险和人寿保险等。

③ 按照保险实施的方式和形式的不同，保险分为自愿保险和法定保险。自愿保险是通过投保人或被保险人与保险人双方在平等原则的基础上，根据自愿原则而签订的保险。法定保险又称为强制保险，它是由国家（政府）通过法律或行政命令强制实行的保险，如社会保险、机动车的第三者责任保险。

④ 按照保险人是否转移保险责任划分，保险可分为原保险和再保险。原保险又称第一次保险，是指保险人在保险责任范围内直接由自己对被保险人负赔偿责任的保险。再保险又称分保或第二次保险，是原保险人为减轻或避免所负风险把责任的一部分或全部转移给其他保险人的保险。再保险的目的主要是分散风险、扩大承保能力、稳定经营。

⑤ 按照保险人的人数划分，保险可分为单保险和复保险。单保险是投保人对于同一保险标的、同一保险利益、同一保险事故，与一个保险人订立保险合同的行为。复保险，或称重复保险，是投保人对于同一保险标的、同一保险利益、同一保险事故，与数个保险人分别订立数个保险合同的行为。

8.1.2 保险法

(1) 保险法的概念

保险法是调整保险关系的法律规范的总和。保险法是调整保险活动中保险人与投保人、被保险人以及受益人之间法律关系的重要法律，也是国家对保险企业、保险市场实施监督管理的法律。

(2) 我国保险法的立法概况

① 中华人民共和国成立以前的保险法。1805 年，英国东印度公司的商人达卫森在我国广州开设了第一家外商保险公司——谏当保险行，这是外商最早在中国开设的保险公司。1865 年，中国第一家民族保险公司义和保险公司在上海开业。清政府为了监管保险业，于 1904 年制定了《大清商律》。1918 年，当时的“中华民国”颁布了保险业法案，之后相继制定了保险法、保险业条例等一系列法律法规。

② 中华人民共和国成立后的保险法。1949 年，中国人民保险公司在北京成立。新中国成立后的很长时间，我国规范保险活动均是以政令或部门规范性文件的方式进行的。1958 年 10 月，在西安召开的全国财贸会议上决定停办国内保险业务。1979 年，国内保险业务停办 20 年后，中国人民保险公司正式恢复办理国内业务，同时，保险立法也逐步开展起来。1981 年制定的《经济合同法》中规定了财产保险的内容。1983 年国务院发布了财产保险合同条例。1992 年通过的《海商法》对海上保险作了明确的规定。1995 年 6 月 30 日，第八届全国人民代表大会常务委员会会第十四次会议通过了《中华人民共和国保险法》，同年 10 月 1 日正式施行。2002 年 10 月 28 日，第九届全国人民代表大会常务委员会第十三次会议通过了《关于修改〈中华人民共和国保险法〉的决定》，经修正后的《保险法》于 2003 年 1 月 1 日开始施行。2009 年 2 月 28 日，第十一届全国人民代表大会常务委员会第七次会议表决通过了《中华人民共和国保险法》的修订草案，修订后的《中华人民共和国保险法》自 2009 年 10 月 1 日起施行。

8.2 保险法的基本原则

8.2.1 保险利益原则

参考案例 8-1

马某是一家银行的高级官员，曾于 1996 年在某保险公司投保一款人身保险，投保人、被保险人均为马某，但受益人不是他的妻子，而是其私人秘书张小姐。1998年10月28日晚马某与朋友聚会散后，开车送张小姐回家，10月29日晨被发现二人双双死在车中。

请问：

① 马某可否指定其私人秘书张小姐作为身故受益人？

② 马某与张小姐在同一事件中死亡，保险金该归谁？

[参考案例8-1] 分析

① 可以。《保险法》第三十九条规定，人身保险的受益人由被保险人或者投保人指定。投保人指定受益人时须经被保险人同意。投保人为与其有劳动关系的劳动者投保人身保险，不得指定被保险人及其近亲属以外的人为受益人。被保险人为无民事行为能力人或者限制民事行为能力人的，可以由其监护人指定受益人。在本案中，投保人和被保险人都是马某，指定受益人是马某的权利，任何人不得剥夺。在被保险人同意的情况下，自然人和法人都可以作为受益人。保险公司只能向被保险人或投保人提出合理性的建议，不能强制要求更换受益人。如果保险合同成立生效，被保险人发生保险事故，保险公司只能按照被保险人的指定给付身故受益人保险金。

② 保险金应属于被保险人遗产，由马某的法定继承人来继承马某的保险金。

《保险法》第四十二条规定，受益人与被保险人在同一事件中死亡，且不能确定死亡先后顺序的，推定受益人死亡在先。推定受益人先于被保险人死亡，则保险金只能归于被保险人自身所有，保险金就成为被保险人的遗产，由被保险人受益人的法定继承人继承。本案中马某和张小姐同时死亡，应推定受益人张小姐先死，保险金属于被保险人遗产由马某的法定继承人来继承马某的保险金。

资料来源：http:/www.jkrsw.com.2008-2-16

(1) 保险利益的含义

保险利益，也叫可保利益，是指投保人或被保险人对保险标的具有的法律上承认的利益。保险利益体现的是人与标的之间的损益关系。这种关系的最基本判断标准，是保险标的的损失能否使投保人的利益受到损害。如果直接地表现为财产的减少或人身利益的受损失，或者表现为精神方面的重大不利影响，就可以认定为有保险利益，相反，则不存在保险利益。

(2) 保险利益的条件

要构成保险法上承认的利益，必须具备以下三方面的条件。

① 必须是合法的利益。保险利益必须是得到法律认可，受法律保护，可以在法律上主张的利益。法律上不予承认和保护的利益，如窃贼对赃款物、赌徒对赌博所得的利益，不能成为保险利益。

② 必须是不确定的、可实现的利益。首先，保险利益必须是现实中存在的或者客观上可实现的利益，不是主观的臆测或推断认为可以获得的利益。其次，这种利益必须能够通过一定标准加以确定，以作为保险金额和实施保险赔付的依据。“无价之宝”在保险利益中是不存在的。

③ 必须是经济性的利益。所谓经济性的利益是指投保人或被保险人对保险标的利益必须是可以通过货币计量的利益。比如，财产保险的目的在于对已经遭受的损失进行补偿，所以，保险利益必须具有经济上的可补偿性，能够以货币方式来估价和计量，否则就根本无法通过保险方式来弥补。

(3) 保险利益原则的具体内容

① 保险利益原则在一般财产保险中的规定。关于财产保险的保险利益，我国《保险法》并没有明确规定财产保险利益的范围。一般认为，下列人员在法律上享有财产保险的保险利益：财产所有权人对其所有的财产；抵押权人、质权人对抵押出质的财产；财产的经营管理人对其经营管理的财产；财产的保管人对其保管的财产；公民法人对其因侵权行为或合同而可能承担的民事责任；保险人对保险标的的保险责任；债权人对其现有的或期待的债权等。

《保险法》规定，财产保险的被保险人在保险事故发生时，对保险标的应当具有保险利益。这说明，财产保险的保险利益在保险合同订立时可以不存在，但在保险事故发生时必须存在。因为只有保险事故发生时存在保险利益，投保人或被保险人才有实际损失发生，保险人才可以据此确定补偿的程度。

② 保险利益原则在海上货物运输保险中的规定。海上货物运输保险的保险利益原则要求在投保时可不存在保险利益，但在发生保险事故时保险利益一定要存在。同时，由于运输货物处于流动状态，为了便于国际贸易的快速顺利地进行，海上货物运输保险的保险单可以自由地转让，无须征得保险人同意。

③ 保险利益原则在人身保险中的规定。关于人身保险的保险利益，我国《保险法》第31条规定，投保人对下列人员具有保险利益：a. 本人；b 配偶、子女与父母；c. 前项以外与投保人有抚养、赡养或者扶养关系的家庭其他成员、近亲属；d. 与投保人有劳动关系的劳动者。除此外，被保险人同意投保人为其订立合同的，视为投保人对被保险人具有保险利益。

人身保险的保险利益必须在保险合同订立时存在，否则订立的合同无效，但不要求在保险事故发生时投保人对被保险人具有保险利益。此外，人寿保险保单可出售、转让和低押。

(4) 保险利益原则的意义

① 保险利益原则可以有效防止和遏止投机行为的发生。保险金的给付以保险合同中约定的保险事故的发生为条件，因此，保险具有一定的投机性。如果允许不具有保险利益的人以他人的生命或是财产作为保险标的，以自己作为收益方进行投保，那么一旦发生保险事故，他就不承担任何损失而获取远远超过保险费的保险给付，保险活动就完全成为投机赌博行为，而丧失了具有转移风险减少损失的作用。可见，没有保险利益原则，保险将沦为赌博。

② 保险利益原则的适用可以防止道德危险的发生。道德危险是指被保险人为了索取保险人赔款而故意促使保险事故的发生或在保险事故发生时，放任损失的扩大。受益方是保险金给付的直接承受者。如果保险合同不以受益方具有保险利益为前提，那么为了获取保险赔偿，往往会出现故意破坏作为保险标的人或物的行为，从而导致道德危险。保险利益原则的使用较好地避免了这个问题。

③ 保险利益原则可以确定赔偿金额。保险事故发生时，受益方请求的损害赔偿额不得超过保险利益的金额或价值，如若不坚持保险利益原则，受益方请求的损害赔偿额超过保险利益的金额或价值，也就是说获得和所受损失不相称的利益，这将损害保险人的合法利益，更深层次将否认或是减损保险活动的价值。

8.2.2 最大诚信原则

参考案例 8-2

2001 年 3 月，某厂 45 岁的机关干部龚某因患胃癌（亲属因怕其情绪波动，未将真实病情告诉本人）住院治疗手术后出院，并正常参加工作。8月24日，龚某经吴某推荐，与之一同到保险公司投保了简易人身险，办妥有关手续。填写投保单时没有申报身患癌症的事实。

2002年5月，龚某旧病复发，经医治无效死亡。龚某的妻子以指定受益人的身份，到保险公司请求给付保险金。保险公司在审查提交有关的证明时，发现龚某的病史上，载明其曾患癌症并动过手术，于是拒绝给付保险金。龚妻以丈夫不知自己患何种病，未违反告知义务为由抗辩，双方因此发生纠纷。

请问：保险公司应如何处理？

[参考案例8-2] 分析

在本案中，龚某不知自己已患有胃癌，仅从其没有声明自己患胃癌的角度看，并不算违反告知义务。但是，龚某对自己几个月前住过院，动过手术的事实（这一事实对保险人来说无疑是很重要的）是不可能不知道的，他却没有加以说明，则违背了最大诚信原则，应当承担违反告知义务的不利后果。保险人是有正当理由拒绝赔偿的，保险人因此获得抗辩权，拒绝给付保险金。

资料来源：宁波法律网

(1) 最大诚信原则的含义

最大诚信是指当事人真诚地向对方充分而准确的告知有关保险的所有重要事实，不允许存在任何虚伪、欺瞒、隐瞒行为。在保险法律关系中，对当事人的诚信程度要求比一般民事活动更严格，必须遵循最大诚信原则，这是由保险经营的特点所决定的。

最大诚信原则是指保险合同当事人订立合同及合同有效期内，应依法向对方提供足以影响对方做出订约与履约决定的全部实质性重要事实，同时绝对信守合同订立的约定与承诺。

(2) 最大诚信原则的内容

最大诚信原则的内容包括告知、保证、弃权和禁止反言。

① 告知。告知指合同订立之前、订立时及在合同订立之后的有效期内，双方当事人均应如实申报、陈述重要事实。

a. 投保人或被保险人的告知内容。投保人或被保险人必须告知的重要事实是足以影响保险人决定是否承保以及保险费率的事实，包括：

第一，在签订合同时，投保人必须主动把有关保险标的的风险状况和其他重要事实告知保险人；

第二，合同订立后，如果保险标的风险增加，应当及时通知保险人；

第三，如果发生保险事故，投保人应当及时通知；

第四，如果有重复保险，投保人应当将重复保险的有关情况通知各保险人；

第五，在保险标的所有权发生转让时，投保人应当及时通知。

b. 保险人的告知内容。保险人必须告知的重大事实是足以影响善意的投保人或被保险人是否投保的以及投保条件的事实，包括：

第一，保险人在订立保险合同时应当主动向投保人说明合同条款的内容，如制定的条款、保险单的内容、保险费率等，特别是明确说明责任免除条款；

第二，保险人在保险事故发生或在合同约定的条件满足后，应当按合同的约定履行赔偿或给付义务。

c. 告知的形式。由于保险标的种类繁多，告知的内容各有不同，范围极其广泛，在保险业发展过程中产生了两种告知方式：第一为无限告知，要求投保人将已知和应知的所有情况尽量告知保险人，不得保留；第二为询问告知，即有限告知，指如实填报保险单证上的有关项目与补充回答相结合。

d. 违反告知的法律后果

第一，投保人故意或者因重大过失未就保险人提出的询问履行如实告知义务，足以影响保险人决定是否同意承保或者提高保险费率的，保险人有权解除合同。此合同解除权，自保险人知道有解除事由之日起，超过三十日不行使而消灭。自合同成立之日起超过两年的，保险人不得解除合同；发生保险事故的，保险人应当承担赔偿或者给付保险金的责任。

第二，投保人故意不履行如实告知义务的，保险人对于合同解除前发生的保险事故，不承担赔偿或者给付保险金的责任，并不退还保险费。投保人因重大过失未履行如实告知义务，对保险事故的发生有严重影响的，保险人对于合同解除前发生的保险事故，不承担赔偿或者给付保险金的责任，但应当退还保险费。

保险人在合同订立时已经知道投保人未如实告知的情况的，保险人不得解除合同；发生保险事故的，保险人应当承担赔偿或者给付保险金的责任。

第三，保险人在订立保险合同时没有以书面或者口头形式向投保人明确说明合同中关于保险人责任免除条款内容的，该条款不产生效力。

第四，保险公司在保险业务中隐瞒了与保险合同有关的重要情况，欺骗投保人、被保险人或受益人，构成犯罪的，依法追究刑事责任；不构成犯罪的，由保险监督管理机构对保险公司予以处罚。保险公司承诺向投保人、被保险人或者受益人给予非法的保险费回扣或者其他利益的，由保险监督管理机构予以处罚。

② 保证。保证是指投保人或被保险人对在保险期限内的特定事项作为或不作为向保险人所做的担保或承诺。它是投保人对保险人所做的担保，是合同的重要条款之一。

保证按存在的形式分为明示保证和默示保证。明示保证是以书面形式载明于保险合同中，以“被保险人义务”条款表达的一类保证事项。默示保证是指虽未以条款形式列明，但是按照行业或国际惯例、有关法规以及社会公认的准则，投保人或被保险人应该作为或不作为的事项。

③ 弃权与禁止反言。弃权是指合同一方出于某种目的以明示或默示表示放弃其在保险合同可以主张的某种权利。

禁止反言是当合同一方当事人在已经弃权的情况下，将来不得要求行使这项权利。

8.2.3 近因原则

参考案例 8-3

该案中保险公司应否理赔

姜某以自己为投保人和受益人，以丈夫胡某为被保险人，与某保险公司签订了身故保险金为 3 万元的终身保险合同。保险合同中约定：被保险人因违法、故意犯罪或拒捕、故意自伤、醉酒、斗殴造成人身伤害或身故的，保险公司应免除保险责任。合同生效后，胡某在追讨其借给张某的 2 万元赌资时，与张某发生口角，被张某用钢管击中头部，经抢救无效死亡。之后，胡某之妻姜某在多次向某保险公司索赔未果的情况下，将某保险公司诉至法院，要求某保险公司给付保险金 3 万元。

本案在审理中，对保险公司应否承担理赔责任，有以下两种不同的观点。第一种认为，应驳回姜某的诉讼请求。理由是：胡某之妻姜某与保险公司签订的保险合同明确约定被保险人从事违法行为而导致身故的，可免除保险公司的保险责任。第二种认为，应支持姜某的诉讼请求。理由是：虽然胡某借给张某赌资具有赌博性质，属于违法行为，但导致胡某死亡的真正直接原因并非是胡某提供赌资而是被张某杀害，即，胡某追讨赌资的行为与其被杀的损害结果之间没有内在的、必然的、合乎自然规律的联系，不具有法律上的因果关系。所以，保险公司不能免除自身的保险责任。

［参考案例 8-3］分析

本案的争议焦点是胡某追讨赌资的行为与其被杀身亡之间是否存在因果关系，这就涉及到保险业中的一项基本原则——近因原则。在司法实践中，近因原则是判断保险人应否承担保险责任的一个重要标准。

而本案中胡某追讨赌资时，张某实施的犯罪行为并不是胡某追讨赌资直接的、必然的结果；也即，胡某追讨赌资的行为与其的死亡后果仅存在事实上的因果关系，无法构成法律上的因果关系。因此，胡某追讨赌资的行为作为前因不具备近因的条件；相反，真正导致胡某死亡的近因则是作为后因的张某实施的犯罪行为。故此，张某的犯罪行为不属于保险公司的免责范围，保险公司仍应承担理赔责任。

资料来源：110 法律咨询网

近因是指引起保险标的损失的直接、有效、起决定作用的因素，即效果上最近的原因。

近因原则是保险法的基本原则之一，是指只有在导致保险事故的近因属于保险责任范围内时，保险人才应承担保险责任。也就是说，保险人承担赔偿责任的范围应限于以承保风险为近因造成的损失。

8.2.4 损失补偿原则

参考案例 8-4

2003 年 1 月 29 日，田某花 12.3 万元从北京市旧机动车交易市场购买了一辆长春奥迪 100，并向某保险公司投保了车辆损失险、第三者责任险、盗抢险、不计免赔特约条款。投保时，田某选择奥迪车的新车购置价 32 万元作为保险金额，缴纳保险费 5488 元。6 月 3 日该车发生火灾，全部被毁。事故发生后，田某向保险公司提出索赔。经过现场勘察，保险公司只同意按照奥迪车的实际价值 12.3 万元承担责任。理由是：依据《保险法》，保险金额不能超过保险价值，超过的部分无效，即使保险金额高于车辆实际价值，也只能以车辆的实际价值 12.3 万元理赔。但田某认为自己是按 32 万元投保和缴纳保险费的，保险公司理当赔付 32 万元。

请问：保险公司应如何赔偿？

［参考案例 8-4］分析

根据损失补偿原则，保险事故发生后，被保险人有权获得补偿，但保险人的补偿数额以使标的物恢复到事故发生前的状态为限。本案中田某购买车辆时仅花费了 12.3 万元，保险公司应赔偿其 12.3 万元。

资料来源：http：//www.pcauto.com.cn

（1）损失补偿原则的含义

损失补偿原则是当保险事故发生时，被保险人从保险人处所得到的赔偿应正好填补被保险人因保险事故所造成的保险金额范围内的损失。这是保险中理赔的基本原则。通过补偿，使被保险人的保险标的在经济上恢复到受损前的状态，不允许被保险人因损失而获得额外的利益。

（2）损失补偿原则的体现

① 在保险财产遭受部分损失后仍有残值的情况下，保险人在进行赔偿时要扣除残值。

② 在保险事故是由第三者责任引起的情况下，保险人在赔偿被保险人的损失后取代其行使对第三者责任方的追偿权。

③ 在善意的重复保险情况下，如果各保险人的保险金额总和超过了保险标的的价值，则应采用分摊原则分摊损失。

④ 在不足额保险的情况下，对被保险人所遭受的损失应采取比例赔偿方式进行赔偿。

8.3 保险合同

8.3.1 保险合同的概念与特征

（1）保险合同的概念

保险合同是投保人与保险人约定保险权利义务关系的协议。投保人是指与保险人订立保险合同，并按照保险合同负有支付保险费义务的人。保险人是指与投保人订立保险合同，并承担赔偿或者给付保险金责任的保险公司。

（2）保险合同的特征

① 保险合同是双务有偿合同。双务合同是指合同双方当事人相互承担义务、享有权利的合同。有偿合同是指因为享有一定的权利而必须偿付一定对价的合同。在保险合同中，投保人有按时缴足保险费的义务，享有在保险事故发生后索赔的权利；保险人有履行保险赔付的义务，享有收取保险费的权利。

② 保险合同是射幸合同。射幸合同是一种碰运气的机会性合同。在保险合同中，实际上是投保人以交付保险费为代价将不可预料的危险事故所致的损失转移给保险人承担，但这危险事故将来可能发生，也可能不发生，保险人赔偿义务的实际履行带有偶然性，即射幸性。

③ 保险合同是附合合同。附合合同也称标准合同或格式合同，指当事人一方提出合同的主要内容，另一方面必须服从和接受，而没有选择、变更、增减的自由。保险合同是最典型的标准合同。

8.3.2 保险合同法律关系

（1）主体

参考案例 8-5

“受益人”空白谁受益?

2000 年春节一过，在大学任教的刘老师便在亲戚的推荐下，未雨绸缪为其刚工作的儿子投保了一份终身寿险，保额为 20 万元。由于在亲戚名下投保，刘老师因而忽略了保单细节部分，受益人一栏空白，这为日后的纠纷埋下祸根。

两年后，儿子与大学女友喜结良缘，夫妻恩爱有加，对刘老师也百般孝顺，刘老师深感幸福。岂料，天有不测风云，在今年的一次公差途中，儿子所乘坐的大巴发生交通意外事故，儿子经抢救无效不幸身亡。

刘老师和媳妇小秦却在如何分配这 20 万元保险金上产生了矛盾。

刘老师认为，虽然合同受益人一栏没有填写，但 2000 年是她出钱为儿子投保的，自己理所当然应该是这份保单的受益人。况且，投保那时儿子还没有结婚，这份保险金属于婚前财产，作为被保险人母亲的她，应当获得全部的保险金。而被保险人妻子小秦则坚持认为，自己是丈夫的继承人，理应有权与婆婆共同分割这笔保险金。

原本美满和谐的家庭，却因为一起事故和一笔保险金而出现了裂痕。

［参考案例 8-5］分析

根据我国《保险法》规定，当被保险人死亡的情况下，由人身保险合同产生的人身保险金一般应由被保险人或者投保人指定的受益人享有。如果未指定受益人或受益人依法放弃或丧失受益权的，则保险金作为被保险人的遗产处理。同时最高人民法院也作出了类似的司法解释。

本案中，被保险人因交通事故而死亡。因被保险人生前投保终身寿险，保险公司应支付身故保险金 20 万元。因被保险人在保险合同中未指定受益人，根据上述法律规定，该保险金 20 万元应作为被保险人的遗产，由被保险人的法定继承人其母刘老师、其妻小秦按照《继承法》的有关规定继承，并应根据原被告双方的分配协议书进行分配。

资料来源：110 法律咨询网

保险合同主体包括保险合同的当事人、关系人和保险辅助人。

① 保险合同的当事人　保险合同当事人包括保险人和投保人。

保险人也称“承保人”，是指经营保险业务，与投保人订立保险合同，收取保险费，组织保险基金，并在保险事故发生或保险期限届满后，对被保险人赔偿损失或给付保险金的保险公司。保险人在我国专指保险公司。保险人经营保险业务，必须取得国家保险业监管部门核准的资格，在规定的业务范围内，开展保险经营活动。

投保人也称“要保人”，是指与保险人签订保险合同，并承担交付保险费义务的人。在一般情况下，保险合同签订后的投保人即成为被保险人；但投保人可以是被保险人本人，也可以是法律所许可的其他人。无论是自然人或法人，作为投保人，必须具备以下两个条件：a. 具有相应的权利能力和行为能力；b. 对保险标的具有保险利益。

② 保险合同的关系人。保险合同的关系人包括被保险人和受益人，他们对合同利益享有独立的请求权。

被保险人俗称“保户”，是指受保险合同保障并享有保险金请求权的人。

受益人，是指在人身保险中，保险事件发生后，有权获得保险给付的人。就财产保险而言，因领受给付的人多是被保险人自己，故通常无受益人的规定。投保人、被保险人均可为受益人。

③ 保险合同辅助人。保险合同辅助人包括保险代理人、保险经纪人和保险公估人。保险代理人也称保险代理商，是指根据保险人的委托，向保险人收取代理手续费，并在保险人授权的范围内代为办理保险业务的单位和个人。保险经纪人是基于投保人的利益为投保人与保险人订立保险合同提供中介服务，并依法收取佣金的单位，在我国是指保险经纪公司。保险公估人是指向保险人或被保险人收取费用，为其办理保险标的的评估、勘验、鉴定、估

损、理算等业务的人，在我国是指专门从事保险公估业务的法人组织。

(2) 客体

参考案例 8-6

一游客到北京旅游，在游览了故宫博物院后，出于爱护国家财产的动机，自愿交付保险费为故宫投保。

请问：该游客是否具有保险利益?

[参考案例 8-6] 分析

游客对故宫博物院没有保险利益。因为保险利益是投保方对保险标的所具有的法律上承认的利益，当保险标的安全存在时投保方可以由此而获得利益，若保险标的受损，则会蒙受经济损失。在本案例中，保险标的（即故宫）的存在不会为投保人（即游客）带来法律上承认的利益，保险标的发生事故也不会给投保人造成经济损失，所以该旅客对故宫博物院没有保险利益。

参考资料：http:/www.bxxy.com

保险合同的客体是指保险法律关系的客体，即保险合同当事人权利义务所指向的对象。由于保险合同保障的对象不是保险标的本身，而是被保险人对其财产或者生命、健康所享有的利益，即保险利益，所以，保险利益是保险合同当事人的权利义务所指向的对象，是保险合同的客体。

保险利益，又称可保利益，是指投保人对保险标的具有的法律上承认的利益。在财产保险合同中，保险利益表现为投保人或者被保险人对保险标的所具有的某种经济上的利益。投保人或被保险人因保险事故发生、保险标的的不安全而受到损害，或因保险事故不发生、保险标的安全而免受损害，则说明他对保险标的具有保险利益。在有人身保险合同中，表现为投保人对被保险人的生命和身体所具有的利害关系，《保险法》第 31 条对此有具体规定。

(3) 内容

保险合同的内容是指保险合同当事人之间由法律确认的权利和义务。保险合同内容通常以保险条款的形式反映出来。根据《保险法》的规定，保险合同应包括如下事项。

① 保险人的名称和住所。

② 投保人、被保险人名称和住所，以及人身保险的受益人的名称和住所。

③ 保险标的。保险标的必须明确记载于合同，据以判断投保人对其有无保险利益，并确定保险人的保险责任范围。

④ 保险责任和责任免除。保险责任是指保险单上记载的危险发生造成保险标的损失或约定人身保险保险事故发生时，保险人所承担的赔偿或给付责任。责任免除是指依法或合同约定，保险人可以不负赔偿或给付责任的范围。对于责任免除条款，保险人在订立保险合同时应当向投保人明确说明；未明确说明的，该条款不产生效力。

⑤ 保险期间和保险责任开始时间。保险期间即保险合同的有效期间。只有在保险期间发生保险事故或出现保险事件，保险人才承担赔偿给付责任。保险责任开始时间，即保险人开始履行保险责任的时间。

⑥ 保险金额。保险金额是指在保险事故发生后，保险人承担赔偿或者给付保险金责任的最高限额。保险金额不得超过保险价值，超过保险价值的，超过部分无效。保险金额低于保险价值的，除合同另有约定外，保险人按照保险金额与保险价值的比例承担赔偿责任。

⑦ 保险费以及支付办法。保险费简称保费，是投保人应该向保险人支付的费用。保险合同应该约定保险费的支付办法。

⑧ 保险金赔偿或者给付办法。保险人承担保险责任的方法一般以金钱给付为原则。

⑨ 违约责任和争议处理。

⑩ 订立合同的日期。

投保人和保险人可以在前述规定的保险合同事项外，就与保险有关的其他事项做出约定。

8.3.3 保险合同的订立

（1）保险合同的形式

《保险法》规定：投保人提出投保要求，经保险人同意承保，保险合同成立。保险人应当及时向投保人签发保险单或其他保险凭证，并在保险单或者其他保险凭证中载明当事人双方约定的合同内容。当事人也可以约定采用其他书面形式载明合同内容。依法成立的保险合同，自成立时生效。投保人和保险人可以对合同的效力约定附条件或者附期限。我国保险实务中，保险合同的形式主要表现为投保单、保险单、暂保单和保险凭证等保险单证。

① 投保单。投保单又称保书，是指保险人预先备制供投保人提出保险要求时使用的格式文件，一般载明保险合同的主要条款。投保人如实填写的投保单是保险合同的组成部分，是保险合同成立的重要凭据。

投保单的主要内容包括：投保人、被保险人的姓名、名称和住所；保险标的的名称及存放地点；保险险别；保险责任的起讫；保险价值和保险金额等。投保单本身并非正式合同文本，一经保险人接受后，即成为保险合同的一部分。

② 保险单或保险凭证。保险单又称为保单，是指保险人交付给投保人证明其与保险公司订立保险合同的正式书面凭证。保险单一般载明保险合同的主要内容，保险单是保险合同的重要组成部分，但签发保险单不构成保险合同成立的要件，而是保险人的法定义务。

保险凭证是指内容和格式简化了的保险单，与保险单具有同等法律效力。

③ 暂保单。暂保单又称临时保单，是指保险人或其代理人签发正式保单之前的临时合同凭证。暂保单不同于保险单，但是在有限期限内于保险单作成交付之前，具有与保险单相同的效力。

④ 其他书面协议。其他书面协议是指投保人和保险人不采用上述形式订立的书面保险合同，是订立保险合同的辅助形式。

（2）保险合同的订立程序

保险合同的订立程序主要包括投保和承保两个步骤。投保是投保人向保险人提出订立保险合同的请求并提交投保单的行为，即保险要约。承保是保险人承诺投保人的保险要约的行为，即保险承诺。承保为保险人的单方面法律行为，保险要约一经承诺，保险合同即告成立。

8.3.4 保险合同的履行

参考案例 8-7

2007 年 12 月 20 日下午课间，原告马某在学校操场上玩耍时被另一同学压趴致左肱骨骨折。先后经宁国市中西医骨伤专科医院、宁国市人民医院住院治疗，共用去医药费

3391.40元，马某已从侵权方获得了相应赔偿。另，原告曾于2007年9月1日在被告某保险公司投保了师生平安险附加意外伤害医疗保险，保险金额为附加意外伤害医疗3000元、附加住院治疗6万元，保险期限至2008年8月31日。现双方因保险理赔事宜发生纠纷而成讼。

请问：该案如何解决？

[参考案例8-7] 分析

法院经审理认为，原告马某在保险期间发生了意外伤害的保险事故，依照《中华人民共和国保险法》第六十八条的规定，其虽已从第三者即侵权方获得相应赔偿，但保险人即被告某保险公司依法仍应按约定比例向被保险人即原告马某给付保险金。依据保险合同约定，被告就原告的医药费扣除100元的免赔额后，应按80%予以理赔。故对原告的诉讼请求予以支持，判决被告某保险公司支付马某保险金人民币2633.12元。

人身保险不同于财产保险，财产保险以补偿为原则，目的在于填补损害，而人身保险则更多基于对人自身价值的考量，不适用补偿原则。本案中，法院判决被告保险公司在侵权损害赔偿以外依据保险合同支付原告保险金正确。

资料来源：中顾法律网

保险合同的履行是指保险合同订立并生效后，当事人全面完成各自承担的约定义务以满足他人权利实现的行为。为保证保险合同的顺利履行，保险合同双方当事人在履行合同中必须承担相应的义务。另外，保险合同的履行包括索赔、理赔和代位求偿三个环节。

(1) 投保人的义务

参考案例8-8

原告苏先生诉称，其父于2008年2月28日在保险公司投保了重大疾病保险10份，同年3月2日在保险公司投保了重大疾病保险5份、终身寿险（B）20份，并交纳了保险费。2008年5月其父患病，6月5日身故。原告法定代理人向保险公司提出索赔后，保险公司以其父投保时没有如实告知有关情况为由，擅自解除保险合同并拒赔。原告苏先生认为，其父在投保时没有疾病，患病是在保险合同签订后，不存在故意不履行如实告知义务的问题。故诉至法院，请求判令：保险公司给付重大疾病保险即时保险金额15万元；给付终身寿险（B）保险金8万元（20万元的40%），返还已缴保险费6240元，以上共计236240元，诉讼费由保险公司承担。

保险公司辩称，经过调查，保险公司了解到原告父亲在投保前患有疾病。其未将此情况向保险公司如实告知，依据相关法律规定和合同约定，保险公司有权解除保险合同并不承担给付保险金的责任，故不同意原告的诉讼请求。

法院经审理查明，2008年2月25日，原告父亲在某医院进行检查，结果为肝脏弥漫性病变。

2008年2月26日、3月1日，原告父亲作为投保人、被保险人向保险公司分别投保了重大疾病保险、终身寿险（B）等险种共计35份，身故受益人均为原告苏先生。上述投保书中保险公司关于健康告知事项的书面询问，投保人均选择“否”。

请问：该案如何处理？

[参考案例8-8] 分析

原告父亲在投保书中“声明与授权”处签字，依据声明内容，其应当对包括健康告知事项在内的投保书的全部内容承担如实告知的义务。投保人于2008年2月25日经医院检查，结果是肝脏弥漫性病变。同年2月26日和3月1日其进行投保时，对保险公司在投保书上进行书面询问的上述各项相关事项，均予以否认，构成对保险公司的故意不如实告知。《中华人民共和国保险法》第十七条第三款规定，投保人故意不履行如实告知义务的，保险人对于保险合同解除前发生的保险事故，不承担赔偿或者给付保险金的责任，并不退还保险费。故保险公司抗辩不承担给付保险金的责任，于法有据，法院予以采信，原告要求保险公司按照合同约定支付保险金，法院不予支持。

综上，法院判决驳回原告苏先生的全部诉讼请求。本案宣判后，双方均未上诉。

资料来源：中顾法律网

① 交纳保险费的义务。交纳保险费是投保人最重要的义务，同时也是保险合同生效的重要条件。投保人按照约定的期限交纳保险费是对履行保险合同有诚意的表示。如果投保人不依约交纳保险费，保险人可以分情况或要求其尽快补交保险费及利息，或终止保险合同。《保险法》第38条规定，保险人对人寿保险的保险费，不得用诉讼方式要求投保人支付。

② 告知的义务。投保人的告知义务是指投保人在保险合同订立时，依法就保险标的或被保险人的有关情况向保险人作出真实准确陈述的义务。保险业是一种风险事业，投保人不履行告知义务的，必须承担相应的法律责任。《保险法》第16条规定，订立保险合同，保险人就保险标的或者被保险人的有关情况提出询问的，投保人应当如实告知。投保人故意或者因重大过失未履行前款规定的如实告知义务，足以影响保险人决定是否同意承保或者提高保险费率的，保险人有权解决合同。

③ 保险事故发生通知的义务。《保险法》第21条规定，投保人、被保险人或者受益人知道保险事故发生后，应当及时通知保险人。故意或者因重大过失未及时通知，致使保险事故的性质、原因、损失程度等难以确定的，保险人对无法确定的部分，不承担赔偿或者给付保险金的责任，但保险人通过其他途径已经及时知道或者应当及时知道保险事故发生的除外。

④ 防灾减损的义务。防灾减损的义务是指保险合同有效期限内，损保人或被保险人维护保险标的安全，防止灾害的发生，避免损失。施救义务，是指保险事故发生时，投保人或被保险人应积极组织施救，以减少损失。由于投保人或被保险人往往最了解保险标的的安全状况，而当保险事故发生时，一般也先于其他人知道出险情况，能更有效地防止灾害或减少损失，因此，防灾减损和积极施救是责任保险经营的重要内容。

⑤ 协助义务。在保险人依合同对保险标的进行查验，或者在保险人于保险事故发生后，核实损害、查实证据以及进行抗辩时，被保险人应当对保险人提供一切必要的协助。但保险人、投保人、被保险人为查明和确定保险事故的性质、原因和保险标的的损失程度所支付的必要的、合理的费用，由保险人承担。

⑥ 索赔举证的义务。保险事故发生后，依照保险合同请求保险人赔偿时，投保人、被保险人应当向保险人提供其所能提供的与确认保险事故的性质、原因、损失程度等有关的证明和资料。

（2）保险人的义务

① 保险人支付赔偿金的义务。是指保险人对保险责任范围内的损失给予赔偿或在一定期限到来时给付保险金的行为。保险人履行义务是以保险条款约定的责任范围或一定期限的到来为前提条件的。保险人对责任范围以外的事故或在约定的期限尚未到来时不承担赔偿损失或给付保险金的责任。

② 保密的义务。保险人在办理保险业务时对知悉的投保人、被保险人或受益人的业务、

财产状况，负有保密义务。

③ 说明义务。说明义务是指保险人于合同订立阶段，依法对保险合同有关情况向投保人进行必要的解释的义务，它包括两个方面：说明合同条款内容的义务与说明免责条款的义务。我国《保险法》第 17 条规定：订立保险合同，采用保险人提供的格式条款的，保险人向投保人提供的投保单应当附格式条款，保险人应当向投保人说明合同的内容。对保险合同中免除保险人责任的条款，保险人在订立合同时应当在投保单、保险单或者其他保险凭证上作出足以引起投保人注意的提示，并对该条款的内容以书面或者口头形式向投保人作出明确说明；未作提示或者明确说明的，该条款不产生效力。

法律规定保险人的说明义务，主要考虑到保险合同是格式合同，拟约方经济势力比较强大，并且合同条款专业性较强，对合同条款予以说明，有利于双方当事人真实的表达意愿，避免纠纷的发生。

(3) 索赔

保险索赔是指被保险人、受益人或者被保险人的继承人在被保险人发生保险事故的情况下，向保险人提出给付保险金的请求。索赔程序包括出险通知，保护现场接受检验，提出索赔请求，提供索赔证据，领取保险赔偿金或保险金等步骤。索赔的时效为：人寿保险的索赔时效为自知道保险事故之日起 5 年；其他保险的索赔时效为自知道保险事故发生之日起 2 年。

(4) 理赔

理赔是保险人在被保险人或受益人提出索赔请求后，根据保险合同的规定履行有关保险赔偿责任的行为。理赔程序包括立案检验，现场勘查，审查单证，核定责任，赔偿和给付等步骤。

为了防止保险人以未完成核定为由，故意拖延赔付时间，或保险人认为不属于保险责任的，不及时通知被保险人或者受益人，《保险法》明确规定的相应的时限。《保险法》第 23 条规定，保险人收到被保险人或者受益人的赔偿或者给付保险金的请求后，应当及时作出核定；情形复杂的，应当在 30 日内作出核定，但合同另有约定的除外。保险人应当将核定结果通知被保险人或者受益人；对属于保险责任的，在与被保险人或者受益人达成赔偿或者给付保险金的协议后 10 日内，履行赔偿或者给付保险金义务。保险合同对赔偿或者给付保险金的期限有约定的，保险人应当按照约定履行赔偿或者给付保险金义务。保险人未及时履行前款规定义务的，除支付保险金外，应当赔偿被保险人或者受益人因此受到的损失。《保险法》第 24 条规定，保险人依照本法第 23 条的规定作出核定后，对不属于保险责任的，应当自作出核定之日起 3 日内向被保险人或者受益人发生拒绝赔偿或者拒绝给付保险金通知书，并说明理由。

(5) 代位求偿权

代位求偿权是指因第三者对保险标的的损害而造成保险事故的，保险人自向被保险人赔偿保险金之日起，在赔偿金额范围内代位行使被保险人对第三者请求赔偿的权利。

《保险法》第 60 条规定，因第三者对保险标的的损害而造成保险事故的，保险人自向被保险人赔偿保险金之日起，在赔偿金额范围内代位行使被保险人对第三者请求赔偿的权利。前款规定的保险事故发生后，被保险人已经从第三者取得损害赔偿的，保险人赔偿保险金时，可以相应扣减被保险人从第三者已取得的赔偿金额。保险人依照本条第一款规定行使代位请求赔偿的权利，不影响被保险人就未取得赔偿的部分向第三者请求赔偿的权利。

8.3.5 保险合同的变更、解除和终止

(1) 保险合同的变更

在保险合同有效期内，投保人和保险人经协商同意，可以变更保险合同的有关内容。变更保险合同的，应当由保险人在原保险单或者其他保险凭证上批注或者附贴批单，或者由投保人和保险人订立变更的书面协议。保险合同的变更可分为主体变更和内容变更两种。

保险合同的主体变更是指在不改变合同的内容情况下，只改变保险合同的当事人和关系人，即改变保险人、投保人、受益人或被保险人。保险合同内容的变更是指在保险合同主体不变的情况下，保险标的的数量、品种、价值或存放地点发生变化，或保险期限、金额、责任等方面的变化，以及人身保险合同中的一些事项的变更等。

(2) 保险合同的解除

保险合同的解除是在保险合同期限尚未届满前，合同一方当事人依照法律或约定行使解除权，提前终止合同效力的法律行为。一般由有解除权的一方向他方为意思表示，使已经成立的保险合同失效。但保险合同的解除权，在法律有限制性规定的情况下不得行使。《保险法》第 50 条规定，货物运输保险合同和运输工具航程保险合同，保险责任开始后，合同当事人不得解除合同。

① 投保人的解除权。投保人解除保险合同即退保。保险合同的解除权一般由投保人行使，因为保险合同从根本上说是分担投保人的损失而设，赋予投保人以保险合同解除权可以很好地维护其利益。《保险法》第 15 条规定，除本法另有规定或者保险合同另有约定外，保险合同成立后，投保人可以解除合同，保险人不得解除合同。

② 保险人的解除权。保险合同成立后，保险人应当承担保险事故发生时的赔付责任，原则上是不能解除保险合同，只有当法律规定或合同约定事由出现时，保险人才可依法行使合同解除权。

(3) 保险合同的终止

保险合同终止是指合同确定的权利义务消灭。保险合同订立后，有多种原因能使合同失效而告终止。保险合同终止可分为自然终止、合同已履行而终止、协议注销、违约失效、合同自始失效等。

8.4 保险业法律制度

8.4.1 保险公司

(1) 保险公司的组织形式

根据《保险法》和《公司法》的规定，保险公司的组织形式主要有股份有限公司和有限责任公司两种。

有关保险公司管理的规定法律法规，主要是《保险法》和 2009 年 10 月 1 日施行的《保险公司管理规定》。

(2) 保险公司的设立

① 保险公司设立条件

保险公司的设立条件，是设立保险公司必须具备的实质性要件。根据《保险法》和《保险公司管理规定》的规定，设立保险公司必须同时具备以下条件。

a. 主要股东具有持续盈利能力，信誉良好，最近三年内无重大违法违规记录，净资产

不低于人民币 2 亿元。

b. 有符合本法和《中华人民共和国公司法》规定的章程。

c. 有符合保险法规定的注册资本。

《保险法》第 69 条规定，设立保险公司，其注册资本的最低限额为人民币 2 亿元。国务院保险监督管理机构根据保险公司的业务范围、经营规模，可以调整其注册资本的最低限额，但不得低于 2 亿元的限额。保险公司的注册资本必须为实缴货币资本。

d. 有具备任职专业知识和业务工作经验的董事、监事和高级管理人员。

e. 有健全的组织机构和管理制度。

f. 有符合要求的营业场所和与经营业务有关的其他设施。

g. 法律、行政法规和国务院保险监督管理机构规定的其他条件。

② 设立程序

根据《保险法》的规定，设立保险要经过初审申请、筹建正式申请、审批、颁发经营保险业务许可证及保险设立登记等过程。

a. 初审申请。设立保险公司，应当向保险监督管理机构提出筹建申请，国务院保险监督管理机构应当对设立保险公司的申请进行审查，自受理之日起六个月内作出批准或者不批准筹建的决定，并书面通知申请人。决定不批准的，应当书面说明理由。设立保险公司的初审申请程序，是指发起人向主管机关表达设立保险公司的意向、条件和理由，为保险监督管理机构提供初步审查依据。

b. 筹建。设立保险公司的申请经初步审查合格后，申请人应当依照《保险法》和《公司法》的规定进行保险公司的筹建，使保险公司的设立条件得以完善和成熟。申请人应当自收到批准筹建通知之日起一年内完成筹建工作；筹建期间不得从事保险经营活动。

c. 开业申请。在筹建工作完成后，符合《保险公司管理规定》规定条件的，申请人可以向保险监督管理机构提出开业申请，并按要求提交相关文件资料。

d. 审批。保险监督管理机构应当审查开业申请，进行开业验收，并自受理开业申请之日起 60 日内作出批准或者不批准开业的决定。验收合格决定批准开业的，颁发经营保险业务许可证；验收不合格决定不批准开业的，应当书面通知申请人并说明理由。

e. 颁发经营保险业务许可证。保险监督管理机构在收到保险公司的全部申请文件之后，经审查认为符合保险公司的设立条件以及国家宏观调控政策而作出批准设立保险公司的决定，同时应颁发经营保险业务许可证。经营保险业务许可证是保险主管机关颁发的允许经营保险业务的证件，它是保险公司从事保险业务的基础，是其权利能力和行为能力的表征，也是向工商行政管理机关申请登记时必备文件之一，保险业务许可证应载明被许可设立的保险公司的名称和住所，保险业务的范围等。

f. 保险公司的设立登记。经公司登记机关核准设立登记后，公司登记机关即颁发《企业法人营业执照》。《企业法人营业执照》是保险公司取得企业法人资格和合法经营的凭证。企业法人营业执照分正本和副本，正本和副本具有同等的法律效力。

保险公司及其分支机构自取得经营保险业务许可证之日起 6 个月内，无正当理由未向工商行政管理机关办理登记的，其保险业务经营许可证失效。

(3) 保险公司的业务范围

保险公司的业务范围是指法律和章程所规定的，保险公司从事经营活动的领域。保险公司的业务范围主要包括财产保险业务、人身保险业务以及国务院保险监督管理机构批准的与保险有关的其他业务。

① 财产保险业务。财产保险业务主要包括财产损失保险、责任保险、信用保险和保证

保险等保险业务。

② 人身保险业务。人身保险业务主要包括人寿保险、健康保险、意外伤害保险等保险业务。

③ 其他业务。如从事企业补充保险受托管理业务，参与失地农民养老保险、新型农村合作医疗改革试点工作等。

8.4.2 保险业经营规则

(1) 禁止兼营

禁止兼营，是指同一保险人不得同时经营财产保险业务和人身保险业务。根据《保险法》规定，保险人不得兼营人身保险业务和财产保险业务。但是，经营财产保险业务的保险公司经国务院保险监督管理机构批准，可以经营短期健康保险业务和意外伤害保险业务。

(2) 禁止兼业

禁止兼业是指保险公司不得经营保险业以外的其他业务和非保险业者不得经营任何保险业务。禁止兼业的目的主要在于，避免保险公司分散精力，以便保险监督机构的监督管理。

保险公司应当在国务院保险监督管理机构依法批准的业务范围内从事保险经营活动。

8.4.3 保险业的监管

(1) 保险业的监督管理部门

保险业的监督管理部门是指对注册经营保险业务的机构及保险市场进行监管的部门。

我国保险业经历了一个曲折发展的过程。1949 年 10 月新中国成立后，中国人民保险公司成立，受中国人民银行领导。从 20 世纪 50 年代后半期起，我国保险业进入长时间的低谷状态，对保险业的监管也就停滞不前。1979 年 4 月，国务院批准逐步恢复国内保险业务，保险业仍由中国人民银行监督管理。1985 年 3 月 3 日，国务院颁布的《保险企业管理暂行条例》规定："国家保险管理机关是中国人民银行"。之后，中国人民银行逐步建立和加强了监管保险业的内设机构。1995 年 7 月，中国人民银行成立保险司，专司对中资保险公司的监管。同时，中国人民银行加强了系统保险监管机构建设，要求在省级分行设立保险科，省以下分支行配备专职保险监管人员。随着银行业、证券业、保险业分业经营的发展，为了更好地对保险业进行监督管理，国务院于 1998 年 11 月 18 日，批准设立中国保险业监督管理委员会（以下简称保监会），专司全国商业保险市场的监管职能。

(2) 保险业日常监管的主要内容

中国保险监督管理委员会及其派出机构对保险公司及其分支机构的经营活动依法分级对口进行日常和年度检查。中国保监会对保险公司的检查采取现场检查与非现场检查相结合的方式。检查通常包括下列全部或部分事项。

① 机构设立或变更事项的审批或报备手续是否完备。

② 申报材料的内容与实际情况是否相符。

③ 资本金、各项准备金是否真实、充足。

④ 偿付能力是否符合要求；资金运用是否合法。

⑤ 业务经营和财务情况是否良好，报表是否齐全、真实。

⑥ 是否超范围或跨区域违规开办业务。

⑦ 是否按规定对使用的保险条款和保险费率报请审批或备案。

⑧ 机构负责人的任用或变更手续是否完备。

⑨ 需要事后报告的事项是否及时报告。

⑩ 保监会认为需要检查的其他事项。

保监会工作人员检查工作时，应当出示有关证件；保监会委托会计师事务所、审计师事务所等社会中介机构代其检查时，应当采用书面委托的形式。对于保监会的现场检查，保险公司应当予以配合，并按要求提供有关文件、材料。

(3) 保险监督管理机构对保险公司的整顿和接管

① 整顿。整顿是指保监会为纠正保险公司违法经营行为而采取的监督指导经营的强制措施。

a. 整顿的适用对象是保险公司未按照保险法的规定提取或结转各项准备金，或者未按照保险法的规定办理再保险，或者严重违反保险法关于保险资金运用的规定，经政府保险监管机构责令限期改正而在期限内未予改正的保险公司。

b. 整顿的目的是纠正保险公司违法经营行为，使其恢复正常经营。

c. 整顿的程序。具体程序如下。

第一，组成整顿组织。保险公司符合整顿条件的，保险监管机构应作出整顿决定，并选派保险专业人员和指定该保险公司的有关人员，组成整顿组织，对该保险公司进行整顿。整顿组织的职权是在整顿过程中监督被整顿的保险公司的日常业务以及该保险公司的负责人及有关管理人员行使职权的情况。

第二，发布整顿决定。保险监管机构的整顿决定应当载明被整顿保险公司的名称、整顿理由、整顿组织和整顿期限，并予以公告。

第三，实施整顿措施。在整顿过程中，保险公司的原有业务继续进行，但要接受整顿组织的监督。保险监管机构有权根据需要停止开展新的业务或者停止部分业务，调整资金运用。

第四，整顿结束。被整顿的保险公司经整顿已纠正其违法行为，恢复正常经营状况的，由整顿组织提出报告，经保险监管机构批准，整顿结束。

② 接管。接管是指保监会对违反保险法规定，损害社会公共利益，可能严重危及保险公司偿付能力的保险公司采取的强制改组，接替经营管理的强制措施。接管与整顿相比，是一种更为严厉的监管方式。

a. 接管的适用对象：偿付能力严重不足的保险公司；违反《保险法》规定，损害社会公共利益，可能严重危及或者已经严重危及公司的偿付能力的保险公司。

b. 接管的目的是对被接管的保险公司采取必要措施，恢复保险公司的正常经营，以保护被保险人的利益和社会公共利益。

c. 接管的程序。接管的程序如下。

第一，组成接管组织。其组成由保监会决定。

第二，公告接管决定。保险监管机构的接管决定一般应当载明被接管保险公司的名称、接管理由、接管组织、接管措施和接管期限等内容，并予以公告。

第三，实施接管措施。接管措施由保险监管机构根据实际形势决定。一般是由接管组织代行保险公司的经营管理权，但被接管的保险公司的法人资格和保险业务经营资格不发生变化，其债权债务关系也不因接管而发生变化。

第四，接管终止。接管终止有两种情况：其一，接管期限届满，被接管的保险公司已恢复正常经营能力的，由保险监管机构决定，可以接管终止。如果接管期限届满，保险公司未能恢复正常的经营能力，经保险监管机构决定，可以延期，但接管期限最长不得超过 2 年。其二，接管组织认为被接管的保险公司的财产已不足以清偿所负债务的，经保险监管机构批准，依法向人民法院申请对保险公司进行重整或破产清算。

本章小结

保险，是指投保人根据合同约定，向保险人支付保险费，保险人对于合同约定的可能发生的事故因其发生所造成的财产损失承担赔偿保险金责任，或者当被保险人死亡、伤残、疾病或者达到合同约定的年龄、期限时承担给付保险金责任的商业保险行为。

保险法是调整保险关系的法律规范的总和。

保险利益，也叫可保利益，是指投保人或被保险人对保险标的具有的法律上承认的利益。

最大诚信是指当事人真诚地向对方充分而准确的告知有关保险的所有重要事实，不允许存在任何虚伪、欺瞒、隐瞒行为。

保险合同是投保人与保险人约定保险权利义务关系的协议。

保险公司的业务范围主要包括财产保险业务、人身保险业务以及国务院保险监督管理机构批准的与保险有关的其他业务。

【思考题】

1. 保险的特征有哪些？
2. 保险法律关系的主体有哪些？
3. 投保人的义务有哪些？
4. 保险人的义务有哪些？
5. 简述保险公司的业务范围。

【课堂讨论题】

2007年，全国有多家保险代理机构、公估机构停止经营保险中介业务，退出保险市场。根据保监会相关法律法规，保监会依法对这些机构办理了许可证注销手续。结合保险业监管现状，请谈一谈国内保险辅助公司为何出现不久就退市呢？

【案例分析】

1998年6月4日，甲纺织厂与平安保险公司签订了企业财产保险合同。保险金额为人民币100万元，保险期为1年，即自1998年6月5日零时起至1999年6月4日24时止。1998年8月9日，甲纺织厂失火，厂方领导积极组织进行扑救，但是由于火势太大，扑救工作困难，共花去人民币10万元；且全厂财产全部被烧毁。事故发生后，甲纺织厂立即向保险公司报了案，保险公司委托有关部门对保险事故进行调查。调查结论为：火灾系由于天气太热，纺织厂仓库底部货物突然自燃所引起，企业财产事故发生前价值人民币90万元。此次调查共花去费用人民币5万元。

请问：① 扑救火灾的费用应由谁负责？为什么？

② 有关部门的调查费用应由谁负责？为什么？

③ 保险公司共应向纺织厂支付赔款多少？为什么？

[分析提示]

①扑救火灾的费用应由保险公司承担。因为《保险法》第四十二条规定，保险事故发生时，被保险人有责任尽力采取必要的措施，防止或者减少损失。保险事故发生后，被保险人为防止或者减少保险标的的损失所支出的必要的、合理的费用，由保险人承担；保险人所承

担的数额在保险标的的损失赔偿金额以外另行计算，最高不超过保险金额的数额。纺织厂在事故发生后所采取的措施是适当的，所支出的费用是必要和合理的，而且没有超过保险金额，故应当由保险公司承担。

② 有关部门的调查费用也应当由保险公司承担。因为《保险法》第四十九条规定，保险人、被保险人为查明和确定保险事故的性质、原因和保险标的的损失程度所支付的必要、合理的费用，由保险人承担。

③ 保险公司应当共向纺织厂支付 105 万元。纺织厂与保险公司约定的保险金额为 100 万元，但保险价值仅为 90 万元，故，保险金额超过保险价值的 10 万元部分无效，保险公司不予赔偿。这样，保险公司共计应向纺织厂支付 105(＝90＋10＋5) 万元。

资料来源：中顾法律网

第9章　票　据　法

【学习目标】

理解票据的概念和特征、票据关系与票据基础关系的关系、票据责任。

掌握票据的种类、票据关系与基础关系的关系、票据行为的基本规定、票据伪造、票据变造、票据丧失的补救措施、票据权利内容及取得条件、票据抗辩的类型。

了解票据法的概念及我国的票据立法、涉外票据的法律适用、违反《中华人民共和国票据法》的法律责任。

【本章引例】

甲为支付乙的货款向其出具金额为300万元的一张银行承兑汇票。后乙将汇票背书转让给丙，并在背书栏中注明“禁止转让”。丁为乙提供担保，其在汇票上记载了“若甲出票真实，本人愿意保证”字样，并签章。丙公司再将汇票转让给戊公司。

请问：

① 戊可否向乙公司主张票据权利？为什么？

② 假设乙是限制行为能力人，丁的保证行为是否有效？为什么？

③ 如何界定丁在背书栏记载的性质？其效力如何？

④ 假设甲乙的买卖合同被认定无效，戊可否向甲行使票据权利？

⑤ 假设甲乙的买卖合同被认定无效，乙可否向甲行使票据权利？

【引例分析】

① 戊不可以向乙公司主张票据权利，因为乙背书时注明了“禁止转让”。根据《票据法》第二十七条之规定，出票人在汇票上记载“不得转让”字样的，汇票不得转让。如果转让后不得向背书人主张票据权利。

② 丁的保证行为有效。根据《票据法》第六条，无民事行为能力人或者限制民事行为能力人在票据上签章的，其签章无效，但是不影响其他签章的效力。

③ 丁在背书栏记载的性质为所附条件的保证行为。其保证行为有效仍须承担连带责任，所附条件无效。根据《票据法》第四十八条，保证不得附有条件；附有条件的，不影响对汇票的保证责任。

④ 可以。因为票据行为具有独立性。依据为《票据法》第十三条，票据债务人不得以自己与出票人或者与持票人的前手之间的抗辩事由，对抗持票人。

⑤ 假设甲乙的买卖合同被认定无效，乙不可以向甲行使票据权利，因为二者之间具有直接的债权、债务关系，基础法律关系无效票据债务人是可以此进行抗辩的。依据《票据法》第十三条第二款，票据债务人可以对不履行约定义务的与自己有直接债权债务关系的持票人，进行抗辩。

资料来源：http://zhidao.baidu.com/question/360919968.html

9.1　票据与票据法概述

9.1.1　票据概述

阅读资料 9-1

据《新唐书·食货志》记载，中国最早的票据诞生在唐代（公元806～820年）左右，源于携带金属货币不方便也不安全，后来产生了异地汇兑业务——“飞钱”，亦称“便换”。北宋时期出现了“钱引”，南宋时期出现了“会子”和“交引”，明代有了“会票”，后来随着钱庄、银号、票号的出现，以汇票、汇兑为中心的民间信用票据化得到初步的发展。汇票、支票、本票通称为金融票据，它是经济发展中信用货币的一种。票据对于促进商业信用的发展，简化结算手续，加速资金周转，提高社会资金使用效益，有着积极重要的作用。

资料来源：http：//zhidao. baidu. com/question/180519140. html

(1) 票据的概念与特征

“票据”一词，有广义、狭义之分。广义的票据，泛指所有商业上的凭证，如股票、债券、发票、提单、仓单、保单等；狭义的票据，仅指出票人依据票据法签发的、由本人或委托他人在见票时或者在票载日期无条件支付确定金额给持票人的有价证券。票据法所称的票据是指狭义的票据。根据我国票据法的规定，票据是指汇票、本票和支票。

票据作为有价证券的一种，与其他有价证券相比，具有如下法律特征。

① 票据是设权证券。设权证券是指持票据者凭票据上所记载的权利内容，来证明其票据权利以取得财产。票据作成前，票据权利不存在，票据权利是依票据的作成同时发生的。票据权利随票据的转移而转让。没有票据，就没有票据上的权利。票据的作用在于创设一定的权利。因此，票据为设权证券。

② 票据是流通证券。票据具有流通性，票据在到期前，可以通过背书和交付转让，并可以在市场上自由流通。

③ 票据是要式和文义证券。票据必须根据法律规定方式作成才能有效。票据上必须载明名称、金额、收付款银行、支付日期等，否则票据无效。票据行为还必须按一定的程序进行，并办理必要的手续。

④ 票据是无因证券。票据根据一定的信用行为等原因而产生，它的设立是有因的。但是，票据的流通是不问其产生的原因的，它在流转过程中只要具备要式，票据权利人行使权力时无须证明其取得票据的原因，票据债务人无条件支付即可。票据上的法律关系只是单纯的金钱支付关系，至于票据设立的原因及其有否瑕疵，对票据上的法律关系没有任何影响。因此，票据一经转让，持票人可不问前手当事人之间有无契约纠纷，即有权要求付款人按期无条件付款。

⑤ 票据是债权证券。根据证券上的权利所表示的法律性质的不同，证券分为物权证券、债权证券和股权证券三种。物权证券是证明物权的，如提单、仓单等；股权证券是证明股东权利的，如股票；债权证券是证明债权的，票据权利人对票据义务人行使付款请求权和追索权。

另外，票据还是占有证券、提示证券、金钱证券、返还证券。

(2) 票据的功能

① 支付功能。票据可以通过背书作多次转让，是市场上一种流通的支付工具。票据作为支付工具，可以减少现金的使用。以票据作为支付工具，代替现金支付，可以达到迅速、准确、安全的目的。

② 信用功能。票据是建立在信用基础上的支付凭证，由于票据法规定了对票据债务人抗辩的种种限制和对票据债权人的严密保护，票据成为一种可靠的信用工具，在商品交易中被广泛地运用。

③ 汇兑功能。在商事活动中，商人之间的结算主要是凭借票据的汇兑功能，以解决异地之间现金支付在空间上的障碍，用以了结相互之间的债权债务。

④ 融资功能。票据的融资作用主要通过票据贴现来实现。票据贴现是以未到期票据向

银行售换现金。银行按市场利率，先行扣取现日至到期日的利息，尔后以票面金额付给持票人。银行以贴现方式收下票据，可再向中央银行或其他银行贴现以取得资金，称为“再贴现”。票据贴现，解决了资金流转的困难，使票据持有人的资金从票据的形式转变为现金形式，从而加速资金周转，促进经济的发展。

9.1.2 票据法概述

票据法也有广义、狭义之分。广义的票据法，是指一切有关票据的法律规范的总称。除包括狭义的票据法外，还包括民法、刑法、民事诉讼法、破产法、银行法以及其他法律法规中有关票据的具体规定。狭义的票据法，是指专门调整票据关系的法律，它是规定票据的种类、形式和内容，明确票据当事人之间的权利义务，调整因票据而发生的各种社会关系的法律规范。

20 世纪 80 年代票据的使用开始在我国有了较大的发展。1988 年 12 月中国人民银行颁布了《银行结算办法》，规定全面推行银行汇票、商业汇票、银行本票、支票，并规定了个体工商户和个人可以使用支票。1993 年 5 月中国人民银行发布了《商业汇票办法》，从而使我国的票据立法渐入正轨。1995 年 5 月 10 日第八届全国人大常委会第十三次会议正式通过《中华人民共和国票据法》（以下简称《票据法》），于 1996 年 1 月 1 日起施行（2004 年 8 月 28 日修正）。另外，中国人民银行还组织制订了《票据管理实施办法》和《支付结算办法》等有关票据方面的实施办法及配套规定。

9.1.3 票据的种类

根据我国《票据法》规定，票据包括汇票、本票、支票三种。

（1）汇票

汇票是出票人签发的，委托付款人在见票时或指定的到期日，向持有票据的人无条件支付确定金额的票据。汇票在出票时有三个当事人：出票人，即签发汇票的人；收款人，即持汇票向付款人请求付款的人；付款人，即受出票人的委托向受款人付款的人。

按出票人不同，汇票可分成银行汇票和商业汇票。银行汇票，出票人是银行，付款人也是银行。商业汇票，出票人是企业或个人，付款人可以是企业、个人或银行。按付款人的不同，商业汇票又可分为银行承兑的商业汇票和商业承兑的商业汇票。

按付款日期不同，汇票可分为即期汇票和远期汇票。即期汇票就是见票即付的汇票。远期汇票是指约定付款日期，持票人只能在约定的付款日期才能提示付款的汇票，它分为见票即付、见票后定期付款、出票后定期付款、定日付款。

（2）本票

本票是出票人签发的，承诺自己在见票时无条件支付确定的金额给收款人或者持票人的票据。本票是自付证券，本票出票时当事人只有出票人和收款人，出票人即为付款人，因此，本票无须承兑，出票人始终是主债务人。

按出票人的不同，本票可分为银行本票和商业本票。银行或其他金融机构为出票人签发的本票，为银行本票。银行或其他金融机构以外的法人或自然人为出票人签发的本票，为商业本票。

我国票据法只规定了银行本票，且银行本票限于见票即付。

（3）支票

① 支票的概念和分类。支票是出票人签发的，委托办理支票存款业务的银行或其他金融机构在见票时，无条件支付确定的金额给收款人或持票人的票据。

支票的付款人是特定的金融机构。在我国，支票的付款人只能是办理支票存款业务的银行或者其他金融机构，别的单位和个人不能是支票的付款人。并且只有在银行开立支票存款账户、具有可靠资金保证的法人才可签发和使用支票。

支票按照支付票款的方式可以分为普通支票、现金支票和转账支票。普通支票既可以转账，也可以用于支取现金。用于转账的，可在普通支票左上角加划两条平行线，亦称划线支票；未划线的普通支票，可用于支取现金。现金支票专门用于支取现金。这种支票在印制时，已在支票的上端印明了现金字样。转账支票专门用于转账，不得用于支取现金，这种支票在印制时，在支票的上端已印明转账字样。

② 禁止签发的支票

a. 空头支票。我国《票据法》规定，禁止签发空头支票。出票人的支票金额超过其付款时在付款人处实有的存款金额的，为空头支票。支票的金额，收款人名称可以由出票人授权被记。未被记前，不得背书转让和提示付款。签发空头支票或印章与预留印鉴不符的支票，按票面金额对其处以5%，但不低于1000元以上的罚款；同时处以2%的赔偿金，赔偿收款人。

b. 与预留签章不符的支票。支票的出票人不得签发与其预留本名的签名式样或者印签不符的支票。

9.2 票据法律关系

参考案例 9-1

甲、乙签订了买卖合同，甲以乙为收款人开出一张票面金额为5万元的银行承兑汇票，作为预付款交付于乙，乙接受汇票后将其背书转让给丙。后当事人因不可抗力解除该合同。下列关于甲的权利主张的表述中，符合票据法规定的是（　　）。

A. 甲有权要求乙返还汇票

B. 甲有权要求丙返还汇票

C. 甲有权请求付款银行停止支付

D. 甲有权要求乙返还5万元预付款

[参考案例 9-1] 分析

选择D。本题考核票据基础关系与票据关系。票据关系一经形成，就与基础关系相分离，基础关系是否存在、是否有效对票据关系都不起影响作用。这就是说，如果票据当事人违反《票据法》的上述规定而签发、取得和转让了没有真实的交易关系和债权债务关系的票据，该票据只要符合法定的形式要件。票据关系就是有效的，该票据关系的债务人就必须依票据上的记载事项对票据债权人承担票据责任，而不得以该票据没有真实的交易和债权债务关系为由而进行抗辩。本题中，甲是不能对抗丙的，但是可以要求乙返还与票据金额相当的预付款。

资料来源：2008年注册会计师考试《经济法》试题

9.2.1 票据法律关系的概念与构成

（1）票据法律关系的概念

票据法律关系是指票据当事人之间在票据的签发和转让等过程中发生的权利义务关系。票据法律关系可分为票据关系和票据法上的非票据关系。票据关系是指当事人之间基于票据行为而发生的债权债务关系。票据法上的非票据关系则是指由票据法所规定的，不是基于票据行为直接发生的法律关系。

(2) 票据法律关系的构成

票据法律关系同其他法律关系一样，也有主体、客体、内容三方面的构成要素。

① 票据法律关系的主体。票据法律关系的主体即是指票据法律关系的当事人——债权人和债务人。包括：出票人（亦称发票人）、持票人、承兑人、付款人、受款人、背书人、被背书人、保证人、参加付款人、预备付款人等。这些人可以是自然人、法人，也可以是非法人组织，还可以是国家。

② 票据法律关系的内容。票据法律关系的内容是指参加票据法律关系的主体依法所享有的权利和承担的义务，即票据权利和票据义务。票据权利是票据权利人依法为实现票据债权而为一定行为或要求他人为一定行为的可能性，即付款请求权。票据义务又称票据责任，是票据义务人依法为或不为一定行为的必要性，如付款人的付款、承兑人的承兑、保证人的担保等。

③ 票据法律关系的客体。票据法律关系的客体是指票据法律关系的权利和义务所共同指向的对象。亦称为标的。由于票据法律关系是因支付或清偿一定的金钱而发生的法律关系，所以，其客体只能是一定数额的货币。

9.2.2 票据的基础关系

根据产生的法律基础不同，非票据关系又分为票据法上的非票据关系与民法上的非票据关系。民法上的非票据关系是指票据的基础关系，可分为三种，即票据原因关系、票据预约关系和票据资金关系。

(1) 票据原因关系

票据原因关系指当事人之间基于票据授受原因而发生的法律关系。如因买卖、赠与、借贷等而授受票据，其买卖、赠与、借贷等行为即为票据的原因关系。原因关系可以是有对价的，也可以是无对价的，如买卖、借贷是有对价的，赠予便是无对价的。

票据关系的成立虽是基于一定的原因，但是票据一经成立，就与原因关系相脱离。换言之，原因关系的成立与否，都不影响票据权利的行使，票据权利人在行使权利时，也不必证明有票据原因。

(2) 票据预约关系

票据预约关系是指票据行为人与其相对人之间就票据行为，尤其是就票据的签发或者转让所达成的一定的合意。票据预约关系实际是联系票据原因与票据行为的桥梁。票据预约关系是票据行为的基础，但票据上的权利义务关系并非由于票据预约产生，而是基于票据行为产生。因此，票据预约关系是否成立或是否应遵守，对票据法律关系不产生影响。

(3) 票据资金关系

票据资金关系指汇票或支票的付款人与出票人或其他资金义务人之间所建立的委托付款法律关系。汇票和支票都是委托证券，须委托他人付款。作为付款人，本无替出票人向持票人付款的义务，之所以付款，原因在于他与出票人之间存在一定的资金关系。本票为自付证券，不存在委托他人付款的问题，因而无资金关系可言。票据资金关系不以金钱为限，债权或信用亦可。

9.3 票据行为

参考案例 9-2

2001 年 7 月间，某工商银行 A 市分行某办事处（相当于县级支行）办公室主任李某与其妻弟密谋后，利用工作上的便利，盗用该银行已于 1 年前公告作废的旧业务印鉴和银行现行票据格式凭证，签署了金额为人民币 100 万元的银行承兑汇票一张，出票人和付款人及承兑人记载为该办事处，汇票到期日为同年 12 月底，收款人为某省建筑公司，该建筑公司系李某妻弟所承包经营的企业。李某将签署的汇票交给了该公司后，该公司请求某外贸公司在票据上签署了保证，之后持票向某城市合作银行申请贴现。该合作银行扣除利息和手续费后，把贴现款 96 万元支付给了该建筑公司。汇票到期，城市合作银行向 A 市分行某办事处提示付款遭拒绝。

请问：

① 本案中有哪些票据行为？其效力如何？为什么？

② 某市合作银行是否享有票据权利？如有，应如何行使？如没有，该如何处理？

③ 如果李某用已经作废的旧票据格式凭证（无出票人一 栏）签署银行承兑汇票，在其他情节相同的情况下，对某市合作银行有何影响？

［参考案例 9-2］分析

① 本案中的票据行为有：李某伪造签章进行的出票和承兑行为。相对于 A 市分行某办事处的现行有效公章而言，李某使用的作废的公章应定为假公章。因此，出票和承兑行为属伪造，行为本身无效；某外贸公司的票据保证行为，该行为有效；建筑公司的贴现行为（背书转让），该行为有效。虽然该公司（代表人）恶意取得票据，不得享有票据权利，但其背书签章真实，符合形式要件，且有行为能力，故有效。

② 合作银行不知情，且给付了相当对价，为善意持票人，故享有票据权利，可以向保证人或背书人行使追索权。

③ 该汇票将因形式要件欠缺而整个无效，连保证人亦因此不承担票据责任。合作银行不享有票据权利，只能依据普通民事关系进行追偿。

资料来源：易贤网

9.3.1 票据行为的概念与特征

（1）票据行为的概念

票据行为有狭义与广义之分。狭义的票据行为仅指承担票据债务的要式法律行为，包括出票（出票）、背书、承兑、保证、参加承兑、保兑等六种。根据我国《票据法》的规定，在我国票据行为仅包括出票、背书、承兑、保证、付款。广义的票据行为是指以发生、变更或消灭票据关系为目的而为的法律行为，除包括以上各种狭义的票据行为外，还包括付款（在我国为狭义的票据行为）、参加付款、见票、划线、涂销等。本书所指的票据行为仅为狭义的票据行为。

（2）票据行为的特征

① 要式性。票据行为的要式性，是指票据行为均具有法律规定的行为方式与效力，不允许行为人任意选择或变更。票据行为要式性的目的在于使票据的款式明确统一，易于当事

人辨别票据上的权利与义务，从而促进票据的流通。

② 无因性。票据行为的无因性，是指票据行为具备法定形式有效成立后，即与其基础关系相分离，即使基础关系存在瑕疵或无效，对票据行为的效力均不产生影响。

③ 文义性。票据行为的文义性，是指票据行为的内容及效力范围，由票据上所记载的文义构成并加以确定，即使票据记载与实际情况不符甚至出现错误，也不允许当事人以票据外的证明方法来变更或补充。

④ 独立性。票据行为的独立性，又称票据行为独立原则，是指同一票据上如有数个票据行为时，各票据行为均依其票据上所载文义，分别独立发生效力，其中一个行为无效，不影响其他行为的效力。

9.3.2 票据行为的要件

票据行为作为一种法律行为，必须具备一般法律行为应具备的要件，即票据行为的实质要件。同时票据行为作为要式的法律行为还必须具备票据法所规定的特别要件，即票据行为的形式要件。

(1) 实质要件

① 行为人须具有票据能力。票据能力是指票据行为人的票据权利能力和票据行为能力。我国《票据法》对票据权利能力并没有任何明确的限制性规定。只要具备民事主体资格，无论是自然人、法人还是其他团体或组织，都具有票据权利能力。我国《票据法》第六条规定："无民事行为能力人或者限制民事行为能力人在票据上签章的，其签章无效。"

② 行为人的意思表示须合法、真实。票据行为人的意思表示原则上也必须符合票据法律规定，即合法、真实或无瑕疵。以欺诈、偷盗或者胁迫等手段取得票据的，或者明知有前述情形，出于恶意取得票据的，不得享有票据权利。

(2) 形式要件

票据行为的形式要件，有书面、票据签章、记载和交付四项。

① 书面。票据行为必须以书面形式和法定格式作成才能发生效力。票据凭证的格式和印刷管理办法由中国人民银行规定。票据当事人应当使用中国人民银行规定的统一格式的票据，未使用按中国人民银行统一规定印制的票据，票据无效。

② 票据签章。票据签章是各种票据行为的共同要件。任何一种票据行为都必须由行为人在票据上签章方为有效。签章是指签名、盖章以及签名加盖章。法人或其他单位使用票据时，签章为该法人或该单位的盖章加其法定代表人或其授权之人签章。另外，票据上的签名，须为当事人本名、真名。

③ 记载。票据记载是票据行为有效成立的首要条件，票据法对各种票据行为的票据记载均有明确具体规定。票据记载的具体内容称为票据的记载事项，每一记载事项则称为票据的记载文句。票据行为不同，票据记载事项亦不相同，相应记载文句也就不同。票据记载事项，依其效力不同，可分为必要记载事项、任意记载事项、不得记载事项三种。

a. 必要记载事项。必要记载事项又可分为绝对必要记载事项和相对必要记载事项两类。

绝对必要记载事项指票据法规定的行为人为票据行为时必须在票据上进行记载，如不记载则票据因此无效的记载事项。例如，根据我国《票据法》的规定，汇票出票时的绝对必要记载事项包括：表明"汇票"的字样；无条件支付的委托；确定的金额；付款人名称；收款人名称；出票日期；出票人签章。本票出票时的绝对必要记载事项包括：表明"本票"的字样；无条件支付的承诺；确定的金额；收款人名称；出票日期。支票出票时的绝对必要记载事项包括：表明"支票"的字样；无条件支付的委托；确定的金额；付款人名称；出票日期。

相对必要记载事项指票据法规定的行为人为票据行为时应在票据上记载，如未记载则依票据法的规定执行，票据并不因此无效的记载事项。如根据我国《票据法》第二十三条的规定，汇票应记载付款日期、付款地和出票地，如未记载付款日期，则视为见票即付；未记载付款地的，付款人的营业场所、住所或者经常居住地为付款地；未记载出票地的，出票人的营业场所、住所或者经常居住地为出票地。

b. 任意记载事项。任意记载事项，是指《票据法》规定由当事人选择记载的事项，该事项一经记载，即发生票据法上的效力。如出票人或背书人在汇票上记载“不得转让”，就属于任意记载事项，行为人不作记载，对票据效力不发生影响，一旦作了记载，就发生票据法规定的效力。

c. 不得记载事项。不得记载事项，是指《票据法》禁止行为人在票据上记载的事项，包括记载无效的事项和使票据无效的事项。

记载无效的事项是指行为人虽作记载，但票据法上视作未记载，只是此项记载本身无效，票据的效力并不因此受到影响。如支票上记载付款日期的，该记载无效。使票据无效的事项是指行为人记载了此类事项，不仅记载本身无效，而且使整个票据无效。如在汇票上记载附条件支付委托的，汇票无效。

④ 交付。票据交付是票据行为有效成立的最终要件。它是指票据行为人在依法完成票据记载和票据签章之后，以自己的意思将票据交与持票人。只有在票据交付后，票据行为才最终完成，票据上的权利义务才得以产生。因此，在票据未交付之前，如因遗失或被盗或其他非基于行为人真意的事由而使票据为第三人取得时，由于票据行为尚未完成，行为人不必承担票据责任。但是，如果第三人系善意持票人，行为人仍应负责。

9.3.3 票据行为的代理

(1) 票据行为代理的概念和要件

票据行为的代理，是指代理人在代理权限内，在票据上明示本人的名义，记明为本人代理的意思并签章，法律后果直接由被代理人承担的法律行为。其有效成立的要件如下。

① 明示本人的名义，即代理人必须有票据上表明被代理人的姓名或名称。

② 证明为本人代理的意思，即代理人代本人为票据行为时，必须在票据上表示代理的意思。

③ 代理人签名或盖章，即代理人在票据上记载自己的姓名或名称。

④ 须经本人授权。

(2) 无权代理和越权代理

① 无权代理。票据无权代理是指行为人没有被代理人的授权而以代理人名义在票据上签章的行为。《票据法》规定，没有代理权而以代理人名义在票据上签章的，应当由签章人承担票据责任。

② 越权代理。票据越权代理是指代理人超越代理权限而使被代理人增加票据责任的代理行为。《票据法》规定，代理人超越代理权限的，应当就其超越权限的部分承担票据责任。

9.3.4 票据行为的种类

(1) 出票

参考案例 9-3

甲公司向某工商银行申请一张银行承兑汇票，该银行作了必要的审查后受理了这份申请，并依法在票据上签章。甲公司得到这张票据后没有在票据上签章便将该票据直接交付给乙公司作为购货款。乙公司又将此票据背书转让给丙公司以偿债。到了票据上记载的付款日期，丙公司持票向承兑银行请求付款时，该银行以票据无效为理由拒绝付款。

请问：

① 从以上案情显示的情况看，这张汇票有效吗？

② 根据我国《票据法》关于汇票出票行为的规定，记载了哪些事项的汇票才为有效票据？

③ 银行既然在票据上依法签章，它可以拒绝付款吗？为什么？

[参考案例 9-3] 分析

① 无效。

② 根据我国《票据法》关于汇票出票行为的规定，出票人必须在票据上记载："汇票"字样；无条件支付的委托；确定的金额；付款人名称；收款人名称；出票日期；出票人签章。以上事项欠缺之一者，票据无效。

③本案中，承兑银行可以拒绝付款。因为根据票据行为的一般原理，出票行为属于基本的票据行为，承兑行为属于附属的票据行为。如果基本的票据行为无效，附属的票据行为也随之无效。

资料来源：全国高等教育自学考试《票据法》试题

① 出票的概念。出票，又称发票，是指行为人作成票据并将其交给收款人的行为。出票行为的行为人称为出票人，接受票据的人称为收款人，收款人实际上就是票据的第一持票人。出票行为是创设票据权利的行为，即基本票据行为。没有出票价行为，也就没有背书、承兑、保证等附属票据行为。因此，任何票据都必须有出票行为，但不一定要有背书、承兑、保证等附属票据行为。

出票行为的成立，以作成基本票据、记载票据上的"应记载事项"及出票人签章、交付票据为要件，仅作成票据而不交付票据，不产生出票的效力。

② 出票的记载事项。出票时的记载事项可分为必要记载事项、任意记载事项、不得记载事项三种，且因票据的种类不同而有所区别。以下仅就出票时的绝对必要记载事项作一说明。

a. 表明票据的字样。为区分不同的票据种类，使票据债务人和权利人能够明确其因票据行为而成为票据当事人，从而确定该种票据法律关系和运用相应的票据规则，出票时的首要记载事项就是必须在票据上表明使用的是汇票，还是本票或者支票，即必须表明"汇票"、"本票"或"支票"字样。否则，票据无效。

b. 无条件支付的委托或承诺。无论是作为委托证券的汇票、支票，还是作为自付证券的本票，其支付都必须是无条件的。如出票时记载支付委托或承诺附加条件，则会导致票据无效。所谓无条件，一般是指在票据记载的支付委托或承诺项下，正当持票人待行使的请求权是完整的、自由的，不受任何约束。

c. 确定的金额。票据属货币证券，票据债权的标的只能是一定数额的货币。票据金额的记载必须具体、明确，不得使用笼统或模糊的词汇记载，也不能进行选择性、浮动性或概括性等记载。此外，根据我国《票据法》第八条和第九条的规定，票据金额以中文大写和数码同时记载，二者必须一致，二者不一致的，票据无效；票据金额、日期、收款人名称不得更改，更改的票据无效。

d. 付款人和收款人。汇票和支票通常由出票人以外的第三人充当付款人。由于付款人是票据的基本当事人之一，故我国票据法将付款人名称规定为汇票和本票的绝对必要记载事项之一。本票的付款人系出票人自己，由于出票人签章是票据的必备事项，因而付款人名称也就当然构成本票的必备事项。与付款人相同，收款人也是票据的基本当事人之一，当然也就是汇票、本票的绝对记载事项。支票上的收款人名称和支票金额一样，可由出票人授权补记，未补记前不得背书转让和提示付款。

e. 出票日期。出票日期对于确定出票人在出票时有无行为能力或有无代理权，确定出票后定期付款汇票的到期日，确定见票后定期付款汇票的提示时间等均具有重大意义。出票日期应是现实存在的日期，且其记载应完整、具体，并不得晚于实际出票日。

f. 出票人签章。出票人是通过其签章于票据之上来加以确定的。如果出票人未在票据上签章，就没有票据的原始债务人。没有票据债务人，也就没有债权人，票据便因此无效。所以，出票人签章为票据的绝对必要记载事项。

③ 出票的效力。出票的效力是指出票行为完成后，出票人、付款人和收款人应承担的义务或享有的权利。

a. 对出票人的效力。出票人签发票据后，即成为票据债务人。就汇票而言，出票人负有担保汇票承兑和付款的责任；就本票而言，出票人是第一债务人，负有绝对、最终付款责任；支票的出票人仅负有担保付款责任。

b. 对付款人的效力。汇票的付款人在承兑之前，只负有相对付款责任，承兑之后即成为承兑人，是汇票的第一债务人，负有绝对付款责任；支票的付款人，原则上只负有相对付款之责，但如果与出票人之间有资金关系，则应承担付款责任。

c. 对收款人的效力。收款人是票据债权人，依法享有付款请求权和对出票人的追索权。

(2) 背书

① 背书的概念。背书是指持票人依法定方式在票据的背面或者粘单上记载有关事项并签章，以实现转让票据权利或法律允许的其他目的的票据行为。背书的行为人称为背书人，接受其交付的人称为被背书人。

背书是票据转让的一种重要方式，既可作支付手段，也可起担保作用，它赋予了票据的流通属性。此外，由于票据行为具有连带性特点，票据上多个票据行为都负有确保票据持票人实现票据权利的责任，因而背书次数越多，背书人越多，票据的担保人也越多，票据的可信度就越高，持票人实现票据权利的保障性越强。

② 背书的分类

a. 依背书的目的不同分为转让背书与非转让背书。转让背书是指以转让票据权利为目的的背书；非转让背书是指不以转让票据权利为目的背书。非转让背书依其目的不同，又可分为设质背书和委托收款背书两种。

b. 一般转让背书与特殊转让背书。前者是指在被背书人、背书时间等方面不存在特殊情形的背书，绝大多数背书都属于此；后者是指在被背书人、背书时间等方面具有特殊性的背书。一般有回头背书、期后背书、限制背书三种。回头背书指以票据上的原债务人为被背书人的背书；期后背书指在票据被拒绝承兑、被拒绝付款或超过付款提示期限后所为的背书；限制背书是在背书中附加某些特别的记载，从而对转让的票据权利给予一定限制的背书，如在背书中记载“不得转让”。

c. 根据一般转让背书的记载方式不同，将其分为完全背书与空白背书。完全背书，又称正式背书或记名背书，是指背书人记载背书旨意、背书人的名称并签章的背书；空白背书，又称略式背书或无记名背书，是指背书人不记载被背书人的名称，仅由自己签章的背书。依据我国《票据法》的规定，被背书人名称是绝对应当记载的事项，如有欠缺，背书行为无效，因此我国不承认空白背书的效力。

③ 一般转让背书的效力

a. 权利移转效力。指票据上的一切权利经背书后，即移转于被背书人。

b. 权利担保效力。指背书人对于在其后的所有被背书人，均负有担保付款的责任。

c. 权利证明效力。指票据权利的有效移转，可以背书连续的形式予以证明，如背书形式上具有连续性，即推定持票人为合法的权利人，享有行使票据权利的资格，而无须另外举证证明。

④ 背书的连续。背书的连续，是指在票据转让中，转让票据的背书人与受让票据的被背书人在票据上的签章依此前后衔接。背书连续对持票人产生权利证明的效力，持票人无须另外举证即可行使票据权利。如背书形式上不连续而实质上连续，票据并非无效，仅背书间断后的持票人不得主张票据上的权利，若持票人能以实质连续证明背书的连续，则可行行使票据上的权利。就付款人来讲，对背书连续的票据进行付款的，为票据法上的有效支付，付款人可因此免责。

（3）承兑

① 承兑的概念。承兑是指远期汇票的付款人在票据的正面记载有关事项并签章，然后将票据交付请求承兑之人，承诺在汇票到期日支付汇票金额的票据行为。承兑是汇票上特有的制度，其意义在于确定汇票上的权利义务关系。

② 承兑的程序

a. 提示承兑。指汇票的持票人在应进行承兑的期限内，向付款人出示票据，并要求付款人承诺付款的行为。提示既是持票人行使票据权利的表现，也是其保全票据权利的手段。提示必须依法定提示期限进行，定日付款或出票后定期付款的汇票，持票人应当在汇票到期日之前向付款人提示承兑，见票后定期付款的汇票，持票人应当自出票日起 1 个月内向付款人提示承兑。

b. 承兑或拒绝承兑。承兑与否系付款人的权利，他可以承兑，也可以拒绝承兑。如付款人拒绝承兑，持票人可据此行使期前追索权；如愿意承兑，则应自收到提示承兑的汇票之日起 3 天内作出。

c. 交还汇票。付款人为承兑的意思表示一旦完结，应立即将汇票交还持票人。承兑自付款人交还汇票与持票人后即产生效力。

③ 承兑的效力

a. 对付款人的效力。付款人承兑后即变为承兑人，承兑人是票据上的第一债务人，负有绝对的付款责任。

b. 对持票人的效力。持票人所享有的汇票权利，在未承兑前，只是一种期待权。在付款人承兑后，即变成了现实权。汇票到期，持票人便可向承兑人请求付款。

c. 对出票人和背书人的效力。汇票经付款人承兑后，出票人和所有的背书人都免受期前追索。若付款人拒绝承兑，则持票人可以此行使期前追索权。

（4）保证

① 保证的概念。保证，是指票据债务人以外的第三人，以担保因票据行为所产生的债务为目的而进行的一种附属票据行为。按照我国票据法的规定，保证只适用于汇票和本票，

支票不适用保证。原因在于我国支票的付款提示期限过短。

② 票据保证的记载事项。保证人必须在票据或者粘单上记载下列事项：表明“保证”的字样；保证人名称和住所；被保证人的名称；保证日期；保证人签章。

③ 保证的效力

a. 对保证人的效力。保证人负有与被保证人相同的责任。保证人履行保证责任后，保证债务消灭，被保证人后手的票据债务也随之消灭，保证人取得持票人对被保证人及其前手的追索权。承兑人、被保证人及其前手，不得以对抗持票人的事由来对抗保证人。

b. 对持票人的效力。持票人在条件具备时，可以直接向保证人行使付款请求权或行使追索权。对被保证人及其前手、后手的效力，如果保证人清偿了持票人的追索，被保证人的后手即可免责，但对被保证人及其前手来讲，仍然负有对保证人清偿的责任。

(5) 付款

① 付款的概念。付款是指付款人向持票人支付票据金额以消灭票据法律关系的行为。从理论上讲，付款有广义与狭义之分。广义的付款是指一切票据债务人所进行的支付；狭义的付款仅指付款人及其代理人的付款行为。严格意义上的付款是指狭义的付款。

② 付款的程序。付款的程序分为提示票据、支付款项和交回票据三个步骤。

a. 提示票据。持票人向付款人出示票据，请求支付票据金额的行为。持票人提示付款应在法定付款提示期间进行。根据我国票据法的规定，汇票的提示期间为：见票即付的汇票自出票日起 1 个月内；定日付款、出票后定期付款以及见票后定期付款的汇票，自到期日起 10 日内。本票的提示付款期限为自出票日起 2 个月内。支票的提示付款期间为自出票日起 10 日内。如持票人不在提示期间为付款的提示，则丧失对其前手的追索权。

b. 支付款项。持票人在提示期间提示付款时，付款人或其代理人应当当场及时付款，不得延期。付款人付款时，对持票人是否为合法权利人负有形式审查义务。

c. 交回票据。付款人在当日足额付款后，持票人应当在票据上签收，并将票据交给付款人。交回票据是持票人获得付款后的义务，同时也是付款人的权利。只有交回票据，票据债务人的责任才能免除，票据法律关系才能消灭。

③ 付款的效力。我国《票据法》上的付款都是全部付款，部分付款为我国《票据法》所不允许。付款人依法足额付款后，全体票据债务人的责任因此解除。

9.3.5 票据伪造和变造

参考案例 9-4

王某系上海B公司职工。上海B公司在宝山区工商行开立结算户头，曾买过银行承兑汇票（全是空白汇票）。王某窃取其中一张，伪造了一张 100 万元的银行承兑汇票。该汇票以杭州A公司为收款人，以上海B公司为承兑申请人，汇票的“交易合同号码”一栏未填，在承兑银行盖章处盖有三省一市银行汇票结算章。王某将这张伪造的银行汇票转让给杭州C公司，杭州C公司背书转让给D公司。杭州D公司持这张伪造的汇票到杭州农行申请贴现，杭州农行未审查出该汇票的真伪，予以贴现人民币 96 万元。杭州农行通过同城票据结算，交换给杭州建行，杭州建行又以联行票据结算将汇票转让给上海第四支行。上海第四支行从未办理过银行承兑业务，在收到汇票后，立即向公安机关报案，汇票退给杭州农行，而农行以多种借口拒收汇票。

请问：

① 王某假冒出票人的名义进行原始的票据创设的行为称为什么？

② 伪造者王某应负什么责任？说明理由。

③ 杭州A公司和上海B公司是否承担票据责任？说明理由。

④ 杭州C公司是否承担票据责任？说明理由。

［参考案例9-4］分析

① 票据伪造。

② 王某应承担民事责任和刑事责任。不承担票据责任。由于票据伪造人在伪造票据时，并没有在票据上以自己的名义签章，故根据文义性的特点，不负票据上的责任。

③ 票据伪造是伪造人假冒被伪造人所为的票据行为，所以被伪造人不负票据责任，除非被伪造人事后对伪造人的行为进行追认。

④ 承担票据责任。凡真正签章于票据上的人，仍然应各负票据上的责任，不受伪造成签章的影响。所谓真正签章，就是对伪造的票据进行背书，承兑或保证等票据行为的人。

资料来源：找法网

(1) 票据伪造

① 票据伪造的概念。票据的伪造是指假冒他人的名义，以行使票据上的权利为目的而为票据行为的行为。包括假冒出票人的名义签发票据的行为，以及假冒他人名义而为的背书、承兑、保证等其他票据行为。

② 票据伪造的构成要件

a. 伪造行为符合票据行为的形式要件。伪造行为并不符合票据行为的实质要件，但表面上却是符合形式要件，如不具备票据行为形式要件，则不构成票据的伪造。

b. 须是假冒他人名义而进行票据行为。被伪造人可以是现实的人，也可以是虚构的人。

c. 伪造的目的是骗取金钱，即是在不承担票据责任的前提下，享有票据权利或利益。

d. 伪造的票据必须已经转手。转手是各种票据行为的形式要件之一，只有转手才能证实主观上骗取金钱的目的。

③ 票据伪造的效力

a. 对伪造人的效力。根据票据法规定的“真实签章人负票据责任”的原则，伪造人是假冒他人签章，即伪造人在票据上并无真实签章。因此，伪造人不承担票据责任。其应当承担的责任相应的民事责任、行政责任或刑事责任。

b. 对被伪造人的效力。票据是文义证券，票据当事人只依据自己在票据上的签章，对票据上记载的文义承担责任。被伪造人在票据上没有真实签章，并且没有任何可能造成表见代理的过错或因素，在任何情况下，被伪造人均不对伪造票据承担任何责任，这一点是绝对的，即使在票据背书转让后，被伪造人也可以对抗任何持票人。

c. 对在票据上真实签章人的效力。票据具有独立性和文义性。一个票据行为的有效与否，不影响另一个票据行为的成立，行为人只要在票据上签章，签章人就应对票据所记载的事项承担责任。因此，票据上有伪造、变造签章的，不影响票据上其他真实签章的效力。行为人如果在这种票据上签章了，就不能以票据上有伪造签章而不承担票据义务。不论这一伪造签章在其签章之前或之后，均不影响真正的签章人承担责任。

d. 对持票人的效力。如前所述，持票人前，如没有在票据上真实签章的人，则不能对被伪造人和伪造人行使票据权利，但可对伪造人行使民法上的请求赔偿权；如持票人的前手有在票据上真实签章的人，持票人可向其行使追索权。

e. 对付款人的效力。付款人如发现票据属伪造，有权拒绝承兑或者拒付。通常出票人与付款人预约委托支付票据金额，均在付款人处留有出票人的签名笔迹或预留印鉴，付款人付款时应辨认出票人的签章是否真实，是否与预留笔迹或印鉴相一致，付款人付款时有恶意或重大过失，则应自行承担责任。至于对伪造的背书签章，付款人或者其委托的代理付款人付款时，仅承担审查票据背书的连续性，并审查提示付款人的合法身份证明或者有效证件。对背书签章的真伪不负审查责任。

（2）票据变造

① 票据变造的概念。票据变造是指依法没有变更权限的人，在有效的票据上，变更票据上除签章以外的其他记载的事项，从而使票据上的权利义务内容发生变化的行为。

② 票据变造的构成要件

a. 票据变造的对象必须是合法有效的票据。

b. 票据变造的内容须是签章以外的记载事项。

c. 变造人须是无权变更票据内容的人。

d. 变造的目的是为实现变更后的票据权利。

③ 票据变造的效力

a. 对变造人的效力。对变造人的效力分为两种情况：其一，变造人在票据上签章了，就应对其签章时票据上的文义负责；其二，变造人没有在票据上签章，则变造人不承担票据上的责任，但可依刑法或民法追究其相应的刑事责任和民事责任。

b. 对变造前签章人的效力。票据是文义证券，票据当事人应对其签章时票据上记载事项负责，而不能对其签章以后变造票据所记载事项负责。因此，《票据法》第十四条明确规定，票据上其他记载事项被变造的，在变造之前签章的人，对原记载事项负责。

c. 对变造后签章人的效力。票据变造后的真实签章人，在其签章时，是以变造后的票据所记载事项作为自己所为的票据行为的内容，当然应承担其签章时票据所记载的事项的票据责任。

d. 对不能辨别签章在票据变造之前或者之后的人的效力。在通常情况下，签章在变造之前或之后，通过背书的日期等是可以确定的。但当不能辨别签章在票据变造之前或之后时，《票据法》第十四条规定推定签章在变造之前。

9.4 票据权利、票据责任及票据抗辩

9.4.1 票据权利

参考案例 9-5

某科研所因转让专利技术得到一张 380 万元的银行承兑汇票，离到期日还有 3 个月的时间，该科研所遂派人持该汇票到某银行办理质押贷款，但在途中遭抢劫。有人给他们出主意说，最好去申请公示催告。请问：

① 应当去哪里申请公示催告（公安机关？法院？检察院？仲裁机关？其他机关?）

② 失票人依照法律的规定向有权受理公示催告的机关提出了合乎法律要求的申请，该机关决定受理。受理后，该机关应当进行哪些事项？

③ 法定机关依法做了一定的工作后，如果有人持票来申报权利。依法申报后将会发生怎样的结果？

④ 如果在一定的期限内无人来申报权利或者申报被驳回，又将会发生怎样的结果？

［参考案例 9-5］分析

① 法院。

② 该机关应当：向付款人发出止付通知；在 3 日内发出公告。

③ 依法申报后，法院应通知失票人（即公示催告申请人）在指定期间查看票据，如果该票据与失票人丧失的一致，法院裁定终结公示催告程序；如果不一致，法院裁定驳回申报人的申报。

④失票人自申报权利期间届满的次日起 1 个月内向法院申请作除权判决，公示催告程序因此而终结；逾期不申请作除权判决的，因期限届满而终结公示催告程序。

资料来源：全国高等教育自学考试《票据法》试题

（1）票据权利的概念

票据权利是指持票人向票据债务人请求支付票据金额的权利。包括付款请求权和追索权两种。其中，付款请求权是第一次请求权，追索权是第二次请求权。持票人必须首先行使付款请求权，只有在付款请求权不能实现时，才能行使追索权。

（2）票据权利的内容

① 付款请求权。付款请求权是指票据债权人请求票据主债务人或其他付款人按照票据所载金额支付金钱的权利。付款请求权是第一次请求权。

② 追索权。追索权是指当持票人的第一次请求权不能实现，即债权人行使付款请求权而遭拒绝或者因其他法定原因而不能实现时，在保全票据权利的基础上，向除主债务人以外的前手（包括出票人、背书人、保证人）请求偿还票据金额及其损失的权利。如经持票人追索，被追索人作了清偿，那么他对另外的相对人可再行使追索权，这种权利称为再追索权。

追索权一般应在票据到期不付款时才能行使。但根据我国《票据法》规定，票据到期日前，有下列情形之一的，持票人可以行使期前追索权：汇票被拒绝承兑；承兑人或者付款人死亡、逃匿；承兑人或者付款人被依法宣告破产或者因违法被责令终止业务活动。

追索人请求的债权金额包括被拒绝付款的票据金额、票据金额自到期日或者提示付款日至清偿日止的利息以及取得有关拒绝证明和发出通知书的费用。再追索权请求的债权金额包括已清偿的全部金额、该金额自清偿日起至再追索清偿日止的利息以及发出通知书的费用。

（3）票据权利的取得与限制

① 票据权利的取得。票据权利一般可从以下三个途径取得：一是从出票人处取得；二是被背书人从背书人处取得，因为票据经背书可以转让他人，所以，只要背书连续，被背书人取得了票据，即取得了票据权利；三是依照法定方式，如因税收、继承、赠与、投资分红等原因取得。

② 票据权利取得的限制。占有票据是取得票据权利的标志，因而为了防止通过不合法手段占有票据的行为，我国《票据法》对票据权利的取得有两项限制：第一，以欺诈、偷盗或者胁迫等手段取得票据的，或者明知有前列情形，出于恶意取得票据的，或者有重大过失取得票据的，不得享有票据权利；第二，以无偿或者不以相当对价，取得票据的，不得享有优于其前手的票据权利。

（4）票据权利时效

时效是指法律所确认的某种权利取得以行使的时间范围。为了有利于票据的有序流通，票据法对票据权利的行使时间做了规定，如果持票人在法定时间内不行使票据权利，时间届满，其票据权利即告消灭。具体规定如下。

① 持票人对票据的出票人和承兑人的权利，自票据到期日起 2 年。见票即付的汇票、本票，自出票日起 2 年。

② 持票人对支票出票人的权利，自出票日起 6 个月。

③ 持票人对前手的追索权，在被拒绝承兑或者被拒绝付款之日起 6 个月。

④ 持票人对前手的再追索权，自清偿日或者被提起诉讼之日起 3 个月。

(5) 票据权利丧失与补救

① 票据丧失。票据丧失是指持票人非依本人意愿而失去对票据的占有，包括绝对丧失（如毁灭、焚毁等）与相对丧失（如遗失、被窃等）。

票据的丧失不像丧失货币那样当然丧失权利，即票据的丧失并不意味着当然丧失票据权利，但票据是完全的有价证券，票据权利人行使权利，必须以持有票据、提示票据、交回票据为必要，所以票据权利人丧失票据后，不得直接向票据债务人行使权利，还可能发生票据金额被冒领的危险。因此，为保护持票人的利益，票据法设立了各种补救措施，使得票据权利人在丧失票据后，仍有行使票据权利的机会。

② 票据丧失的补救方式

a. 挂失止付。挂失止付是失票人将丧失票据的情况通知付款人或代理付款人，并由接受通知的付款人暂停支付的临时性救济措施。《票据法》规定，未记载付款人或者无法确定付款人及其代理付款人的票据是不可作挂失止付的。已承兑的商业汇票、支票填明“现金”字样并填明代理付款银行的银行汇票、填明“现金”字样的银行本票可以挂失止付。但挂失止付是失票人在丧失票据后可以采取的一种暂时的预防措施，以防止票据被冒领或骗取。因此，失票人既可以在票据丧失后先采取挂失止付，再申请公示催告或提起诉讼；也可以直接申请公示催告，并由法院受理后发出止付通知；或直接向法院提起诉讼。

b. 公示催告。公示催告是失票人在丧失票据后，向法院提出申请，请求法院以公告的方法通知不确定的利害关系人申报权利，逾期未申报者，则权利失效，而法院通过除权判决宣告丧失的票据无效的一种制度。

c. 普通诉讼。普通诉讼是指丧失票据的失票人直接向人民法院提起民事诉讼，要求法院判令付款人向其支付票据金额的活动。这个票据丧失补救措施属一般民事诉讼范畴，所以被称为普通诉讼。其具体操作方法与一般民事诉讼是相同的。

9.4.2 票据责任

参考案例 9-6

李某以张某为收款人签发了一张金额 50 万的商业承兑汇票，付款人为陈某。后汇票被王某拾得。王某伪造张某的签章将汇票转让给方某。方某为偿还货款又将汇票背书转让给杨某，并在汇票的背书栏记载有“若杨某不按期履行交货义务，则不享有票据权利”。吴某与林某为方某提供保证，汇票上记载着吴某承担 80%的保证责任，林某承担 20%的保证责任。杨某向陈某请求承兑时，陈某在汇票上记载：“承兑。李某款到后支付。”

请问：

①王某是否应当承担票据责任?

② 张某是否要承担票据责任?

③ 王某伪造票据的行为是否会导致票据无效？为什么？

④ 如何界定方某在背书栏记载事项的性质？其效力如何？

⑤ 吴某与林某对保证责任分担的约定是否有效？本案保证责任该如何承担？

⑥ 本汇票是否已经承兑？为什么？

[参考案例 9-6] 分析

① 王某应当承担票据责任。根据《票据法》第十四条之规定，票据上其他记载事项被变造的，在变造之前签章的人，对原记载事项负责；在变造之后签章的人，对变造之后的记载事项负责，因此其应当承担责任。

② 张某无须承担票据责任，其是票据权利人。

③ 不会导致票据失效，这是因为票据行为具有独立性，根据《票据法》第十四条规定，票据上有伪造、变造的签章的，不影响票据上其他真实签章的效力，因此票据并不失效。

④ 方某背书记载的事项为背书附条件，所附条件无效。根据《票据法》第三十三条规定，背书不得附有条件。背书时附有条件的，所附条件不具有汇票上的效力。

⑤ 吴某与林某对保证责任分担的约定对方某无效，但是对吴某与林某有效。本案中的保证责任为吴某与林某对杨某承担连带责任。

⑥ 本汇票未承兑。根据《票据法》第四十三条规定，付款人承兑汇票，不得附有条件；承兑附有条件的，视为拒绝承兑。

资料来源：中律网

(1) 票据责任的概念

票据责任又称票据债务，是指票据债务人向票据权利人支付票据金额的义务。它与票据权利相对应。

(2) 票据责任的分类

票据责任人可以分为以下两类。

① 主债务人。指直接承担付款责任的票据责任人，如本票的出票人，已承兑汇票的承兑人。支票没有主债务人，因为支票的出票是以出票人在开户银行或其他金融企业有足额存款为前提的，出票人的出票是委托银行或其他金融企业从其存款余额向持票人按支票所载金额付款的行为，这一点与汇票委托他人付款、本票出票人自己付款是有区别的。支票只有在付款人拒绝付款时，出票人才成为主债务人。

② 次债务人。指对持票人付款，不首先负责的票据债务人。他所承担的是票据承兑和付款的担保责任，包括汇票的出票人、背书人、本票的背书人、支票的背书人及各类票据的保证人。次债务人通常是持票人行使追索权的对象。次债务人在持票人不获承兑或不获付款时才承担清偿票据金额及其他必要费用的责任。

9.4.3 票据抗辩

参考案例 9-7

A 公司开出一张收款人为 B 公司，付款人为 C 银行的银行承兑汇票，B 公司因与 D 厂发生了货物买卖关系而将该银行承兑汇票背书转让给了 D 厂，D 厂又将其背书转让给了 E 公司。E 公司在票据到期日请求 C 银行付款时遭拒绝。为此，E 公司要求 B 公司承担票据责任。B 公司认为，D 厂所供货物有明显的质量瑕疵，故拒绝付款。

请问：

① 假定上述若干次背书均为有效背书，E 公司要求 B 公司承担票据责任的请求是否合

法？为什么？

② 假定E公司是善意取得票据，那么B公司的抗辩是否合法？为什么？

③ 恶意取得票据有哪几种情形？

④ 什么是票据抗辩？

[参考案例9-7] 分析

① 合法。因为持票人的前手对持票人负有票据责任。

② B厂的抗辩不合法。根据我国《票据法》的规定，票据债务人不得以自己与出票人或者与持票人前手之间的抗辩事由对抗持票人。

③ 以欺诈、偷盗或者胁迫等手段取得票据的，或者明知有前列情形，出于恶意取得票据的。

④ 票据抗辩是指票据债务人根据票据法的规定对票据债权人拒绝履行义务的行为。

资料来源：易贤网

(1) 票据抗辩的概念

票据抗辩，是指票据债务人对票据债权人的请求，提出相应的事实或理由予以对抗，并以此拒绝履行票据债务的行为。其中，票据债务人所提出的合法事实或理由，称为抗辩事由；票据债务人依法所享有的对抗持票人而拒绝履行票据债务的权利，称为票据抗辩权。

(2) 票据抗辩的种类

① 物的抗辩。物的抗辩，又称客观的抗辩或绝对的抗辩，是指一切票据债务人或特定的票据债务人可以对抗任何票据债权人的抗辩。该种抗辩主要是基于票据本身无效、票据行为本身具有某些缺陷或者依票据性质当然发生的事项而产生。

物的抗辩，根据行使抗辩权的主体范围不同，可分为下列两种。

a. 一切票据债务人可以对抗一切持票人的抗辩。这类抗辩主要包括：因票据不符合法定的形式要件而无效所主张的抗辩，包括因出票欠缺票据必要记载事项或记载了不得记载的事项而使票据无效的抗辩，如欠缺确定的金额、无条件支付的委托文句、出票人签章等记载，均可导致票据无效；因更改了不可更改的事项而使票据无效的抗辩。我国《票据法》规定，票据金额、日期、收款人名称不得更改，更改的票据无效。以票据权利无法行使所主张的抗辩。包括不依票据文义而提出请求的抗辩，如票据所记载的到期日未至所生的抗辩、持票人请求付款地点与票据上记载的付款地或者票据法规定的付款地不符的抗辩等；票据债权已消灭或失效的抗辩，如票据债权因付款而消灭的抗辩、票据金额因提存而导致票据权利消灭的抗辩、票据已经法院除权判决而丧失效力的抗辩、票据时效经过致使票据权利消灭的抗辩等。

b. 特定票据债务人可以对抗一切持票人的抗辩。这类抗辩主要包括：票据上记载的债务人是欠缺民事行为能力的人；票据上记载的债务人是被他人无权代理的或越权代理的；票据上记载的债务人是被伪造人；票据上发生变造，票据上记载的债务人是在变造前签的章；票据上记载的债务人因持票人权利时效经过或持票人欠缺权利保全手续而解除了票据责任；票据上记载的债务人是被法院宣告破产或被行政主管部门责令中止业务活动的人。

② 人的抗辩。人的抗辩，又称相对抗辩或主观抗辩，是指一切票据债务人或特定票据债务人可以对抗特定债权人的抗辩。人的抗辩只能对抗特定的持票人，如果持票人有所变更，则此种抗辩就会受到影响。换言之，在人的抗辩中，票据债务人对抗某一个持票人的抗辩事由不能同时用来对抗其他持票人。这是因为此种抗辩系基于当事人间的特别关系而产生或者基于债权人方面的原因而产生。

人的抗辩可分为下列两种。

a. 一切票据债务人可以对抗特定票据债权人的抗辩。此种抗辩主要有：以欺诈、胁迫、偷盗等方式恶意取得票据的抗辩；持票人欠缺或丧失受领票据金额能力的抗辩，如持票人被宣告破产、票据债权被法院扣押禁止付款等；持票人欠缺形式上受领票据金额的资格的抗辩，如背书不连续所产生的抗辩。

b. 特定的票据债务人可以对抗特定持票人的抗辩。此种抗辩发生在特定的票据债权人和债务人之间，主要是基于直接当事人之间的原因关系。其主要表现有：基于原因关系的抗辩，在直接当事人之间，票据债务人可以原因关系非法、不存在或无效，来对抗票据债权人的付款请求。欠缺对价的抗辩，我国《票据法》第十条第二款规定，票据的取得，必须给付对价，即应当给付票据双方当事人认可的相对应的代价。这就是说，持票人必须通过支付对价方能取得票据权利，如若欠缺对价，与持票人有直接交易关系的票据债务人便可以此为由行使抗辩权。但是，又根据票据法规定，因税收、继承、赠与而无偿取得票据的，不受给付对价的限制。欠缺交付的抗辩，出票、背书等票据行为均以票据的交付为成立要件，如未经交付，出票人、背书人可以此为由对抗持票人，但不能对抗善意第三人。禁止背书所引起的抗辩，出票人禁止背书的，该票据即失去流通性，如有收款人以外的人向出票人主张票据权利，出票人可以记载了“禁止背书”为由进行抗辩。背书人禁止背书的，由于其仅对直接后手负票据责任，所以，如有间接后手向其追索，该背书人可以禁止背书为由进行抗辩。

(3) 票据抗辩的限制

票据抗辩是有限制的，票据债务人不得以自己与出票人或者与持票人的前手之间的抗辩事由，对抗持票人。但是，持票人明知存在抗辩事由而取得票据的除外。这便是对票据抗辩限制的规定。我国票据法中对票据抗辩的限制主要表现在以下方面。

① 票据债务人不得以自己与出票人之间的抗辩事由对抗持票人。即如果票据债务人与出票人之间存在抗辩事由，该票据债务人不得以此抗辩事由对抗善意持票人。

② 票据债务人不得以自己与持票人的前手之间的抗辩事由对抗持票人。

③ 凡是善意的、已付对价的正当持票人可以向票据上的一切债务人请求付款，不受前手权利瑕疵和前手相互间抗辩的影响。

④ 持票人取得的票据是无对价或不相当对价的，由于其享有的权利不能优于其前手的权利，故票据债务人可以对抗持票人前手的抗辩事由对抗该持票人。

9.5 涉外票据的法律适用

参考案例 9-8

1998 年 6 月间，国内 X 银行某分行收到一美籍华人陈大维提示的一张旅行支票。该支票记载的出票人及付款人均为美国纽约 M 银行，指定的代理付款人为 X 银行。支票的金额为 10 万美元，支票上收款人记载为陈大维，并记载有陈大维的美国护照号码。X 银行某分行按照惯常柜台审查手续进行审查后，认为除代理付款人记载较特别外，并无其他异常，于是兑付了票款。为稳妥起见，X 银行将持票人陈大维以 X 银行为被背书人，进行了转让背书。支票兑付后的第 6 天，M 银行发来传真给 X 银行称：因上述支票原持票人挂失，请求 X 银行立即停止对该支票付款。此时，M 银行拒绝付款及支付手续费给 X 银行，理由是：支票款被冒领，实际领取支票款的持票人的护照是伪造的。X 银行于是依据双方业务关系协议中的仲裁条款，向某仲裁机构提起仲裁。

请问：

① 本案支票属于涉外票据还是国外票据?

② X银行的实际法律地位如何?

③ 你对本案适用法律方面有何见解?

[参考案例9-8] 分析

① 本案支票属于涉外票据。因为背书行为发生在境内，而出票行为发生在境外。

② 由于进行了转让背书，X银行已经不是单纯的代理付款人，而且是善意持票人。

③ 对支票出票记载事项，应适用出票地即美国或者纽约州法律，或者适用当事人双方约定选择的法律，对背书行为和付款（本案最终将演化为X银行将以代理付款人身份对已付款）行为，应当适用中国法律。

资料来源：http://www.51test.net/show.asp? id=733733

9.5.1 涉外票据的概念

涉外票据是指具有涉外因素的票据，即出票、背书、承兑、保证、付款等行为中，既有发生在中华人民共和国境内又有发生在中华人民共和国境外的票据。《票据法》对涉外票据涉外因素的规定，主要是从行为角度加以认定的，即出票、背书、承兑、保证、付款等行为中，只要有一项发生在境外，就被认定为是涉外票据。

9.5.2 涉外票据的法律适用

（1）关于民事行为能力的法律适用

《票据法》第九十六条对此规定了两种情况：一是在一般情况下，票据债务人的民事行为能力，适用其本国法律。二是票据债务人的民事行为能力，依照其本国法律为无民事行为能力或者为限制民事行为能力而依照行为地法律为完全民事行为能力的，适用行为地法律。

（2）关于出票时记载事项的法律适用

这里的记载事项包括汇票、本票、支票各章中规定的出票时的绝对应记载事项、相对应记载事项和非法定记载事项等。《票据法》第九十七条规定了两种情况：一是汇票、本票出票时的记载事项，适用出票地法律；二是支票出票时的记载事项，适用出票地法律，经当事人协议，也可以适用付款地法律。

（3）关于背书、承兑、保证、付款行为的法律适用

《票据法》第九十八条规定："票据的背书、承兑、付款和保证行为，适用行为地法律。"依此规定，上述四种行为可能会在汇票中出现，但对本票和支票而言，由于没有承兑制度，故不存在适用承兑行为地法律适用问题；对支票而言，由于没有保证制度，故也不存在保证行为地的法律适用问题。

（4）关于追索权行使期限的法律适用

依照《票据法》第九十九条规定，票据追索权的行使期限，适用出票地法律。

（5）关于提示期限、拒绝证明的方式及出具期限的法律适用

根据《票据法》第一百条规定，上述问题适用付款地法律。

（6）关于票据丧失时保全票据权利程序的法律适用

《票据法》第一百零一条规定，票据丧失时，失票人请求保全票据权利的程序，适用付款地法律。

9.6 违反《票据法》的法律责任

9.6.1 票据欺诈行为的法律责任

有以下票据欺诈行为之一的，依法追究刑事责任，情节轻微，不构成犯罪的，依照国家有关规定给予行政处罚：①伪造、变造票据；②故意使用伪造、变造的票据；③签发空头支票或者故意签发与其预留的本名签名式样或者印签不符的支票、骗取财物；④签发无可靠资金来源的汇票、本票骗取资金；⑤汇票、本票的出票人在出票时作虚假记载，骗取财物；⑥冒用他人的票据，或者故意使用过期或者作废的票据，骗取财物；⑦付款人同出票人、持票人恶意串通，实施前六项所列行为之一。

9.6.2 金融机构工作人员的法律责任

金融机构工作人员在票据业务中玩忽职守，对违反票据法规定的票据予以承兑、付款或者保证的，应给予处分；造成重大损失，构成犯罪的，依法追究刑事责任。造成损失的，由该金融机构和直接责任人员依法承担赔偿责任。处分包括由单位给予该人员警告、记过、撤职、开除公职等行政处分；刑事责任，根据《刑法》规定，处 3 年以下有期徒刑或者拘役；情节特别严重的，处 3 年以上 7 年以下有期徒刑。赔偿责任是指由金融机构和直接责任人员承担的连带责任。

9.6.3 票据付款人违法行为的法律责任

票据的付款人对见票即付或者到期支付的票据，故意压票，拖延支付的，由金融行政管理部门处以罚款，对直接责任人员给予处分，给持票人造成损失的，依法承担赔偿责任。

本 章 小 结

我国票据法所称的票据是指出票人依据票据法签发的、由本人或委托他人在见票时或者在票载日期无条件支付确定金额给持票人的有价证券。包括汇票、本票和支票。

票据法律关系是指票据当事人之间在票据的签发和转让等过程中发生的权利义务关系。票据法律关系可分为票据关系和票据法上的非票据关系。

根据我票据法的规定，在我国票据行为仅包括出票、背书、承兑、保证、付款。

票据的伪造是指假冒他人的名义，以行使票据上的权利为目的而为票据行为的行为。

票据变造是指依法没有变更权限的人，在有效的票据上，变更票据上除签章以外的其他记载的事项，从而使票据上的权利义务内容发生变化的行为。

货币政策工具是中央银行为实现其货币政策目标所采取的各种调控货币供应量的手段。

票据权利是指持票人向票据债务人请求支付票据金额的权利。包括付款请求权和追索权两种。

票据责任又称票据债务，是指票据债务人向票据权利人支付票据金额的义务。

票据抗辩，是指票据债务人对票据债权人的请求，提出相应的事实或理由予以对抗，并以此拒绝履行票据债务的行为。

涉外票据是指具有涉外因素的票据，即出票、背书、承兑、保证、付款等行为中，既有发生在中华人民共和国境内又有发生在中华人民共和国境外的票据。

【思考题】

1. 票据的特征有哪些？
2. 简述票据行为的要件。
3. 什么是票据基础关系？
4. 票据权利丧失如何补救？
5. 简述票据的伪造与变造。
6. 简述票据抗辩。

【课堂讨论题】

2006年11月1日，沈阳市内141家银行向企业和个人签发本票业务，同时沈阳所有银行网点都将受理本票支付、转账业务。市民只需要填写“银行本票申请书”，并支付每笔一元的手续费用，就可以把自己的账面存款转成本票，并进行转账支付。结合票据的功能，请谈一谈使用银行本票的意义。

【案例分析】

甲、乙、丙均系个体经营者，甲因从乙处进货而拖欠其20万元货款，乙又因借贷而拖欠丙20万元，现离借款到期日还有4个月，乙在征得甲、丙同意后，决定以汇票结清他们之间的债权债务关系，乙做出票人，甲做付款人，丙做收款人，票据金额20万元，出票日后4个月付款，甲与乙之间汇票结算后的尾数用现金了结。丙拿到汇票后为便于流通便找甲进行了承兑。此后，丙从某家具厂进货时，将汇票背书转让给了家具厂。家具厂接收到汇票时距到期日还有近3个月，遂又决定用该汇票采购木材，采购员刘某携带已在票据背面背书栏签有本单位的汇票外出时不慎将其丢失，刘某将汇票丢失的情况告知了家具厂，家具厂立即向甲办理了挂失止付的手续，其他措施未采取。该丢失的汇票被李某捡到，李某发现票据背面的最后一次背书未填写背书人，便喜出望外地签了名，然后持汇票到某家电商场购置了一套价值20万元的家电，并将汇票背书后交给了家电商场。家电商场未进行票据的转让。现汇票到期，家电商场持汇票请求甲付款，甲以汇票已挂失止付为由拒绝付款，家电商场只好追索，并对所有前手发出了通知。家具厂接到通知后提出自己是票据权利人，家电商场的票据权利有缺陷，请求返还票据。双方发生争执，诉至法院。

请问：

① 家电商场是否享有票据权利？为什么？

② 家电商场是否有权向其所有前手发出追索通知？为什么？

③ 甲以票据挂失为由拒绝付款的做法是否合法？为什么？

④ 家具厂请求家电商场返还票据是否有法律根据？为什么？

[分析提示]

① 家电商场享有票据权利。根据《票据法》原理，持票人在善意无过失的情况，可适用票据的善意取得原理取得票据权利。在本案中，家电商场是从李某的手中受让的票据，其在接受票据时，票据本身没有缺陷，票据背书也是连续的，尽管李某的票据是捡来的，背书有伪造的成分在内，但家电商场对这些并不知晓，因此，应当认定家电商场为善意持票人，享有票据权利。

② 有权。根据《票据法》第六十八条的规定：“汇票的出票人、背书人、承兑人和保证人对持票人承担连带责任。持票人可以不按照汇票债务人的先后顺序，对其中任何一人、数人或全体行使追索权”。

③合法。《票据法》第十五条第二款和第五十七条第二款分别规定："收到挂失止付通知的付款人，应当暂停支付"；"付款人及其代理付款人恶意或者有重大过失付款的，应当自行承担责任"。因此，甲作为承兑人在收到挂失止付通知后有权对持票人家电商场拒绝付款。

④没有。根据《票据法》原理，虽然家具厂从丙手中取得票据时，票据本身没有缺陷，背书也合法，从而取得了票据权利，但其后由于自己的过错丧失了对票据的占有，尽管已向承兑人甲挂失止付，但由于没有采取其他补救措施，票据因其完全有价证券的性质，决定了家具厂在不占有票据、又不能提供具有法律效力的判决或裁定时不能行使票据权利。因此，家具厂请求家电商场返还票据的做法是没有法律依据的。

资料来源：http://jpkc.njau.edu.cn/elaw/showart.asp?id=77

第10章　反洗钱法律制度

【学习目标】

了解洗钱的概念及其危害性。

理解人民币大额交易报告制度和可疑交易报告制度。

掌握我国金融机构反洗钱工作的原则、我国金融机构反洗钱监管机构的职责。

【本章引例】

成克杰洗钱案

曾任广西壮族自治区政府主席、全国人大常委会原副委员长成克杰因受贿罪被执行死刑，这是新中国历史上因经济犯罪被处以极刑的职位最高的领导干部。

成克杰利用手中的职权，伙同情妇李平，通过种种非法手段累积了巨额钱财。如何处理这些"烫手山芋"呢？成克杰想到了洗钱，而且他在洗钱时相信专业分工的优势，不像某些贪官只是简单地存在银行或寄放在亲戚朋友那里。成克杰借助一些不法分子采用非常隐蔽的手法来清洗他的黑钱，香港商人张静海是其中最重要的同伙。成克杰将赃款交给张静海，要求其利用香港公司的名义帮助其转款，具体由张静海全权代理操作。成克杰的洗钱顺序具体如下。

首先，他与情妇李平将受贿所得4109万元交给了香港商人张静海，张帮助其将黑钱存入银行，为此成克杰付给张静海1150万元，而且还须支付银行手续费。如此一来，成克杰的4000多万元大幅缩水。

其次，成克杰以李平的名义在香港注册一家空壳企业。这家公司纯属掩人耳目，但即使什么业务都不做，为了假戏真唱，不露马脚，还是需要伪造经营活动，请会计师做虚假账目，缴纳25%左右的企业所得税，40%的个人所得税。这样一来，资产又缩水不少。

最后，成克杰还得想办法把企业账户上的钱转到自己指定的账户上，整个洗钱过程才算大功告成。

但是，成克杰却没有想到他的这一切努力最终都是枉费心机。香港某银行发现，一贸易公司在该行的账户经常收到从内地广西转入的大宗款项，金额从500万至1000万不等，但该公司留存银行的客户身份资料显示其经营规模难以支撑如此大额的贸易活动，该银行于是将其作为可疑支付交易行为报告香港FIU——联合财富情报组。香港、内地两地警方以此为线索联合展开侦查，发现该公司是准备为成克杰清洗贪污受贿所得而设立的。成克杰将收受的巨额贿赂以贸易为名转入该公司，该公司以合法经营为掩护将犯罪收入谎称正常经营收入，在向香港特区政府缴纳所得税后转变为表面合法收入。

但是，成克杰还没有享受到他煞费苦心清洗的巨额黑钱，就已经被送上正义的审判席。

【引例分析】

成克杰洗钱案件有以下两个特点。

第一，通过设立空壳公司做掩护进行洗钱。一般公司所应有的经营活动和资金往来账目全部通过伪造来实现。这样做虽然代价不菲，需缴纳25%左右的企业所得税和40%的个人所得税，但由于成克杰清洗的资金都是来自于贪污受贿的"横财"，因此这些洗钱成本对他来说无关痛痒了。

第二，通过专业的洗钱代理人进行洗钱。本案中成克杰就是依靠张静海的出谋划策和实际操作而完成巨额受贿款清洗的。其中的种种程序和手续十分复杂，还涉及内地和香港在经济金融和法律制度方面的巨大差别，如果没有张静海的参与，对于成克杰这样一个从未经商过的政府官员来说其清洗黑钱的图谋是很难完成的。因此，成克杰付给他全部赃款25%的巨额酬金也就不奇怪。其实，这还是在张静海不太敢敲竹杠的情况下的数额，在国外的洗钱案件中，赃款被洗钱代理人或专业洗钱集团吞没一半甚至大半的情况也不鲜见。这也是为什么专业洗钱集团猖獗的重要原因，即所谓暴利驱动。专业洗钱犯罪集团的存在对整个国际社会的反洗钱工作都是一个巨大的挑战，必须坚决打击。

资料来源：欧阳卫民. 中外洗钱案例评析. 北京：法律出版社，2005.

10.1 反洗钱法律制度概述

10.1.1 洗钱的概念、形式及其危害

洗钱，通常是指将犯罪的违法所得及其产生的收益，通过金融机构以各种手段掩饰、隐瞒资金的来源和性质，使其在形式上合法化的行为。

（1）洗钱的概念

我国《金融机构反洗钱规定》第三条规定：“洗钱，是指将毒品犯罪、黑社会性质的组织犯罪、恐怖活动犯罪、走私犯罪或者其他犯罪的违法所得及其产生的收益，通过各种手段掩饰、隐瞒其来源和性质，使其在形式上合法化的行为。”

洗钱活动最早出现在20世纪20年代，当时美国芝加哥的一名黑手党成员开了一家洗衣店，在每晚计算当天的洗衣收入时，他把那些通过赌博、走私、勒索获得的非法收入混入洗衣收入中，再向税务部门纳税，扣去应缴的税款后，剩下的非法所得就成了他的合法收入。这就是“洗钱”一词的由来。20世纪60年代以来，随着经济发展，洗钱犯罪的规模和范围也随之扩大。

（2）洗钱形式

① 利用金融机构。包括：伪造商业票据；通过证券业和保险业洗钱；用票据开立账户进行洗钱；利用银行存款的国际转移进行洗钱；信贷回收；利用期货、期权洗钱。

② 通过投资办产业的方式。包括：成立匿名公司，隐瞒公司的真实所有人；向现金密集行业投资；利用假财务公司、律师事务所等机构进行洗钱。

③ 通过商品交易活动。为了达到尽快改变犯罪收入的现金形态的目的，购置贵金属、古玩以及珍贵艺术品。

④ 利用一些国家和地区对银行账户保密的限制。这些地方允许建立空壳公司等匿名公司，并且因为公司享有保密的权利，了解这些公司的真实情况非常困难。

⑤ 其他洗钱方式。包括：走私；利用“地下钱庄”和民间借贷转移犯罪所得。

犯罪集团通过各种方法洗钱，敛聚了巨额财富，使其合法化。通过洗钱，犯罪收益得以逃避没收并可自由使用，从事犯罪活动的犯罪者得以逃避法律制裁，控制和使用犯罪收益的犯罪者得以使用犯罪收益继续进行犯罪活动。可见，洗钱是维持多种犯罪的重要基础。因此各国政府及国际社会都立法严厉打击洗钱活动。

（3）洗钱的危害性

洗钱影响金融的健康发展，对经济建设和社会稳定也产生极大的破坏作用。主要体现在如下方面。

① 洗钱活动帮助犯罪分子逃避法律制裁，助长了犯罪势力，严重地影响了社会秩序。

② 洗钱过程绝大部分是通过金融机构完成的，它严重损害金融机构本身的信誉，也妨碍正常的金融秩序，甚至动摇社会的信用基础。

③ 洗钱扰乱正常的社会经济秩序。洗钱的资金流动无规律可言，往往会加剧金融市场动荡，甚至引起金融危机的爆发。

④ 洗钱对发展中国家来说，往往造成大量资金外逃，危害国家的金融系统的稳定和安全，导致社会财富流失。

20 世纪中期以来，洗钱犯罪活动迅速蔓延，严重威胁各国的国家安全，危及全球经济发展。有评论认为，洗钱这一黑色产业，它以极快的速度成为仅次于外汇和石油的世界第三大商业活动。近年来，我国洗钱犯罪活动日趋严重。亚洲开发银行对我国洗钱数量曾作出评估：每年不少于 2000 亿元人民币，约占到我国 GDP 的 2%左右。而其中，仅官员腐败收入洗黑钱就超过 500 亿元人民币。从 2003 年反洗钱工作由公安部交到中国人民银行到现在，反洗钱工作进展非常快。2006 年 10 月 31 日第十届全国人民代表大会常务委员会第二十四次会议通过了《中华人民共和国反洗钱法》于 2007 年 1 月 1 日起施行。构建了我国银行业反洗钱法律制度，为我国开展反洗钱工作提供了法规上的保障。

10.1.2 金融机构反洗钱基本制度

参考案例 10-1

2008 年 8 月 27 日～9 月 11 日，中国人民银行某市中心支行（以下简称“人行某中心支行”）对辖区某市某证券公司营业部（以下简称“某营业部”）2008 年 1～3 月反洗钱工作开展情况依法进行现场检查。针对现场检查过程中发现认定的该营业部违法违规事实，人行某中心支行于 12 月 25 日向某营业部下达了《中国人民银行某市中心支行行政处罚决定书》。

违法违规事实及认定的内容如下。

（1）依据在现场检查工作中认定的该营业部的违法事实和证据

① 该营业部未按照反洗钱要求制定客户风险评级标准，未对客户划分风险等级，未根据洗钱风险程度高低采取不同的客户身份识别措施，风险划分标准未报人民银行某支行备案。违反了金融机构客户身份识别和客户身份资料及交易记录保存管理办法（中国人民银行令［2007］第 2 号）第十八条“金融机构应按照客户的特点或者账户的属性，并考虑地域、业务、行业、客户是否为外国政要等因素，划分风险等级，并在持续关注的基础上，适时调整风险登记。……金融机构的风险划分标准应报送中国人民银行”之规定。

② 该营业部对客户留存身份证明文件（第二代身份证）无期限 1038 户、开户申请书无职业 425 户、无国籍 240 户。违反了金融机构客户身份识别和客户身份资料及交易记录保存管理办法（中国人民银行令［2007］第 2 号）第十一条“证券公司、期货公司、基金管理公司以及其他从事基金销售业务的机构在办理以下业务时，应当识别客户身份，了解实际控制客户的自然人和交易的实际受益人，核对客户的有效身份证件或者其他身份证明文件，登记客户身份基本信息，并留存有效身份证件或者其他身份证明文件的复印件或者影印件……”之规定。

③ 该营业部对客户留存身份证明文件失效 102 户，其中失效后存在交易的 61 户。违反了金融机构客户身份识别和客户身份资料及交易记录保存管理办法（中国人民银行令［2007］第 2 号）第十九条“在与客户的业务关系存续期间、金融机构应当采取持续的客户

身份识别措施……及时提示客户更新资料信息。……客户先前提交的身份证件或者身份证明文件已过有效期的……金融机构应中止为客户办理业务”之规定。

④ 该营业部漏报自然人账户可疑交易6起，涉及个人账户3户，交易172笔，人民币金额4702416.39元。违反了《金融机构反洗钱规定》（中国人民银行令［2006］第1号）第十一条“金融机构应当按照规定向中国反洗钱监测分析中心报告人民币、外币大额交易和可疑交易……”；《金融机构大额交易和可疑交易报告管理办法》（中国人民银行令［2006］第2号）第十二条“证券公司、期货经纪公司、基金管理公司应当将下列交易或行为，作为可疑交易进行报告……”之规定。

（2）人行关注的其他内容

未见某营业部设立反洗钱岗位，建立岗位职责、反洗钱工作程序的文件；未见某营业部确保反洗钱工作制度有效执行的内部审计和稽核制度，未见反洗钱工作保密制度；未见某营业部制定的报告大额和可疑交易的内部操作规程。

［参考案例10-1］分析

根据《中华人民共和国反洗钱法》第三十二条第（一）、（三）款的规定，鉴于该营业部对违规问题能积极进行整改，并消除违规行为带来的负面影响，符合《中华人民共和国行政处罚法》第二十七条减轻处罚条款，故人行某中心支行对该营业部未按照规定履行客户身份识别义务的、未按照规定报送大额交易报告和可疑交易报告的行为作出限期改正、并处3万元罚款的决定。

资料来源：格林期货网

（1）金融机构反洗钱工作的原则

金融机构在反洗钱工作中应当遵守以下三项基本原则。

① 合法审慎原则。是指金融机构应当依法并且审慎地识别可疑交易，做到不枉不纵，不得从事不正当竞争妨碍反洗钱义务的履行。

② 保密原则。是指金融机构及其工作人员应当保守反洗钱工作秘密，不得违反规定将有关反洗钱工作信息泄露给客户和其他人员。

③ 与司法机关、行政执法机关全面合作原则，是指金融机构应当依法协助、配合司法机关和行政执法机关打击洗钱活动，依照法律、行政法规等有关规定协助司法机关、海关、税务等部门查询、冻结、扣划客户存款。另外，中资金融机构的境外分支机构应当遵循驻地国家或地区反洗钱方面的法律规定，依法协助配合驻地国家或地区反洗钱部门的工作。

（2）金融机构反洗钱监管机构

中国人民银行是国务院反洗钱行政主管部门，依法对金融机构的反洗钱工作进行监督管理。中国银行业监督管理委员会、中国证券监督管理委员会、中国保险监督管理委员会在各自的职责范围内履行反洗钱监督管理职责。中国人民银行依法履行下列反洗钱监督管理职责：

① 制定或者会同中国银行业监督管理委员会、中国证券监督管理委员会和中国保险监督管理委员会制定金融机构反洗钱规章；

② 负责人民币和外币反洗钱的资金监测；

③ 监督、检查金融机构履行反洗钱义务的情况；

④ 在职责范围内调查可疑交易活动；

⑤ 向侦查机关报告涉嫌洗钱犯罪的交易活动；

⑥ 按照有关法律、行政法规的规定，与境外反洗钱机构交换与反洗钱有关的信息和资料；

⑦ 国务院规定的其他有关职责。

（3）金融机构反洗钱专门机构及要求

金融机构应建立健全反洗钱内控制度，设立专门的反洗钱工作机构或者指定其内设机构负责反洗钱工作。这里的金融机构是商业银行、城市信用合作社、农村信用合作社、邮政储汇机构、政策性银行、证券公司、期货经纪公司、基金管理公司、保险公司、保险资产管理公司、信托投资公司、金融资产管理公司、财务公司、金融租赁公司、汽车金融公司、货币经纪公司以及中国人民银行确定并公布的其他金融机构。

对金融机构的具体要求如下。

金融机构及其分支机构应当依法建立健全反洗钱内部控制制度，设立反洗钱专门机构或者指定内设机构负责反洗钱工作，制定反洗钱内部操作规程和控制措施，对工作人员进行反洗钱培训，增强反洗钱工作能力。

金融机构及其分支机构的负责人应当对反洗钱内部控制制度的有效实施负责。

（4）金融机构反洗钱制度

① 客户身份识别制度。也就是金融机构在与客户建立业务关系或与其进行交易时，不仅需要了解客户的真实身份，还需要根据交易的需要了解客户的职业或经营背景、履约能力、交易目的、交易性质以及资金来源等有关情况。

金融机构在与客户建立业务关系或与其进行交易时，应当根据法定的有效身份证件或其他可靠的身份识别资料，确定和记录客户的身份。

当金融机构为个人客户开立存款账户、办理结算时，应当要求其出示本人身份证件，进行核对，并登记其身份证件上的姓名和号码。代理他人在金融机构开立个人存款账户的，金融机构应当要求其出示被代理人和代理人的身份证件，进行核对，并登记被代理人和代理人的身份证件上的姓名和号码。对不出示本人身份证件或者不使用本人身份证件上的姓名的，金融机构不得为其开立存款账户。当金融机构为单位客户办理开户、存款、结算等业务时，应当按照中国人民银行有关规定要求其提供有效证明文件和资料，进行核对并登记。对未按照规定提供本单位有效证明文件和资料的，金融机构不得为其办理存款、结算等业务。

客户身份识别制度处于基础地位。“了解你的客户”是反洗钱的第一步，“了解你的客户”是金融机构打击洗钱活动的基础工作，如果没有获得客户信息的有效技术和制度支持，识别并报告大额和可疑交易就是不可能完成的任务，金融机构反洗钱工作也就失去了基础。

② 报告大额交易制度。要求金融机构、特定非金融机构对数额达到一定标准、缺乏明显经济和合法目的的异常交易应当及时向反洗钱信息中心报告，以作为发现和追查违法犯罪行为的线索。

该制度要求无论是存、取，还是支付结算，无论是单位还是个人，无论是本币还是外币，凡是规定金额以上的金融交易都要由金融机构按照规定的程序向中国人民银行或者国家外汇管理局报告。按照交易的货币种类，分为人民币大额支付交易和大额外汇资金交易。其中，人民币大额支付交易是指法人、其他组织和个体工商户（以下简称单位）账户之间金额100万元以上人民币的单笔转账支付；金额20万元以上人民币的单笔现金支付；个人银行账户之间以及个人银行账户与单位银行账户之间进行的20万元以上人民币的划转。大额外汇资金交易是指：当日存、取、结售汇等值外币现金单笔或累计等值1万美元以上的；当天外汇非现金资金收付交易个人单笔或累计等值外汇10万美元以上的，企业当天单笔或累计等值外汇50万美元以上的。

③ 报告可疑交易制度。可疑交易报告制度是指当金融机构按照中国人民银行规定的有关指标，或者怀疑与其进行交易客户的款项可能来自犯罪活动时，必须迅速向中国人民银行或者国家外汇管理局报告的制度。需要说明的是，该制度并不影响在对大额、可疑交易进行审查、分析发现涉嫌犯罪后，为了不耽误时机，金融机构及时向当地公安部门报告义务的履行。

属于可疑支付交易的行为有：短期内资金分散转入、集中转出或集中转入、分散转出；资金收付频率及金额与企业经营规模明显不符；资金收付流向与企业经营范围明显不符；企业日常收付与企业经营特点明显不符；周期性发生大量资金收付与企业性质、业务特点明显不符；相同收付款人之间短期内频繁发生资金收付；长期闲置的账户原因不明地突然启用，且短期内出现大量资金收付；短期内频繁地收取来自与其经营业务明显无关的个人汇款；存取现金的数额、频率及用途与其正常现金收付明显不符；个人银行结算账户短期内累计100万元以上现金收付；与贩毒、走私、恐怖活动严重地区的客户之间的商业往来活动明显增多，短期内频繁发生资金支付；频繁开户、销户，且销户前发生大量资金收付；有意化整为零，逃避大额支付交易监测；中国人民银行规定的其他可疑支付交易行为；金融机构经判断认为的其他可疑支付交易行为。这里所称“短期”，指10个营业日以内。

④ 保存客户身份资料和交易信息制度。金融机构应建立存款人信息数据档案，保存银行结算账户存款人的信息资料，包括单位银行结算账户存款人的名称、法定代表人或负责人姓名及其有效身份证件的名称和号码、开户的证明文件、组织机构代码、住所、注册资金、经营范围、主要资金往来对象、账户的日平均收付发生额等信息和个人银行结算账户存款人的姓名、身份证件的名称和号码、住所等信息。其保存期限自销户之日起至少5年。交易记录主要包括账户持有人、通过该账户存入或提取的金额、交易时间、资金的来源和去向、提取资金的方式等信息，其保存期限应自交易记账之日起至少5年。账户资料和交易记录的保存按照国家有关会计档案管理的规定执行。

(5) 金融机构违反反洗钱规定的法律责任

金融机构有下列行为之一的，由国务院反洗钱行政主管部门或者其授权的设区的市一级以上派出机构责令限期改正；情节严重的，建议有关金融监督管理机构依法责令金融机构对直接负责的董事、高级管理人员和其他直接责任人员给予纪律处分：未按照规定建立反洗钱内部控制制度的；未按照规定设立反洗钱专门机构或者指定内设机构负责反洗钱工作的；未按照规定对职工进行反洗钱培训的。

金融机构有下列行为之一的，由国务院反洗钱行政主管部门或者其授权的设区的市一级以上派出机构责令限期改正；情节严重的，处二十万元以上五十万元以下罚款，并对直接负责的董事、高级管理人员和其他直接责任人员，处一万元以上五万元以下罚款：未按照规定履行客户身份识别义务的；未按照规定保存客户身份资料和交易记录的；未按照规定报送大额交易报告或者可疑交易报告的；与身份不明的客户进行交易或者为客户开立匿名账户、假名账户的；违反保密规定，泄露有关信息的；拒绝、阻碍反洗钱检查、调查的；拒绝提供调查材料或者故意提供虚假材料的。

金融机构有前款行为，致使洗钱后果发生的，处五十万元以上五百万元以下罚款，并对直接负责的董事、高级管理人员和其他直接责任人员处五万元以上五十万元以下罚款；情节特别严重的，反洗钱行政主管部门可以建议有关金融监督管理机构责令停业整顿或者吊销其经营许可证。

对有前两款规定情形的金融机构直接负责的董事、高级管理人员和其他直接责任人员，反洗钱行政主管部门可以建议有关金融监督管理机构依法责令金融机构给予纪律处分，或者建议依法取消其任职资格、禁止其从事有关金融行业工作。违反法律规定，构成犯罪的，依法追究刑事责任。

另外，经营外汇业务的金融机构，对大额购汇、频繁购汇、存取大额外币现钞等异常情况不及时报告的，或金融机构在开展业务过程中，违反有关法律、行政法规，从事不正当竞争，损害反洗钱义务的履行的，依照相关规定处罚。

阅读资料 10-1

广西走私洗钱第一案

这里有11张奇怪的纸条，上面密密麻麻地写满了数字，却一个汉字都没有。在我们看来如同天书，然而，就在这11张纸条的背后是一起涉案人员近百人，涉案金额高达数亿的走私大案。而且，还衍生出一起全国首例以走私犯罪为上游犯罪的洗钱案。

这11张离奇的纸条出现在2004年4月18日，当时，南宁海关缉私局对北部湾成品油走私活动实施专项打击已经开始了三个多月，已有4个走私成品油犯罪团伙先后落网。就在这时，有情报显示，一个叫方良波的走私团伙头目得知消息，紧急组织了团伙成员在北海市某酒楼聚会，商量对策。办案人员立刻展开了抓捕行动。在其中一个叫卢家斌的人身上搜出11张纸条。卢家斌是走私团伙头目，而且线索显示，走私团伙聚集的目的就是准备销毁证据，分散逃离。办案人员觉得这个随身带的纸条肯定有文章，但分析不出来是怎么回事，就把审讯作为重点。卢家斌第一次讲，这个记录的是他在北海那里养虾、养螺，是跟生意人之间的记录。经过查账就没有这回事。办案人员推断，纸条最有可能是团伙内部走私成品油的账单。

经过了七天的耐心说服教育，卢家斌终于交代，这11张纸条上的数字并不是走私成品油的记录，而是，一起当时办案人员并未掌握的走私香烟的记录。经过初步统计，纸条上记载的涉案金额竟高达数千万元。由于案件线索的不断扩大，由海关总署统一部署，广西北海走私香烟一案从打击北部湾地区走私成品油专案组中剥离出来，另外成立专案。历经一年多的时间，这起案件最终尘埃落定，这起案件中涉嫌走私香烟14.6万件，案值7.24亿元，偷逃税款4.39亿元。涉案人员数百人，洗钱罪这个案件在当时全国是首例。

资料来源：央视国际 www.cctv.com

10.2 人民币大额交易报告制度和可疑交易报告制度

参考案例 10-2

2004年3～4月，中国人民银行反洗钱局连续收到7份可疑交易报告，涉及海南省定安县顺兴废品收购站、国泰废品收购站等9家企业在短期内大量支取现金，交易行为可疑。反洗钱局经过分析认为，该9家企业的资金流动具有明显的“结构性”洗钱特征，交易金额与其经营规模极不相符，存在重大洗钱嫌疑。4月，反洗钱局向公安部通报有关情况，并与公安部经济犯罪侦查局联合督办调查。

8月19日，海南省公安厅会同当地国税局派出工作组，对涉嫌的9家废品收购和皮革制品企业进行突击检查，初步证实这9家企业生产成本严重不实、财务核算混乱、账实不符、赔本销售，资金往来极不正常，涉嫌与广东等省的一些外贸企业合谋利用虚开增值税专用发票的手段骗取出口退税。经查，上述9家企业共涉嫌虚开发票金额29354万元、税额3055万元，骗取出口退税近3000万元。

[参考案例10-2] 分析

海南9家企业洗钱案是自反洗钱局成立以来，通过对接收的可疑支付交易报告进行分析获得线索，移交公安部侦破的首例洗钱案件，目前已抓获犯罪嫌疑人6名，为国家挽回经济损失3000多万元。

资料来源：http：//www.jrj.com

10.2.1 人民币大额交易的含义及认定标准

(1) 人民币大额交易的含义

人民币支付交易，是指单位、个人在社会经济活动中通过票据、银行卡、汇兑、托收承付、委托收款、网上支付和现金等方式进行的以人民币计价的货币给付及其资金清算的交易。人民币大额支付交易是指规定金额以上的人民币支付交易。

(2) 人民币大额交易的认定标准

人民币大额交易的认定标准包括：法人、其他组织和个体工商户（以下统称单位）之间金额100万元以上的单笔转账支付；金额20万元以上的单笔现金收付，包括现金缴存、现金支取和现金汇款、现金汇票、现金本票解付；个人银行结算账户之间以及个人银行结算账户与单位银行结算账户之间金额20万元以上的款项划转。

10.2.2 可疑支付交易的含义及认定标准

(1) 可疑支付交易的含义

可疑支付交易是指交易的金额、频率、流向、用途、性质等有异常情形的人民币支付交易。

(2) 可疑支付交易认定标准

可疑支付交易认定标准包括：短期内资金分散转入、集中转出或集中转入、分散转出；资金收付频率及金额与企业经营规模明显不符；资金收付流向与企业经营范围明显不符；企业日常收付与企业经营特点明显不符；周期性发生大量资金收付与企业性质、业务特点明显不符；相同收付款人之间短期内频繁发生资金收付；长期闲置的账户原因不明地突然启用，且短期内出现大量资金收付；短期内频繁地收取来自与其经营业务明显无关的个人汇款；存取现金的数额、频率及用途与其正常现金收付明显不符；个人银行结算账户短期内累计100万元以上现金收付；与贩毒、走私、恐怖活动严重地区的客户之间的商业往来活动明显增多，短期内频繁发生资金支付；频繁开户、销户，且销户前发生大量资金收付；有意化整为零，逃避大额支付交易监测；中国人民银行规定的其他可疑支付交易行为；金融机构经判断认为的其他可疑支付交易行为。

10.2.3 人民币大额交易和可疑支付交易的报告程序

参考案例10-3

某银行某支行会计营业部储蓄专柜接待了一男一女两位年轻客户，为其办理240万元巨额现金存款业务。经办员经过清点汇总后，发现实际现金额仅为230万元，比客户声称的金额短缺10万元，双方由此发生争执。经客户调看现场监控录像后，最后确认存款现金为230万元。办理存款时，经办员要求客户出示身份证，客户却称未携带个人身份证，是受别人委托前来存款的。在出示了委托存款人吴某的身份证后，经办员为其办理了全部存款手续，并预留了对方手机号码。

半月后，某银行某支行对此笔交易进行了分析，认为该笔存款存在较多疑点，要求专柜核查存款人相关证件和资料，发现对方提供的手机号码为空号，遂向当地人民银行支行和某银行的市分行报告。当地人行支行研究认为此笔大额存款的确十分可疑，主要疑点集中在以下三点：第一，客户受委托为他人存入巨款却不能提供本人有效身份证；第二，客户不能提供大额存款合法来源的有效资料；第三，对于10万元的差额没有表示出进一步的疑义，却顺利接受了银行的清点结果。因此，当地人行支行当天就向公安机关进行了举报。但某银行某市分行未将报告转给负责反洗钱的职能部门，没有要求和督促某银行某支行按大额和可疑支付交易报告程序进行报告，也没有向某银行的省分行和当地中国人民银行中心支行报告。当地公安局接报后采取果断措施冻结了客户可疑存款，并特派专人进行秘密调查取证工作。调查证实，同一期间，该客户还在另一家银行某支行以类似的方式存入两笔人民币合计200万元。但上述另一家银行某支行并未引起警觉，没有将存款作为大额存款上报。在该笔存款被检察机关冻结以后，仍未采取任何报告措施。

[参考案例10-3] 分析

此案案情并不复杂，属于金融机构不严格执行反洗钱有关规定的典型案件。某银行和另一家银行都有不同程度的违规现象，主要是违反客户身份审核和大额及可疑支付交易报告方面的规定。

某银行某支行主要违反了以下规定。《中华人民共和国反洗钱法》第十六条："客户由他人代理办理业务的，金融机构应当同时对代理人和被代理人的身份证件或者其他身份证明文件进行核对登记。金融机构不得为身份不明的客户提供服务或者与其交易，不得为客户开立匿名账户或者假名账户"。

另一家银行某支行除违反上述法规以外，还违反了关于金融机构在履行反洗钱义务过程中，发现涉嫌犯罪的，应当及时以书面形式向中国人民银行当地分支行和当地公安机关报告的规定。

资料来源：http://www.2000y.net/715552/index.asp

(1) 人民币大额支付交易的报告程序

金融机构办理大额转账支付，由各金融机构于交易发生日起的第2个工作日报告中国人民银行总行。

大额现金收付，由金融机构于业务发生日起的第2个工作日报送人民银行当地分支行，并由其转报中国人民银行总行。

(2) 人民币可疑支付交易的报告程序

政策性银行、国有独资商业银行、股份制商业银行的营业机构发现可疑支付交易的，应填制《可疑支付交易报告表》并报送一级分行。一级分行经分析后应于收到《可疑支付交易报告表》后的第2个工作日报送中国人民银行当地分行、营业管理部、省会（首府）城市中心支行，同时报送其上级行。

城市商业银行、农村商业银行、城乡信用合作社及其联合社、外资独资银行、中外合资银行和外国银行分行营业机构发现可疑支付交易的，应填制《可疑支付交易报告表》并报送中国人民银行当地分行、营业管理部、省会（首府）城市中心支行和其他地市中心支行。中国人民银行其他地市中心支行于收到《可疑支付交易报告表》后的第 2 个工作日报送所在省的中国人民银行分行、营业管理部、省会（首府）城市中心支行。

金融机构的营业机构经过分析人民币支付交易，对明显涉嫌犯罪需要立即侦查的，应立即报告当地公安机关，同时报告其上级单位。

（3）人民币大额交易和可疑支付交易报告的具体实施

中国人民银行分行、营业管理部、省会（首府）城市中心支行应分析金融机构报送的《可疑支付交易报告表》。需要金融机构补充资料或进一步作出说明的，应立即通知金融机构说明情况。

中国人民银行分行、营业管理部、省会（首府）城市中心支行应对金融机构报送的《可疑支付交易报告表》按周汇总，每周第一个工作日向中国人民银行总行报告。对重大的可疑支付交易，应立即报告中国人民银行总行。

（4）金融机构及工作人员违反人民币大额交易和可疑支付交易规定的法律责任

金融机构未按规定审查开户资料为个人开立结算账户的，由中国人民银行给予警告，并处以 1000 元以上 5000 元以下罚款。情节严重的，取消其直接负责的高级管理人员的任职资格。

金融机构有下列情形之一的，由中国人民银行责令限期改正，给予警告。逾期不改正的，可以处以 3 万元以下罚款：未按规定对开户资料进行审查，致使单位开立虚假银行结算账户的；未按规定建立存款人信息数据档案或收集的存款人信息数据不完整的；未按规定保存客户交易记录的；未按本办法对支付交易进行审查和报告的；对明知或应知的可疑支付交易不报告的；泄露可疑支付交易信息的。

金融机构违反本办法规定，情节严重的，由中国人民银行停止核准其开立基本存款账户，暂停或停止其部分或全部支付结算业务，并取消该金融机构直接负责的高级管理人员的任职资格。

金融机构工作人员参与伪造开户资料，为存款人开立银行结算账户，协助进行洗钱活动的，应当给予纪律处分；构成犯罪的，移交司法机关依法追究刑事责任。

阅读资料 10-2

浙江“8.27”赌资洗钱案

2003 年 5 月，国家外汇管理局浙江省分局（下称“浙江省分局”）对收集到的居民大额和可疑外汇交易数据进行筛选和分析，发现 8 位居民的交易存在疑点。于是将上述 8 人作为重点关注对象加以密切跟踪和分析，并与当地公安部门配合开展调查工作。经过调查发现：部分当事人的身份证系伪造，且多名当事人有非法买卖外汇的前科；上述当事人的外汇交易中存在大量利用银行通存通兑系统实现异地外汇资金划拨的现象，且外汇交易量呈快速放大的趋势，其中最大的交易量至 7 月底累计达到了 1688 万美元。由此认定，此 8 人均涉嫌从事非法买卖外汇交易。

经过 4 个月的侦查，公安部门在金融机构反洗钱部门的配合下获取了确凿证据。2003 年 12 月 19 日专案组果断出击，现场抓获正在进行非法外汇交易的犯罪嫌疑人并当场缴获港币现钞 467.30 万元。

经审讯证实，这是一起澳门赌资洗钱案：澳门的赌场放贷公司在向内地赌客放贷后，直接派人来内地收回赌债；收债之后，为便于将赌资携带出境，再就地将收回的人民币资金通过内地的外汇黑市兑换成大面额港币，并经由珠海等口岸出境后流向澳门。本案中已查实的4笔非法交易的人民币均是内地赌客在澳门所欠的4笔赌债。

该案件是我国利用外汇反洗钱监测分析系统破获的一起重大跨境洗钱案件，也是迄今为止我国外汇管理系统对单个自然人主体实施行政处罚金额最高的一起案件。

10.3 大额外汇资金交易和可疑外汇资金交易报告制度

10.3.1 大额外汇资金交易的含义及认定标准

（1）大额外汇资金交易含义

大额外汇资金交易是指交易主体通过金融机构以各种结算方式发生的规定金额以上的外汇资金交易行为。

（2）大额外汇资金交易认定标准

① 当日存、取、结售汇外币现金单笔或累计等值1万美元以上。

② 以转账、票据或银行卡、电话银行、网上银行等电子交易以及其他新型金融工具等进行外汇非现金资金收付交易。其中，个人当天单笔或累计等值外汇10万美元以上，企业当天单笔或累计等值外汇50万美元以上。

10.3.2 可疑外汇资金交易的含义及认定标准

（1）可疑外汇资金交易的含义

可疑外汇资金交易是指外汇交易的金额、频率、来源、流向和用途等有异常特征的交易行为。可疑外汇资金交易又分为可疑外汇现金交易和可疑外汇非现金交易。

（2）可疑外汇现金交易的认定标准

① 居民个人银行卡、储蓄账户频繁存、取大量外币现金，与持卡人（储户）身份或资金用途明显不符的。

② 居民个人在境内将大量外币现金存入银行卡，在境外进行大量资金划转或提取现金的。

③ 居民个人通过现汇账户在国家外汇管理局审核标准以下频繁入账、提现或结汇的。

④ 非居民个人频繁携带大量外币现金入境存入银行后，要求银行开旅行支票或汇票带出的。

⑤ 非居民个人银行卡频繁存入大量外币现金的。

⑥ 企业外汇账户中频繁有大量外币现金收付，与其经营活动不相符的。

⑦ 企业外汇账户没有提取大量外币现金，却有规律地存入大量外币现金的。

⑧ 企业频繁发生以现金方式收取出口货款，与其经营范围、规模明显不符的。

⑨ 企业用于境外投资的购汇人民币资金大部分为现金或从非本单位银行账户转入的。

⑩ 外商投资企业利润汇出的购汇人民币资金大部分为现金或从其他单位银行账户转入的。

⑪ 外商投资企业以外币现金方式进行投资的。

（3）可疑外汇非现金交易的认定标准

① 居民个人外汇账户频繁收到境内非同名账户划转款项的。

② 居民个人频繁收到从境外汇入的大量外汇再集中原币种汇出，或集中从境外汇入大量外汇再频繁多笔原币种汇出的。

③ 非居民个人外汇账户频繁收到境外大量汇款，特别是从生产、贩卖毒品问题严重的国家（地区）汇入款项的。

④ 居民、非居民个人外汇账户有规律出现大额资金进账，第二日分笔取出，然后又有大额资金补充，次日又分笔取出的。

⑤ 企业通过其外汇账户频繁大量发生在外汇局审核标准以下的对外支付进口预付货款、贸易项下佣金等。

⑥ 企业通过其外汇账户频繁大量发生以票汇（支票、汇票、本票等）方式结算的出口收汇的。

⑦ 企业一些休眠外汇账户或平常资金流量小的外汇账户突然有异常外汇资金流入，并且外汇资金流量短期内逐渐放大的。

⑧ 企业通过其外汇账户频繁发生大量资金往来，与其经营性质、规模不相符的。

⑨ 企业外汇账户频繁发生大量资金收付，持续一段时间后，账户突然停止收付。

⑩ 企业外汇账户资金流动以千位或万位为单位的整数资金往来频繁。

⑪ 企业外汇账户资金快进快出，当天发生额很大，但账户余额很小或不保留余额。

⑫ 企业外汇账户在短时间内收到多笔小额电汇或使用支票、汇票存款后，将大部分存款汇出境外。

⑬ 境内企业以境外法人或自然人名义开立离岸账户，且资金呈有规律流动。

⑭ 企业从一个离岸账户汇款给多个境内居民，并以捐赠等名义结汇，其资金的划转和结汇均由一人或少数人操作的。

⑮ 外商投资企业年利润汇出大幅超出原投入股本或明显与其经营状况不符。

⑯ 外商投资企业在收到投资款后，在短期内将资金迅速转到境外，与其生产经营支付需求不符。

⑰ 与走私、贩毒、恐怖活动等犯罪严重地区的金融机构附属公司或关联公司进行对销存款或贷款交易。

⑱ 证券经营机构指令银行划出与交易、清算无关外汇资金的。

⑲ 经营B股业务的证券经营机构通过银行频繁大量拆借外汇资金的。

⑳ 保险机构通过银行频繁大量对同一家境外投保人发生赔付或退保行为。

10.3.3 金融机构报告大额和可疑外汇资金交易的程序

金融机构报告大额和可疑外汇资金交易实行双向上报原则和程序，即金融机构各分支机构将大额和可疑外汇资金交易情况逐级上报至设在省会、自治区首府、直辖市的一级分支机构（主报告机构），同时报送外汇局当地分支局。各主报告机构汇总各省、自治区、直辖市内大额和可疑外汇资金交易情况后在规定的时间内报告其所在地的国家外汇管理局省、自治区、直辖市分局（外汇管理部）。国家外汇管理局各分局（外汇管理部）汇总其辖区内主报告机构上报的信息后在每月20日前报告国家外汇管理局。

如果金融机构发现大额和可疑外汇资金交易涉嫌（洗钱）犯罪的，应于发现之日起3日内报当地公安部门并报送外汇管理局分支局。

国家外汇管理局省、自治区、直辖市分局发现大额和可疑外汇资金交易涉嫌（洗钱）犯罪的，应当及时移送当地公安部门并上报国家外汇管理局。

10.3.4 金融机构违反大额和可疑外汇资金交易报告制度的法律责任

未按规定报告大额或可疑外汇资金交易的、未按规定保存大额或可疑外汇资金交易记录的、违反规定泄露大额或可疑外汇资金交易信息的、未按规定审查开户资料为单位开立外汇账户的，由外汇管理局责令改正，给予警告，可以处以1万元以上3万元以下罚款。

金融机构未按规定审查开户资料为个人开立外汇账户的，由外汇管理局责令改正，给予警告，可以处以1000元以上5000元以下罚款。

金融机构违反《金融机构大额和可疑外汇资金交易报告管理办法》，情节严重造成重大损失的，外汇管理局可以暂停或停止其部分或全部结售汇业务。

金融机构的工作人员违反有关规定，协助进行洗钱的，应当给予行政纪律处分；构成犯罪的，移交司法机关依法追究刑事责任。

本章小结

随着我国反洗钱法的颁布和实施，将会有利于及时发现和打击洗钱活动，维护金融安全，维护经济安全和社会稳定，

中国人民银行是国务院反洗钱行政主管部门，依法对金融机构的反洗钱工作进行监督管理。

金融机构在反洗钱工作中应当遵守合法审慎原则，保密原则，与司法机关、行政执法机关全面合作原则。

金融机构的反洗钱制度包括：客户身份识别制度、大额交易报告制度、可疑交易报告制度和保存客户身份资料和交易信息制度。

【思考题】

1. 简述洗钱的概念及其危害性。
2. 我国金融机构反洗钱工作的原则有哪些？
3. 简述人民币大额和可疑支付交易监管制度。

【课堂讨论题】

一些单位随便给自己的员工买一种保险，过一段时间再退保，这样剩余的保险金就分别打入每个员工的账户。这种变相发福利的方式有什么不妥吗？

【案例分析】

C银行报告了一个可疑交易信息：这家银行发现一个新客户经常性地收取来自外地的个人汇款，资金交易量非常大。经核实，这是一家书店，外地的个人汇款主要用来买书的。但继续查证后银行发现，这家客户只有一个店员，一个兼职会计，真正的法定代表人始终没有出现过。而且，这家书店规模很小，平时顾客很少，其资金交易量远远超过其正常经营规模。

[分析提示]

对于银行，应在以下几方面予以注意。

① 大量存现是洗钱者洗钱的第一步，因此，银行对存入现金行为进行重点关注和审查，这是反洗钱的第一步。

② 在现金交易被监测的情况下，洗钱者往往把大量的现金由不同的人分次、分批存入银行，然后再通过转账的方式集中起来。

③ 客户频繁地收取个人汇款，交易量明显超过其经营规模，资金收付频率及金额与企业经营规模明显不符。

④ 银行在识别的时候，应切实遵循“了解你的客户”的原则，做好实地调查。只有这样，才能准确掌握客户的经营特点，发现异常的资金流动。

接银行报告后，警察经调查发现，这是一个盗版集团开立的书店，其主要用途就是用来洗钱的。他们雇佣了大量人员从各地分批将现金存入银行，然后书店以卖书的名义将钱汇集起来，再以营业收入的名义向税务机关申报，缴纳税款。这样，非法的收入就伪装成合法的了。

资料来源：http://www.2000y.net/715552/index.asp

第 11 章　期货交易法律规范

【学习目标】

理解期货的概念、期货交易法的适用范围和原则。

掌握期货交易所、期货经纪公司的有关内容。

了解期货市场相关主体违法应承担的法律责任。

熟知期货从业人员行业规范

【本章引例】

某投资者 B，江浙一带的民营企业家。在某期货投资顾问的介绍下，于 2007 年 4 月份进入期货市场，投资 100 万元。投资顾问推荐他买入正处于良好上升势头的橡胶。初期有所获利，但随后橡胶价格开始下跌。投资顾问坚定看好橡胶市场，建议 B 继续加仓买入。满仓之后价格仍在下跌，投资顾问建议 B 追加资金，越跌越买，B 照做了。到了 2007 年 7 月份，B 累计投入的资金已经超过了 1000 万元，但账面上剩余的资金只有不到 400 万元。好在橡胶价格止住了跌势，开始回升。到了 2008 年 2 月，账面资金已经到了 1200 余万。平仓出场后获利 200 余万。B 尝到了逢低加死码的甜头，认为在有充足资金准备的条件下，这是个不错的操作方法。2008 年 7 月，沪锌价格跌到了上市以来的最低价 15000 元/吨以下。B 认为这是个不错的投资机会，因为据说锌的生产成本就在这一价格附近，于是开始越跌越买。到 2008 年 9 月，锌价跌至 14000 左右，B 认为更值得买了，于是共计投入资金 2000 万左右买入锌合约。不料，2008 年国庆长假过后，由于受席卷全球的金融风暴影响，所有商品价格直线暴跌，很多品种出现多次三板强平。好在锌的第三个停板并没有封死，在经纪公司的配合下，B 在即将穿仓的危险状态下及时平仓，但所投入的 2000 万元资金仅剩余 4 万。B 黯然离开期货市场。请分析该案例。

【引例分析】

从 B 的持仓时间看，他是一个长线交易者。作为长线交易者，资金管理和风险控制尤为重要。如果在这方面出现问题，损失将是巨大的。投资者需要在进行交易前，就对准备投入的资金规模和愿意承受的亏损有一个计划。对可能发生的最坏情况做出预计，看是否能够承受。一旦判断失误，要有止损措施。而不是走一步看一步，在错误的判断下越陷越深。本来只想损失一根牛毛，结果整头牛都被牵走了。虽然 B 在橡胶上的操作是获利的，但是这仍属于错误的操作思想。一次侥幸不代表次次运气都好，这种越跌越买的思维，只要错一次，就血本无归。B 从期货市场离开有一定的偶然性，但从长期看，他迟早会有这么一天。常在河边走，哪有不湿鞋。“错了死扛，再加死码摊低成本”，这种交易指导思想短时间内从表面上看似乎效果很好，但是长期看，必败。

资料来源：找法网

11.1 期货法规概述

阅读资料 11-1

期货投资与其他投资方式比较

种类比较	不动产	储蓄	证券	期货	黄金
投资金额	投资庞大，一般需要贷款	投入可多可少	投入可多可少	以小博大，需投入10%～20%	以小博大
投资期限	期限长，一般一年以上	期限长，一般一年以上	交易短，4小时/天	交易短，44小时/天	交易长，24小时交易
投资回报	价格上涨有回报，收益大	低回报	上涨获利，下跌亏损	涨跌均有获利机会	涨跌均有获利机会
变现能力	手续复杂，变现困难	简单	成交后第二天变现	及时交易/变现	及时交易/变现
获利机会	价格上涨才有获利	需付利息	价格上涨才有获利	可以买多、卖空，获利机会大	可以买多、卖空，获利机会大
风险程度	风险大，投资失误时损失严重	风险小	风险大，投资失误时损失严重	风险大，市场不成熟	风险可控，发现错误可以及时改正

资料来源：黄大柯主编．期货投资一点通［M］．北京：清华大学出版社，2008

11.1.1 期货交易的概念

(1) 期货交易的概念

在现代市场经济中存在两种交易形式，即现货交易与期货交易。现货交易是以实现实物商品所有权的转移为最终目的的交易行为，它是人们经济生活中最熟悉、最普通、历史也最悠久的交易形式。现货交易发展到一定程度，出现了远期交易行为，即以合同的形式规定下来，并在未来某个时间交收实物的一种交易行为。这种远期交易的进一步发展，最终产生了区别于现货交易方式的期货交易。

期货交易是交易双方在期货交易所买卖期货合约，并根据期货合约条款在未来某一特定时间，以某一特定价格买卖某一特定数量和质量的资产的交易方式。

(2) 期货交易与现货交易的区别

期货交易与现货交易有相同的地方，如都是一种交易方式，都是真正意义上的买卖、涉及商品所有权的转移等。

期货交易与现货交易不同的地方有以下几点。

① 买卖的直接对象不同。现货交易买卖的直接对象是商品本身，有样品、有实物、看货定价。而期货交易买卖的直接对象是期货合约，是买进或卖出多少手或多少张期货合约。

② 交易的目的不同。现货交易是一手钱、一手货的交易，马上或一定时期内进行实物交收和货款结算。期货交易的目的不是到期获得实物，而是通过套期保值回避价格风险或投

资获利。

③ 交易方式不同。现货交易一般是一对一谈判签订合同，具体内容由双方商定，签订合同之后不能兑现，就要诉诸于法律。期货交易是以公开、公平竞争的方式进行交易。一对一谈判交易（或称私下对冲）被视为违法。

④ 交易场所不同。现货交易一般分散进行，如粮油、日用工业品、生产资料都是由一些贸易公司、生产厂商、消费厂家分散进行交易的，只有一些生鲜和个别农副产品是以批发市场的形式来进行集中交易。但是，期货交易必须在交易所内依照法规进行公开、集中交易，不能进行场外交易。

⑤ 保障制度不同。现货交易有《合同法》等法律保护，合同不兑现即毁约时要用法律或仲裁的方式解决。期货交易除了国家的法律和行业、交易所规则之外，主要是经保证金制度为保障，以保证到期兑现。

⑥ 商品范围不同。现货交易的品种是一切进入流通的商品，而期货交易品种是有限的。主要是农产品、石油、金属商品以及一些初级原材料和金融产品。

⑦ 结算方式不同。现货交易是货到款清，无论时间多长，都是一次或数次结清。期货交易由于实行保证金制度，必须每日结算盈亏。结算价格是按照成交价为依据计算的。

（3）期货交易与远期交易的区别

期货交易是在远期交易的基础上发展起来的。远期交易是指买卖双方先谈好价格，未来的某个时间再按照这个价格进行交易。期货交易也是未来的买卖活动，但和远期交易有很大区别。

① 期货交易是在期货交易所发生的、公开进行的标准化合约的交易。每个期货合约的条款都是标准化的，如到期日规定好是每月 15 日或最后一个交易日，基础资产是某种规格的电解铜或者是五年期国债，一张合约的买卖相当于五吨铜或是十万元面额的国债买卖等。远期交易并没有这样的规定。

② 期货交易的对象是期货合约，而不是实物商品。因此，期货投资者可以在合约到期时进行实物交割或者现金交割。就实物交割来说，一方交纳现金，另一方交出合约中约定的规定规格的商品，这和远期交易是相同的；不同的地方在于，期货合约可以在合约到期前采用平仓的方式冲销原来的交易。因此，期货交易的流动性更强。

③ 期货交易实行保证金制度和当日无负债结算制度，因而其违约风险远远低于远期交易。

阅读资料 11-2

期货的历史

期货的英文为 futures，是由“未来”一词演化而来，其含义是：交易双方不必在买卖发生的初期就交收实货，而是共同约定在未来的某一时候交收实货，因此中国人就称其为“期货”。

最初的期货交易是从现货远期交易发展而来，最初的现货远期交易是双方口头承诺在某一时间交收一定数量的商品，后来随着交易范围的扩大，口头承诺逐渐被买卖契约代替。这种契约行为日益复杂化，需要有中间人担保，以便监督买卖双方按期交货和付款，于是便出现了 1570 年在英国伦敦开设的世界第一家商品远期合同交易所——皇家交易所。为了适应商品经济的不断发展，1985 年芝加哥谷物交易所推出了一种被称为“期货合约”的标准化协议，取代原先沿用的远期合同。使用这种标准化合约，允许合约转手买卖，并逐步完善了保证金制度，于是一种专门买卖标准化合约的期货市场形成了，期货成为投资者的一种投资理财工具。

资料来源：http：//baike. baidu. com/view/2348. htm

11.1.2 我国的期货交易立法

（1）我国期货交易的发展

中国古代已有由粮栈、粮市构成的商品信贷及远期合约制度。在民国时期，上海曾出现多个期货交易所，市场一度出现疯狂热炒。满洲国政府亦曾在东北大连、营口、奉天等 15 个城市设立期货交易所，主要经营大豆、豆饼、豆油的期货贸易。1949 年中华人民共和国成立后，期货交易所在中国大陆绝迹几十年，到 1990 年郑州粮食批发市场的开业，掀起另一波期货热炒风潮，各省市百花齐放，最多曾经一度同时开设超过 50 家期货交易所，超过全球其他国家期货交易所数目的总和。中国国务院在 1994 年及 1998 年，两次大力收紧监管，暂停多个期货品种，勒令多间交易所停止营业。自 1998 年后，中国大陆合法的商品期货交易所只剩下上海期货交易所、大连期货交易所、郑州期货交易所三所，前者经营能源与金属商品期货，后两者经营农产品期货。到 2006 年 9 月 8 日，中国金融期货交易所在上海挂牌成立。这表明我国期货市场正逐步成熟和完善。

（2）我国的期货交易立法

在中国期货市场发展初期，因为没有明确行政主管部门，有关部门间缺乏协调，各自为政，配套法律、法规严重滞后，使中国期货市场出现了盲目发展的势头。于是，1993 年，国家工商行政管理局颁布了《期货经济公司登记管理暂行办法》。随后，国务院发出了《国务院办公厅发国务院证券委关于坚决制止期货市场盲目发展若干意见请示的通知》。1998 年，国务院下达了《关于进一步整顿和规范期货市场的通知》。1999 年 6 月 2 日，国务院第 267 号令发布了《期货交易管理暂行条例》，并于 1999 年 9 月 1 日起实施。此后不久《期货交易所管理办法》、《期货经纪公司管理办法》、《期货经纪公司高级管理人员任职资格管理办法》、《期货从业人员管理办法》也于 1999 年 9 月 1 日正式实施，随着期货市场深入的发展，2002 年中国证监会先后修订了以上四个办法。2007 年 2 月 7 日国务院第 168 次常务会议通过《期货交易管理条例》，于 2007 年 4 月 15 日起施行。1999 年 6 月 2 日国务院发布的《期货交易管理暂行条例》同时废止。

阅读资料
11-3

早期世界期货交易所的产生

1848 年芝加哥期货交易所（CBOT）问世

19 世纪 30～40 年代，因毗邻美国中西部平原和密歇根湖等独特的地理位置，芝加哥发展为美国重要的粮食集散地。由于交通状况不佳、库容有限等原因，每年谷物大量上市，商人无法大量采购，以至于谷物价格一跌再跌，而每到春季，又因谷物短缺，价格飞涨。为了解决价格大幅起落带来经营风险问题，一些商人一方面在该地交通要道增设了仓库、扩大上市季节采购量，另一方面与粮食加工商、销售商签订第二年春季供货合同，这样通过事先确定销售价格，确定了利润。远期合同交易成为粮食商人们解决现实矛盾的重要方式。

为了使交易活动有效地展开，1848 年 82 位商业者自发成立了一个商会组织——芝加哥期货交易所。交易所发展初期主要任务提供一些运输、储存及价格信息方面服务，以方便会员交易，到 1851 年才提供交易产品远期合同交易。在远期合同交易过程中遇上一些问题需要解决。具体的交易内容包括商品品质、等级、价格、数量、交货时间等，当双方情况或价格发生变化时，很难将合同转手其他人，而且能否执行合同要视对方信誉，确保执行合同的成本较大，执行风险较大，这些是当时存在的主要问题。为解决这些问题，1865 年芝加哥期货交易所推出标准化合约为交易产品，并执行保证金制度，向签约双方收取不超过合约价值 10%的保证金，作为履约保证。1882 年芝加哥期货交易所允许对冲解除履约。1883 年出现结算协会为交易所会员提供对冲工具。1925 年芝加哥期货交易所结算公司成立，所有交易通过结算公司结算。至此，期货交易完整了重要的制度创新，标志着现代意义上期货交易真正诞生。

1874 年芝加哥商业交易所（CME）产生

19 世纪 60 年代，芝加哥成为美国大宗肉类、谷物和其他农产品交易中心，这完全得益于它的水陆交通发达，它是当时最重要的交通枢纽。1874 年 5 月，一些供应商在芝加哥成立农产品交易所，为黄油、鸡蛋和其他农产品提供交易市场，1919 年 9 月该交易所正式更名为芝加哥商业结算所，同年芝加哥商业结算公司成立。

如果说芝加哥期货交易所在制度创新上有突出贡献的话，那么芝加哥商业交易所在系列期货品种创新上奠定了它的发展地位。第二次世界大战前后，芝加哥商业交易所上市了鸡蛋、黄油、奶酪、洋葱、土豆、火鸡、苹果、家禽、冷冻鸡蛋、铁、废钢、猪肚等期货品种，1964 年以后又推出活牛、活猪期货，到 1969 年芝加哥商业交易所已成为世界上最大的肉类和畜类期货交易中心。

1876 年伦敦金属交易所（LME）产生

19 世纪中期，英国为世界上最大的金属锡、铜生产国，工业需求增大，本国生产不能满足需要，要求从国外购买铜矿和锡矿，由于路途遥远、交通不便及出现不确定性问题，这些矿石价格常常大起大落，当时英国商人与消费者采取了以预定价格方式对未到货物即“未来到货”签订合同，以应对价格风险。这种交易最终集中一个固定地方进行。1876 年 12 月 300 名商人发起成立伦敦金融有限公司，1877 正式营业。1881 年建立金属市场与交易所有限公司，接管原公司资产，1987 年 7 月再次改建为伦敦金属交易所。

11.2 期货交易法

11.2.1 期货交易法的适用范围和原则

（1）期货交易法的适用范围

从事期货交易，主要包括商品和金融期货合约、期权合约交易及其相关活动。由此可见，期货交易法的调整范围仅限于期货合约的交易买卖。同时，《期货交易管理条例》规定，未经国务院期货监督管理机构审核并报国务院批准，期货交易所不得从事信托投资、股票投资、非自用不动产投资等与其职责无关的业务。期货公司不得从事与期货业务无关的活动，不得为其股东、实际控制人或者其他关联人提供融资，不得对外担保。期货交易所和期货公司不得参与期货交易。

（2）期货交易法的基本原则

① 诚实信用原则。期货交易属于平等主体之间的财产、经纪关系，交易双方的合法权益主要是通过依法订立并履行商品期货合约来实现的，规定从事期货交易活动，应当遵循诚实信用原则。这就要求交易双方在进行期货交易时，诚实守信，以善意的方式履行其义务，不得有欺诈、内幕交易和操纵期货交易价格的违法行为。

② 公开、公平与公正原则。公开原则是指期货交易必须在公开场合进行，无论经纪人是为自己还是为客户，每笔交易都必须公开，便于公众和主管部门公开监督所有交易。

公平原则是指交易双方应本着公平的观念进行期货交易，法律上为任何交易主体设定平等地位，并为其提供公平竞争的机会。

公正原则是指法律为交易者提供公正的竞争环境和前提。首先，法律必须规定期货交易所、期货经纪人或期货管理部门从公平原则出发，设立必要的监控系统，以保证期货交易能公正、顺利进行。其次，在处理期货交易纠纷及争议时，无论通过仲裁还是司法程序，都应从公平的观念来处理有关的纠纷。

③ 实行账户分离，不得挪作他用的原则。《期货交易管理条例》规定，期货交易应当严格执行保证金制度。期货交易所向会员、期货经纪公司向客户收取的保证金，不得低于中国证监会规定的标准，并应当与自有资金分开，专户存放。无论期货交易所还是期货经纪公司，向会员收取的保证金，都属于会员所有，只能用做会员的交易结算，严禁挪作他用。期货经纪公司应当为每一客户单独开立专门账户，设置交易密码，不得混码交易。另外，期货交易所、期货经纪公司应当按照中国证监会、财政部的规定提取、管理和使用风险准备金，不得挪作他用。

11.2.2 期货交易的相关当事人

（1）期货交易所

① 期货交易所的概述。期货交易所是专门进行标准化期货合约买卖的场所，按照其章程的规定实行自律管理，以其全部财产承担民事责任。在现代市场经济条件下，期货交易所是一种具有高度系统性和严密性、高度组织化和规范化的交易服务组织，它本身不参与交易活动，不参与期货价格的形成，也不拥有合约标的商品，只为期货交易提供设施和服务。

期货交易所的组织形式主要有会员制和股份制两种。目前，世界上大多数期货交易所是采用会员制的组织形式，我国的期货交易所也采用这种形式。会员制是交易所的一个重要属性，这一属性说明了交易所的社会公众性。交易所的这种组织机构形式决定了它是一个自律性很强的管理机构。

阅读资料
11-4

中国的期货交易所

（1）上海商品交易所

上海是我国期货市场发展及推出最早的地区，1995 年期货市场整顿时，中国证监会批准了上海金属交易所、上海粮油商品交易所及石油、建材、农资、化工四家合并组建的商品交易所为试点期货交易所；1998年8月三家交易所合并，组建上海期货交易所，是在中国证监会集中统一监管下，依照有关法规设立、履行有关法规规定的职能、按其章程实行自律性管理的法人，1999年12月正式运营。

(2) 大连商品交易所

大连商品交易所成立于1993年2月28日，是经国务院批准的四家期货交易所之一，是实行自律性管理的法人。开业至2006年年底，大连商品交易所累计成交期货合约11.5亿手，累计成交额27.8万亿元，总交割量为807万吨，已发展成世界第二大玉米期货市场。至2006年，期货成交量已经连续4年排名全球期货交易所前10名，是国际排名最高的国内期货交易所。

(3) 郑州商品交易所

郑州商品交易所成立于1990年10月12日，是经中国国务院批准的首家期货市场试点单位，在现货远期交易成功运行两年以后，于1993年5月28日正式推出期货交易。

(4) 中国金融期货交易所

中国金融期货交易所是经国务院同意，中国证监会批准，由上海期货交易所、郑州商品交易所、大连商品交易所、上海证券交易所和深圳证券交易所共同发起设立的交易所，于2006年9月8日在上海成立。中国金融期货交易所的成立，对于深化资本市场改革，完善资本市场体系，发挥资本市场功能，具有重要的战略意义。

资料来源：黄大柯主编. 期货投资一点通［M］. 北京：清华大学出版社，2008.

② 期货交易所的作用。期货交易所对于期货交易的正常开展，具有十分重要的作用。

第一，统一制订期货合约，将期货合约的条款统一化和标准化，使期货市场具有高度流动性，提高了市效率场。

第二，为期货交易制定规章制度和交易规则，并保证和监督这些制度、规则的实施，最大限度地规范交易行为。

第三，监督、管理交易所内进行的交易活动，调解交易纠纷，包括交易者之间的纠纷、客户同经纪人或经纪公司之间的纠纷等，并提供仲裁程序和仲裁机构（仲裁委员会）。

第四，为交易双方提供履约及财务方面的担保。期货交易中的买方和卖方都是以期货交易所为对手的，不必考虑真正的成交对手是谁。这是由于期货交易机制要求交易所作为"买方的卖方和卖方的买方"，承担最终履约责任，从而大大降低了期货交易中的信用风险。

第五，提供信息服务，及时把场内所形成的期货价格公布于众。增加了市场的透明度和公开性。

第六，为期货交易提供结算、交割服务，如向会员追缴和清退保证金、收取交割货款和提货单（仓单）等。

第七，为期货交易提供一个专门的、有组织的场所和各种方便多样的设施，如先进的通信设备等。

③ 期货交易所的职责。根据《期货交易管理条例》规定，期货交易所履行以下职责：提供交易的场所、设施和服务；设计合约，安排合约上市；组织并监督交易、结算和交割；保证合约的履行；按照章程和交易规则对会员进行监督管理；国务院期货监督管理机构规定的其他职责。

④ 期货交易所的权利。期货交易所出现异常情况时，期货交易所可以按照其章程规定的权限和程序，决定采取下列紧急措施：a. 提高保证金；b. 调整涨跌停板幅度；c. 限制会员或者客户的最大持仓量；d. 暂时停止交易；e. 采取其他紧急措施。这里所指的异常情况，根据《期货交易所管理办法》的规定，包括：a. 地震、水灾、火灾等不可抗力或者计算机系统故障等不可归责于期货交易所的原因导致交易无法正常进行；b. 会员出现结算、交割危机，对市场正在产生或者将产生重大影响；c. 出现《期货交易所管理办法》第四十六条情况（当期货价格出现同方向连续涨跌停板时，期货交易所可以采用调整涨跌停板幅度、提高交易保证金比例及按一定原则减仓等措施化解风险）并采取相应措施后仍未化解风险；d. 期货交易所业务规则中规定的其他情况。期货交易所宣布进入异常情况并决定采取紧急措施前必须报告中国证监会。异常情况消失后，期货交易所应当及时取消紧急措施。

⑤ 期货交易所的权利限制。《期货交易管理条例》第十三条规定，期货交易所办理下列事项，应当经国务院期货监督管理机构批准：a. 制定或者修改章程、交易规则；b. 上市、中止、取消或者恢复交易品种；c. 上市、修改或者终止合约；d. 变更住所或者营业场所；e. 合并、分立或者解散；f. 国务院期货监督管理机构规定的其他事项。国务院期货监督管理机构批准期货交易所上市新的交易品种，应当征求国务院有关部门的意见。

⑥ 期货交易所对其相关人员的限制性要求。期货交易所工作人员应当自觉遵守有关法律、法规、规章和政策，恪尽职守，勤勉尽责，诚实信用，具有良好的职业操守；期货交易所工作人员不得从期货交易所的会员、期货投资者处谋取利益，不得直接或者间接从事期货交易，不得泄露内幕信息或者利用内幕信息获得非法利益；期货交易所的工作人员履行职务，遇有与本人或者其亲属有利害关系的情形时，应当回避；期货交易所的工作人员在任职期间或者离开期货交易所未满一年的，不得在该期货交易所的会员单位任职；国家公务员不得在期货交易所任职。

未经中国证监会批准，期货交易所的理事长、总经理、副总经理不得在任何营利性组织中兼职。期货交易所的非会员理事和工作人员不得以任何形式在期货交易所会员单位及其他与期货交易有关的营利性单位兼职。

因违法行为或者违纪行为被解除职务的期货交易所、证券交易所、证券登记结算机构的负责人，或者期货公司、证券公司的董事、监事、高级管理人员，以及国务院期货监督管理机构规定的其他人员，自被解除职务之日起未逾 5 年；因违法行为或者违纪行为被撤销资格的律师、注册会计师或者投资咨询机构、财务顾问机构、资信评级机构、资产评估机构、验证机构的专业人员，自被撤销资格之日起未逾 5 年。不得担任期货交易所的负责人、财务会计人员。

⑦ 期货交易所的设立、合并、分立、解散。设立期货交易所，由国务院期货监督管理机构审批。未经批准，任何单位或者个人不得设立或者变相设立期货交易所。

期货交易所的合并、分立或者联网交易等，由国务院期货监督管理机构审批。期货交易所可以采取吸收合并和新设合并两种方式，合并前各方的债权、债务，由合并后存续或者新设的期货交易所承继。期货交易所分立，其债权、债务由分立后的期货交易所承继。

期货交易所因下列情况之一的解散：a. 章程规定的营业期限届满，会员大会决定不在延续；b. 会员大会决定解散；c. 国务院期货监督管理机构决定关闭。

阅读资料
11-5

世界主要国家和地区的期货交易所

地区	交易所名称	地区	交易所名称
中国	上海期货交易所	美国	芝加哥期权交易所
	大连商品交易所		纽约商业交易所
	郑州商品交易所		纽约期货交易所
	中国金融期货交易所		美国（纽约）金属交易所
中国香港地区	香港期货交易所		美中商品交易所
中国台湾地区	台湾期货交易所		堪萨斯商品交易所
瑞士	瑞士选择权与金融期货交易所	加拿大	加拿大蒙特利尔交易所
瑞典	瑞典斯德哥尔摩选择权交易所	新西兰	新西兰期货与选择权交易所
西班牙	西班牙固定利得金融期货交易所	南非	南非期货交易所
	西班牙不定利得金融期货交易所	英国	伦敦国际金融期货及选择权交易所
新加坡	新加坡国际金融交易所		伦敦商品交易所
	新加坡商品交易所		英国国际石油交易所
法国	法国期货交易所		伦敦金属交易所
德国	德国期货交易所	日本	日本东京国际金融期货交易所
			日本东京工业品交易所
澳大利亚	澳大利亚悉尼期货交易所		日本东京谷物交易所
美国	芝加哥期货交易所		日本大阪纤维交易所
	芝加哥商业交易所国际期货市场		日本前桥干茧交易所

（2）期货经纪公司

① 期货经纪公司的概念和职责。期货经纪公司是指依法设立的以自己的名义代理客户进行期货交易并收取一定手续费的中介组织。《期货交易管理条例》第十五条规定："期货公司是依照《中华人民共和国公司法》和本条例规定设立的经营期货业务的金融机构。设立期货公司，应当经国务院期货监督管理机构批准，并在公司登记机关登记注册。未经国务院期货监督管理机构批准，任何单位或者个人不得设立或者变相设立期货公司，经营期货业务。"

作为交易者与期货交易所之间的桥梁，期货经纪公司具有如下职能：根据客户指令代理买卖期货合约、办理结算和交割手续；对客户账户进行管理，控制客户交易风险；为客户提供期货市场信息，进行期货交易咨询，充当客户的交易顾问。

② 期货经纪公司的设立条件。申请设立期货经纪公司，应当符合《公司法》的规定，并具备下列条件：a. 注册资本最低限额为人民币3000万元；b. 董事、监事、高级管理人员具备任职资格，从业人员具有期货从业资格；c. 有符合法律、行政法规规定的公司章程；d. 主要股东以及实际控制人具有持续盈利能力，信誉良好，最近3年无重大违法违规记录；e. 有合格的经营场所和业务设施；f. 有健全的风险管理和内部控制制度；g. 国务院期货监督管理机构规定的其他条件。国务院期货监督管理机构根据审慎监管原则和各项业务的风险程度，可以提高注册资本最低限额。国务院期货监督管理机构应当

在受理期货公司设立申请之日起 6 个月内，根据审慎监管原则进行审查，做出批准或者不批准的决定。

③ 期货经纪公司高级管理人员任职资格。期货经纪公司高级管理人员应当具备以下条件：a. 身体状况良好；b. 诚实信用，勤勉尽责，具有良好的职业道德；c. 有相应的经济或者管理工作经验；d. 取得期货从业人员资格；e. 中国证监会规定的其他条件。

下列人员不得担任期货经纪公司高级管理人员：a. 不符合《证券法》规定的证券交易所负责人资格条件的；b. 被中国证监会宣布为证券、期货市场禁止进入者的；c. 被开除的国家公务人员或者事业单位工作人员，自被开除之日起未逾 5 年的；d. 因违法违规行为或者违纪行为被解除职务的期货交易所、期货经纪公司或者其他金融机构的从业人员、董事、监事，自被解除职务之日起未逾 5 年的；e. 因失职造成重大经济损失或者导致发生重大案件的直接责任人和负有直接领导责任的人员，受到警告或者警告以上处罚，执行期满未逾 5 年的；f. 由国务院期货监督管理机构规定的其他情形的。期货经纪公司高级管理人员不得在党政机关兼职。总经理、副总经理不得在其他营利性组织兼职。

参考案例 11-1

积极劝导　赢得信赖

某期货公司大客户魏某不关注基本面的形势，只喜欢做短线，但其短线操作能力不强。在某次大豆行情中，他盲目追涨杀跌，屡屡失手，资金损失过半，心态也越来越浮躁。这时，期货公司交易部经理提醒他要调整投资理念和操作思路，并派公司的资深分析师对魏某进行专门辅导，主动劝其暂停交易、调整心态。魏某听从了交易部经理的建议，休息一段时间后，调整了投资理念和操作思路，改以中线交易为主，并开始注重研究品种的基本面，获得了很好的投资回报，期货公司最终赢得魏某及其他客户的信赖。

[参考案例 11-1] 分析

期货市场充满了利益的诱惑。对期货公司而言，以降低保证金比例或允许客户透支交易换取成交量、诱使客户或其代理人炒单都可以带来眼前利益，但对期货市场正常秩序和诚信文化建设的破坏、对公司信誉带来的负面影响却是致命的。追求长远发展的期货公司通过合规执业教育、风险稽核控制等来抵制利益的诱惑，通过加强员工的执业“自律”和健全严格规章“他律”来消解风险隐患。

从法律角度看，期货公司无须对客户自身的操作行为承担法律责任；但从职业道德角度考虑，积极引导客户建立理性的投资理念和操作方法，既是公司制胜的关键，也是树立行业良好形象、保证行业健康发展的根本。本案例中交易部经理的劝导行为虽然牺牲了公司的交易量和手续费收入，却维护了客户的利益，赢得了客户的信赖。在规范经营、严控风险的前提下，自觉维护客户利益，追求公司与客户的双赢才是期货公司稳步发展的经营之道。

资料来源 http：//www. 7hcn. com/article/43119-1. html

④ 期货经纪公司的变更和解散。期货经纪公司的变更是指期货经纪公司在存续期间内所发生的法律人格、组织、活动范围等方面的重大变化以及其他登记事项的变化。期货经纪公司有下列情形之一的，应当经国务院期货监督管理机构或其派出机构批准：变更公司形式；变更业务范围；变更注册资本；变更 5%以上的股权；变更法定代表人；变更住所或者营业场所；变更境内分支机构的营业场所、负责人或者经营范围；国务院期货监督管理机构规定的其他事项。

期货经纪公司的终止是指期货经纪公司丧失民事主体资格，不再具有民事权利能力和行为能力的状态。期货经纪公司有下列情形之一的应解散，并结清受委托的业务，依法返还客户的保证金：a. 营业期限届满，股东大会决定不再延续；b. 股东大会决定解散；c. 因合并或者分立需要解散；d. 破产；e. 国务院期货监督管理机构决定关闭。期货经纪公司因前三项情形解散的，由国务院期货监督管理机构审批。

11.2.3 期货市场的监督与管理

（1）中国证监会

中国证监会是我国期货市场的主管机关，监督和管理期货交易所和期货经纪公司。中国证监会的职责有以下几项：a. 制订有关期货市场监督管理的规章、规则，并依法行使审批权；b. 对品种的上市、交易、结算、交割等期货交易及其相关活动，进行监督管理；c. 对期货交易所、期货公司及其他期货经营机构、非期货公司结算会员、期货保证金安全存管监控机构、期货保证金存管银行、交割仓库等市场相关参与者的期货业务活动，进行监督管理；d. 制订期货从业人员的资格标准和管理办法，并监督实施；e. 监督检查期货交易的信息公开情况；f. 对期货业协会的活动进行指导和监督；g. 对违反期货市场监督管理法律、行政法规的行为进行查处；h. 开展与期货市场监督管理有关的国际交流、合作活动；i. 法律、行政法规规定的其他职责。

（2）期货交易所

期货交易所应当依照《期货交易管理条例》和中国证监会的规定，建立和健全各项规章制度，加强对期货交易所活动的风险控制和对会员以及期货交易所工作人员的监督管理。

（3）期货经纪公司

期货经纪公司应当建立、健全内部业务管理规则，加强对客户资信情况的审查，并应当按照期货交易所的规定，向期货交易所报告大户名单、交易情况。同时，期货交易所和期货经纪公司应当定期向中国证监会报送财务合计报告、有关资料和审计报告。

（4）期货行业协会

期货行业协会是根据《社会团体登记管理条例》设立的全国期货行业自律性组织，是非营利性的社会团体法人。期货公司以及其他专门从事期货经营的机构应当加入期货业协会，并缴纳会员费。期货行业协会教育和组织会员遵守期货法律法规和政策；制订行业自律性规则，监督、检查会员行为，对违反协会章程和自律性规则的，进行处分；受理客户与期货业务有关的投诉，对会员之间、会员与客户之间发生的纠纷进行调解；依法维护会员的合法权益，向国务院期货监督管理机构反映会员的建议和要求。

11.2.4 期货市场的法律责任

（1）期货交易所的法律责任

① 对期货交易所和直接人员的违规处罚。根据《期货交易管理条例》的规定，期货交易所、非期货公司结算会员有下列行为之一的，应责令其改正，给予警告，没收违法所得：a. 违反规定接纳会员的；b. 违反规定收取手续费的；c. 违反规定使用、分配收益的；d. 不按照规定公布即时行情的，或者发布价格预测信息的；e. 不按照规定向国务院期货监督管理机构履行报告义务的；f. 不按照规定向国务院期货监督管理机构报送有关文件、资料的；g. 不按照规定建立、健全结算担保金制度的；h. 不按照规定提取、管理和使用风险准备金的；i. 违反国务院期货监督管理机构有关保证金安全存管监控规定的；j. 限制会员实物交割总量的；k. 任用不具备资格的期货从业人员的；l. 违反国务院期货监督管理机构规定的

其他行为。

有前款所列行为之一的，对直接负责的主管人员和其他直接责任人员给予纪律处分，处1万元以上10万元以下的罚款。对于违反规定收取手续费的，应当责令退还多收取的手续费。

② 对期货交易所和直接人员的违法经纪处罚。期货交易所、非期货公司结算会员有下列行为之一的，应责令其改正，给予警告，没收违法所得，并处违法所得1倍以上5倍以下的罚款；没有违法所得或者违法所得不满10万元的，并处10万元以上50万元以下的罚款；情节严重的，责令停业整顿：a. 未经批准，擅自办理《期货交易管理条例》第十三条所列事项的；b. 允许会员在保证金不足的情况下进行期货交易的；c. 直接或者间接参与期货交易，或者违反规定从事与其职责无关的业务的；d. 违反规定收取保证金，或者挪用保证金的；e. 伪造、涂改或者不按照规定保存期货交易、结算、交割资料的；f. 未建立或者未执行当日无负债结算、涨跌停板、持仓限额和大户持仓报告制度的；g. 拒绝或者妨碍国务院期货监督管理机构监督检查的；h. 违反国务院期货监督管理机构规定的其他行为。

有前款所列行为之一的，对直接负责的主管人员和其他直接责任人员给予纪律处分，并处1万元以上10万元以下的罚款。

（2）期货经纪公司的法律责任

① 对期货经纪公司和直接人员的违法处罚。期货公司有下列行为之一的，应责令其改正，给予警告，没收违法所得，并处违法所得1倍以上3倍以下的罚款；没有违法所得或者违法所得不满10万元的，并处10万元以上30万元以下的罚款；情节严重的，责令停业整顿或者吊销期货业务许可证：a. 接受不符合规定条件的单位或者个人委托的；b. 允许客户在保证金不足的情况下进行期货交易的；c. 未经批准，擅自办理《期货交易管理条例》第十九条、第二十条所列事项的；d. 违反规定从事与期货业务无关的活动的；e. 从事或者变相从事期货自营业务的；f. 为其股东、实际控制人或者其他关联人提供融资，或者对外担保的；g. 违反国务院期货监督管理机构有关保证金安全存管监控规定的；h. 不按照规定向国务院期货监督管理机构履行报告义务或者报送有关文件、资料的；i. 交易软件、结算软件不符合期货公司审慎经营和风险管理以及国务院期货监督管理机构有关保证金安全存管监控规定的要求的；j. 不按照规定提取、管理和使用风险准备金的；k. 伪造、涂改或者不按照规定保存期货交易、结算、交割资料的；l. 任用不具备资格的期货从业人员的；m. 伪造、变造、出租、出借、买卖期货业务许可证或者经营许可证的；n. 进行混码交易的；o. 拒绝或者妨碍国务院期货监督管理机构监督检查的；p. 违反国务院期货监督管理机构规定的其他行为。

期货公司有前款所列行为之一的，对直接负责的主管人员和其他直接责任人员给予警告，并处1万元以上5万元以下的罚款；情节严重的，暂停或者撤销任职资格、期货从业人员资格。

② 对期货经纪公司欺诈客户行为的处罚。《期货交易管理条例》规定，期货公司有下列欺诈客户行为之一的，应责令其改正，给予警告，没收违法所得，并处违法所得1倍以上5倍以下的罚款；没有违法所得或者违法所得不满10万元的，并处10万元以上50万元以下的罚款；情节严重的，责令停业整顿或者吊销期货业务许可证：a. 向客户做获利保证或者不按照规定向客户出示风险说明书的；b. 在经纪业务中与客户约定分享利益、共担风险的；c. 不按照规定接受客户委托或者不按照客户委托内容擅自进行期货交易的；d. 隐瞒重要事项或者使用其他不正当手段，诱骗客户发出交易指令的；e. 向客户提供虚假成交回报的；f. 未将客户交易指令下达到期货交易所的；g. 挪用客户保证金的；h. 不按照规定在期货保

证金存管银行开立保证金账户，或者违规划转客户保证金的；i. 国务院期货监督管理机构规定的其他欺诈客户的行为。

期货公司有前款所列行为之一的，对直接负责的主管人员和其他直接责任人员给予警告，并处 1 万元以上 10 万元以下的罚款；情节严重的，暂停或者撤销任职资格、期货从业人员资格。

(3) 对内幕交易人员的处罚

期货交易内幕信息的知情人或者非法获取期货交易内幕信息的人，在对期货交易价格有重大影响的信息尚未公开前，利用内幕信息从事期货交易，或者向他人泄露内幕信息，使他人利用内幕信息进行期货交易的，没收违法所得，并处违法所得 1 倍以上 5 倍以下的罚款；没有违法所得或者违法所得不满 10 万元的，处 10 万元以上 50 万元以下的罚款。单位从事内幕交易的，还应当对直接负责的主管人员和其他直接责任人员给予警告，并处 3 万元以上 30 万元以下的罚款。

国务院期货监督管理机构、期货交易所和期货保证金安全存管监控机构的工作人员进行内幕交易的，从重处罚。

(4) 对操纵期货交易价格行为的处罚

任何单位或者个人有下列行为之一，操纵期货交易价格的，应责令其改正，没收违法所得，并处违法所得 1 倍以上 5 倍以下的罚款；没有违法所得或者违法所得不满 20 万元的，处 20 万元以上 100 万元以下的罚款：a. 单独或者合谋，集中资金优势、持仓优势或者利用信息优势联合或者连续买卖合约，操纵期货交易价格的；b. 蓄意串通，按事先约定的时间、价格和方式相互进行期货交易，影响期货交易价格或者期货交易量的；c. 以自己为交易对象，自买自卖，影响期货交易价格或者期货交易量的；d. 为影响期货市场行情囤积现货的；e. 国务院期货监督管理机构规定的其他操纵期货交易价格的行为。

单位有前款所列行为之一的，对直接负责的主管人员和其他直接责任人员给予警告，并处 1 万元以上 10 万元以下的罚款。

此外，《刑法》第一百八十二条规定，有下列情形之一，操纵证券、期货市场，情节严重的，处 5 年以下有期徒刑或者拘役，并处或者单处罚金；情节特别严重的，处 5 年以上 10 年以下有期徒刑，并处罚金：①单独或者合谋，集中资金优势、持股或者持仓优势或者利用信息优势联合或者连续买卖，操纵证券、期货交易价格或者证券、期货交易量的。②与他人串通，以事先约定的时间、价格和方式相互进行证券、期货交易，影响证券、期货交易价格或者证券、期货交易量的。③在自己实际控制的账户之间进行证券交易，或者以自己为交易对象，自买自卖期货合约，影响证券、期货交易价格或者证券、期货交易量的。④以其他方法操纵证券、期货市场的。“单位犯前款罪的，对单位判处罚金，并对其直接负责的主管人员和其他直接责任人员，依照前款的规定处罚。”

(5) 对交割仓单违法行为的处罚

交割仓库有下列行为之一的：①出具虚假仓单；②违反期货交易所业务规则，限制交割商品的入库、出库；③泄露与期货交易有关的商业秘密；④违反国家有关规定参与期货交易；⑤国务院期货监督管理机构规定的其他行为。应责令其改正，给予警告，没收违法所得，并处违法所得 1 倍以上 5 倍以下的罚款；没有违法所得或者违法所得不满 10 万元的，并处 10 万元以上 50 万元以下的罚款；情节严重的，责令期货交易所暂停或者取消其交割仓库资格。对直接负责的主管人员和其他直接责任人员给予警告，并处 1 万元以上 10 万元以下的罚款。

(6) 对其他违法行为的处罚

① 国有以及国有控股企业违反《期货交易管理条例》和国务院国有资产监督管理机构以及其他有关部门关于企业以国有资产进入期货市场的有关规定进行期货交易，或者单位、个人违规使用信贷资金、财政资金进行期货交易的，给予警告，没收违法所得，并处违法所得 1 倍以上 5 倍以下的罚款；没有违法所得或者违法所得不满 10 万元的，并处 10 万元以上 50 万元以下的罚款。对直接负责的主管人员和其他直接责任人员给予降级直至开除的纪律处分。

② 境内单位或者个人违反规定从事境外期货交易的，责令改正，给予警告，没收违法所得，并处违法所得 1 倍以上 5 倍以下的罚款；没有违法所得或者违法所得不满 20 万元的，并处 20 万元以上 100 万元以下的罚款；情节严重的，暂停其境外期货交易。对直接负责的主管人员和其他直接责任人员给予警告，并处 1 万元以上 10 万元以下的罚款。

③ 任何单位或者个人非法设立或者变相设立期货交易所、期货公司及其他期货经营机构，或者擅自从事期货业务，或者组织变相期货交易活动的，予以取缔，没收违法所得，并处违法所得 1 倍以上 5 倍以下的罚款；没有违法所得或者违法所得不满 20 万元的，处 20 万元以上 100 万元以下的罚款。对直接负责的主管人员和其他直接责任人员给予警告，并处 1 万元以上 10 万元以下的罚款。

④ 期货公司的交易软件、结算软件供应商拒不配合国务院期货监督管理机构调查，或者未按照规定向国务院期货监督管理机构提供相关软件资料，或者提供的软件资料有虚假、重大遗漏的，责令改正，处 3 万元以上 10 万元以下的罚款。对直接负责的主管人员和其他直接责任人员给予警告，并处 1 万元以上 5 万元以下的罚款。

⑤ 会计师事务所、律师事务所、资产评估机构等中介服务机构未勤勉尽责，所出具的文件有虚假记载、误导性陈述或者重大遗漏的，责令改正，没收业务收入，暂停或者撤销相关业务许可，并处业务收入 1 倍以上 5 倍以下的罚款。对直接负责的主管人员和其他直接责任人员给予警告，并处 3 万元以上 10 万元以下的罚款。

⑥ 国务院期货监督管理机构、期货交易所、期货保证金安全存管监控机构和期货保证金存管银行等相关单位的工作人员，泄露知悉的国家秘密或者会员、客户商业秘密，或者徇私舞弊、玩忽职守、滥用职权、收受贿赂的，依法给予行政处分或者纪律处分。

⑦ 任何单位或者个人违反《期货交易管理条例》规定，情节严重的，由国务院期货监督管理机构宣布该个人、该单位或者该单位的直接责任人员为期货市场禁止进入者。构成犯罪的，依法追究刑事责任。

11.3 期货从业人员行为规范

参考案例 11-2

作获利保证 欺诈客户

某期货公司市场开发人员梁某，在开发客户过程中向投资者王某承诺期货投资包赚不赔。王某听信后，很快投入 10 万元进行期货交易，并将交易密码告诉梁某，由梁某代他下单。不久，王某账户就亏损了 4 万元。由于心虚，梁某未向王某汇报真实交易情况，反而谎称盈利。后来王某在查询账单时发现真实情况，便向梁某质问，梁某竟不辞而别，不知去向。王某无奈向期货公司提出索赔，几经调解，期货公司赔偿了王某的部分损失。

[参考案例 11-2] 分析

《期货交易管理条例》第二十五条第二款规定，期货公司不得向客户做获利保证。本案例中期货从业人员梁某违反规定向客户作出获利保证，属于欺诈投资者的行为。

此外，梁某违反中国证券监督管理委员会禁止从业人员代客户决定交易指令的规定，私下代客户做单，交易过程中还企图隐瞒亏损事实，谎称盈利，严重损害了投资者利益。

事发后，梁某不辞而别，使所在期货公司蒙受损失，反映出梁某缺乏基本职业道德。他的行为不仅毁掉了自己的名誉，甚至损害了整个期货行业的声誉。

本案例还反映出该期货公司未能对梁某进行有效的监督管理。期货公司应防患于未然，加强对从业人员的日常管理和教育，建立和完善有效的监督和制约机制，以维护投资者的合法权益。

资料来源 http://www.7hcn.com/article/43119-1.html

11.3.1 期货从业人员行为规范概述

（1）期货从业人员的范围

根据《期货从业人员管理办法》的规定，期货从业人员是指：

① 期货公司的管理人员和专业人员；

② 期货交易所的非期货公司结算会员中从事期货结算业务的管理人员和专业人员；

③ 期货投资咨询机构中从事期货投资咨询业务的管理人员和专业人员；

④ 为期货公司提供中间介绍业务的机构中从事期货经营业务的管理人员和专业人员；

⑤ 中国证券监督管理委员会（以下简称“中国证监会”）规定的其他人员。

（2）从事期货经营业务的机构范围

根据《期货从业人员管理办法》的规定，从事期货经营业务的机构包括

① 期货公司；

② 期货交易所的非期货公司结算会员；

③ 期货投资咨询机构；

④ 为期货公司提供中间介绍业务的机构；

⑤ 中国证监会规定的其他机构。

11.3.2 期货从业人员资格的取得与注销

（1）期货从业人员的资格取得

期货从业人员应该参加期货从业资格考试，通过从业资格考试的，取得协会颁发的从业资格考试合格证明。取得从业资格考试合格证明的人员从事期货业务的，应当事先通过其所在机构向协会申请从业资格。

未取得从业资格的人员，不得在机构中开展期货业务活动。

（2）期货从业人员资格的注销

期货从业人员辞职、被解聘或者死亡的，机构应当自上述情形发生之日起 10 个工作日内向协会报告，由协会注销其从业资格。

机构的相关期货业务许可被注销的，由协会注销该机构中从事相应期货业务的期货从业人员的从业资格。

11.3.3 期货从业人员的行为规范

（1）期货从业人员应该遵守的行为规范

期货从业人员应当遵守下列执业行为规范：

① 诚实守信，恪尽职守，促进机构规范运作，维护期货行业声誉；

② 以专业的技能，谨慎、勤勉尽责地为客户提供服务，保守客户的商业秘密，维护客户的合法权益；

③ 向客户提供专业服务时，充分揭示期货交易风险，不得作出不当承诺或者保证；

④ 当自身利益或者相关方利益与客户的利益发生冲突或者存在潜在利益冲突时，及时向客户进行披露，并且坚持客户合法利益优先的原则；

⑤ 具有良好的职业道德与守法意识，抵制商业贿赂，不得从事不正当竞争行为和不正当交易行为；

⑥ 不得为迎合客户的不合理要求而损害社会公共利益、所在机构或者他人的合法权益；

⑦ 不得以本人或者他人名义从事期货交易；

⑧ 协会规定的其他执业行为规范。

（2）期货从业人员禁止的行为

期货公司的期货从业人员不得有下列行为：

① 进行虚假宣传，诱骗客户参与期货交易；

② 挪用客户的期货保证金或者其他资产；

③ 中国证监会禁止的其他行为。

期货交易所的非期货公司结算会员的期货从业人员不得有下列行为：

① 利用结算业务关系及由此获得的结算信息损害非结算会员及其客户的合法权益；

② 代理客户从事期货交易；

③ 中国证监会禁止的其他行为。

期货投资咨询机构的期货从业人员不得有下列行为：

① 利用传播媒介或者通过其他方式提供、传播虚假或者误导客户的信息；

② 代理客户从事期货交易；

③ 中国证监会禁止的其他行为。

为期货公司提供中间介绍业务的机构的期货从业人员不得有下列行为：

① 收付、存取或者划转期货保证金；

② 代理客户从事期货交易；

③ 中国证监会禁止的其他行为。

11.3.4 对期货从业人员的监督管理

（1）对期货从业人员的监督管理机构

中国证监会指导和监督协会（以下简称“协会”）对期货从业人员的自律管理活动

（2）对期货从业人员的监督管理措施

协会应当组织期货从业人员后续职业培训，提高期货从业人员的职业道德和专业素质。协会应当对期货从业人员的执业行为进行定期或者不定期检查，期货从业人员及其所在机构应当予以配合。期货从业人员违反《期货从业人员管理办法》以及协会自律规则的，协会应当进行调查、给予纪律惩戒。期货从业人员涉嫌违法违规需要中国证监会给予行政处罚的，协会应当及时移送中国证监会处理。协会应当设立专门的纪律惩戒及申诉机构，制定相关制度和工作规程，按照规定程序对期货从业人员进行纪律惩戒，并保障当事人享有申诉等权利。

本 章 小 结

期货交易，是在固定场所内集中买卖某种期货合约的交易活动，它的最终目的并不是商品所有权的转移，而是通过买卖期货合约，回避现货价格风险。

目前，我国在期货市交易领域中最全面、最完整的法律是《期货交易管理条例》，它对我国期货市场的运行起到了重要作用。本章阐述了期货交易的相关法律制度，涉及期货交易的概念、特点、期货交易法的适用范围和原则；期货交易所和期货经纪公司及其设立条件、变更和终止；相关部门对期货市场的监督和管理。同时，禁止期货交易所及其直接人员实施违法、违规行为；禁止期货经纪公司及其相关人员操纵期货价格、从事内幕交易、欺诈客户。对以上违法行为，应予以经济处罚。构成犯罪的，依法追究刑事责任。

【思考题】

1. 期货交易与现货交易、远期交易的区别有哪些？
2. 期货经纪公司的设立条件是什么？
3. 期货交易所和其直接人员的法律责任是什么？
4. 期货从业人员的范围有哪些？

【课堂讨论题】

目前，我国还没有完整的《期货交易法》，全国人民代表大会正在起草这部法律，请谈一谈《期货交易法》的颁布，将会对我国期货市场起到怎么样的作用。

【案例分析】

期货委托交易存在欺诈行为纠纷案

原告：某实业总公司

被告：某联合进出口公司

原告副总经理何某，受原告委托，于 1994 年 11 月 20 日以何某名义与被告下属的不具备法人资格的“驻上海建筑材料交易所”（系上海商品交易所会员单位，以下简称“交易所”）建立期货代理合同关系。同年 11 月 11 日和 12 月 2 日，何某分两次向“交易所”交付期货交易保证金共计 120 万元。“交易所”在代理原告进行期货交易过程中，绝大多数不按原告指令进行交易，而采取制作假单、飞单等方式蒙骗原告，致原告无从了解交易的实际情况。截至 1994 年 12 月 20 日，原告的客户账单反映其亏损额达 1832418.33 元。1995 年 5 月 2 日，何某就交易中出现的问题与“交易所”责任人王某交涉。王某承认有错，并具条承诺偿还原告保证金 120 万元。后因王某逃匿，原告遂起诉至法院，要求判令被告返还保证金 120 万元。

被告辩称：“交易所”在实际代理原告进行期货交易过程中，原告共亏损 63 万元，故其愿退还原告保证金 57 万元；其余均属正常亏损，被告不予接受。

法院认为，“交易所”在代理原告进行期货交易时，以制作假单、飞单等欺诈手段蒙骗原告，故双方之间的代理关系无效，“交易所”应承担全部过错责任。因“交易所”不具备法人资格，故其民事责任应由被告承担。

[分析提示]

本案的关键是如何认定期货欺诈行为及法律责任如何承担。

期货欺诈行为是指期货经纪公司及其工作人员在从事期货经纪业务及其相关活动中违背公开、公平、公正和诚实信用原则，故意制造虚假事实或隐瞒实情，欺骗客户，使客户产生错误认识并基于错误认识从事期货交易，从而损害客户利益，扰乱期货市场正常秩序的行为。这些行为包括非法从事期货经纪业务或擅自超越经营范围、散布虚假或使人误解的消息误导客户进行交易、私下对冲、对赌和吃点、利用内幕信息进行期货交易、挪用客户保证金为自己买卖期货、操纵期货市场等。

期货欺诈行为是一种严重损害客户利益的违法行为，因而是无效民事行为。对这类无效民事行为，可依据《民法通则》第六十一条的规定来处理。具体说来，期货经纪公司应当如数返还客户向其交纳的保证金和赔偿利息损失以及返还从客户处取得的佣金，对造成客户经济损失的，经纪公司还应承担赔偿责任。如果双方均有过错，则各自承担相应的法律责任。期货经纪公司因欺诈行为所获得的盈利应予以收缴，上交国库。

本案被告下属单位“交易所”代理原告进行期货交易时，实施欺诈行为，双方之间的代理关系无效，过错在于被告，理应如数返还客户向其交纳的保证金和赔偿利息损失。

资料来源：110法律咨询网

第 12 章　信托和融资租赁法

【学习目标】

理解信托的含义、信托法律关系的构成要素。

掌握信托的设立、变更、终止及相关法律规定。

了解融资租赁的含义、特征和种类。

掌握融资租赁合同的订立、履行、变更、解除、终止。

【本章引例】

2010 年 3 月 5 日，北京达成实业投资有限责任公司（简称达成公司）与安保信托投资有限公司（简称安保信托公司）签订一份《资金信托合同》，约定信托资金金额为 400 万人民币，信托类别为自益信托，存续期暂定 2 年；约定若达成公司变更受益人，安保信托公司有权收取受托金额 0.8%的变更手续费；关于信托的变更、撤销、解除、终止，要经过安保信托公司同意。5 月 6 日，达成公司与指针公司签订一份信托受益权转让合同，约定达成公司向指针公司出让上述《资金信托合同》中的信托受益权，在 5 月 16 日前签署合同；当日，安保信托投资有限公司收取指针公司交付的受益权转让手续费人民币 32000 元，但其后一直未办理转让。5 月 17 日，指针公司向达成公司发函要求停止合同，造成达成公司的经济损失。

请问：

① 北京达成实业投资有限责任公司是否有权转让信托受益权？

② 北京达成实业投资有限责任公司能否解除信托？

③ 信托终止后，信托财产归属谁？

【引例分析】

① 有权转让。该信托为自益信托，我国法律对自益信托的转让并无进行强制性的规定。信托有效成立后，委托人原则上不得随意变更受益人，但信托文件中另有规定的除外。达成公司与安保信托公司签订的《资金信托合同》约定若达成公司变更受益人，安保信托公司有权收取受托金额 0.8%的变更手续费，属于信托文件的另有规定，安保信托公司已收取手续费。

② 有权解除。根据《信托法》第五十三条，自益信托的委托人可以解除信托。达成公司变更受益人是经过安保信托公司的同意，则安保信托公司应当为受益人办理信托受益权转让的有关手续，而其无正当理由拒绝办理的行为显然属于违反其作为金融机构的法定义务和合同约定义务的行为，属于违约行为，造成达成公司经济损失不能实现合同目的，因此，达成公司有权解除《资金信托合同》，信托解除是信托终止情形之一。

③ 归属于北京达成实业投资有限责任公司。根据《信托法》第五十四条，信托财产归属于信托文件规定的人；信托文件未规定的，按下列顺序确定归属，首先是受益人或者其继承次人；其次是委托人或者其继承人。

资料来源：根据资料整理

12.1 信托与信托法概述

12.1.1 信托的概念、特征及分类

(1) 信托的概念

信托，即“信任委托”之义。是指委托人基于对受托人的信任，将其财产转移给受托人，受托人按照委托人的意愿以自己的名义，为受益人的利益或特定目的，管理或处分财产的关系。“受人之托，代人理财”是对信托本质内涵的高度概括。

阅读资料 12-1

信托的沿革

信托制度源远流长。现存关于信托的最早记载，是古埃及人于公元前 2548 年写下的有关信托自己财产的遗嘱。到了古罗马时代，这种遗产信托成为固定的制度。而现代意义的信托，人们普遍认为起源于英国，充分发展于美国，并在日本得到了创新。虽然具有现代意义的信托起源于英国的“尤斯制”，但英国现代信托业却不如美国、日本发达。开办专业信托投资公司，美国比英国还早，美国最早完成了从个人信托向法人信托的过渡。1792 年美国成立了第一家信托公司；1830 年前后，美国的信托公司大量涌现，在南北战争（1861～1865 年）结束时发展到鼎盛时期；到 19 世纪末商事信托已经基本上定型。

20 世纪初，英、美信托制度传入日本。1906 年，日本成立了第一家信托公司，1922 年日本颁布了《信托法》和《信托业法》。日本的信托从内容到经营方式都有创新：受托经营的财产种类扩大到金钱、有价证券等各种动产和房屋、土地等不动产；受托的业务从财产物资的经营管理扩大到对人的监护和赡养，以及咨询、调查等；受托人不限于信托公司（银行)，普通银行通过设立信托部亦可兼营信托业务。等等。

从上可见，信托的发展经历了以下轨迹：即由个人办理的非营利的简单民事信托，发展到法人经营的以营利为目的的商事信托，直至以金融信托业务为主的现代信托。现在一般所讲的信托，主要是指金融信托。

(2) 信托的特征

信托作为一种财产转移和管理制度，与其他财产管理制度不同，具有以下法律特征。

① 信托以信任为基础，以委托为依据。信托行为的发生，涉及三方当事人，即委托人、受托人和受益人。三方共同形成了信托行为的信用关系。委托人基于对受托人的人品与能力的充分信任，将信托财产转移给受托人管理或处理。受托人通过自身的信托业务活动满足委托人的要求，使受益人获益。受益人是依据这种信托关系得到实际利益的人。委托人必须以信托合同对受托人进行委托，受托人接受委托，信托才可以成立。

② 信托财产的所有权与利益相分离。信托财产由委托人转移给受托人后，一方面，受托人享有信托财产法律上、形式上的所有权，可以管理和处分信托财产；另一方面，受托人的这种所有权又是不完整的，受托人不享有收益权，即受托人必须将信托财产的收益交给受益人。所有权与利益相分离，正是信托区别于类似财产管理制度的根本特质。

③ 信托财产的独立性。信托一旦有效设立，信托财产即从信托当事人的自有财产中分

离出来，成为一项仅服从于信托目的的独立运作的财产。就委托人而言，一旦将财产交付信托，即丧失对该财产的所有权，如果委托人破产，已设立信托的财产，也不能加入到破产财产中，其债权人只能分配委托人在信托财产之外的其他财产。就受托人而言，受托人虽然取得了信托财产的所有权，但由于他不能对信托财产享受因行使所有权而带来的利益，所以受托人所承受的各种信托财产必须独立于其固有财产。受托人在管理和处分信托财产时，必须将信托财产与其自有财产区分开来，实行分别管理，分别造册；如果受托人破产，信托财产也不能加入破产财产；信托财产也不能成为强制执行的对象。就受益人而言，受益人虽然享有受益权，但这只是一种信托利益的请求权，在信托法律关系存续期间，受益人并不享有信托财产的所有权。

④ 信托责任的有限性。信托责任的有限性源于信托财产的独立性。在信托中，只要受托人在处理信托事务过程中没有违背信托目的和管理职责，即使未能取得信托利益或造成了信托财产的损失，受托人也不以自有财产负个人责任。受托人因处理信托事物所支出的费用以及对第三人所负的债务，都只以信托财产为限负有限清偿责任。法律上之所以做出这些安排，是为了防止受托人因其履行职责而受到无谓损害，从而使信托的社会机能得到彻底发挥。

⑤ 信托管理的连续性。信托是一种具有长期性和稳定性的财产管理制度。信托不因受托人的欠缺而影响其成立。已成立的信托也不因受托人的变更而影响其存续，即信托设立后，受托人因死亡、丧失行为能力、解散、破产等不得已事由而终止其职务时，信托关系也不因此而当然消灭。在公益信托中还适用“类似原则”，即当公益信托所指定公益目的不能实现或实现已无意义时，公益信托并不终止，有关机关将使信托财产运用于与初始信托“尽可能类似”的其他一些公益目的上，从而使公益信托继续存在下去。

（3）信托的分类

信托具有广泛的适用性，根据不同的标准，信托可以分为不同的种类。

① 以受托人身份的不同进行的分类，可分为商事信托与民事信托。商事信托指受托人是专门经营信托业务的信托。目前各国由信托公司为受托人的各种贷款信托、投资信托、有价证券信托等均属于商业信托。商事信托以营利为目的。

民事信托是由除商业受托人以外的主体担任受托人的信托。目前在社会生活中常见的由自然人或者除信托公司以外的法人或非法人团体担任受托人的各种私益信托，均属于民事信托。民事信托不以营利为目的。

② 以信托设立的目的来分类，可分为公益信托和私益信托。公益信托是指以公共利益为目的的信托。这类信托其受益者为不特定的多数，并且公益信托的受托人必须经主管机关许可。这类信托目前已广泛存在于各国，且种类越来越多。

私益信托是指出于私益目的，即为信托人所指定的特定的某人的利益而设立的信托。目前各国的商事信托，以及英美法系国家中常见的民事信托，都属于私益信托。

③ 以设立信托行为的不同标准来分类，可分为设定信托和法定信托。设定信托是指由信托人通过民事法律行为而设立的信托。例如，信托人通过遗嘱、契约或者其他民事法律行为而设立的信托，均属于此种信托。

法定信托是指依据法律的直接规定而产生的信托。这类信托一般存在于某些关于财产的特别法之中。在这种信托中，受托人身份由法律直接赋予，与信托的其他关系人或有关国家机关的意志无关。这种信托在各国信托中比例很小。

④ 以受益人的不同来分类，可分为自益信托和他益信托。自益信托是指由信托人本人为受益人，享受信托利益的信托。目前各国的商事信托，其中有许多是自益信托。在这种信托中，信托人与受益人为同一人。

他益信托是指信托人以外的人享受信托利益的信托。所有的公益信托，以及由信托人通过遗嘱而设立的信托都是他益信托。在这种信托中，信托人与受益人为不同的人。

⑤ 以设立信托的行为不同来分类，可分为契约信托和遗嘱信托。信托的设立是按照契约进行的，即叫做契约信托，亦称生前信托。契约信托在信托成立时即发生法律效力。

信托的设立是按照遗嘱进行的，叫做遗嘱信托，亦称死后信托。这类信托由信托人生前设立，但却在其死亡时才发生法律效力。这种信托只能是他益信托。

⑥ 以信托产生的方式不同来分类，可分为明示信托与默示信托。明示信托是指由当事人通过明确的意思表示而设立的信托，如通过合同、遗嘱等设立的信托。

默示信托是指委托人虽未明确表示，但可因其行为推定其具有信托的意图，由此而成立的信托。默示信托只存在于英美法系国家中。

12.1.2 信托法概述

信托法是调整信托关系的法律规范的总称。信托法包括信托基本法和信托业法。信托基本法是规定信托基本关系的法律规范，其内容包括信托财产、信托当事人（委托人、受托人、受益人）的资格及各自的权利义务、信托的类别及设立和终止等。信托业法是规定金融信托机构的组织及其业务监管的法律规范。其内容包括信托机构的性质、业务范围、组织形式、设立条件及程序、变更、终止、经营规则、监督管理等。

信托业在我国刚刚兴起时，关于信托方面的立法很不完善。调整信托关系的法律规范主要是2007年修订的《信托公司管理办法》、《信托公司集合资金信托计划管理办法》等行政规章。这些立法内容陈旧，远远不能适应我国社会主义市场经济发展的需要。因此，随着我国金融信托业的发展和金融体制改革的深化，迫切需要制订一部信托法，2001年4月28日第九届全国人大常委会第二十一次会议通过了《中华人民共和国信托法》（以下简称《信托法》）并于2001年10月1日起开始施行。这是我国第一部调整信托基本关系的法律，它使我国信托关系的确立和信托行为的进行第一次有了明确的法律标准，这有利于建立规范的信托制度，有利于保护信托当事人权益，有利于促进信托业的健康发展；它也为制定其他相关法律法规提供了法律依据。

阅读资料
12-2

中国信托业的发展

中国的信托业始于20世纪初的上海。1921年8月，在上海成立了第一家专业信托投资机构——中国通商信托公司，1935年在上海成立了中央信托总局。新中国建立至1979年以前，金融信托因为在高度集中的计划经济管理体制下，信托没有能得到发展。1979年10月，国内第一家信托机构——中国国际信托公司宣告成立，此后，从中央银行到各专业银行及行业主管部门、地方政府纷纷办起各种形式的信托投资公司，到1988年达到最高峰时共有1000多家，总资产达到6000多亿元，占到当时金融总资产的10%。信托投资公司主要从事与银行类似的业务，真正的信托投资业务也有开展，如金信信托投资股份有限公司于1992年发行的浙江省内第一只共同基金“金信基金”，1995年8月推出的“个人特约集合委托存款”业务。但是由于缺乏法律上的规范和信托投资公司的管理经验，在1999年中国人民银行对信托业进行第五次整顿前，信托投资公司仅余下239家。从1999年开始，中国人民银行就对原有的239家信托投资公司进行了清理整顿，拟合并保留60家，目前，已有50

家经过了重新审核登记。

12.1.3 信托法律关系的构成要素

信托法律关系是由信托法调整的，在信托当事人之间形成的，以信托财产为中心的权利义务关系。信托法律关系由主体、客体和内容三部分构成。

(1) 信托法律关系的主体

信托关系的主体是从事信托行为的当事人，包括委托人、受托人和受益人。委托人将财产委托转移给受托人，受托人取得财产并承诺为信托目的进行管理处分，受益人享受信托财产的利益。

① 委托人。委托人是通过信托将自己财产转移给受托人管理或处分，并让受托人将信托收益交付自己或指定的其他受益人，从而导致信托关系产生的人。信托关系是一种以信托财产为中心的法律关系，委托人是以其合法所有的财产设立信托的人，是信托财产的提供人。没有委托人，就没有信托财产，更不可能设立信托关系。所以，委托人是以信托财产提供人的身份在信托关系中确立其法律地位的。

我国《信托法》规定，委托人应当是具有完全民事行为能力的自然人、法人或依法成立的其他组织。委托人一般应具备以下三个条件：a. 具有完全民事行为能力；b. 拥有一定数量的财产；c. 资产负债状况良好。

② 受托人。受托人是接受委托人的委托，依照信托目的为受益人的利益对信托财产进行管理和处分的人。受托人是在信托关系中不可缺少的、最重要的当事人，处于掌握、管理和处分信托财产的核心地位。

受托人的产生取决于委托人的信赖程度，由委托人自主选择。我国《信托法》规定："受托人应当是具有完全民事行为能力的自然人、法人，法律、行政法规对委托人的条件另有规定的，从其规定。"

③ 受益人。受益人是在信托关系中享受利益的人，是信托当事人之一。受益人可以是一人，也可以是数人；可以是自然人，也可以是法人，还可以是非法人组织；可以是委托人自己，也可以是委托人之外的第三人；可以具有行为能力，也可以不具有行为能力。

(2) 信托法律关系的客体

信托法律关系的客体是指信托法律关系主体的权利义务所共同指向的对象，即借以产生信托法律关系的信托财产。所谓信托财产，是指委托人通过信托行为转移给受托人，并由受托人按照一定的信托目的进行管理和处理的财产。

信托财产的范围非常广泛。一般来说，凡是具有金钱价值的东西，都可以作为信托财产，包括动产、不动产、物权、债权、股票和债券等有价证券，专利权、商标权、著作权等知识产权以及其他财产权都可以作为信托财产。但是通常所说的人身权如名誉权、姓名权、身份权等，因不具有财产价值，故不得作为信托财产。

信托财产的法律性质比较特殊。受托人因设立信托而取得信托财产的所有权，但这种所有权要受到受益权的限制，即信托财产所产生的利益只能由受益人享受。与此相联系，在法律地位上，信托财产又具有独立性，即信托财产独立于委托人、受托人和受益人的自有财产，受托人必须独立加以管理，而且处于委托人、受托人、受益人三方债权人的追及范围之外。

(3) 信托法律关系的内容

信托法律关系的内容是信托关系人（即委托人、受托人和受益人）所享有的权利和承担的义务。

① 委托人的权利和义务

委托人的权利主要包括以下内容。

a. 知情权。委托人有权了解其信托财产的管理运用、处分及收支情况，并有权要求受托人做出说明。委托人有权查阅、抄录或者复制与其信托财产有关的信托账目以及处理信托事务的其他文件。

b. 管理方法调整权。因设立信托时未能预见的特别事由，致使信托财产的管理方法不利于实现信托目的或者不符合受益人的利益时，委托人有权要求受托人调整该信托财产的管理方法。

c. 撤销权。受托人违反信托目的处分信托财产或者因违背管理职责、处理信托事务不当致使信托财产受到损失的，委托人有权向人民法院申请撤销该处分行为，并有权要求受托人恢复信托财产的原状或者予以赔偿；该信托财产的受让人明知是违反信托目的而接受该财产的，应当予以返还或者予以赔偿。委托人的这项申请撤销权，自委托人知道或者应当知道撤销原因之日起 1 年内不行使的归于消灭。

d. 解任权。受托人违反信托目的处分信托财产或者管理运用、处分信托财产有重大过失的，委托人有权依照信托文件的规定解任受托人，或者向人民法院申请解任受托人。

e. 选任新受任人的权利。受托人职责终止的，依照信托文件规定选任新受托人；信托文件未规定的，由委托人选任。

在信托关系存续期间，前受托人的任务一旦终止，其应当由新受托人依法取代。委托人有权在新受托人的产生方面发挥能动作用。

委托人的义务主要包括如下内容。

a. 确保信托财产的所有权转移给受托人的义务。

b. 按照法律、信托行为的规定向受托人支付的报酬的义务。

c. 除委托人已在信托文件中声明保留权利者外，不得干预受托人的活动。

d. 当委托人为唯一受益人时，如其解除信托的时期不利于受托人，则应赔偿受托人因此所受损害（如报酬的减少等）。

② 受托人的权利和义务

受托人的权利主要包括如下内容。

a. 管理信托财产与处理信托事务的权利。这一权利是信托关系本身派生出来的，信托目的是要求通过由受托人执行信托来使受益人获益，这就决定了受托人这一权利的享有。只有当受托人享有这一权利，该人才有可能在执行信托的过程中切实履行法律赋予的各项义务，才有可能凭借自己的能力，使信托财产派生出受益权，从而为实现委托人或有关国家机关设立信托之目的创造条件。

b. 请求法院变更信托财产管理方法的权利。对信托财产的管理，需要运用一定的管理方法。这种管理方法一经确定，一般说来不能变更。但在信托关系存续期间，有时为了有利于受益人或者有利于信托目的实现，的确需要对这一管理方法进行变更。受托人有权在需要之时请求法院变更这种管理方法。

c. 费用及损害补偿请求权。在信托关系存续期间，要使对信托财产的管理和对信托事务的处理有效地进行，通常需要由受托人支付一定的有关费用。这种费用主要表现为因信托财产所负担的税金与管理费，正常维修信托财产所必需的费用，以及因实施信托行为中规定的各项行为所必需的费用等。在许多情况下，这种费用均是受托人用自己的固有财产来垫付的。除此而外，在信托执行的过程中，受托人有时也会因自己的过失而遭受财产损失，或者对第三人负有债务，并且这种损失或债务又较多地体现为受托人并未取得相应利益却开支了一定的金钱，故两者也属于“有关费用”的范围。受托人对其在这一过程中垫付的前述各项有关费用，理应获得补偿。

d. 就自己的执行信托获得报酬的权利。受托人对于报酬权，可以通过三种途径来行使：一是直接对信托财产行使；二是对受益人行使；三是对委托人行使。究竟按其中的哪一种途径来行使这一权利，一般应当由导致受托人取得这一权利的法律或信托行为来规定。如果有关的法律或信托行为中对此并无规定，那么可以由受托人根据具体情况来选择。

e. 为信托行为所授予的权利。这一权利与上面提到的四项权利在性质上不同或者不完全相同：它是由委托人意定的权利。还可以在有关的信托行为中，以明文规定形式，授予受托人一定权利。这些权利可以包括与信托财产或信托执行有关但在信托法中却并未规定的权利，还可以包括在信托行为中规定的事由出现之时变更或解除信托关系的权利以及其他有利于信托目的实现的权利等。

受托人的义务主要包括如下内容。

a. 诚信、谨慎、有效管理的义务。受托人应当遵守信托文件的规定，为受益人的最大利益处理信托事务。受托人管理信托财产，必须恪尽职守，履行诚实、信用、谨慎、有效管理的义务。

b. 忠实义务。忠实义务是指受托人必须以受益人的利益作为处理信托业务的唯一目的，必须避免与受益人产生利益冲突的情况。在管理信托财产时，不得利用信托财产为自己谋取利益。受托人违反规定，利用信托财产为自己谋取利益的，所得利益归入信托财产。

c. 对信托财产分别管理的义务。受托人必须将信托财产与其固有财产分别管理，分别记账，并将不同委托人的信托财产分别管理，分别记账。受托人不得将信托财产转为其固有财产。受托人将信托财产转为其固有财产的，必须恢复该信托财产的原状；造成信托财产损失的，应当承担赔偿责任。

d. 不得委托他人代理的义务。信托关系以信托为基础，没有委托人或有关国家机关对受托人的信任，不可能有前两者对后者的选任或指定，有关的信托关系便不能产生。信托关系的这一特征，要求受托人对信托财产的亲自管理，对信托事务亲自处理。即要求受托人以自己的行为来执行信托，不得委托他人代理。但信托文件另有规定或者有不得已事由的，可以委托他人代为处理。受托人依法将信托事务委托他人代理的，应当对他人处理信托事务的行为承担责任。

e. 共同受托人共同行动的义务。同一信托的受托人有两个以上的，为共同受托人。共同受托人应当共同处理信托事务，但信托文件规定对某些具体事务由受托人分别处理的，从其规定。共同受托人共同处理信托事务，意见不一致时，按信托文件规定处理；信托文件未规定的，由委托人、受益人或者利害关系人决定。

f. 账簿制作义务、报告与保密义务。受托人必须保存处理信托事务的完整记录。受托人应当每年定期将信托财产的管理运用、处分及收支情况，报告委托人和受益人。受托人对委托人、受益人以及处理信托事务的情况和资料负有依法保密的义务。

g. 交付信托利益的义务。受托人以信托财产为限向受益人承担支付信托利益的义务。向受益人交付信托利益是受托人最基本的义务，这一义务是由信托关系的目的所派生的，是要求通过受托人执行信托来使受益人受益。受托人的其他义务均服务于此义务，即信托法要求受托人履行其他各项义务均是为了在法律上创造条件，使这项义务得到切实的履行。

h. 信托财产恢复原状或赔偿损失的义务。受托人违反信托目的处分信托财产或者因违背管理职责、处理信托事务不当致使信托财产受到损失的，负有恢复信托财产的原状或者赔偿损失的义务。

③ 受益人的权利和义务

受益人的权利主要包括如下内容。

a. 信托受益权。受益人自信托生效之日起享有信托受益权，当受益人为两个以上时，为共同受益人。共同受益人按照信托文件的规定享受信托利益。信托文件对信托利益的分配比例或者分配方法未作规定的，各受益人按照均等的比例享受信托利益。

b. 放弃信托受益权。受益人可以放弃信托受益权。全体受益人放弃信托受益权的，信托终止。部分受益人放弃信托受益权的，被放弃的信托受益权按下列顺序确定归属：第一，信托文件规定的人；第二，其他受益人；第三，委托人或者其继承人。

c. 享有委托人的知情权、管理方法变更权、撤销权、解任权。受益人行使上述权利，与委托人意见不一致时，可以向人民法院申请做出裁定。

受益人的义务主要包括如下内容。

信托法在承认受益人享有很大权利的同时，也规定了受益人承担的义务，而且认为这种义务行为是特别有效的。

a. 依信托行为规定，给付受托人报酬。

b. 补偿受托人在执行信托过程中垫付的有关费用。

受益人承担上述两项义务，以其享有受益权为前提。

12.1.4 信托的运作

(1) 信托的设立

① 信托的设立的概念。所谓信托的设立，是指通过一定的行为在有关当事人（委托人、受托人和受益人）之间创设的信托关系。使信托关系在这些人之间产生，并使他们在法律上分别具备委托人、受托人和受益人的身份。信托设立有广义和狭义之分，狭义的信托设立仅指通过民事行为设立信托关系，广义的信托设立既包括通过民事行为设立信托关系，又包括通过司法行为、行政行为设立的这种关系。我国《信托法》中规定设立信托关系有关的行为，主要包括民事行为、营业行为与公益行为三大类。

阅读资料 12-3

设立信托的形式

关于设立信托的形式要求，中国的要求最高，根据我国《信托法》规定，设立信托，应当采取书面形式。但是，英美法系国家对此并无严格要求，既可以是口头形式，也可以是书面形式，甚至委托人的某种行为也可以视为设立信托的一种方式。英国有一个典型案例，一家邮购公司的财务状况不佳，为保护客户利益，公司将客户汇来邮购货物但尚未发货的款项，存入一个单独开设的存款账户。后来公司进入清算，对账户款项的归属发生争议。法院判决：邮购公司的行为清楚地表明了设立信托的意图，账户里的款项属于信托财产，受益人是已向邮购公司汇款但尚未收到货物的客户。大陆法系国家，例如日本，也并不要求信托合同必须为书面形式，口头形式同样成立。但大多数的信托仍然为书面形式表达，为了避免日后发生纠纷。

② 信托设立的条件

《信托法》规定，设立信托应当具备以下条件：

a. 设立信托，必须有合法的信托目的；

b. 设立信托，必须有确定的信托财产，并且该财产必须是委托人合法取得并占有的财产，合法所有指的是委托人对用于设立信托的财产享有占有、使用、收益和处分的权利，其他任何人对该物不得主张权利；

c. 设立信托，应当采取书面形式，包括信托合同、遗嘱或者法律、行政法规规定的其他书面文件。

《信托法》规定采取信托形式设立信托的，信托合同签订时，信托成立；采取其他书面形式设立信托的，受托人承诺时信托成立。

③ 信托文件的内容。我国《信托法》规定，设立信托其书面文件应当载明下列事项。

a. 信托的目的。信托目的是委托人将自有财产委托给受托人时确定的，主要是想通过受托人对该财产进行管理和处分所要实现的目的。如果没有信托目的或者目的不明确，就无法确定信托当事人之间的权利义务关系，信托无法成立。此外，由于信托目的决定信托当事人基本的权利义务，因此具有优先于其他信托条款的效力，如果信托目的与其他信托条款相抵触时，受托人应当首先遵从信托的目的。

b. 委托人、受托人的姓名或者名称、住址。这是对委托人和受托人基本情况要求的规定，有利于认定当事人是否具备充当委托人、受托人的主体资格，确定信托能否有效成立。同时在信托出现问题时，便于确定有管辖权的人民法院。

c. 受益人或者受益人的范围。受益人是指在信托中享有信托受益权的人。通常情况下受益人是确定的或者是可以确定的，在公益信托中，受益人为特定范围的社会公众，受益人虽然不能确定，但受益人的范围可以确定。

d. 信托财产的范围、种类及状况。信托财产是设立信托的书面文件中的实质性条款，也是信托成立的出发点和必要性。对信托财产的范围、种类及状况等作出规定，才能确定信托财产，使其区别于委托人的其他财产，并据以确定信托受益权的内容和范围，避免发生歧义。

e. 受益人取得信托利益的形式、方法。享有受益权是受益人的基本权利，为顺利实现这一权利，信托文件应当载明受益人取得信托利益的方式、方法，但不一定是具体的受益权数额和份额。

f. 除前款所列事项外，可以载明信托期限、信托财产的管理方法、受托人的报酬、新受托人的选任方式、信托终止事由等事项。

④ 信托的效力。信托的效力是指已经成立的信托行为在信托当事人之间产生的法律约束力，也就是信托的法律效力。在信托法律关系中，完全符合法律规定的成立要件的信托行为，是有效的信托，能够产生信托当事人预期的法律后果。否则相反。

a. 无效信托。无效信托是指已经成立，但违反法律、行政法规的强制性规定或者完全不符合法律规定的成立要件，自始、绝对、当然不发生信托效力的行为。根据我国《信托法》的规定，无效信托主要有以下几种情形。

第一，信托目的违反法律、行政法规的强制性规定或者损害社会公共利益。

第二，信托财产不能确定。

第三，委托人以非法财产或者信托法规定不得设立信托的财产设立信托。

第四，专以诉讼或者讨债为目的设立信托。

第五，受益人或者受益人范围不能确定。

第六，法律、行政法规规定的其他情形。

b. 可撤销信托。可撤销信托，是指信托行为虽已成立，但因欠缺信托行为的生效要件，可以因行为人撤销权的行使，使信托行为归于无效的信托行为。可撤销的信托行为主要有以下两种情形。

第一，意思表示不真实的信托行为。意思表示不真实的具体情形有三种：欺诈、胁迫和乘人之危。所谓欺诈，就是故意隐瞒真实情况或故意告知对方虚假情况，欺诈对方，诱使对方做出错误的意思表示而与之订立合同。胁迫是指行为人以将要发生的损害或者以直接实施损害相威胁，使对方当事人产生恐惧而与之订立合同。乘人之危是指行为人利用他人的危难处境或紧迫需要，为谋取不正当利益，迫使对方违背自己的真实意愿而订立的合同。一方以欺诈、胁迫的手段或者乘人之危，使对方在违背真实意思的情况下订立的信托合同，受损害方有权请求人民法院或者仲裁机构变更或者撤销。

第二，损害债权人利益的信托行为。所谓损害债权人利益的信托，是指由于委托人设立信托的行为，导致委托人对债权人的责任财产的不当减少，产生了损害债权人利益的后果，债权人为保全自己的债权，可以申请法院撤销该信托行为。我国《信托法》规定："委托人设立信托损害债权人利益的，债权人有权申请人民法院撤销该信托。人民法院依照前款规定撤销信托的，不影响善意受益人已经取得的信托利益。"

撤销权人行使权利的意思表示必须向人民法院或者仲裁机构作出。并且当事人自知道或者应当知道撤销事由之日起一年内不行使，或者具有撤销权的当事人知道撤销事由后明确表示或者以自己的行为表明放弃撤销权的，撤销权消灭。

c. 信托行为被认为无效或者被撤销的法律后果

第一，返还财产。信托行为自成立至被确认无效或被撤销期间，受托人可能已经根据该信托行为取得了信托财产。信托行为被确认无效或被撤销后，受托人取得信托财产的法律根据已丧失，原物仍然存在的，委托人可行使所有物返还请求权，请求受托人返还财产。

第二，赔偿损失。信托行为被确认无效或被撤销后，如果造成了损失，那么要由有过错的一方向无过错的一方赔偿因过错而造成的损失。在双方都有过错的情况下，各自承担相应的责任。

第三，其他法律后果。在当事人双方恶意串通，实施的信托行为损害国家、集体、第三人利益时，追缴双方所取得的财产，收归国家、集体所有或者返还给第三人。

（2）信托的变更

信托变更是指对信托行为或者导致信托关系设立的国家行为的内容进行修改或者补充。信托关系一般不得随意变更，但为保护委托人和受益人的利益，在特定情况下可以对受托人、受益人或信托内容进行变更。

① 受托人的变更。根据我国《信托法》，受托人出现以下情形的，受托人职责终止。

a. 死亡或者被依法宣告死亡。

b. 被依法宣告为无民事行为能力人或者限制民事行为能力人。

c. 被依法撤销或者被宣告破产。

d. 依法解散或者法定资格丧失。

e. 辞任或者被解任。

f. 法律、行政法规规定的其他情形。

此时，可以依照信托文件规定选任新受托人；信托文件未规定的，由委托人选任；委托人不指定或者无能力指定的，由受益人选任；受益人为无民事行为能力人或者限制民事行为能力人的，依法由其监护人代行选任。

② 受益人的变更。受益人所享有的受益权是法律设定的权利，信托有效成立后，委托人便不能随意变更受益人或处分受益人的信托受益权。但在受益人对委托人或其他共同受益人有重大侵权行为时，或经受益人同意时，或在信托文件中另有规定时，委托人可以变更受益人或者处分受益人的信托受益权。

③ 信托内容的变更。信托内容包括信托期限、信托财产管理方法等诸多事项，信托生效后，信托当事人在特定情形下可以对有关事项做出修改或补充，其中运用最多的是对信托财产管理方法的变更。信托财产管理方法一般在信托关系设立时就已经确定，不能进行变更。但由于社会生活的复杂性，发生设立信托时未能预见的特别事由，致使信托财产的管理方法不利于实现信托目的或者不符合受益人的利益时，可对其进行变更。

（3）信托的终止

信托终止是信托关系由存在变为不存在。法律规定的信托终止的情形一旦出现，在信托关系中的委托人、受托人和受益人所享有的一切权利和义务，包括信托法规定的权利义务和有信托行为规定的权利义务归于消灭。

我国《信托法》规定，有下列情形出现的，信托终止。

① 信托文件规定的终止事由发生。信托是由委托人设立的，信托的设立采取意思自治的原则，自然应当尊重委托人的意愿。因此，如果委托人在信托文件中明确规定信托终止的事由，这项事件发生则信托终止。一般来说，委托人规定的终止事由分为以下三类。

a. 特定的受托人。委托人指定受托人，相信他们有能力管理好信托事务，一旦指定的受托人去世或无法继续担任受托人，信托即终止。

b. 特定的受益人。委托人设立信托的目的可能是为了特定受益人的利益，一旦受益人不再需要信托利益，信托的存续意义不大。

c. 违背委托人意愿的事件。委托人可能希望信托的受益人做或不做某些事情，一旦超出其意愿信托即终止。

② 信托的存续违反信托目的。信托存续期间，由于发生委托人设立信托时不知道或者不可预见的事由，致使信托的存续足以破坏或者在实质上损害信托的目的，可以解除信托。

③ 信托的目的已经实现或者不能实现。委托人设立信托是必然有一定的目的，受托人的职责就是管理和运用信托财产，以实现信托的目的。因此，如果信托的目的已经实现，信托的任务就完成了。另一方面，由于各种原因的限制，信托的目的在客观上可能已经无法实现了，信托的继续存在即无必要，信托终止。

④ 信托当事人协商同意。信托当事人包括委托人、受益人和受托人，经他们协商达成一致的，自然可以解除信托。信托当事人经协商不能达成一致意见的，应理解为不能因此解除信托。

⑤ 信托被撤销。依据《信托法》第十二条规定，委托人设立信托损害其债权人利益的，债权人有权申请人民法院解除信托，据此，委托人的债权人提出申请，人民法院依法撤销信托的，已经成立的信托关系即消灭，信托终止。

⑥ 信托被解除。依据《信托法》第五十条规定，除信托文件另有规定外，自益信托的委托人或者其继承人可以解除信托。该法第五十一条第二款规定，他益信托的委托人在出现法律规定的情形之一时也可以解除信托。委托人按照上述规定解除信托的，信托关系随之消灭。

信托终止后会产生一定的法律后果。其一，《信托法》第五十四条规定，“信托终止的，信托财产归属于信托文件规定的人；信托文件未规定的，按下列顺序规定归属：（一）受益人或者其继承人；（二）委托人或者其继承人”。其二，《信托法》第五十五条规定，“依照前款规定，信托财产的归属确定后，在该信托财产转移给权利归属人的过程中信托视为存续，权利归属人视为受益人”。其三，“信托终止后，人民法院依据《信托法》第十七条的规定，对于原信托财产进行强制执行的，以权利归属人为被执行人”。其四，信托终止后，受托人依照《信托法》规定行使请求给付报酬，从信托财产中获得补偿的权利时，可以留置信托财产或者对信托财产的归属人提出请求。其五，信托财产终止后，受托人应当作出处理信托事务的清算报告。受益人或者信托财产的权利人对清算报告无异议的，受托人就清算报告所列事项解除责任，但不包括受托人有不正当行为。

参考案例 12-1

甲与朋友创建A有限责任公司，多年经营有所收益后，拿出20万元人民币，于2009年10月5日与乙信托有限责任公司签订信托合同，用于投资，期限为两年，其受益人为其经营伙伴丙公司。在乙信托有限责任公司运作过程中发生以下事情：①A公司由于经营管理不善，宣告破产；②乙信托有限责任公司，看到楼市前景大好，于是把A有限责任公司的信托财产用于房产的投资，没有征得委托人的同意，房产投资收益归乙信托有限责任公司所有；③将A公司信托资金存放在乙信托有限责任公司的资金账户上管理，没有单独立账分别管理；④乙信托公司由于连续两年年检不合格，被中国人民银行撤销。

请问：① A有限责任公司破产是否影响原信托的存在？

② 乙信托有限责任公司在运行中是否存在违法行为？

③ 乙信托公司是否终止信托职责？

[参考案例 12-1] 分析：

① 不影响。根据《信托法》第五十二条之规定，信托不因委托人或者受托人的死亡、丧失民事行为能力、依法解散、被依法撤销或者被宣告破产而终止，也不因受托人的辞任而终止。但本法或者信托文件另有规定的除外。

② 存在违法行为。《信托法》第二十六条，受托人除依照本法规定取得报酬外，不得利用信托财产为自己谋取利益。受托人违反前款规定，利用信托财产为自己谋取利益的，所得利益归入信托财产。根据《信托法》第二十九条，受托人必须将信托财产与其固有财产分别管理、分别记账，并将不同委托人的信托财产分别管理、分别记账。

③ 终止信托职责。《信托法》第三十九条，受托人有下列情形之一的，其职责终止：……（三）被依法撤销或者被宣告破产。

资料来源：根据资料整理

12.2 融资租赁法律制度

12.2.1 融资租赁概述

(1) 融资租赁的概念

融资租赁又称金融租赁，它是指由出租方融通资金为承租方提供其所需的设备，具有融资、融物双重职能的租赁交易，主要涉及出租方、承租方和供货方三方当事人，并由两个或两个以上合同构成。融资租赁通常的交易模式是：需要添置某些技术设备的企业（承租人），在缺乏流动资金时，由金融中介机构（出租人）代其购进或租入所需设备，然后再出租给该企业（承租人）使用。企业（承租人）则按融资租赁合同定期支付租金至租赁期满，并依据合同约定的方式而最终完成设备所有权的让渡（也可续租或退租）。用一句通俗的话说就是“借鸡生蛋，以蛋还鸡”。

融资租赁和传统租赁一个本质的区别就是：传统租赁以承租人租赁使用物件的时间计算租金，而融资租赁以承租人占用融资成本的时间计算租金。融资租赁是市场经济发展到一定阶段而产生的一种适应性较强的融资方式，是20世纪50年代产生于美国的一种新型交易方式，由于它适应了现代经济发展的要求，所以在六七十年代迅速在全世界发展起来，当今已成为企业更新设备的主要融资手段之一，被誉为“朝阳产业”。我国20世纪80年代初引进这种业务方式后，几十年来也得到迅速发展，但比起发达国家来，租赁的优势还远未发挥出来，市场潜力很大。

阅读资料 12-4

中国融资租赁业的发展历程

20世纪80年代初，我国从日本引进融资租赁，为了解决引进外国先进技术与缺乏外汇资金的矛盾，1979年10月成立的中国国际信托投资公司（以下简称“中信公司”）首先提出创办国际租赁，开辟了利用外资的新渠道。1980年初，中信公司派员去日本考察现代金融业务，并首先采用跨国租赁方式从日本租进一批汽车。同期，中国民航总局在中信公司推动下，首先以杠杆租赁方式从美国租进第一架波音747客机。1981年4月我国成立了第一家租赁公司——中国东方租赁有限公司。同年7月，中信公司又与国家物资局等单位共同组建了中国租赁有限公司。到1999年底，全国共有金融租赁公司15家，资产总额182亿元，累计租赁业务额1900亿元。我国金融租赁业在学习和借鉴西方经验基础上发展起来，中国人民银行参照《国际统一私法协会国际融资租赁公约》和我国《合同法》，于2000年6月发布实施《金融租赁公司管理办法》，但是该办法的规定严格，使得融资租赁业处于“高门槛、严管制、乏资金”艰难境地，经营状况持续低迷。2006年重新修订了该办法，于2007年1月24日发布了新的《金融租赁公司管理办法》，推动了我国融资租赁业的发展。截至2010年末，我国已有各类融资租赁企业260多家，融资租赁合同余额达到7000亿元，潜在租赁资产承载能力超过1万亿元。融资租赁服务范围已经从交通运输、工业装备、工程建筑等传统领域，向农业、医疗、文化教育等新兴领域拓展，部分企业开始“走出去”发展。

资料来源：http：//www.chinanews.com/fortune/2011/09-08/3316641.shtml

（2）金融租赁的特征

① 金融租赁是融资与融物相结合的一种交易活动。金融租赁是由出租方先融通资金，购进承租方所需的技术和设备，然后租给承租方。融资租赁是一种融贸易、金融、租借为一体的特殊金融产品，出租人提供的是金融服务，而不是单纯的租借服务。因此，融资租赁属于准金融业务，可以由金融机构经营，也可以由非金融机构经营。

② 金融租赁涉及出租方、承租方和供货方三方当事人和至少两个合同。两个合同为出租方与承租方之间的租赁合同和出租方与供货方之间的买卖合同，这两个合同相互联系：租赁合同的签订和履行是买卖合同签订和履行的前提，买卖合同的履行是一笔租赁业务完成的不可缺少的组成部分。

③ 租赁财产的所有权与使用权分离。在租赁期间，租赁财产的所有权属于出租方，承租方享有使用权。租赁期满后，承租方对租赁物可以选择留购、续租或者退租。但无论采取哪一种方式，都应在合同中明确。

④ 承租方对设备和供货方有选择权利，并承担相应责任。在金融租赁中，设备和供货方是承租人选定的，出租人只是根据承租人的意愿到其指定的供货人处购进设备，再租给承租人使用。所以承租人对设备的质量、技术性能等负责，且在租赁期内负责设备的保养、维护以及保险等事项。

⑤ 金融租赁的租期较长，租赁期限大致与设备的使用年限相同。出租方在一个较长的租赁期内，通过收取租金来收回全部投资。

（3）金融租赁的种类

① 直接租赁。直接租赁是金融租赁的主要形式。它是由出租人用在资金市场上筹措的资金，向供货厂商购进承租人所需的设备后直接出租给承租人。它以出租人保留租赁物的所有权和收取租金为条件，承租人在租赁合同期内对租赁物有占有、使用和受益的权利。

直接租赁一般包括两个合同：一个是租赁合同，由出租人与承租人签订；一个是买卖合同，由出租人与供货商签订。

资金力量雄厚的租赁公司普遍采用直接租赁的做法。直接租赁中的出租人能在筹资方面充分发挥能动作用，通过调度资金，争取到低成本的资金来源，增加竞争能力。

② 转租赁。简称转租。它是由出租人（第一承租人、第二出租人）先从其他租赁公司（第一出租人）租进承租人（第二承租人）所需的设备，然后将租来的设备再转租给承租人。当某一租赁公司在其自身借贷能力较弱，融资技术不发达，资金来源有限的情况下，往往会采取转租赁，以期利用别家租赁公司条件优惠的融资便利。

转租赁涉及三个合同：a. 买卖合同，由租赁公司与供货商签订；b. 租赁合同，由出租人与租赁公司签订；c. 转租赁合同，由出租人与承租人签订。

从上述合同关系中可以看出，上一个租赁合同的承租人同时又是下一个租赁合同的出租人，称为转租人。转租人从其他出租人处租入租赁物件再转租给第三人。转租赁是转租人以收取租金差为目的的租赁形式，其租赁物的所有权归第一出租人。

③ 回租租赁。回租又称售后租赁，指承租人将自有物件出卖给出租人，同时与出租人签订一份融资租赁合同，再将该物件从出租人处租回的租赁形式。与普通融资租赁相比，其特点在于它是承租人、出卖人为同一人的特殊融资租赁方式。

回租涉及两个关系人：企业和租赁公司。企业既是卖主，又是承租人；租赁公司既是买主，又是出租人。

回租涉及两个合同：买卖合同和租赁合同，即企业与租赁公司签订的买卖合同，企业与租赁公司签订的租赁合同。

在实践中，通过回租这种方式，企业既可以获得生产经营所需的流动资金，又可以继续使用原有设备。特别是当企业进行技术改造或扩建时，采用这种融资租赁方式筹集资金，用出售设备所得的现款购买急需的新设备，可以满足企业的投资需求。回租租赁也是国际上通用的一种融资租赁方式。

④ 杠杆租赁。杠杆租赁又称平衡租赁。它是指出租人一般只需支付设备全部价款的一部分（20%～40%），另以该设备作抵押，由金融机构贷款支付其余价款（60%～80%），然后将购入设备用于租赁的一种融资租赁形式。杠杆租赁往往涉及多方当事人，签订多个合同文本，是最复杂的一种租赁交易。

杠杆租赁是一种融资性节税租赁。对出租方而言，只需支付设备价款的一部分，就能够获得设备的所有权以及相应的利益，同时还能获得相当于设备百分之百投资的税收上的优惠。对承租人而言，也可以从出租人税收上的优惠获得租金上的优惠。对贷款人来说，由于得到了高于贷款总额的设备的第一留置权，收回贷款也有保障。因此，杠杆租赁一般用于飞机、轮船、通信设备和大型成套设备的融资租赁。

⑤ 委托租赁。委托租赁是指出租人接受委托人的资金或租赁标的物，根据委托人的书面委托，向委托人指定的承租人办理融资租赁业务。在租赁期内，租赁标的物的所有权归委托人，出租人只收取手续费，不承担风险。同一份委托租赁合同中的委托人可以是一个或多个，由两个或两个以上委托人组成的委托租赁称共同委托租赁。在共同委托租赁合同中，租赁公司并没有充当债权人的角色，而是根据委托人指令向承租人提供相关租赁服务的中介。委托租赁是《金融租赁公司管理办法》中提到的一种金融租赁业务。

阅读资料 12-5

融资租赁业的发展

自1952年世界第一家现代租赁公司在美国创立之后，现代租赁业以其集独特的资金融通与机器设备租赁于一体的交易方式迅速在美国得到发展。20世纪60年代，美国联邦政府、州政府先后放宽了对银行的严格管制，许可银行进入租赁行业，太平洋世纪银行、美洲银行以及各州金融机构纷纷设立经营租赁业务的租赁部门，有的金融机构甚至设立专业租赁公司，使现代租赁业务在美国迅速发展并同时向全球范围推进。20世纪60年代，西欧、日本、大洋洲等主要工业发达国家都成立了租赁公司；70年代，租赁在西方国家迅速蔓延，并开始向海外扩展，扩大到了发展中国家。20世纪80年代，由于一些发展中国家把租赁业的发展视为推动本国工业化的强有力的手段，发展中国家成为最具潜力的租赁市场并得到迅猛发展，而此时发达国家的租赁业已进入成熟期，发展速度有所减缓。20世纪90年代初期虽然全球经济出现过严重衰退，但租赁业务仍以平均11.5%的速度增长（1989～1992年），租赁业务覆盖了亚洲、拉丁美洲以及非洲等大部分国家，韩国、南非、巴西、墨西哥1991年的租赁业务额甚至分别达到95.4亿、38.3亿、20.2亿和20亿美元。可以说，现代租赁业虽然至今仅有50年的发展历史，却已经在全球形成了较大的市场区域范围。

资料来源：http：//www.tushucheng.com/book/1743809.html

12.2.2 融资租赁合同

(1) 融资租赁合同的概念、特征

① 融资租赁合同的概念。融资租赁合同是出租人根据承租人对出卖人、租赁物的选择，向出卖人购买租赁物，提供给承租人使用，承租人支付租金的合同。

广义上的融资租赁合同系由供货商与出租人之间的供货合同和出租人与承租人之间的租赁合同组成。它涉及三方当事人（回租租赁形式除外）：出租人、承租人、供货商。在这里供货合同与租赁合同的紧密结合形成完全意义上的融资租赁合同。

② 融资租赁合同的特征。与传统租赁合同相比，融资租赁合同有着十分显著的自身特点。具体有以下几点。

a. 租赁标的物是由出租人依照承租人的要求购买的。这是融资租赁合同不同于传统租赁合同的重要特征，也是融资租赁合同与买卖、借贷等合同的区别之一。在融资租赁合同，出租人必须按照承租人的要求购买标的物，出租人的购置物件的行为与出租物件的行为是联系在一起的，共同构成融资租赁关系的内容。融资租赁合同的承租人通过出租人的购买达到融资的目的，以解决自己一次性购买标的物所需资金的不足。从这一点上说，承租人等于向出租人借贷。但是，承租人并不是从出租人那里取得租赁标的物或金钱的所有权，而是通过租赁的形式取得标的物的使用权，以租金的形式偿还出租人为购买租赁物所付出的代价等费用。当然，出租人为购买租赁物件，需要筹措资金，一般情况下，出租人往往是向第三者，如银行等金融机构贷款为承租人购得设备，从承租人交付的租金中偿还第三者的贷款利息。然而，出租人是否借贷资金，与融资租赁无关；出租人与第三者之间的借贷关系并不是融资租赁关系的内容或组成部分。

b. 融资租赁合同与购货合同相联系。融资租赁合同包括彼此相关的三方当事人（即出租人、承租人和供货商）分别签订的租赁、购货等合同。出租人一方面与供货商签订购货合同，另一方面与承租人签订租赁合同。两个合同相互关联密不可分，但在一定意义上又各自独立。

购货合同是出租人应承租人的要求为购买指定的生产设备而与供货商签订的，所以租赁合同是购货合同成立的前提。在购货合同中出租人只负担货款，而交货验收则由承租人负责，如若发生租赁物件质量问题一般均由承租人直接与供货商交涉，承租人享有出租人授予的索赔权及诉讼权。出租人将所购的设备交承租人使用，收取租金。无论供货商是否已实际交货，质量如何，承租人必须按租赁合同中约定的期限交付租金。在租赁期内，租赁物件如果丧失创造价值的作用，或未能取得预定的经济效益，承租人仍应偿付租金。所以，在谈到融资租赁合同时，我们应当建立“两个合同、三方当事人、租赁和贸易密不可分”的基本概念。

c. 以租赁形式融通资金为其主要职能。融资租赁以融物为其形式，以融资为其特征。作为实现租赁目的的法律工具的融资租赁合同自然以租赁形式融通资金为其主要职能。融资租赁在直接租入设备使用权的同时，解决了购置设备所需的资金，这是其融资性的根本体现。

d. 合同当事人权利、义务发生变化。传统租赁一般是由出租人负责租赁物的维修和保养。融资租赁中，承租人依靠自己的技能和判断选定租赁设备，选择供应商，并确认供货合同中的各项条款。租赁设备的维修和保养也由承租人负责。而出租人对租赁设备的不交付、延迟交付或者交付不符合要求不承担责任，其对租赁设备的瑕疵担保责任亦由供货合同当事人一方——供货商承担。

e. 租期较长。融资租赁是以承租人对租赁设备的长期使用为前提的，租期一般稍低于设备的使用寿命。

f. 合同不得随意解除。融资租赁合同中，租赁物是由承租人根据自己的需要选定的。租赁物是特定的，其使用者也是特定的。承租人在租期内，即使使用租赁设备未取得预定的经济效益，仍须交付租金，不得随意解除合同。出租人在租期内亦须保证承租人的设备使用权，不得另行出租，也不得以设备设定抵押。

g. 合同期满，承租人对租赁物有留购权。融资租赁租期届满，承租人一般对租赁物享有留购、续租、退租三种选择权。但大多数融资租赁合同均规定，租期届满后，承租人支付双方约定的象征性价格留购租赁设备。

(2) 融资租赁合同的订立

融资租赁合同的有效要件

租赁合同的有效是指订立租赁合同的行为具有足以引起权利义务关系设立、变更、终止的法律效力。租赁合同的有效须以租赁合同的成立为前提，但是，已经成立的租赁合同不一定全部发生效力，只有具备一定有效要件的租赁合同，才能产生预期的法律效果。

a. 主体合格。行为人应具有相应的民事行为能力。我国民事法律关系主体包括法人、自然人和其他组织。这一要件要求当事人能够了解合同的状况和法律效果，对保护其合法权益和减少纠纷均具有意义。自然人签订合同，原则上须有完全行为能力，限制行为能力人和无民事行为能力人不得亲自缔约，应由其法定代理人代为签订。法律另有规定的从其规定。

鉴于金融租赁的特殊性，自然人不论是否具有民事行为能力，一般不能作为租赁合同的当事人。出租人只能由金融监管机构批准的具有租赁经营资格的法人承担，承租人只能由法人或其他组织担任。

b. 当事人意思表示真实。意思表示真实是指当事人在自觉、自愿的基础上，做出真实地反映其内在意志的表示行为。作为合同的有效要件，它是意思自治原则的当然要求。意思表示不真实，对合同效力的影响应视具体情况而定。在一般误解等情况下，合同仍然有效。在重大误解时，合同则可被变更或者撤销。在乘人之危致使合同显失公平的情况下，合同可被变更或者撤销。在因欺诈、胁迫而成立合同的场合，若损害国家利益，合同无效；若未损害国家利益，合同可被变更或撤销。为了保障当事人的合法权益，对意思表示不真实的租赁合同，应根据不同情况，认定其无效或者予以撤销。

c. 内容不违反法律或者社会公共利益。《合同法》第七条规定：当事人订立、履行合同，应当遵守法律、行政法规，尊重社会公德，不得扰乱社会经济秩序，损害社会公共利益。内容合法主要是指标的合法，即合同标的不属国家明令禁止买卖的物或法律、政策所不允许的行为。合同内容合法还包括合同标的数量合法、质量合法、价格合法以及当事人的目的无规避法律之意，没有违反社会公共利益等。

由于融资租赁合同的法律关系较复杂，同时，融资金额一般较大，履行期较长，因此，应当采取书面形式。我国《合同法》对此有明确规定。

参考案例 12-2

2006 年 2 月 14 日，环宇邮电国际租赁有限公司（简称环宇公司）与天津市同盛数码科技有限公司（简称同盛公司）签订一份融资租赁合同。合同约定：环宇公司应同盛公司要求从新锐公司购买总价值为 650000 元的富士数码冲印设备 Frontier340，由新锐公司负责向同盛公司交付设备，环宇公司向新锐公司支付货款，环宇公司只承担根据购销合同规定向新锐公司支付设备货款的责任，除此之外，购销合同规定的其他所有责任、义务，均由同盛公司承担并履行，环宇公司对设备不作任何陈述和保证，并且对设备的任何瑕疵不负任何责任，与设备的瑕疵相关的任何索赔应当在同盛公司与新锐公司及其关联方之间直接解决；租赁期限为 4 年，租金总额为 694043.52 元（共 48 期）。2006 年 2 月 22 日环宇公司向新锐公司支付了货款，新锐公司于 2006 年 4 月向同盛公司交付了货物，同盛公司出具了设备验收报告。同盛公司向环宇公司支付了前七期租金，之后，同盛公司认为环宇公司一直没有提供富士激光数码冲印设备的进口证明文件，因此没有支付剩余的租金。环宇公司向法院起诉，要求同盛公司支付剩余的租金及违约金并且承担诉讼费用。

[参考案例 12-2] 分析

环宇公司与同盛公司签订的融资租赁合同，是当事人真实意思表示，不违反法律及行政法规的强制性规定，故为融资租赁合同合法有效，双方应严格履行合同约定的义务。在合同签订后，环宇公司已按约定向供货方新锐公司支付了设备款，同盛公司亦收到了设备，并进行了验收。但同盛公司仅支付了部分租金，且经多次催要，仍未支付拖欠租金，其行为已构成违约，理应承担相应的违约责任，故环宇公司依融资租赁合同的约定起诉要求同盛公司支付租金得到支持。

我国法律规定，融资租赁合同中的租赁物不符合约定或者不符合使用目的的，出租人不承担责任。在此融资租赁合同中也约定，环宇公司对设备的任何瑕疵不负任何责任，与设备的瑕疵相关的任何索赔应当在同盛公司与新锐公司及其关联方之间直接解决，故环宇公司没有义务提供设备的相关进口文件，同盛公司应当要求供货商新锐公司提供，环宇公司应当协助。

资料来源：法律界. 2009-10-26

（3）融资租赁合同的内容

我国《合同法》第二百三十八条对融资租赁合同的内容作了明确规定：融资租赁合同的内容包括租赁物名称、数量、规格、技术性能、检验方法、租赁期限、租金构成及其支付期限和方式、币种、租赁期间届满租赁物的归属等条款。根据这一规定以及《合同法》的相关规定，从内容上看，融资租赁合同有一般性条款和特殊性条款。

融资租赁合同的一般性条款内容如下。

a. 合同当事人。融资租赁合同首先应明确双方当事人，即出租人和承租人。要详细订明他们的名称、地址、法定代表人等基本情况。

b. 租赁物的名称。融资租赁合同中的租赁物一般由承租人自行选择，选择内容包括租赁物的名称、型号、规格、数量、技术性能与价格。承租人同时可指定生产厂家或供货商，出租人与供货人签订购买合同时，承租人应对购买的租赁物作出确认，以保证购买合同与租赁合同的租赁物相一致。

c. 租赁期限。租赁期限应作为合同的主要条款。租赁期限的计算，一般自设备安装调试、使用投产开始计算。租赁期限在发达国家规定，一般以设备使用年限的75%作为标准。依据这个规定，一般设备租赁期限为3年；厂房、机器设备、农业设备、运输车辆，期限为5年；飞机船舶为10～15年；铁路机车的使用年限可达20年。租赁期限是承租人选用租赁设备的主要因素。租金的高低与租赁期限的长短有关，期限越长，租金相应地会减少。

d. 租金。租金是合同的主要内容，合同中要明确承租人应按租赁合同所列的租赁物件支付租金给出租人，要详细规定租金的数额、计付方法、支付币种、付款方式、支付次数等。在租赁合同中要有加收罚息的规定，以防止承租人延迟支付租金，保证出租人能按期收到租金，不受损失。

e. 租赁物件的购买与交付。在确认出租人与供货人之间的购货合同中的租赁物件是承租人所需要的情况下，规定承租人必须向出租人提供各种必要的证明。由于租赁物件的购买有直接购买和代理购买等多种形式，交付日期也有提单日、到货日等不同形式，所以要具体说明采用何种形式。

f. 租赁物的质量保证与维修保养。租赁合同中要详细规定：出租人对承租人承担的何种服务项目和保证；起租日前和租赁期内，如果租赁物件超出规定的使用价值或者因不可抗力造成损坏时，应由谁承担责任；租赁物件的保管、使用、维修要求及其费用负担问题。

g. 租赁物件的保险。有关租赁物件的保险在合同中应作为重要条款提出，并明确投保手续由哪一方办理。设备如发生事故，合同中要明确承租人必须提供实际情况的证明文件，以使出租人能领取保险金。租赁中的保险项目，包括设备的有形损失和灾害，如火灾、水灾、地震、严重碰撞、风暴雷电以及社会骚动、盗窃等造成的损失。保险项目还涉及人身伤害和财产损失。有些风险事故不应由保险公司承担的，应在合同中把附加保险条款附于合同之后。

一般租赁合同中的保险条件包括：保险单一般以出租人和承租人联合名义购买，并强调出租人的利益；大的租赁设备，如飞机、轮船，承租人要在保险单中说明出租人拥有的全部权利并保证不转让保险单；保险单上要特别声明所有保险赔偿，必须归出租人所有；保险单上的条款须经出租人认可；保险单的承保人要事先征得出租人同意。

h. 租赁物件的残值和期满处置。预计租赁物件的残值可以由出租人和承租人协商决定，一般说来，该项残值的结转就表示物件所有权的转移。租赁期满后，租赁物件的处置不外乎购买、续租或退回三种方式。在同等条件下，承租人比第三人享有廉价购买权或廉价续租权。

i. 租赁保证金和经济担保。租赁保证金由租赁双方商定金额或按租金交一定比例，作为承租人履行合同的保证。租赁保证金不计利息，在租赁期满时，可以归还承租人或抵付最后一期租金。如果承租人违反租赁合同的任何条款，出租人有权从中抵扣承租人应支付给出租人的款项。

由于租赁保证金一般只收租金总额的百分之十几，远不足以保障全部租金，所以合同中还规定需要经济担保人，担保人必须保证承租人切实履行合同的各项条款，并在合同上签字。

j. 违约条款。合同中还包括承租人因种种情况违约的内容，并列举出租人有权终止合同的内容。如承租人未能履行合同中规定的任何一项义务时；承租人违约，对合同规定应支付的款项不能如期、如数支付时；承租人采取结业措施或承租人的资产已宣告被人接收时；有关机构宣告出售承租人的全部或部分企业时；设备被没收时；保证人未履行对承租人所承担的保证义务时等。因种种原因违约或取消合同，主要责任方要对此承担责任费。承担责任费有两种情况：一种是经双方协商支付固定数额的赔偿费，赔偿费由租赁设备资本费用的百分比来计算；另一种是在合同中列明，作为违约准备金先交付出租人，若结果未违约，可在租金支付时扣减。如果属于出租人违约，不论是否达到毁约的程度，承租人都可向出租人要求索赔，若达不到毁约程度，合同应继续履行，承租人在索赔的同时还应正常缴纳租金。

融资租赁合同的特殊性条款有以下内容。

a. 购货合同与租赁合同的关系条款。在金融租赁交易中，租赁合同是购货合同成立的前提，是主合同；购货合同是租赁物件的依据，是辅合同。出租人作为两个合同的直接当事人，使供货方与承租人形成了准合同关系。购货合同与租赁合同应同时明确规定除支付货款的责任由出租人承担外，其他条件如设备的验收、索赔等都由承租人负责或由出租合同将上述权利指定和委托承租人办理。还应规定，供货人如果未按购货合同的规定交付设备，致使承租人蒙受损失或损害，承租人对供货人具有直接提出损害赔偿诉讼的权利。但此项权利不得损害出租人根据购货合同诉讼供货人的权利。

租赁合同一经成立，非经承租人同意，出租人不得变更购货合同以保障承租人的利益。同样的，购货合同一经成立，承租人对租赁设备的规格、质量、数量、设备金额等要求，非经出租同意不得变更以保障出租人的利益。

b. 承租人不得中途解约条款。规定承租人发生租赁设备灭失和毁损不得中途解约并需继续缴纳租金的条款是融资租赁的特殊性质决定的。因为出租人为承租人购进设备，其资金来源除自有资金外绝大部分来自第三者的贷款，其性质相当于商业信贷。

c. 对出租人免责和对承租人保障条款。差不多所有的融资租赁合同都规定，签约购买的租赁设备对质量、性能和适用与否，出租人对承租人不承担任何责任。由于购货合同上的设备是承租人选定的，出租人仅仅根据承租人的决定与供货人签订购货合同，由供货人将设备直接交给承租人，并由其验收。因此出租人不能对设备的质量、性能等承担任何责任。但为了保障承租人的利益，在租赁合同中应规定，出租人（即购货人）把对租赁设备的供货人的索赔权转让给承租人，所有因向供货人索赔而支出的费用均由承租人负担，而所得的赔偿金也归承租人。但不论承租人取得赔偿与否，均应无条件按照租赁合同规定缴纳租金。

d. 对第三方的责任条款。为了明确出租人或承租人对于租赁设备在租赁期内对第三方的责任，一些租赁合同规定，若涉及出租方、承租方以外的第三方的权益时，可作如下处理。

第一，出租方应在租赁期内，保证租赁财产权益的合法性，排除第三方对财产权益的异议，确保承租方正常享受对租赁财产的使用权。

第二，承租方在使用租赁财产的过程中，使第三方的权益受到损失时，应由承租方负责赔偿。

e. 转租赁条款。由于承租人在融资租赁期间承担绝对的和无条件支付租金的义务，承租人有权要求将租赁设备转租赁给其他人使用，但是必须取得出租人的书面同意。因为租赁设备如被承租人转租给无信用的第三者使用，将会使出租人蒙受损失。

f. 租赁债权的转让和抵押条款。一些租赁合同中规定出租人可不经承租人同意，将租赁合同规定的全部或一部分权利转让给第三者，或提供租赁物件作为抵押。这个规定是以租赁财产的所有权属于出租人为根据，出租人有权将租赁财产的任何权利转让或抵押给第三者，尤其是对经营租赁业务的租赁公司，将租赁债权抵押给银行或其他金融机构以融通资金是正常的业务活动，不需得到承租人的同意。但是，这项转让和抵押的权利以不影响承租人根据租赁合同享有的各种权益为限，并不能解除出租人在租赁合同中的任何义务，以保障承租人的权益。

g. 预提所得税条款。世界各国，除少数免税国家和地区外，对外国公司、银行、企业和其他经济组织，在该国境内没有设立机构而有来源于该国的所得都要征收所得税，通称预提税。因此我国承租企业对进口租赁设备向外国支付租金时，有义务对外国出租人扣缴预提税。出租人为了不影响其租金收入，在计算租金时，有的将应扣缴预提税计算入租金内，有的则不计算入租金，按规定由承租人负担。

出租人和承租人都很重视预提税问题，因为这关系到前者的收益和后者的成本。在租赁合同中，对预提税应有明确的规定，如“出租人按照承租人国家的税法规定，在该国缴纳所得税，其应纳税款由承租人在每次支付的租金中扣缴，承租人在扣缴所得税后，即立即将税务部门所出缴税收据寄交出租人。”

（4）融资租赁合同的履行

融资租赁合同的履行，是指合同当事人按合同的约定，完成各自承担义务的行为。融资租赁合同的具体履行可分为两大部分：一是出租人如何购买设备、供应商如何交付设备，二是承租人如何使用、处理设备。

根据《合同法》的一般原理，合同履行的基本原则是全面履行、实际履行、协作履行三个原则。因此，在融资租赁合同的履行过程中，出租人、承租人必须按照合同的规定，全面、及时地履行自己的义务，而一方履行时，另一方应当提供必要的协助。

对出租人来说，出租人应满足承租人要求签订合同；按合同约定融通资金，购买租赁设备；按约定对承租人的使用情况进行监督检查；另外，当需要对外索赔时，出租人应将索赔权转让给承租人，并协助其索赔。

对承租人来说，承租人应按合同约定的交货时间、地点和方式验收租赁设备；而供货人应为承租人提供必要的技术资料和服务。此外，承租人还应注意：按合同的约定谨慎使用租赁设备，不得将设备出售、转让、擅自转租或用于抵押；承租人对租赁设备进行妥善保管、保养和维修；承租人按时交付租金；租期届满时，按合同约定处理租赁设备等。

签订融资租赁合同时，应当尽量把各项条款订得明白、具体、准确。但实践中可能由于疏忽或因其他原因造成合同条款含糊不清，使承租人执行时无所适从。这时，一般可按下列原则处理：①租赁设备性能、质量等规定不明确的，可参照其他租赁合同办理；②履行时间不明的，承租人可随时履行或向对方请求履行；③履行地点不明的，承租人可选择经协商后履行。

当承租人不履行合同或不完全履行合同即违反合同时，出租人可分别或集中地行使下列权利和补救措施：①在已经以通知的方式给予了承租人合理的机会纠正其可以纠正的违约行为后，承租人仍不纠正的，终止租赁协议；②重新占有设备；③收取已发生但尚未支付的租金及利息；④收取赔偿费；⑤经供货方同意，更改或终止供货协议。

当出租人违反合同时，其违约处理同其他合同处理方式一样。

（5）融资租赁合同的变更

变更分为主体的变更(合同法又称之为合同的转让)和内容的变更（这是一般意义上的变更）。

① 主体的变更——合同的转让。租赁期间，出租人可将租赁物出售、转让或者用于抵押，但必须及时通知承租人，并不得影响承租人在租期内对设备的使用权。

承租人在租期内，不得将租赁设备出售、转让、擅自转租或用于抵押，但在征得出租人书面同意的情况下，也可以将租赁设备的使用权或者其他权利、义务转让他人。

合同的转让一般以书面形式进行。

② 内容的变更。在合同未履行或未完全履行前，租赁双方可以协商对合同条款进行修改、增删，但内容的变更不能损害供货方的利益。内容的变更可以涉及履行地点、时间、方式等。因融资租赁交易的特殊性，内容的变更一般不涉及合同标的变更。

内容的变更必须以书面形式进行。变更的要求和订立的要求应当相同才具有法律效力。

变更不影响当事人要求赔偿损失的权利。

(6) 融资租赁合同的解除

合同的解除，是指合同有效成立后、履行完毕前，因当事人一方的意思表示，或者双方的协议，解除合同确立的权利义务关系。

融资租赁合同可因一方当事人违约而解除；可以因发生特殊情况使合同无法继续履行而经当事人协商同意后解除；也可因不可抗力或不能归结于任何一方当事人的原因，致使合同无法继续履行时解除。

发生违约情况后，融资租赁合同一般并不自动解除，而是要等待受损害者作出选择，决定是否提前终止合同。受害人从自身考虑也可以不解除合同而要求继续履行。当承租人违约时，只要客观上可能，出租人往往不解除合同，而是要求承租人继续履行交付租金的义务，付清全部租金。

在融资租赁合同中，原则上任何一方均不得中途解除合同，这是融资租赁合同的本质要求。因为在融资租赁合同中，租赁物是由承租人自己选定的，一般不具备通用性，即使返还给出租人，出租人也不能期待通过出卖租赁物或重新出租收回残存租金的相当金额。而且租赁物的价金、利息、固定资产税、保险费、手续费等，在租赁期间采用租金的形式分期偿还，如果允许承租人解除合同，将使出租人难以收回所投下的资本。同样，如果允许出租人中途解除合同，收回租赁物，也将使承租人无法使用租赁物进行生产经营活动，会给承租人造成无法弥补的损失。在融资租赁实务中，通常都有禁止在租赁期间届满前解除合同的条款。有的合同甚至规定，在租赁期间，租赁物因不可抗力等不可归责于双方当事人的事由而致灭失、被盗及毁损致不能修复的程度，承租人不但不能解除合同，还应向出租人支付规定的损害赔偿金；在承租人没有故意或过失致租赁物一部灭失时，或残存部分不能达成租赁的目的时，承租人也无权解除合同，并应向出租人支付规定的损害赔偿金。我国各大租赁公司使用的合同书均有这样的规定。

(7) 融资租赁合同的终止

融资租赁合同终止是指合同规定的权利义务已经消灭或者不再履行。如果合同已按约定履行，则融资租赁合同自然终止。如果承租人自愿提前付清未到期租金，并提前支付损失赔偿金，则融资租赁合同因承租人自愿而终止。除此之外，融资租赁合同绝大多数情形下具有不可撤销性，也不可终止，但仍还有些既非自然终止又非自愿终止的特殊情形。

承租人有严重违反租约的行为，如承租人停止支付租金或一再拖延。一旦这类事件发生，出租人就有权在其后的任何时候通知承租人租赁合同业已终止。承租人丧失主体资格，如承租人破产、兼并、解散等情形发生，失去了从事经济活动能力，合同只能终止。

租赁设备因不可抗力灭失或毁损。租赁设备因自然灾害、战争等不可抗力而灭失，或者设备虽然存在，但毁损严重而丧失了使用价值又不可修复或费用太高，则此时签订融资租赁合同的目的已无法实现，合同可予终止。

出租人认为承租人营业状况不佳、难以为继，预期将影响交付租金或严重违约，并有确切证据时，可以单方终止履行。但证据确切与否判断不易，争议颇大，因此目前此类终止尚不多见。

本章小结

本章主要介绍了信托法律制度与融资租赁法律制度。

信托是委托人基于对受托人的信任，将其财产转移给受托人，受托人按照委托人的意愿以自己的名义，为受益人的利益或特定目的，管理或处分财产的关系。任何信托在构成上都具有信托设立依据、信托财产、信托当事人和信托目的。信托财产具有独立性特征。信托当事人主要有委托人、受托人和受益人，他们分别享有权利和履行义务。在信托运作过程中，其设立、变更、终止应具备法定要件。

融资租赁是一种以信用为基础的金融业务，它将融资与融物有机地结合起来。融资租赁合同是出租人根据承租人对出卖人、租赁物的选择，向出卖人购买租赁物，提供给承租人使用，承租人支付租金的合同。融资租赁合同由租赁合同与买卖合同构成，涉及供应商、出租人和承租人三方面权利和义务。融投资租赁合同有效成立，当事人应具备行为能力，意思表示真实，内容合法三方面内容。融资租赁合同在签订时，应注意合同条款内容。

【思考题】

1. 信托的种类有哪些？
2. 简述信托当事人的权利义务。
3. 什么是融资租赁？它的特征是什么？
4. 融资租赁合同的有效要件包括哪些？

【课堂讨论题】

1. 请谈谈我国信托业务范围。
2. 试述融资租赁的特殊条款。

【案例分析】

2003 年 6 月，某租赁公司根据某电视机厂的委托，向电视机厂推荐广东某实业公司为供货商，随后三方就买卖片状电阻生产线设备的事宜进行了洽谈。同年 9 月，租赁公司按照电视机厂与广东某实业公司协商的条件与实业公司签订了购货合同，该合同明确规定，货物质量保证、设备验收等直接由实业公司向电视机厂负责。电视机厂也在该合同签字，表示同意。同年 12 月，电视机厂与广东某实业公司又签订了一份片状电阻生产技术合作合同，对设备应达到的技术指标作了具体规定。随后，租赁公司与该电视机厂签订了以该设备为标的物的融资租赁合同，约定由广东某实业公司直接向电视机厂交付设备，交付之日为租金起算日；若发生设备质量问题，则租赁公司不承担责任，由电视机厂向广东某实业公司索赔，租赁公司协助。该设备于 2004 年 1 月交付，电视机厂进行了验收，并会同广东某实业公司对设备进行了安装调试，发现该设备未达到设计标准。为此，租赁公司会同电视机厂与广东某实业公司签订了处理协议书，协议书约定：片状电阻生产线设备由电视机厂负责修整，广东某实业公司向电视机厂赔偿 16 万元。后来，租赁公司因电视机厂拖欠租金，多次索要未果，向当地法院起诉，电视机厂在答辩中称：租赁公司交付的租赁物在使用中未达到设计标准，而租赁公司又未及时对外索赔，故拒绝支付租金。

[分析提示]

本案涉及融资租赁合同中的出租人是否承担瑕疵担保责任的问题。根据《合同法》第二百四十四条的规定，融资租赁合同中的出租人一般不承担瑕疵担保责任，除非“承租人依赖出租人的技能确定租赁物或者出租人干预选择租赁物”。在本案中，出租人只是向承租人推荐了出卖人，对租赁物的选择最终是由承租人决定的。例如，出租人是根据承租人与出卖人协商的条件与出卖人订立买卖合同的，并且在买卖合同上签字确认，随后承租人又与出卖人签订了有关片状电阻生产线的技术合作合同。这些行为足以表明，出租人并未干预承租人对租赁物的选择。另外，如果当事人在融资租赁合同中约定由出租人承担标的物瑕疵担保责任，那么，出租人应该承担租赁物瑕疵担保责任。但事实上，在出租人与承租人签订的融资租赁合同中明确约定，日后发生租赁物的质量问题，出租人不承担责任，而由承租人负责索赔，出租人只是负责协助。因此，本案承租人电视机厂在诉讼中的答辩理由不能成立。

资料来源：http：//www.chinalawedu.com/news/2004_6/10/1706394191.htm

第 13 章　涉外金融法律制度

【学习目标】

理解涉外金融法的概念和涉外金融法的重要性。

知晓我国涉外金融法律体系的构成。

明确涉外金融机构法律规范、境内金融机构境外业务管理等法律制度。

掌握在我国金融市场全面对外开放的环境中如何规范外资金融机构的投资行为，以保护投资者的利益，维护我国的金融稳定。

【本章引例】

花旗银行获准在中国独立发行信用卡

2012 年 2 月 6 日，花旗银行表示，已经获得中国监管方面批准，可以在中国独立发行信用卡，从而成为首家在中国独立发行信用卡的国际银行。

在这之前，花旗银行一直和国内的另外一家内资银行浦发银行合作发行联名信用卡，而花旗此前也的确表示过将在今年某些时候面向零售和商业用户发行信用卡。这主要是因为近年来中国信用卡业务需求急剧增长。中国人民银行（得称“央行”）数据有显示，截至 2011 年 9 月，中国发行约 2.68 亿张信用卡，是 2006 年末的 5 倍还多。

万事达卡公司预计到 2025 年，中国信用卡数量将增至 11 亿，信用卡开支也将达到 2.5 万亿美元。市场前景可想而知。而从全球范围来看，信用卡是花旗的一大收入来源。花旗公司自己也表示，公司 2011 年亚洲地区的消费业务营收为 80 亿美元，净利润达到了 19 亿美元，在亚洲地区总营收与利润中都占比到了一半左右，是非常大的份额。

目前中国信用卡市场还是中国银联独大，监管机构在 2008 年放松规则后，我国香港的东亚银行是目前唯一在中国内地发行信用卡的境外银行。其他银行如汇丰和花旗集团，多年来一直在支持内地银行合作伙伴经营信用卡业务。花旗的信用卡业务被批准无疑会为市场带来一股新的力量。央行的 2010 年年报显示，信用卡开支增长超过 50%，达到 10.4 万亿元人民币，广阔的市场前景无疑需要新的力量来充实，同时来促进竞争。不过业内分析人士提醒，总部位于美国的花旗开展此项业务会受到其在中国分行数量较少的限制，它目前在中国内地只有 46 家分行，估计这使得其信用卡产品难以吸引顾客，可能后续花旗需要在这一方面下一些功夫。

资料来源：http://bank.hexun.com/2012-02-07/137831659.html

13.1　涉外金融法律制度概述

13.1.1　涉外金融法概述

(1) 涉外金融法的含义

涉外金融法是调整具有涉外因素的金融关系的法律规范的总称。从涉外金融法律关系主体、客体或内容应有一个或一个以上因素在国外这一标准来衡量，涉外金融法的调整范围非常广泛，涉及涉外金融活动的各个领域。

(2) 涉外金融法的重要性

随着经济全球化、金融自由化进程的加快，我国金融业的对外开放也在不断深入和拓展。中国巨大的经济增长潜力和具有巨大发展空间的金融服务需求相结合，也成为对外资金融机构极具吸引力的机遇。目前，不少国际知名的金融机构已经进入中国，外资金融机构已经成为中国金融体系中的一支重要力量。

与此同时，国务院、中国人民银行等颁布了许多涉外金融法规、规章，对促进我国涉外金融业的发展起了重大作用。特别是2001年加入世界贸易组织以来，我国按照加入世界贸易组织的条款要求，分步骤、分阶段开放金融服务业，不断完善金融法规体系和监管体系。但是随着改革开放向纵深发展，我国现行的涉外金融立法普遍存在的立法层次低、稳定性差、内容零散、缺乏统一性等问题日渐凸显，已不能适应金融业对外开放的需要。因此，如何建立一套完备的符合国际惯例的涉外金融法律法规体系，使其既着眼于对外开放的长远目标，走与国际惯例接轨的道路，又立足于我国金融发展实际，就成为摆在我国立法机关、金融管理部门和金融业务部门面前的共同课题。

13.1.2 我国涉外金融法律体系

从我国现行涉外金融关系的立法来看，涉外金融法主要由外资金融机构管理法、境外中资金融机构管理法、外汇管理法和外债管理法这四个方面的内容构成。

(1) 外资金融机构管理法

外资金融机构管理法是关于外资金融机构的设立及其业务开展的监管的法律规范的总称。中国实施金融业对外开放政策以来，中资金融机构竞争力增强，外资金融机构也开始走上良性发展的轨道。一方面，对外资金融机构的限制在逐步取消；另一方面，外资金融机构在某些方面也享受到了超国民待遇。外资金融机构已成为中国金融体系的重要组成部分。

外资金融机构是指依法在我国设立和营业的外国独资或合资的金融机构。目前，我国的外资金融机构包括两类。一是营业性的外资金融机构，它是指外国金融机构依照我国法律的规定，独资或参与部分股本，经我国金融主管部门批准，在我国境内设立和从事营利性金融业务的金融机构，主要有总行在中国境内的外国资本的银行（简称独资银行）；外国银行在中国境内的分行（简称外国银行分行）；外国保险公司在中国境内的分公司（简称外资保险公司分公司）；外国的金融机构同中国的公司、企业在中国境内合资经营的银行（简称合资银行）经营人身保险业务的合资保险公司（简称合资寿险公司）；总公司在中国境内的外国资本的财务公司（简称独资财务公司）；外国的金融机构同中国的公司、企业在中国境内合资经营的财务公司（简称合资财务公司）等。二是非营业性的外资金融机构，即外资金融机构的代表机构。营业性的外资金融机构的设立和业务活动主要受2006年11月《中华人民共和国外资银行管理条例》、《中华人民共和国外资保险公司管理条例》和2010年11月29日中国保险监督管理委员会（保监会）主席办公会审议通过的《中华人民共和国外资保险公司管理条例实施细则(2010年12月3日修正版)》的调整；非营业性的外资金融机构的设立和业务活动受中国人民银行2002年6月发布的《外资金融机构驻华代表机构管理办法》、中国保监会2006年7月发布的《外国保险机构驻华代表机构管理办法》和2008年11月保监会印发的《中国保监会关于适用〈外国保险机构驻华代表机构管理办法〉若干问题的解释》等法规的调整。

(2) 境外中资金融机构管理法

境外中资金融机构管理法是关于境外中资金融机构的设立及其活动开展的管理的法律规范的总称。境外中资金融机构主要受所在国家或地区的法律的调整，接受所在国家或地区中央银行或有关金融部门的监管。但由于境外中资金融机构的设立和运营不可避免地会对我国的国际收支平衡和外汇管理、国内金融业的发展产生巨大影响，因此，我国也出台相应的法律法规来规制境外中资金融机构。2006 年 12 月 28 日中国银行业监督管理委员会修订《中资商业银行行政许可事项实施办法》。同时，境外中资金融机构也受到《中国人民银行法》、《商业银行法》的调控。

（3）外汇管理法

外汇管理法是一国为了维护国际收支平衡和汇价水平的稳定，对外汇资金的调节、运用、买卖和国际结算实行管理的法律规范的总称。我国实行改革开放政策以来，国际贸易迅速扩大，外国资金及技术设备被大量引进，外商投资企业也纷纷建立。相应地，我国外汇管理在人民币汇率、经常项目外汇管理、资本项目外汇管理与外汇市场的开放等方面，也取得了长足的发展，开始迈向专门化、规范化、制度化的轨道，进入较为合理、科学的阶段。1993 年底，经国务院决定，从 1994 年 1 月 1 日开始，对经常性项目下外汇实行银行结售汇制，取消外汇留成，实行银行售汇制，允许人民币在经常项目下有条件可兑换，建立银行间外汇市场，改进外汇形成机制，保持合理及相对稳定的人民币汇率。国务院于 1996 年 1 月 29 日正式颁布《中华人民共和国外汇管理条例》（以下简称《外汇管理条例》），并于 1997 年 1 月 14 日进行修订，同时废止了 1980 年 12 月《外汇管理暂行条例》及其配套的细则。2008 年 8 月 1 日国务院第 20 次常务会议修订通过，至此，我国形成了以《外汇管理条例》为核心的具有中国特色的外汇管理法规体系。1996 年 12 月 1 日，中国正式宣布承担《国际货币基金组织协定》第八条的义务，实现了人民币经常项目下可兑换。经修订的《外汇管理条例》共七章五十五条，分别规定了立法宗旨、适用范围、外汇管理机构、外汇管理的基本原则、经常项目外汇、资本项目外汇、金融机构外汇业务、人民币汇率和外汇市场、法律责任等问题，构成中国现行外汇管理的主要法律基础。

（4）外债管理法

外债管理法是调整我国外债的规模、结构，统一管理外债的筹措和偿还，监督外债的使用的法律规范的总称。外债是指中国境内的机关、团体、企业和事业单位、金融机构或其他机构用外国货币承担的具有契约性偿还义务的全部债务。具体包括国际金融机构贷款、外国政府贷款、外国银行和金融机构贷款、买方信贷、外国企业贷款（主要是卖方信贷）、发行外币债券、国际租赁、延期付款、用现汇偿还的补偿贸易、向境内外合资银行借入的外汇资金和其他形式的债务，其中主要的形式是境外借款和发行外币债券。

改革开放以后，为了加速国民经济的发展，我国开始大量引进外资，同时也对外资实行严格的统筹计划。随着外债对我国国际收支平衡和国民经济发展的影响日益加深，为了加强外债管理，我国先后出台了一系列行政法规和规章，对其进行有效的管理。主要有：国务院 1996 年 1 月发布、1997 年 1 月修改、2008 年审议通过的《外汇管理条例》；1995 年 9 月国务院发布的《关于进一步加强借用国际商业贷款宏观管理的通知》；国家外汇管理局 1987 年 8 月发布的《外债统计监测暂行规定》和 1997 年 9 月发布的《外债统计监测实施细则》；1997 年 9 月国家外汇管理局发布的《境内机构借用国际商业贷款管理办法》；中国人民银行 1996 年 9 月发布的《境内机构对外担保管理办法》等。

阅读资料 13-1

汇丰银行中国发展史

汇丰银行，全称“香港上海汇丰银行”。

汇丰银行的中文名字“汇丰”，按照英文念作“Wayfoong”。该行的主要角色就是为中国和亚洲其他地区以及欧洲、美国等地的贸易往来提供融资。虽然汇丰银行被认为是一家典型的英国银行，但它的第一任经理克雷梭（Victor Kresser）却是一名法国人。

汇丰银行是为了向从事对华贸易的公司提供融资和结算服务而于1864年在香港建立的。1865年开始营业，同年在上海设立第一家分行，而后在天津、北京、汉口、重庆等地设立分支机构。

1865～1942年，汇丰银行在旧中国的业务主要有国际汇兑、发行纸币、存贷款业务、经办和举放对中国政府的外债、经理中国的关税、盐税业务等。

1980年10月4日，汇丰银行设立北京代表处，这是建国以后汇丰银行在中国新设立的第一家分支机构。

1984年，汇丰银行上海分行被授权从事出口押汇方面的业务。

1985年8月16日，汇丰银行深圳代表处升格为分行，其年10月31日深圳分行正式开业，汇丰银行在中国内地开始有了可以从事较全面银行业务的营业机构。

1986年1月9日，解放前遗留下来的汇丰银行厦门分行（仅保有营业执照）被获准重新开始营业。

1986年3月19日，汇丰银行在天津成立了办事处。

1989年7月6日，汇丰银行在大连成立了代表处。

1990年底，汇丰银行上海分行获准重新注册，扩大了营业范围，并允许汇丰银行自行招聘工作人员。

1994年和1995年，中国进一步开放沿海及部分内陆经济中心城市后，汇丰银行在青岛、天津及北京的代表处相继升格成为分行。

汇丰银行在中国各分行的主要业务可分为两类：一是工商银行业务（corporate banking），包括项目方面的贷款与房地产贷款、进出口押汇与票据托收、证券托管与B股业务、外汇资金安排四个方面；二是零售银行业务（retail banking），如存储账户、汇款、旅行支票、信用卡、商户服务等。汇丰银行上海分行还为客户提供房地产按揭贷款等业务。

如今，已创立140多年的汇丰银行已经成为全球最大的银行及金融服务机构之一。汇丰集团在欧洲、亚太区、美洲、中东及非洲等76个国家和地区设有约10000个办事处。集团在世界各地以商业银行及金融服务作为核心业务。

资料来源：http：//www.jrj.com

13.2 涉外金融机构法律规范

13.2.1 外资金融机构管理法律制度

（1）营业性的外资金融机构

① 最低注册资本。外商独资银行、中外合资银行的注册资本最低限额为10亿元人民币或者等值的自由兑换货币。注册资本应当是实缴资本。外商独资银行、中外合资银行在中华人民共和国境内设立的分行，应当由其总行无偿拨给不少于1亿元人民币或者等值的自由兑换货币的营运资金。外商独资银行、中外合资银行拨给各分支机构营运资金的总和，不得超过总行资本金总额的60%。外国银行分行应当由其总行无偿拨给不少于2亿元人民币或者等值的自由兑换货币的营运资金。国务院银行业监督管理机构根据外资银行营业性机构的业务范围和审慎监管的需要，可以提高注册资本或者营运资金的最低限额，并规定其中的人民

币份额。

② 申请人的条件。设立外商独资银行的股东应当为金融机构，其中惟一或者控股股东还应当具备下列条件。

a. 为商业银行；b. 在中华人民共和国境内已经设立代表处 2 年以上；c. 提出设立申请前 1 年年末总资产不少于 100 亿美元；d. 资本充足率符合所在国家或者地区金融监管当局以及国务院银行业监督管理机构的规定；e. 具有持续盈利能力，信誉良好，无重大违法违规记录；f. 拟设外商独资银行的股东、中外合资银行的外方股东或者拟设分行、代表处的外国银行具有从事国际金融活动的经验；g. 具有有效的反洗钱制度；h. 拟设外商独资银行的股东、中外合资银行的外方股东或者拟设分行、代表处的外国银行受到所在国家或者地区金融监管当局的有效监管，并且其申请经所在国家或者地区金融监管当局同意；i. 国务院银行业监督管理机构规定的其他审慎性条件。

设立中外合资银行的股东，其中外方股东及中方惟一或者主要股东应当为金融机构，且外方惟一或者主要股东应当具备上述条件。

设立分行的外国银行应当具备下列条件：a. 提出设立申请前 1 年年末总资产不少于 200 亿美元；b. 资本充足率符合所在国家或者地区金融监管当局以及国务院银行业监督管理机构的规定；c. 初次设立分行的，在中华人民共和国境内已经设立代表处 2 年以上；d. 具有持续盈利能力，信誉良好，无重大违法违规记录；e. 拟设外商独资银行的股东、中外合资银行的外方股东或者拟设分行、代表处的外国银行具有从事国际金融活动的经验；f. 具有有效的反洗钱制度；g. 拟设外商独资银行的股东、中外合资银行的外方股东或者拟设分行、代表处的外国银行受到所在国家或者地区金融监管当局的有效监管，并且其申请经所在国家或者地区金融监管当局同意；h. 国务院银行业监督管理机构规定的其他审慎性条件。

③ 书面申请资料。设立外资银行营业性机构，应当先申请筹建，并将下列申请资料报送拟设机构所在地的银行业监督管理机构：a. 申请书，内容包括拟设机构的名称、所在地、注册资本或者营运资金、申请经营的业务种类等；b. 可行性研究报告；c. 设立外商独资银行、中外合资银行的章程草案；d. 设立外商独资银行、中外合资银行各方股东签署的经营合同；e. 设立外商独资银行、中外合资银行的股东或者拟设分行的外国银行的章程；f. 设立外商独资银行、中外合资银行的股东或者拟设分行的外国银行及其所在集团的组织结构图、主要股东名单、海外分支机构和关联企业名单；g. 设立外商独资银行、中外合资银行的股东或者拟设分行的外国银行最近 3 年的年报；h. 设立外商独资银行、中外合资银行的股东或者拟设分行的外国银行的反洗钱制度；i. 设立外商独资银行的股东、中外合资银行的外方股东或者拟设分行的外国银行所在国家或者地区金融监管当局核发的营业执照或者经营金融业务许可文件的复印件及对其申请的意见书；j. 国务院银行业监督管理机构规定的其他资料。

设立机构所在地的银行业监督管理机构应当将申请资料连同审核意见，及时报送国务院银行业监督管理机构。

国务院银行业监督管理机构应当自收到设立外资银行营业性机构完整的申请资料之日起 6 个月内作出批准或者不批准筹建的决定，并书面通知申请人。决定批准的，颁发经营金融业务许可证，申请人凭经营金融业务许可证向工商行政管理机关办理登记，领取营业执照。

④ 业务范围。外商独资银行、中外合资银行按照国务院银行业监督管理机构批准的业务范围，可以经营下列部分或者全部外汇业务和人民币业务：吸收公众存款；发放短期、中期和长期贷款；办理票据承兑与贴现；买卖政府债券、金融债券，买卖股票以外的其他外币有价证券；提供信用证服务及担保；办理国内外结算；买卖、代理买卖外汇；代理保险；从事同业拆借；从事银行卡业务；提供保管箱服务；提供资信调查和咨询服务；经国务院银行

业监督管理机构批准的其他业务。外商独资银行、中外合资银行经中国人民银行批准，可以经营结汇、售汇业务。

外国银行分行按照国务院银行业监督管理机构批准的业务范围，可以经营下列部分或者全部外汇业务以及对除中国境内公民以外客户的人民币业务：吸收公众存款；发放短期、中期和长期贷款；办理票据承兑与贴现；买卖政府债券、金融债券，买卖股票以外的其他外币有价证券；提供信用证服务及担保；办理国内外结算；买卖、代理买卖外汇；代理保险；从事同业拆借；提供保管箱服务；提供资信调查和咨询服务；经国务院银行业监督管理机构批准的其他业务。外国银行分行可以吸收中国境内公民每笔不少于100万元人民币的定期存款。外国银行分行经中国人民银行批准，可以经营结汇、售汇业务。

外国银行代表处可以从事与其代表的外国银行业务相关的联络、市场调查、咨询等非经营性活动。外国银行代表处的行为所产生的民事责任，由其所代表的外国银行承担。

⑤ 业务监管

a. 存款、贷款利率及手续费率和存款准备金的管理。《中华人民共和国外资银行管理条例》规定，外资金融机构的存款、贷款利率及各种手续费率，由外资金融机构按照中国人民银行的有关规定确定；外资金融机构经营存款业务，应当向所在地区的中国人民银行分支机构缴存存款准备金，其比率由中国人民银行制定，并根据需要进行调整。

b. 资产流动性管理。《中华人民共和国外资银行管理条例》规定，外资金融机构应当确保其资产的流动性。流动性资产余额与流动性负债余额的比例不得低于25%。

c. 资产质量管理。《中华人民共和国外资银行管理条例》规定，外国银行分行的营运资金的百分之三十应当以金融监管机构指定的生息资产形式存在，包括在金融监管机构指定的银行的存款等。外国银行在中华人民共和国境内设立的外商独资银行与从事外汇批发业务的外国银行分行之间进行的交易必须符合商业原则，交易条件不得优于与非关联方进行交易的条件。外国银行对其在中华人民共和国境内设立的外商独资银行与从事外汇批发业务的外国银行分行之间的资金交易，应当提供全额担保。

d. 资本充足率管理。独资银行、合资银行的资本充足率不得低于百分之八。中国银监会根据外资法人机构的风险状况，可以对其资本充足率提出特别要求。

⑥ 解散与清算

a. 自行解散。外资金融机构自行终止业务活动，应当在距终止业务活动三十日前以书面形式向金融监管机构提出申请，经金融监管机构审查批准后予以解散并进行清算。外资法人机构有下列情形之一的，经中国银监会批准后自行解散：章程规定的营业期限届满或章程规定的其他解散事由出现时；股东会或董事会决议解散；因合并或者分立需要解散。

b. 资不抵债解散。外资金融机构无力清偿到期债务的，金融监管机构可以责令其停业，限期清理。在清理期限内，已恢复偿付能力，需要复业的，必须向金融监管机构提出复业申请；超过清理期限，仍未恢复偿付能力的，应当进行清算。

c. 注销登记。外资金融机构因解散、依法被撤销或者宣告破产而终止的，其清算的具体事宜，参照中国有关法律、法规的规定办理。清算终结，应当在法定期限内向原登记机关办理注销登记。

（2）非营业性的外资金融机构

非营业性的外资金融机构即外资金融机构的代表机构。根据《外资金融机构驻华代表机构管理办法》的规定，外资金融机构代表机构（简称代表机构）包括外资金融机构在中国境内设立并从事咨询、联络和市场调查等非营业性活动的代表处、总代表处。这里的外资金融机构包括外国金融机构和在中国境内注册设立的外资金融机构。

① 允许设立代表处的外国金融机构的范围。根据《外资金融机构驻华代表机构管理办法》的规定，在我国境外注册并经所在国家或地区金融监管当局或行业协会认可的外国金融机构和在中国境内注册的总行在中国境内的外国资本的银行，外国的金融机构同中国的公司、企业在中国境内合资经营的银行，总公司在中国境内的外国资本的财务公司、货币经纪公司、信用卡公司，外国的金融机构同中国的公司、企业在中国境内合资经营的财务公司、货币经纪公司、信用卡公司以及其他经金融监管机构批准成立的外资金融机构经金融监管机构批准，在中国境内可以设立代表处。中国香港特别行政区、中国澳门特别行政区和中国台湾地区的金融机构及其在中国内地设立的独资银行、合资银行、独资财务公司、合资财务公司设立代表机构，比照适用该管理办法。

② 申请人的条件。外国金融机构设立代表处，申请人应当具备下列条件：a. 申请人所在国家或地区有完善的金融监督管理制度；b. 申请人是由其所在国家或地区金融监管当局批准设立的金融机构，或者是金融性行业协会会员；c. 申请人经营状况良好，无重大违法违规记录；d. 金融监管机构规定的其他审慎性条件。在中国境内注册的外资金融机构设立代表处，申请人应具备上述c、d项条件。

③ 提交的资料。申请设立代表处，申请人应向拟设机构所在地金融监管机构派出机构领取申请表，并提交下列资料：a. 由董事长或行长（首席执行官、总经理）签署的致中国银监会主席的申请书；b. 所在国家或地区有关主管当局核发的营业执照（复印件）或合法开业证明（复印件）；c. 公司章程、董事会成员及最大十家股东名单或主要合伙人名单；d. 申请前三年的年报；e. 由所在国家或地区金融监管当局出具的对其在中国境内设立代表处的意见书，或者由所在行业协会出具的推荐信；f. 拟任首席代表的身份证明、学历证明、简历及由拟任人签字的有无不良记录的陈述书；g. 由董事长或行长（首席执行官、总经理）或其授权签字人签署的委任首席代表的授权书；h. 金融监管机构要求提交的其他资料。

在中国境内注册的外资金融机构提交的资料中不包括本条第e项规定的资料。

④ 受理与审批。金融监管机构派出机构对外资金融机构提交的申请资料初审后，报金融监管机构审查批准。经批准设立的代表机构，由金融监管机构颁发批准证书，有效驻在期限为六年。代表机构应当在获得批准证书后按有关规定到工商行政管理部门办理登记注册。代表机构未在规定期限内办理的，须向金融监管机构提交由其代表的外资金融机构董事长或行长（首席执行官、总经理）签署的重新办理申请书，重新办理批准证书。代表机构必须在得到金融监管机构批准之日起六个月内迁入固定的办公场所，超出六个月后原设立批准自动失效。

⑤ 总代表处与代表处的名称。在中国境内已设立五个或五个以上分支机构的外国金融机构，可申请设立总代表处。总代表处的申请设立程序及管理与代表处相同。

总代表处的名称由下列部分组成，依次为：外国金融机构名称、“驻中国总代表处”字样。总代表处的主要负责人称总代表，其他负责人称代表、副代表。代表处的名称由下列部分组成，依次为：外资金融机构名称、所在城市名称和“代表处”字样。代表处的主要负责人称首席代表，其他负责人称代表、副代表。

⑥ 监督管理

a. 人员的管理。代表机构及其工作人员不得与任何单位或自然人签订可能给代表机构或其代表的外资金融机构带来收入的协议或契约，不得从事任何形式的经营性活动。代表机构总代表、首席代表的任职期限一般应在两年以上，任职期内不得兼任其他经营性组织的管理职务。

总代表、首席代表应当常驻代表机构主持日常工作，离职连续一个月以上，应当指定专人代行其职，并报告所在地金融监管机构派出机构。离职连续三个月以上的，如无特殊理由，其所任职务须更换人选，并报金融监管机构核准。

b. 报告制度。代表机构应于每年二月底前向所在地金融监管机构派出机构提交上年度工作报告，由金融监管机构派出机构转报金融监管机构。代表机构工作报告应当按照金融监管机构规定的格式用中文填写。

代表机构应在其代表的外资金融机构会计年度结束后六个月内向所在地金融监管机构派出机构提供该外资金融机构年报。

设立代表机构的外国金融机构发生下列重大事项，代表机构应及时向其所在地金融监管机构派出机构报告，由所在地金融监管机构派出机构转报金融监管机构：章程、注册资本或注册地址变更；机构重组、股权变更或主要负责人变更；经营发生严重损失；发生重大案件；外国金融机构所在国家或地区监管当局对其实施的重大监管措施；其他对外国金融机构经营产生重大影响的事项。

代表机构设立、终止、变更和展期应于办理工商登记后十五日内在金融监管机构指定的报纸上公告，并向所在地金融监管机构派出机构报告。

c. 批准或备案事项。因外资金融机构因合并、分立等重组原因成立新机构或因其他原因而变更其在中国境内代表机构名称的，应当事先向金融监管机构提出申请，并经其批准。

外资金融机构获得金融监管机构同意其变更中国境内代表机构名称的批准书后，应按有关规定到工商行政管理部门办理变更登记手续。

代表机构有下列情况之一的，应当报所在地金融监管机构派出机构批准：代表机构展期。应当在该代表机构有效驻在期满前两个月提交由该外资金融机构授权签字人签署的申请书和由代表机构首席代表或总代表签署的该代表机构最近三年的工作报告，报所在地金融监管机构派出机构、营业管理部审批。代表处每次展期时限为六年。变更地址应提交由代表机构首席代表或总代表签署的地址迁移申请书，由所在地金融监管机构派出机构审批，并报告金融监管机构。代表机构须在获得批准后三个月内迁入新址。

d. 代表机构终止。申请关闭代表机构，应将由外资金融机构董事长或行长（首席执行官、总经理）签署的致中国银监会主席的申请书提交其所在地金融监管机构派出机构，所在地金融监管机构派出机构初审后，转报金融监管机构审查批准。经批准后，向工商行政管理部门申请注销登记，并到有关部门办理相关手续。

代表处经金融监管机构批准升格为营业性分支机构或总代表处后，原代表处自行关闭，并向工商行政管理部门申请注销登记。

代表处关闭或被金融监管机构依法撤销后，凡设有总代表处的，由其总代表处负责未了事宜；总代表处以及没有设立总代表处的代表处关闭或被金融监管机构依法撤销后，其未了事宜由其代表的外资金融机构负责处理。

参考案例 13-1

2003 年 2 月，美国甲银行在我国上海设立了一家代表机构。2003 年末，甲银行总资产额达到 180 亿美元，资本充足率达到 7.8%。2004 年 2 月，甲银行决定在北京设立一家分行，并决定向拟设立的分行无偿拨给 500 万美元的运营资金。

请问：

① 美国甲银行应向我国哪个机构提出申请？其应提交哪些文件？

② 美国甲银行能在我国设立分行吗？为什么？

资料来源：根据相关资料整理所得

[参考案例 13-1] 分析

① 美国甲银行应当向我国的银行业监督管理机构提出申请。

提交的文件包括：申请书；可行性研究报告；拟设立分行的外国银行的章程；设立外商独资银行、中外合资银行的股东或者拟设分行的外国银行及其所在集团的组织结构图、主要股东名单、海外分支机构和关联企业名单；设立外商独资银行、中外合资银行的股东或者拟设分行的外国银行最近 3 年的年报；设立外商独资银行、中外合资银行的股东或者拟设分行的外国银行的反洗钱制度；设立外商独资银行的股东、中外合资银行的外方股东或者拟设分行的外国银行所在国家或者地区金融监管当局核发的营业执照或者经营金融业务许可文件的复印件及对其申请的意见书；国务院银行业监督管理机构规定的其他资料。

② 不能。提出设立申请前 1 年年末总资产不少于 200 亿美元；资本充足率符合所在国家或者地区金融监管当局以及国务院银行业监督管理机构的规定；初次设立分行的，在中华人民共和国境内已经设立代表处 2 年以上。本题中甲银行总资产为 180 亿美元，少于 200 亿美元规定；资本充足率 7.8%，低于 8%的规定并且甲银行在中国仅仅设立了一个代表处。

资料来源：根据相关资料整理所得

13.2.2 境内金融机构境外业务管理法律制度

(1) 境外中资金融机构的概念

境外中资金融机构简称境外金融机构，是指境内金融机构、非金融机构及境外中资金融机构和非金融机构在境外设立或者收购的从事存款、贷款、票据贴现、结算、信托投资、金融租赁、担保、保险、证券经营等金融业务的机构。它可以是中资独资，也可以是中外合资。

(2) 中资商业银行申请设立的条件

根据中国银行业监督管理委员会（简称“银监会”）《中资商业银行行政许可事项实施办法》第六十条规定，中资商业银行申请设立、参股、收购境外机构，申请人应当符合下列条件：①资本充足率不低于 8%；②权益性投资余额原则上不超过其净资产的 50%（合并会计报表口径）；③最近三个会计年度连续盈利；④申请前一年末资产余额达到一千亿元人民币以上；⑤有合法足额的外汇资金来源；⑥公司治理良好，内部控制健全有效；⑦主要审慎监管指标符合监管要求；⑧银监会规定的其他审慎性条件。本办法所称中资商业银行境外机构是指中资商业银行境外分行、全资附属或控股金融机构、代表机构。

(3) 申请设立的程序

国有商业银行和股份制商业银行申请设立境外机构由银行业监督管理委员会（银监会）决定。银监会自受理之日起六个月内作出批准或不批准的书面决定。

设立中资商业银行境外分行、全资附属或控股金融机构提供的申请材料包括：申请书；可行性研究报告；董事会或经授权的高级管理层关于设立境外分行、全资附属或控股金融机构的有效书面文件；申请人对境外营业性机构的内部控制机制；申请人的股权结构、股东背景、资产规模、盈利能力、流动性状况、诚信记录、资本充足率、营运资金拨付能力、外汇资金来源、公司治理和内控状况、监管指标等；对设立控股金融机构的，还应提供合作方相关情况；申请人最近三年经审计的资产负债表、利润表和业务状况报告；章程草案（对全资或合资附属机构）；东道国相应监管要求及申请人有关情况；对拟设控股金融机构的，还应提供有关合作方的情况说明；如在香港、澳门设立营业性机构，须报送派出人员编制［根据《国务院批转对外经济贸易部、中国人民银行、国务院港澳办公室关于在港澳地区设立机构审批办法的通知》（国发［1992］62号）］；申请人联系人、联系电话、传真电话、电子邮件、通信地址（邮编）；银监会按照审慎性原则规定的其他文件。

设立中资商业银行境外代表机构应提供的申请资料：申请书，内容包括拟设代表机构的名称（中、英文）、住所、申请人有关情况及东道国相关监管要求等；董事会或经授权的高级管理层同意设立代表机构的有效书面文件；可行性报告；申请人最近三年经审计的资产负债表和利润表；如在香港、澳门设立代表机构，须报送派出人员编制［根据《国务院批转对外经济贸易部、中国人民银行、国务院港澳办公室关于在港澳地区设立机构审批办法的通知》（国发［1992］62号）］；申请人的联系人、联系电话、传真电话、电子邮件、通信地址（邮编）；银监会按照审慎性原则规定的其他文件。

中资商业银行参股、收购境外机构应提供的申请资料：申请书，内容包括被参股、被收购方的名称、住所，参股收购金额以及业务范围，参股或收购的目的；董事会或经授权的高级管理层同意参股、收购境外机构的有效书面文件；申请人对参股或收购后的机构的内部控制机制、拟在参股收购机构派驻人员背景、职位及职责；申请人最近三年经审计的资产负债表、利润表和业务状况报告；申请人资本充足率等经营状况及营运资金拨付能力；可行性研究报告。内容包括对申请人的财务、经营、业务拓展、管理等方面的影响；东道国相应监管要求及申请人有关情况；境外机构的基本信息，内容包括但不仅限于境外机构的章程、股权结构、业务范围、市场定位、同业和诚信状况、未偿还金融机构贷款本息情况、同业状况、业务拓展策略、风险控制能力、连续三年年报等；有关参股、收购协议或意向协议及相关法律文件；申请人的联系人、联系电话、传真电话、电子邮件、通信地址（邮编）；银监会按照审慎性原则规定的其他文件。

(4) 机构的变更与终止

中资商业银行境外机构升格、变更营运资金或注册资本以及分立、合并等事项，须经银监会许可。中资商业银行境外机构变更事项应由中资商业银行总行向银监会申请，由银监会受理、审查并决定。银监会自受理之日起三个月内作出批准或不批准的书面决定。中资商业银行境内分支机构终止营业的（被依法撤销除外），应当提出终止营业申请。中资商业银行境外机构的终止营业申请，由银监会受理、审查并决定。银监会自受理之日起三个月内作出批准或不批准的书面决定。

阅读资料 13-2

随着中国GDP强劲增长，中国百万富翁数量大幅增长，受此吸引，法国巴黎银行计划在华拓展针对高端客户的私人银行业务。

据外电报道，法国巴黎银行亚洲区执行长Michel Longhini日前表示，巴黎银行计划在中国和印度扩大私人银行业务，以便从富裕人数的快速增长中获益。对于选择中国的原因，Michel Longhini表示，中国的经济以8%～10%的速度强劲增长，并带来了巨大的财富效应，推动了整个地区的经济发展。同时，中国的百万富翁的数量也随之大幅增长，这为巴黎银行、瑞银集团和花旗集团等跨国银行提供了发展财富管理业务的机遇。2005年10月，巴黎银行在出资收购南京商业银行19.2%的股权时，就曾表示希望拓展内地私人银行业务市场。当时，法国巴黎私人银行全球总裁弗朗科西斯·德贝斯表示，巴黎银行一直视亚洲为极其重要的市场，目前，正在紧锣密鼓地筹备开拓在中国内地的业务，期望从明年起在内地开展私人银行业务。他表示，中国是绝对不能漠视的市场，入股南京市商业银行正好作为拓展私人银行业务的平台，为2006年下半年在上海启动私人银行做业务准备。巴黎银行北亚区总裁华伯乐则表示，该行有望成为首批在中国境内经营私人银行业务的外资银行之一。

据了解，法国巴黎银行集团是一家资产800亿美元的全球性机构，在超过85个国家设有办事处，拥有9万名雇员。法国巴黎银行为私营、零售、大型企业和投资以及证券和保险服务等行业提供服务。法国巴黎银行在中国已建成最大的外国银行网络之一，在北京、广州、上海、深圳和天津等地设有分支机构。

资料来源：http：//www.sina.com.cn

本章小结

外资金融机构境内业务是以外国资本为主的金融机构在我国境内从事金融活动，中资金融机构境外业务是中资金融机构在境外开展业务。改革开放以来，上述两种类型的业务发展都很快。加入世界贸易组织后，我国对相关涉外金融法律进行了增补和修改。本章对外资金融机构的业务管理、中资金融机构境外业务和管理等内容做出详细的阐述。

【思考题】

1. 设立独资银行应具备哪些条件？
2. 中国人民银行规定的其他审慎性条件有哪些？
3. 境内金融机构设立或收购境外金融机构应具备哪些条件？
4. 试述对境外金融机构的业务监管。

【课堂讨论题】

汇丰银行在中国境内开办人民币业务的依据是什么？

【案例分析】

2007年4月9日，原告周某与被告A外资银行上海分行订立《代客境外理财协议》，约定被告向原告提供代客境外理财服务。2007年7月3日，原告与被告订立《认购申请书》，原告承诺向被告交付等值于13000美元的人民币投资金额用于购买被告的代客境外理财计划——“瑞银新兴基建可转换结构性投资”产品。2007年6月6日，原告向被告交付等值于13000美元的人民币投资金额（实际交付人民币100000元整），用于购买被告发行的“瑞银新兴基建可转换结构性投资”产品。2007年7月20日，被告向原告出具交易确认书，确认原告已成功认购被告的上述理财产品。

2007年5月10日，银监会办公厅发布《关于调整商业银行代客境外理财业务投资范围的通知》（以下简称《通知》）规定，商业银行发行投资于境外股票的代客境外理财产品时需满足六个条件。其中第三个条件是，单一客户起点销售金额不得低于30万元人民币（或等值外币），但对于发行投资于境外结构性产品的，则仅要求应选择获国际公认的评级机构A级或以上评级的金融机构发行的结构性产品。

2008年8月19日，原告诉至上海市浦东新区人民法院。原告认为，根据互联网上关于银监会金融许可证的查询记录，原告的金融许可证的发证时间是2007年6月13日，而本案中《代客境外理财协议》订立时间是在2007年4月7日，所以被告不具有合法资质来开展本案的境外理财业务；其次，银监会办公厅发布的《通知》中规定，商业银行发行投资于境外股票的代客境外理财产品时，“单一客户起点销售金额不得低于30万元人民币（或等值外币)”，据此《认购申请书》中载明的最低投资额及原告最终交付被告的投资总额均未达到《通知》所要求的法定标准，被告的此笔代客理财业务属于明显违规行为，因此，原、被告所订立的《认购申请书》为无效合同。据此，请求判令被告返还原告人民币100000元，并赔偿相关利息损失。

[分析提示]

诉争焦点如下。

① 被告A外资银行上海分行是否具有开展本案系争的“瑞银新兴基建可转换结构性投资”理财产品的合法资质。

② 原、被告所订立的《认购申请书》是否违反了我国法律法规的强制性规定而为无效合同。

判决要旨如下。

① 根据2007年3月20日银监会出具的《中国银行业监督管理委员会关于批准B银行有限责任公司在中国境内分支机构改制的A银行的函》以及《外商独资银行经营中国公民人民币业务验收合格意见书》，被告A银行上海分行是由原外资法人B银行有限责任公司在中国境内分支机构上海分行改制而来，被告承继了B银行有限责任公司上海分行获准经营的全部业务，同时也具有经营人民币业务资质。之前，B银行有限责任公司上海分行于2006年9月1日经银监会批准，已具有了发行合格境内机构投资者（QDII）理财产品的法律资质。因此，被告于2007年3月29日工商登记成立日就承继了B银行有限责任公司上海分行的QDII业务资质。被告又于2007年6月18日就本案系争的“瑞银新兴基建可转换结构性投资”产品向银监会依法进行了备案，故被告具有发布本案系争的“瑞银新兴基建可转换结构性投资”理财产品的合法资质。

② 银监会办公厅公布的《通知》第二条明确规定，单一客户起点销售金额不得低于30万元人民币的强制性规定针对的是投资于境外股票的代客境外理财产品而非本案中境外结构性理财产品，因而不是《通知》中所指的“境外股票”，故不应适用《通知》中关于“境外股票”的相关规定。其次，上述《通知》是由我国银监会办公厅所颁布，不属于法律或者行政法规范畴，因此不符合我国《合同法》关于合同无效是违反法律或者行政法规强制性规定的规定，不能产生合同无效的法律后果。因此，原告认为《认购申请书》无效的理由不能成立。

综上，原告的诉请缺乏事实及法律依据，故判决驳回原告周某的诉讼请求。

资料来源：http://www.legaldaily.com.cn/zmbm/content/2009-04/16/content_1077680.htm?node=7572

第 14 章　金融业监管法律制度

【学习目标】

理解金融业监管的概念、特征、目的、原则。

掌握金融监管法律关系、监管模式、各金融监督管理机构的监管职责、监管措施。

了解金融监管法的概念及特征、违反各项监管法律法规的法律责任。

【本章引例】

南京辽通电脑有限公司系南京新港开发总公司的控股子公司。2006 年 4 月 10 日，资金账户 0510××××9962（户名：辽通电脑）在华泰证券上海安龙路营业部（现上海威宁路营业部）开立，任红担任账户代理人（任红时任新港公司负责证券投资部门的负责人、南京辽通电脑有限公司执行监事），代理账户开户及证券买卖事宜。该资金账户除下挂辽通电脑机构证券账户外，还下挂上海、深圳自然人证券账户各 20 个。2006 年 5 月 15 日至 2009 年 2 月 19 日期间，新港公司利用辽通电脑资金账户下挂的 30 个自然人证券账户进行证券交易，所得 138750172.46 元。

请问：该行为应如何处罚？

【引例分析】

南京新港开发总公司利用他人账户买卖股票的行为，违反了《证券法》第八十条关于“禁止法人非法利用他人账户从事证券交易”的规定，构成了《证券法》第二百零八条所述“法人以他人名义设立账户或者利用他人账户买卖证券”的行为。对于南京新港开发总公司的上述违法行为，任红是直接负责的主管人员。证监会责令新港公司改正违法行为，没收违法所得 138750172.46 元；对任红给予警告，并处以 3 万元罚款。

资料来源：http://www.csrc.gov.cn/

14.1　金融业监管与金融监管法概述

14.1.1　金融业监管概述

（1）金融监管的概念

金融监管是金融监督与金融管理的复合称谓。金融监督是指金融监管当局对金融机构实施全面的、经常性的检查和督促，并以此促使金融机构依法稳健地经营、安全可靠和健康的发展。金融管理是指金融监管当局依法对金融机构及其经营活动实行的领导、组织、协调和控制等一系列的活动。

金融监管有狭义和广义之分。狭义的金融监管是指中央银行或其他金融监管当局依据国家法律规定对整个金融业（包括金融机构和金融业务）实施的监督管理。广义的金融监管在上述含义之外，还包括了金融机构的内部控制和稽核、同业自律性组织的监管、社会中介组织的监管等内容。本书所称的金融监管是指狭义的金融监管。

随着金融监管的发展，当代金融监管呈现出以下特征。

① 金融创新和金融监管并重。金融创新一方面反映了市场对金融服务的新需求，另一方面也给市场带来了新的风险，这就给金融监管提出了新的挑战。因此，金融创新和金融监

管并重是当代金融监管的首要特征。

② 金融监管注重成本——效益观念。传统金融监管忽视了对监管成本的衡量，往往容易夸大监管的收益而低估监管的成本，而当代金融监管引入经济学分析，对各项监管措施的成本-效益进行量化，这样既贯彻了监管效益最大化原则，也体现了对市场机制的遵循。

③ 金融监管强调技术性、科学性。随着计算机信息系统、经济计量模型、信用评级制度及市场纠错退出机制等各种技术和方法不断运用到各国金融监管之中，金融监管的技术性和科学性日益增强。

④ 全球金融监管框架初步建立。金融市场全球化导致金融风险在国家间相互转移扩散的趋势不断增强，加强金融监管的国际合作，构建全球金融监管框架迫在眉睫。一些国际性金融组织在全球金融监管合作方面发挥着越来越大的作用，得到了国际金融业和各国监管当局的普遍接受和运用。

(2) 金融监管的目的

① 维持金融业健康运行的秩序，最大限度地减少银行业的风险，保障存款人和投资者的利益，促进银行业和经济的健康发展。

② 确保公平而有效地发放贷款的需要，由此避免资金的乱拨乱划，制止欺诈活动或者不恰当的风险转嫁。

③ 金融监管还可以在一定程度上避免贷款发放过度集中于某一行业。

④ 银行倒闭不仅需要付出巨大代价，而且会波及国民经济的其他领域。金融监管可以确保金融服务达到一定水平从而提高社会福利。

⑤ 中央银行通过货币储备和资产分配来向国民经济的其他领域传递货币政策。金融监管可以保证实现银行在执行货币政策时的传导机制。

⑥ 金融监管可以提供交易账户，向金融市场传递违约风险信息。

(3) 金融监管的原则

① 依法监管原则。依法监管原则是指金融监管机构在履行监管职责时，必须依据有关法律、行政法规和规章进行，其监管行为不得与上述法律、法规及规章相抵触。主要包括两方面内容：一方面，金融监管机构地位的确立和监管权力的取得来源于法律；另一方面，金融监管机构必须依法行使监管权。

② 审慎监管原则。又称持续性监管原则，是指在金融机构获得市场准入、开始业务经营后，金融监管机构对其日常业务经营情况进行持续的监管。审慎经营主要包括风险管理、内部控制、资本充足率、资产质量、损失准备金、风险集中、关联交易、资产流动性等内容，金融机构应当严格遵守审慎经营规则。审慎监管包括合规性监管和风险性监管两方面。随着金融创新业务日益增多，合规性监管不能及时全面反映金融业风险，以风险性监管为基础的审慎监管原则逐渐为人们认同。

③ 合理适度竞争原则。竞争和优胜劣汰是一种有效机制。但是金融管理的重心应该在创造适度竞争上，既要避免金融高度垄断，排斥竞争从而丧失效率和活力，又要防止过度竞争和恶性竞争波及金融业的安全稳定，引起经常性的银行业破产以及剧烈的社会动荡。

④ 自我约束和外部强制相结合原则。既不能完全依靠外部强制管理，如果金融机构不配合，难以收到预期效果；也不能寄希望于金融机构自身自觉的自我约束来避免冒险经营和大的风险，必须将自我约束和外部强制两个方面结合。

⑤ 预警与处罚并重原则。金融监管的主要任务就是及时、准确地判断和预警金融风险的状况及深度。在金融监管过程中，注意预警与处罚并重，要做到在金融机构出现问题和发生危机之前及时预警，发现问题则及时采取有效措施，加大处罚力度，防止风险和危机的进

一步扩大和恶化，化解系统性风险。

⑥ 安全稳健与经济效益结合的原则。这历来是金融监管的中心目的，为此所设的一系列金融法规和指标体系都是着眼于金融业的安全稳健和风险防范。但是金融业的发展毕竟在于满足社会经济的需要，要讲求效益，所以金融监管要切实把风险防范和促进效益协调起来。

(4) 金融监管的必要性

综合世界各国金融领域广泛存在的金融监管，我们认为，金融监管具有以下深层次的原因和意义。

① 金融业的重要性。金融是现代经济的核心，金融体系是全社会货币的供给者和货币运行及信用活动的中心。金融机构产品或服务创新其实质是一种信用创造，这一方面可以节省货币，降低机会成本，而另一方面也使商业性结构面临更大的支付风险。金融系统是“多米诺”骨牌效应最为典型的经济系统之一。任何对金融机构无力兑现的怀疑都会引起连锁反应，骤然出现的挤兑狂潮会在很短时间内使金融机构陷入支付危机，这又会导致公众金融信心的丧失，最终导致整个金融体系的崩溃。因此，金融稳定对社会经济的运行和发展起着至关重要的作用。

② 金融业的高风险性。金融业是巨额资金的集散中心，涉及国民经济各部门、单位和个人，而金融业存在着诸多风险，其任何经营决策的失误都可能导致“多米诺骨牌效应”，关系到千家万户和国民经济的方方面面，如果金融机构出现问题，将会对整个经济与社会产生很大的影响。

③ 金融体系的脆弱性。金融业是经营风险的企业，以较少的资本经营较多的资产，金融业这种高负债经营的行业特点决定的其更易失败的本性。同时，个别金融机构的破产很容易导致整个金融体系的崩溃而引发金融危机。

④ 金融业的信息不对称。信息不对称，是指交易的一方对交易的另一方，不了解或不充分了解。当前我国信息市场不完善，信息产品的生产或提供相对不足，造成了金融领域信息严重不对称，使得金融风险不断累积，影响了经济、金融运行效率。如存款者与银行、银行与贷款者、银行与监管者之间存在着很大的信息不对称，产生了逆向选择和道德风险，不仅降低了金融效率，而且增加了金融风险。

14.1.2 金融监管法概述

(1) 金融监管法的概念和特点

金融监管法是指金融监管机构对金融市场、金融机构及其行为实施监督和管理的法律规范的总称。金融监管法随着金融活动和金融监管实践的不断发展而逐步形成并完善。金融监管法具有以下特点。

① 金融监管法是强行法。在金融监管活动中，监管主体与被监管主体之间的地位不平等，具体表现为前者对后者实行强制监管，后者对前者必须服从，这体现了国家对金融业的适度干预。

② 金融监管法是行为法。金融监管法本质上是国家对金融活动监督和管理的规范，监管主体主要通过做出法定的监管行为来完成监管活动，因此，金融监管法具有行为法的属性。

③ 金融监管法是实体法与程序法的结合。在金融监管法中，监管主体明确金融监管目标，确定金融监管机构的地位及职责，规范金融监管方式和手段，规定金融违法行为的惩处措施，这些规定将实体性规范与程序性规范进行有机结合，体现了实体法与程序法并重。

（2）金融监管法律关系

① 金融监管法律关系的主体。即金融监管法律关系的参加者，是指参加金融监管法律关系，依法享有权利、承担义务的当事人。金融监管法律关系的主体包括监管主体金融监管机构和被监管主体金融机构。

a. 金融监管机构。是指法律赋予的具有对金融业进行监督管理职能的执行机关。由于各国的经济制度、经济目标、金融业的历史发展和金融体制不同，金融监管机关也有所差异。

b. 金融机构。又称金融中介，是指从事金融业务活动的各类组织，是金融市场的参与主体。主要有银行（包括商业银行、政策性银行等）和非银行金融机构（包括金融资产管理公司、信托投资公司、财务公司、金融租赁公司、证券公司、保险公司等）。

② 金融监管法律关系的客体。是指参加金融监管法律关系的主体的权利义务所共同指向的对象。没有金融监管法律关系的客体，金融监管法律关系也就不可能产生，权利和义务就会落空。由于金融监管是一种与市场行为相对应的政府行为，金融监管法律关系的客体主要是行为，包括行使金融监管职权的行为和提供金融服务的行为。

③ 金融监管法律关系的内容。是指金融监管法律关系的主体依法所享有的权利和承担的义务。金融监管法律关系主体的权利是指金融监管法律关系主体在金融监管活动中依法具有自己为或不为一定行为和要求他人为或不为一定行为的资格。金融监管法律关系主体的义务是指金融监管法律关系主体在金融监管活动中依法必须为一定行为或不得为一定行为的责任。在金融监管法律关系中，由于监管主体与被监管主体之间地位不平等，前者对后者实行强制监管，后者对前者必须服从，金融监管法律关系主体享有不同的权利，承担不同的义务。

14.1.3 金融监管模式

（1）金融监管模式的概念

金融监管模式是指一国关于金融监管机构和金融监管法规的结构性体制安排。实行何种金融经营模式是采用何种金融监管模式的重要参考因素，但是两者并非一一对应，完全一致。

（2）不同金融监管模式及其比较

由于各国政治、经济、文化和历史传统的不同，对金融监管模式的设计也不尽一致，大体可概括为以下三种。

① 统一监管模式。统一监管模式，指由一个统一的监管机构负责监管各种金融行业、金融机构和金融业务。该监管主体可以是中央银行或其他机构。该模式在 20 世纪 80 年代末期就在挪威、丹麦和瑞典开始推行，1997 年亚洲金融危机以后，日本、韩国也开始采用这种监管模式，目前最为典型的是 1997 年英国的金融监管体制改革后建立的监管体制。

统一监管模式优势主要有：a. 成本优势。统一监管可节约监管者和被监管者双方的成本，可大大降低信息成本，改善信息质量，获得规模效益。b. 改善监管环境。表现在两方面，首先，统一监管机构职责明确固定，可防止不同机构之间互相推卸责任。其次，提供统一的监管制度，避免监管重复和被监管者面临不同的监管制度时无所适从。c. 适应性强。金融业务创新层出不穷，统一监管模式可迅速适应新业务，避免出现监管空白。同时也可减少多重监管制度对金融创新的阻碍。d. 责任明确。因为是同一个监管者，因此不会发生不同监管主体责任交叉、责任空白、推诿扯皮的现象。

统一监管模式的缺点是：统一监管机构权力巨大，容易出现比较明显的官僚主义，可能导致损失潜在的有价值的信息，对潜在问题反应迟缓。

② 分头监管模式。分头监管模式是指把金融领域划分为银行、证券和保险三个业务领域（有时包括信托），针对各个业务领域分别设立一个专职的监管机构，负责各行业的审慎监管和业务监管。目前实行分头监管较为典型的国家有波兰、中国等。

分头监管模式主要有以下优点：a. 分头监管具有很强的专业性。分头监管要求监管者必须具有较高的专业水平，有利于达到监管目标，提高监管效率。b. 分头监管具有公平性。各专业监管机构负责不同的监管领域，职责明确，有利于排除不必要的干扰，为监管对象实施公平监管创造了良好的环境。c. 分头监管具有竞争优势。尽管各个监管机构的监管对象不同，但不同机构之间存在竞争压力，从而有利于提高监管效率。

分头监管模式的缺点主要有：a. 多重监管机构之间难于协调。不同的监管部门有不同的监管目标，容易产生分歧。尤其是当推出一项交叉性金融业务时，需要经过多个部门长时间的协调才能完成，并且既有可能出现监管重复，也有可能出现监管缺位。b. 从整体上看，分头监管各个机构庞大，监管成本较高，规模不经济。c. 如果对混业经营体制实施分头监管，容易产生重复监管，增加监管成本。

③ 不完全统一监管模式。不完全统一监管模式是指在金融业混业经营体制下，对完全统一和完全分头监管的一种改进型模式。这种模式可按监管机构不完全统一和监管目标不完全统一划分。具体形式有“牵头监管”和“双峰式监管”。

“牵头监管”即在多重监管主体之间建立及时磋商和协调机制，特别指定一个牵头监管机构负责不同监管主体之间的协调工作。巴西是较典型的牵头监管模式。国家货币委员会是牵头监管者，负责协调中央银行、证券和外汇管理委员会、私营保险监理署和补充养老金秘书局分别对商业银行、证券公司和保险公司进行监管。

“双峰式监管”，是指根据监管目标设立两类监管机构，一类负责对所有金融机构进行审慎监管，控制金融体系的系统性风险。另一类机构是对不同金融业务经营进行监管。澳大利亚是“双峰式”监管模式的典型。澳大利亚历史上由中央银行负责银行业的审慎监管。自1998年开始不完全统一监管模式的改革。新成立的澳大利亚审慎监管局负责所有金融机构的审慎监管，证券投资委员会负责对证券业、银行业和保险业的业务经营监管。

与统一监管模式相比，其优点主要有：a. 不完全统一监管模式设立了不止一个监管机构，并且通过职能分工配合使监管机构之间保持一定的竞争与制约，有助于提高监管效率；b. 在不同的监管领域，相应的监管机构保持了监管规则的一致性，可以尽量避免多重机构可能造成的监管冲突问题；c. 设置多重监管机构可以按照行业分工，有助于可发挥各个机构的相对独特优势。

与完全分头监管模式相比，其优点主要是：a. 一定程度的统一降低了多重监管机构之间互相协调的成本和难度，提高了监管效率；b. 通过分别进行审慎监管和业务监管，从而尽量避免严格分开的监管机构可能出现的监管真空或者监管重复问题；c. 一定程度上克服了完全分开监管模式中机构庞大、设置繁复的弊端。

（3）我国现行金融监管模式

中国现行金融监管模式是单层多头监管，由中国银行业监督管理委员会、中国证券监督管理委员会、中国保险业监督管理委员会分别对银行业和非银行金融机构、证券业、保险业实行分业监管。在中国银行业监督管理委员会成立之前，对银行业和非银金融机构的监管是由中国人民银行进行的，2003年4月28日银监会正式成立之后中国人民银行就将绝大部分监管职能分离出去，目前只享有在特殊情况下间接监管的权力。修改后的《中国人民银行法》第三十四条明确规定“当银行业金融机构出现支付困难，可能引发金融风险时，为了维护金融稳定，中国人民银行经国务院批准，有权对银行业金融机构进行检查监督”，该条款从分析风险性质及严重程度这一角度出发，赋予中国人民银行为化解金融风险而享有的检查监督权。

根据我国金融体制改革的需要，2003 年 4 月，中国银行业监督管理委员会成立，统一监管银行、金融资产管理公司、信托投资公司等金融机构。人民银行的主要职能转变为“制定和执行货币政策，不断完善有关金融机构的运行规则，更好地发挥作为中央银行在宏观经济调控和防范与化解系统性金融风险中的作用”。最终确立了我国现行的金融监管模式。

阅读资料 14-1

美国出台最严厉金融监管改革法案

美国国会参议院于 2010 年 7 月 15 日通过最终版本金融监管改革法案。新法案被认为是“大萧条”以来最严厉的金融改革法案。

1. 监管议案诞生记

2009 年 11 月 19 日，参议院银行委员会召开会议，讨论委员会主席、民主党人多德提交的监管改革提案，遭共和党阻挠，此后多次与共和党人协商，未取得明显进展。

2010 年 3 月 11 日，多德发誓在没有共和党支持的情况下推进提案。

2010 年 3 月 22 日，银行委员会开会调整多德提案，共和党人决定不提出任何修正条款。共和党人后来总结这一决定为战略错误之一。

2010 年 4 月 28 日，多德与谢尔比之间马拉松式谈判产生框架，规范政府如何关闭濒临破产的大型机构。数小时后，参议院扫清一个关键障碍，允许辩论开始。

2010 年 5 月 5 日，多德与谢尔比就议案中有关政府关闭和处理濒临倒闭的金融机构之权限达成一致。这为参议院开始就整个议案修正条款投票扫清道路。

2. 三大核心内容

第一条，扩大监管机构权力，破解金融机构“大而不能倒”的困局，可限制金融高管的薪酬。

第二条，设立新的消费者金融保护局，赋予其超越目前监管机构的权力，全面保护消费者合法权益。

第三条，采纳所谓的“沃克尔规则”，即限制大金融机构的投机性交易，尤其是加强对金融衍生产品的监管，以防范金融风险。

3. 金融改革法案要点

第一，成立金融稳定监管委员会，负责监测和处理威胁国家金融稳定的系统性风险。该委员会共有 10 名成员，由财政部长牵头。委员会有权认定哪些金融机构可能对市场产生系统性冲击，从而在资本金和流动性方面对这些机构提出更加严格的监管要求。

第二，在美国联邦储备委员会下设立新的消费者金融保护局，对提供信用卡、抵押贷款和其他贷款等消费者金融产品及服务的金融机构实施监管。

第三，将之前缺乏监管的场外衍生品市场纳入监管视野。大部分衍生品须在交易所内通过第三方清算进行交易。

第四，限制银行自营交易及高风险的衍生品交易。在自营交易方面，允许银行投资对冲基金和私募股权，但资金规模不得高于自身一级资本的 3%。在衍生品交易方面，要求金融机构将农产品掉期、能源掉期、多数金属掉期等风险最大的衍生品交易业务拆分到附属公司，但自身可保留利率掉期、外汇掉期以及金银掉期等业务。

第五，设立新的破产清算机制，由联邦储蓄保险公司负责，责令大型金融机构提前做出自己的风险拨备，以防止金融机构倒闭再度拖累纳税人救助。

第六，美联储被赋予更大的监管职责，但其自身也将受到更严格的监督。美国国会下属政府问责局将对美联储向银行发放的紧急贷款、低息贷款以及为执行利率政策进行的公开市场交易等行为进行审计和监督。

第七，美联储将对企业高管薪酬进行监督，确保高管薪酬制度不会导致对风险的过度追求。美联储将提供纲领性指导而非制定具体规则，一旦发现薪酬制度导致企业过度追求高风险业务，美联储有权加以干预和阻止。

资料来源：中国金融网．2010-9-9

14.2 银行业监督管理法

14.2.1 银行业监督管理法概述

（1）银行业监督管理法的概念

银行业监督管理，是指银行业监管机关依法对银行业金融机构及其经营活动和风险状况进行监测、评估、检查、稽核等活动的总称。银行业监督管理是防范和化解系统性金融风险，维护银行业体系稳健有效运行的重要法律制度。目前，中国银监会是我国专门的银行业监管机关，负责对银行、信托业实施监督管理。

银行业监督管理法是指调整银行业监督管理关系的法律规范的总称。广义的银行监管法包括国家涉及调整银行业监督管理关系的所有法律、行政法规和规章。狭义的银行监管法则指2003年12月27日第十届全国人民代表大会常务委员会第六次会议通过，2006年10月31日第十届全国人民代表大会常务委员会第二十四次会议修正的《中华人民共和国银行业监督管理法》（以下简称《银行业监管法》）。该法是我国银行业监管的专门性立法，调整银监会对银行业金融机构及其业务经营的监管活动。这里的银行业金融机构包括中华人民共和国境内设立的商业银行、城市信用合作社、农村信用合作社等吸收公众存款的金融机构、政策性银行、金融资产管理公司、信托投资公司、财务公司、金融租赁公司以及经银监会批准设立的其他金融机构，包括在境外设立的中资金融机构。

（2）银行业监管的目标

我国银行业监督管理的目标是促进银行业的合法、稳健运行，维护公众对银行业的信心，保护银行业公平竞争，提高其竞争能力。

（3）银行业监管的原则

① 独立监管原则。独立监管原则是指银监会及其从事监管工作的人员依法独立履行监管职责，地方政府及职能部门、社会团体和个人不得干涉。

② 依法监管原则。依法监管指银行业的监督管理权应当法定，监督管理行为不仅应当依法进行，而且还应当受到法律的约束。

依法监管包含以下三层含义。一是监管主体法定。银行监督法明确了国务院银行业监督管理机构是对银行业实施监督管理的法定监管主体。二是监管权力法定。明确了国务院银行业监督管理机构的监督管理职责。三是实施监管行为必须依法进行，既不能违反实体法的规定，也不能违反程序法的规定。

③ 公开原则。公开原则是指政府机关在行使行政权力的过程中，应当依法将行政权力运行的依据和过程向行政相对人和社会公开，目的是满足公民的知情权、参与权和监督权。银行业监管遵循公开原则的具体含义主要包括两个方面：一是监管政策及其相关调整应当公开，未公开的规定，不能作为监督管理的依据；二是实施监督管理的过程要公开，银行业监督管理机构进行现场检查时，检查人员应当出示合法证件和检查通知书。

④ 公正原则。公正原则是要求政府机关及其工作人员办事公道，不徇私情，不受各种利益或者偏私的影响，平等对待行政管理相对人，即对相同情况给予相同的对待，对不同情况给予不同的对待。银行业监督管理遵循公正原则，要求监管机关在监督管理活动中对所有监管对象都要一视同仁，不能分出三六九等、亲疏远近，搞歧视或者变相歧视，更不能以权谋私。

⑤ 效率原则

a. 监管者要用负担最小的方式达到监管目标，最大限度地降低监管成本。如果从银行监管所维护的安全保障体系中所获得的收益超过因监管而造成的损失，那么银行就是政府净资助的接受人，这意味着银行比其他非银行竞争者更具有竞争优势。如果监管成本超过从银行监管所维护的安全保障体系中所获取的利益，那么监管行为就成为行业竞争的阻碍。这就要求对银行业监管机构在实施监管时，要进行成本效益分析，要降低监管成本，减少社会支出，增加社会净收益。

b. 银行监管不是压制竞争，而是要为银行业金融机构创造公平竞争的外部市场环境，规范竞争，鼓励竞争，防止出现过度竞争、破坏性竞争，提高银行业的整体效率，促进银行业在稳定安全有序的基础上高效发展。

监管依法、公开、公正以及效率的原则，共同构成了我国银行业监督管理的大原则，它们之间是相互联系、相互制约、浑然一体、相辅相成的有机整体，真实、客观和深刻地反映了我国银行业监督管理的需要。

(4) 监督管理机构

监督管理机构是根据法律规定或授权，负责对全国银行业金融机构及其业务活动进行监督管理的机构。

《中华人民共和国银行业监督管理法》第八条规定，国务院银行业监督管理机构在国务院的领导下，统一监督管理全国银行业金融机构及其业务活动。国务院银行业监督管理机构根据履行职责的需要设立派出机构，派出机构根据国务院银行业监督管理机构的授权，履行监督管理职责。

目前，我国的银行业监督管理机构为中国银行业监督管理委员会。银监会直接隶属于国务院，独立行使银行业监管职责，目前设主席 1 人，副主席 4 人，内设 15 个职能部门和 3 个事业单位。银监会根据履行职责的需要设立派出机构，并对派出机构实行统一领导和管理。

国务院银行业监督管理机构应当和中国人民银行、国务院其他金融监督管理机构建立监督管理信息共享机制；还可以和其他国家或者地区的银行业监督管理机构建立监督管理合作机制，实施跨境监督管理。在处置银行业金融机构风险、查处有关金融违法行为等监督管理活动中，地方政府、各级有关部门应当予以配合和协助。国务院银行业监督管理机构应当公开监督管理程序，建立管理责任制度和内部监督制度，并接受国务院审计、监察等机关对其活动进行的监督。

(5) 监管对象

根据《银行业监督管理法》规定，国务院银行业监督管理机构负责对全国银行业金融机构及其业务活动监督管理的工作。这些银行业金融机构，是指在中华人民共和国境内设立的商业银行、城市信用合作社、农村信用合作社等吸收公众存款的金融机构以及政策性银行，也包括中华人民共和国境内设立的金融资产管理公司、信托投资公司、财务公司、金融租赁公司以及经国务院银行业监督管理机构批准设立的其他金融机构。国务院银行业监督管理机构还依法对经其批准在境外设立的金融机构以及上述金融机构在境外的业务活动实施监督管理。

对在中华人民共和国境内设立的政策性银行、金融资产管理公司，在中华人民共和国境内设立的外资银行业金融机构、中外合资银行业金融机构、外国银行业金融机构的分支机构的监督管理，法律、行政法规另有规定的，依照其规定。

（6）银行业监督管理机构从业人员规范

《银行业监督管理法》对银行业监督管理机构从业人员设立了如下基本规范。

① 应当具备与其任职相适应的专业知识和业务工作经验。

② 忠于职守，依法办事，公正廉洁，不得利用职务便利牟取不正当的利益，不得在金融机构等企业中兼任职务。

③ 保守国家秘密，并有责任为其监督管理的银行业金融机构及当事人保守秘密。

14.2.2 银行业监督管理机构的职责

（1）监管职责的范围

国务院银行业监督管理机构的监督职责包括以下各项。

① 依照法律、行政法规制定并发布对银行业金融机构及其业务活动监督管理的规章、规则。

② 依照法律、行政法规规定的条件和程序，审查批准银行业金融机构的设立、变更、终止以及业务范围。

③ 在受理申请设立银行业金融机构时，或者银行业金融机构变更持有资本总额或者股份总额达到规定比例以上的股东时，负责对股东的资金来源、财务状况、资本补充能力和诚信状况进行审查。

④ 对于银行业金融机构业务范围内的业务品种，按照规定进行审查批准或者备案。需要审查批准或者备案的业务品种，由国务院银行业监督管理机构依照法律、行政法规作出规定并公布。

⑤ 对银行业市场准入实施管制。未经国务院银行业监督管理机构批准，任何单位或者个人不得设立银行业金融机构或者从事银行业金融机构的业务活动。

⑥ 对银行业金融机构的董事和高级管理人员实行任职资格管理。

⑦ 依照法律、行政法规制定银行业金融机构的审慎经营规则。审慎经营规则是银行业金融机构必须严格遵守的行为准则，包括风险管理、内部控制、资本充足率、资产质量、损失准备金、风险集中、关联交易、资产流动性等内容。

⑧ 对银行业自律组织的活动进行指导和监督。银行业自律组织的章程应当报国务院银行业监督管理机构备案。

⑨ 开展与银行业监督管理有关的国际交流、合作活动。

（2）监管职责的履行

国务院银行业监督管理机构在履行监管职责时，应当遵循以下规定。

① 审批时限规定。国务院银行业监督管理机构应当在规定的期限内，对申请事项作出批准或者不批准的书面决定；决定不批准的，应当说明理由。具体的期限规定为：a. 银行业金融机构的设立，自收到申请文件之日起 6 个月内；b. 银行业金融机构的变更、终止，

以及业务范围和增加业务范围内的业务品种，自收到申请文件之日起 3 个月内；c. 审查董事和高级管理人员的任职资格，自收到申请文件之日起 30 日内。

② 非现场监督规定。国务院银行业监督管理机构应当对银行业金融机构的业务活动及其风险状况进行非现场监管，建立银行业金融机构监督管理信息系统，分析、评价其风险状况。

③ 现场检查规定。国务院银行业监督管理机构应当对银行业金融机构的业务活动及其风险状况进行现场检查。为此，国务院银行业监督管理机构应当制订现场检查程序，规范现场检查行为。

④ 并表监管规定。国务院银行业监督管理机构应当对银行业金融机构实行并表监督管理。

⑤ 接受中国人民银行建议。国务院银行业监督管理机构对中国人民银行提出的检查银行业金融机构的建议，应当自收到建议之日起 30 日内予以回复。

⑥ 金融监管评级体系和风险预警机制。国务院银行业监督管理机构应当建立银行业金融机构监督管理评级体系和风险预警机制，根据银行业金融机构的评级情况和风险状况，确定对其现场检查的频率、范围和需要采取的其他措施。

⑦ 突发事件报告责任制度。国务院银行业监督管理机构应当建立银行业突发事件的发现、报告岗位责任制度。各级银监机构一旦发现可能引发系统性银行业风险、严重影响社会稳定的突发事件，应当立即向国务院银行业监督管理机构负责人报告；国务院银行业监督管理机构负责人认为需要向国务院报告的，应当立即向国务院报告，并告知中国人民银行、国务院财政部门等有关部门。

⑧ 突发事件处置制度。国务院银行业监督管理机构应当会同中国人民银行、国务院财政部门等有关部门建立银行业突发事件处置制度，制订银行业突发事件处置预案，明确处置机构和人员及其职责、处置措施和处置程序，及时、有效地处置银行业突发事件。

⑨ 统一的统计制度。国务院银行业监督管理机构负责统一编制全国银行业金融机构的统计数据、报表，并按照国家有关规定予以公布。

14.2.3 银行业监督管理机构的监督管理措施

(1) 强制信息披露

保持金融机构的充分信息披露是实现银行业有效监督管理的关键环节。为此，《银行业监督管理法》规定了以下强制信息披露的措施。

① 获取财务资料。国务院银行业监督管理机构根据履行职责的需要，有权要求银行业金融机构按照规定报送资产负债表、利润表和其他财务会计、统计报表、经营管理资料以及注册会计师出具的审计报告。

② 现场检查。根据《银行业监督管理法》第四十二条规定，银行业监督管理机构进行检查时，经设区的市一级以上银行业监督管理机构负责人批准，可以对与涉嫌违法事项有关的单位和个人采取下列措施：a. 询问有关单位或者个人，要求其对有关情况作出说明；b. 查阅、复制有关财务会计、财产权登记等文件、资料；c. 对可能被转移、隐匿、毁损或者伪造的文件、资料，予以先行登记保存。

为了规范现场检查行为，《银行业监督管理法》还规定，银行业监督管理机构采取上述规定措施，调查人员不得少于两人，并应当出示合法证件和调查通知书；调查人员少于两人或者未出示合法证件和调查通知书的，有关单位或者个人有权拒绝。对依法采取的措施，有关单位和个人应当配合，如实说明有关情况并提供有关文件、资料，不得拒绝、阻碍和隐瞒。

③ 询问企业高层人员。国务院银行业监督管理机构根据履行职责的需要，可以与银行业金融机构董事、高级管理人员进行监督管理谈话，要求银行业金融机构董事、高级管理人员就银行业金融机构的业务活动和风险管理的重大事项作出说明。

④ 向公众披露信息。国务院银行业监督管理机构应当责令银行业金融机构按照规定，如实向社会公众披露财务会计报告、风险管理状况、董事和高级管理人员变更以及其他重大事项等信息。

(2) 强制整改

《银行业监督管理法》第三十七条规定，在银行业金融机构违反审慎经营规则的情况下，国务院银行业监督管理机构或者其省一级派出机构应当责令限期改正；逾期未改正的，或者其行为严重危及该银行业金融机构的稳健运行、损害存款人和其他客户合法权益的，经国务院银行业监督管理机构或者其省一级派出机构负责人批准，可以区别情形，采取下列措施：①责令暂停部分业务、停止批准开办新业务；②限制分配红利和其他收入；③限制资产转让；④责令控股股东转让股权或者限制有关股东的权利；⑤责令调整董事、高级管理人员或者限制其权利；⑥停止批准增设分支机构。

银行业金融机构整改后，应当向国务院银行业监督管理机构或者其省一级派出机构提交报告。国务院银行业监督管理机构或者其省一级派出机构经验收，符合有关审慎经营规则的，应当自验收完毕之日起3日内解除对其采取的前款规定的有关措施。

(3) 接管、重组与撤销

① 接管、重组与撤销的事由。银行业金融机构已经或者可能发生信用危机，严重影响存款人和其他客户合法权益的，国务院银行业监督管理机构可以依法对该银行业金融机构实行接管或者促成机构重组，接管和机构重组依照有关法律和国务院的规定执行。银行业金融机构有违法经营、经营管理不善等情形，不予撤销将严重危害金融秩序、损害公众利益的，国务院银行业监督管理机构有权予以撤销。

② 接管、重组与撤销的措施。银行业金融机构被接管、重组或者被撤销的，国务院银行业监督管理机构有权要求该银行业金融机构的董事、高级管理人员和其他工作人员，按照国务院银行业监督管理机构的要求履行职责。

在接管、机构重组或者撤销清算期间，经国务院银行业监督管理机构负责人批准，对直接负责的董事、高级管理人员和其他直接责任人员，可以采取下列措施：a. 直接负责的董事、高级管理人员和其他直接责任人员出境将对国家利益造成重大损失的，通知出境管理机关依法阻止其出境；b. 申请司法机关禁止其转移、转让财产或者对其财产设定其他权利。

(4) 冻结账户

经国务院银行业监督管理机构或者其省一级派出机构负责人批准，国务院银行业监督管理机构有权查询涉嫌金融违法的银行业金融机构及其工作人员以及关联行为人的账户；对涉嫌转移或者隐匿违法资金的，经国务院银行业监督管理机构负责人批准，可以申请司法机关予以冻结。

阅读资料 14-2

中国移动财务公司获批开业

2012年2月1日，据悉，中国银监会已经批准中国移动通信集团财务有限公司开业，该公司注册资本为50亿元人民币。

去年8月，中国移动上市公司发布公告称将由北京移动与中国移动通信集团（中国移动母公司）共同成立中国移动财务公司，主要从事提供财务管理服务。

1月16日，中国银监会已经批准中国移动通信集团财务有限公司开业，并向其颁发《中华人民共和国金融许可证》。

机构名称为中国移动通信集团财务有限公司，注册资本为50亿元人民币。其中，中国移动通信集团公司出资4亿元人民币，出资比例8%；北京移动出资46亿元人民币，出资比例92%。

中国移动通信集团财务有限公司由薛涛海任董事长，朱敏任副董事长，朱毅任董事总经理。

中国移动财务公司获准的经营范围为：对成员单位办理财务和融资顾问、信用鉴证及相关的咨询、代理业务；协助成员单位实现交易款项的收付；经批准的保险代理业务；对成员单位提供担保；办理成员单位之间的委托贷款；对成员单位办理票据承兑与贴现；办理成员单位之间的内部转账结算及相应的结算、清算方案设计；吸收成员单位的存款；对成员单位办理贷款及融资租赁；从事同业拆借。

中移动曾表示，成立财务公司主要是加强对内部资金的集中管理、优化资源配置、改善资金流状况、控制资金风险、降低财务成本、提高资金使用效率、提供财务管理服务，从而提升集团整体竞争力。

资料来源：http://www.sina.com.cn

14.2.4 违反银行业监督管理法的法律责任

(1) 银行业监督管理机构工作人员的法律责任

《银行业监督管理法》第四十三条规定，银行业监督管理机构从事监督管理工作的人员有下列情形之一的，依法给予行政处分；构成犯罪的，依法追究刑事责任：

① 违反规定审查批准银行业金融机构的设立、变更、终止，以及业务范围和业务范围内的业务品种的；

② 违反规定对银行业金融机构进行现场检查的；

③ 未依照《银行业监督管理法》第二十八条规定报告突发事件的；

④ 违反规定查询账户或者申请冻结资金的；

⑤ 违反规定对银行业金融机构采取措施或者处罚的；

⑥ 违反《银行业监督管理法》第十二条规定对有关单位或者个人进行调查的；

⑦ 滥用职权、玩忽职守的其他行为。

银行业监督管理机构从事监督管理工作的人员贪污受贿，泄露国家秘密、商业秘密和个人隐私，构成犯罪的，依法追究刑事责任；尚不构成犯罪的，应依法给予行政处分。

(2) 银行业金融机构的法律责任

① 违反市场准入规定的法律责任。《银行业监督管理法》第四十三条规定，擅自设立银行业金融机构或者非法从事银行业金融机构的业务活动的，由国务院银行业监督管理机构予以取缔；构成犯罪的，依法追究刑事责任；尚不构成犯罪的，由国务院银行业监督管理机构没收违法所得，违法所得50万元以上的，并处违法所得1倍以上5倍以下罚款；没有违法所得或者违法所得不足50万元的，处50万元以上200万元以下罚款。

② 违反经营管制规定的法律责任。《银行业监督管理法》第四十五条规定，银行业金融机构有下列情形之一，由国务院银行业监督管理机构责令改正，有违法所得的，没收违法所

得，违法所得50万元以上的，并处违法所得1倍以上5倍以下罚款；没有违法所得或者违法所得不足50万元的，处50万元以上200万元以下罚款；情节特别严重或者逾期不改正的，可以责令停业整顿或者吊销其经营许可证；构成犯罪的，应依法追究刑事责任：

a. 未经批准设立分支机构的；

b. 未经批准变更、终止的；

c. 违反规定从事未经批准或者未备案的业务活动的；

d. 违反规定提高或者降低存款利率、贷款利率的。

③ 违反诚实经营和审慎经营义务的法律责任。《银行业监督管理法》第四十六条规定，银行业金融机构有下列情形之一，由国务院银行业监督管理机构责令改正，并处20万元以上50万元以下罚款；情节特别严重或者逾期不改正的，可以责令停业整顿或者吊销其经营许可证；构成犯罪的，应依法追究刑事责任：

a. 未经任职资格审查任命董事、高级管理人员的；

b. 拒绝或者阻碍非现场监管或者现场检查的；

c. 提供虚假的或者隐瞒重要事实的报表、报告等文件、资料的；

d. 未按照规定进行信息披露的；

e. 严重违反审慎经营规则的；

f. 拒绝执行《银行业监督管理法》第三十七条规定的强制整改措施的。

④ 违反提交财务资料义务的法律责任。《银行业监督管理法》第四十七条规定，银行业金融机构不按照规定提供报表、报告等文件、资料的，由银行业监督管理机构责令改正，逾期不改正的，处10万元以上30万元以下罚款。所谓"不按照规定提供"，实践中包括拒绝提供、迟延提供、提供不完全和提供不真实等情形。

⑤ 补充性制裁措施。《银行业监督管理法》第四十八条规定，银行业金融机构违反法律、行政法规以及国家有关银行业监督管理规定的，银行业监督管理机构除依照《银行业监督管理法》第四十四条至第四十七条规定处罚外，还可以区别不同情形，采取下列措施：

a. 责令银行业金融机构对直接负责的董事、高级管理人员和其他直接责任人员给予纪律处分；

b. 银行业金融机构的行为尚不构成犯罪的，对直接负责的董事、高级管理人员和其他直接责任人员给予警告，处5万元以上50万元以下罚款；

c. 取消直接负责的董事、高级管理人员一定期限直至终身的任职资格，禁止直接负责的董事、高级管理人员和其他直接责任人员一定期限直至终身从事银行业工作。

另外，《银行业监督管理法》第四十九条规定，阻碍银行业监督管理机构工作人员依法执行检查、调查职务的，由公安机关依法给予治安管理处罚；构成犯罪的，依法追究刑事责任。

阅读资料 14-3

6家银行违规揽储受处罚 银监会从严处罚高息揽储

中国银监会2010年9月表示，要严肃查处商业银行违规揽储行为，绝不姑息。银监会同时公布了对6家银行违规揽储行为的处罚情况。

银监会指出，今年以来，少数银行业金融机构利用不正当手段吸收存款的行为有所抬头，违规揽储扰乱了正常的市场秩序，要从严处罚，绝不姑息。银监会介绍，违规揽储行为包括：擅自提高利率，暗记高息，上套利率档次，有奖储蓄，减免或报销其他业务手续费，赠送实物或现金，提供境内旅游，支付客户子女入学费，向存款中介支付不当费用，借办信用卡、购买理财产品等业务名义返现、送礼等。

银监会及其派出机构充分利用非现场监测、信访举报、媒体披露等渠道，加大对各类违规揽储行为的明察暗访，并采取措施处罚了一批违规机构和个人，有效发挥了威慑和遏制作用。

银监会要求银行业金融机构改革以存贷款时点规模为核心的传统考核方式，建立“风险与约束相称、激励与问责平衡、当前与长远兼顾”的激励机制。

[链接·违规揽储案例]

(1) 广发银行为企业存款套利

上海银监局根据举报核查，证实广东发展银行上海分行存在对某家企业存款违规使用会计科目，并向该企业手工补计利息，套取不同账户间利息差，以及存款营销费用挂钩的问题。上海银监局对该分行作出暂停业务，责令对高级管理人员进行调整、对相关责任人员进行纪律处分等处罚。

(2) 华夏、渤海两行 9 人挨罚

山东银监局对华夏银行、渤海银行济南分行违规揽储的问题，责令相关银行对 9 位责任人员给予通报批评、调离岗位和扣罚奖金等处罚。

(3) 华夏银行有奖储蓄被罚

河北银监局针对华夏银行石家庄建华支行有奖储蓄行为，及时约见华夏银行主要负责人进行监管谈话，并责成华夏银行对该支行大堂经理给予离岗培训、责令检查并扣罚奖金等处罚，给予个人客户部经理及个人业务分管副行长扣罚奖金等处罚。

(4) 深圳 4 家银行高价揽储

深圳银监局向在暗访中发现存在违规行为的光大银行、广东发展银行、平安银行和农行 4 家银行深圳分行发送了《关于“高价揽储”暗访情况的监管提示》文件，要求银行立即停止各种违规揽储行为，严格按照有关要求进行彻查，约见存在违规行为的相关银行高管进行诫勉谈话，要求追究相关责任人的责任。

目前，这 4 家银行都已进行了整改，并对分行负责自查的责任人、相关支行行长等进行通报批评和经济处罚。

资料来源：京华时报. 2010-09-18

14.3 证券业监管法律制度

14.3.1 证券业监管的概述

(1) 证券业监管的含义及意义

证券业监管是指证券管理机关运用法律的、经济的以及必要的行政手段对证券的募集、发行、交易等行为以及证券投资中介机构的行为进行监督和管理。

证券业监管内容包括信息披露、操纵市场、欺诈行为、内幕交易四个方面。

概括地说，证券业监管的意义主要包括以下几个方面：

① 保障广大投资者权益的需要；

② 维护证券市场良好秩序的需要；

③ 发展和完善证券市场体系的需要；

④ 提高证券市场效率的需要。

(2) 证券业监管的原则

① 公正原则。证券监管者要公正无私地进行市场管理和对待市场参与者。公正原则的内容包括立法公正、执法公正、仲裁公正。公正原则是有效监管的生命，是监管者以法律框架实现市场所有参与者之间的平衡与秩序的关键，并构成对管理者、立法者、司法者权利的赋予与制约。

② 公开原则。证券市场上的各种信息要向市场参与者公开披露，任何市场参与者不得利用内幕信息从事市场活动。这里的信息包含各种财务信息、交易信息、行为信息、政策信息乃至监管信息等与市场参与者利益相关的所有信息。公开原则是实现市场公平和公正的必要条件，也是证券法律的精髓所在。而且，公开性与信息的透明度是证券市场监管与证券市场效率之间的微观结合点。信息的公开程度直接关系到市场效率的高低。公开原则是证券监管活动必须奉行的基本原则，也是各国证券市场管理的核心和灵魂所在。

③ 保护投资者利益原则。从资金来源看，证券市场发展的关键在于投资者对市场的信心。要确保投资者信心，必须切实保护投资者的利益。由于普通投资者一般处于信息和资金劣势，为消除市场竞争中的不对称性，要求监管者尽力消除证券市场上的欺诈、操纵、信息偏在等问题，保证投资者利益免受侵害。

④ 诚实信用原则。证券监管者在制定和实施各项法律、法规、制度的时候，必须以要求市场参与者达到诚实信用为原则：作为证券市场筹资者，必须真实、准确、完善地公开财务信息；作为证券市场的中介机构，在提供市场信息与服务时不得存在欺诈或严重误导行为；作为证券市场投资者，不得散布虚假信息、垄断或操纵市场价格、扰乱市场正常秩序。

⑤ 依法管理原则。依法管理并非否定经济调控方式和行政管理方式在一定客观条件下的必要性，而是强调以法治市的管理原则。依法管理有两层含义：一是要求证券法律、法规、制度的完善与具体；二是要求执法的严格和有力。一个无法可依、执法不严或以人治代替法治的证券市场必然出现动荡甚至危机。

⑥ 政府监管与自律管理相结合的原则。政府证券监管机构必须注重政府监管与自律管理的有机结合，由此出发建立完整的证券市场监督管理体系。即使在自律管理具有悠久传统且发挥重大作用的英国等西方国家，政府监管也正成为整个证券监管框架中不可或缺的主旋律。对于新兴证券市场，更应强调政府的集中、统一的监管地位，在此基础上构建自律组织的权责和职能。

(3) 证券业监督管理机构

在我国，证券业和银行业、信托业、保险业实行分业经营、分业管理，证券公司与银行、信托、保险业务机构分别设立。国务院证券业监督管理机构依法对全国证券市场实行集中统一监督管理，维护证券市场秩序，保险其合法运行。国务院证券监督管理机构根据需要可以设立派出机构，按照授权履行监督管理职责，其在依法履行职责，进行监督检查或者调查时，有关部门应当予以配合。国务院证券业监督管理机构应当与国务院其他金融监督管理机构建立监督管理信息共享机制。

阅读资料 14-4

我国证券监管体制的历程

我国证券监督体制的演变与我国经济体制的发展是同步进行的。中国证券管理体制经历了从无到有、从简单到复杂、从幼稚到成熟的发展过程。

1. 财政部独立管理阶段（1981～1985 年）

这一阶段，证券的形式主要是国库券。其发行主要由财政部来组织和管理，而且由于受计划体制的影响，国人普遍缺乏投资观念与投资热情，国库券的发行必须通过行政摊派的办法来实现。

2. 主要由中国人民银行主管阶段（1986～1992 年 10 月）

这一阶段，形成了以中国人民银行为主的证券监管体制。1992 年 8 月，中国人民银行成立了证券管理办公室，管理全国的证券市场。发展迅速的证券市场使得国务院其他部委也依据相关的职能参与了证券市场的管理。

中国人民银行监管我国证券市场的阶段是我国证券市场初步形成规模的阶段。但多头共管制导致主体不明、权限不清、政出多门、步调不一，造成了监管的混乱。

3. 国务院证券委员会主管阶段（1992 年 11 月～1998 年 8 月）

国务院于 1992 年 10 月成立了国务院证券委员会和中国证券监督管理委员会。1993 年 1 月国务院发布了《国务院关于进一步加强证券市场宏观管理的通知》，这标志着我国《证券法》实施以前的证券市场监管体制开始向集中监管过渡。这一阶段较好地克服了证券市场监管的无序和效率低下等弊端。但是，国务院证券委员会和中国证监会的实际作用不明显，多头管理的局面仍存在，证券监管机构的有效性、权威性明显不足，中央与地方关系难以理顺。

4. 中国证监会主管阶段（1998 年至今）

1998 年是中国证券市场发展史上十分重要的一年。根据 1997 年 11 月中央金融工作决定，国务院对我国证券监管体制进行了重大改革：① 撤销了国务院证券委，其原有职责由中国证监会行使；②中国证监会对全国证券监管机构实行直接领导，即省一级人民政府原有的证券监管办公室或者证监会不再作为省级人民政府的一个职能部门，而是人、财、物全部收归中国证监会统一领导，原有部分省会城市的证管办或证监会并入省证管办一并实行垂直领导。

以上改革不仅克服了以往的一些弊端，表明我国证券监督管理体制已进入到一个新的历史时期。

资料来源：http：//baike. baidu. com

(4) 证券业监管的对象

① 证券市场主体。证券监管的对象涵盖参与证券市场运行的所有主体，既包括证券经纪商和自营商等证券金融中介机构，也包括工商企业和个人。

② 证券市场客体。对证券市场客体的监管主要是对股票、债券等有价证券的发行与流通进行审查。

14. 3. 2 证券监督管理机构的职责

国务院证券监督管理机构在对证券市场实施监督管理中应履行下列职责。

① 依法制定有关证券市场监督管理的规章、规则，并依法行使审批或者核准权。

② 依法对证券的发行、上市、交易、登记、存管、结算，进行监督管理。

③ 依法对证券发行人、上市公司、证券公司、证券投资基金管理公司、证券服务机构、证券交易所、证券登记结算机构的证券业务活动，进行监督管理。

④ 依法制定从事证券业务人员的资格标准和行为准则，并监督实施。

⑤ 依法监督检查证券发行、上市和交易的信息公开情况。

⑥ 依法对证券业协会的活动进行指导和监督。

⑦ 依法对违反证券市场监督管理法律、行政法规的行为进行查处。

⑧ 法律、行政法规规定的其他职责。

国务院证券监督管理机构可以和其他国家或者地区的证券监督管理机构建立监督管理合作机制，实施跨境监督管理。

14.3.3 证券监督管理机构的权力

（1）监督管理措施

国务院证券监督管理机构依法履行职责，有权采取下列措施。

① 对证券发行人、上市公司、证券公司、证券投资基金管理公司、证券服务机构、证券交易所、证券登记结算机构进行现场检查。

② 进入涉嫌违法行为发生场所调查取证。

③ 询问当事人和与被调查事件有关的单位和个人，要求其对与被调查事件有关的事项作出说明。

④ 查阅、复制与被调查事件有关的财产权登记、通信记录等资料。

⑤ 查阅、复制当事人和与被调查事件有关的单位和个人的证券交易记录、登记过户记录、财务会计资料及其他相关文件和资料；对可能被转移、隐匿或者毁损的文件和资料，可以予以封存。

⑥ 查询当事人和与被调查事件有关的单位和个人的资金账户、证券账户和银行账户；对有证据证明已经或者可能转移或者隐匿违法资金、证券等涉案财产或者隐匿、伪造、毁损重要证据的，经国务院证券监督管理机构主要负责人批准，可以冻结或者查封。

⑦ 在调查操纵证券市场、内幕交易等重大证券违法行为时，经国务院证券监督管理机构主要负责人批准，可以限制被调查事件当事人的证券买卖，但限制的期限不得超过十五个交易日；案情复杂的，可以延长十五个交易日。

（2）证券监督管理机构的监督程序

国务院证券监督管理机构依法履行职责，进行监督检查或者调查，其参与监督检查、调查的人员不得少于两人，并应当出示合法证件和监督检查、调查通知书。监督检查、调查的人员少于两人或者未出示合法证件和监督检查、调查通知书的，被检查、调查的单位有权拒绝。

国务院证券监督管理机构依法履行职责，被检查、调查通知书的，被检查、调查的单位和个人应当配合，如实提供有关文件和资料，不得拒绝、阻碍和隐瞒。国务院证券监督管理机构依法制定的规章、规则和监督管理工作制度应当公开。国务院证券监督管理机构依据调查结果，对证券违法行为做出的处罚决定，应当公开。

14.3.4 法律责任

（1）监督管理机构及其工作人员的法律责任

证券监督管理机构的工作人员和发行审核委员会的组成人员，不履行本法规定的职责，滥用职权、玩忽职守，利用职务便利牟取不正当利益，或者泄露所知悉的有关单位和个人的商业秘密的，应依法追究法律责任。证券监督管理机构工作人员进行内幕交易的，从重处罚。

（2）证券业机构及其工作人员的法律责任

① 发行人、上市公司的法律责任。发行人、上市公司有以下情形之一的，由证券监督管理机构给予警告、责令改正，罚款等行政处罚：a. 发行人、上市公司或者其他信息披露义务人未按照规定披露信息，或者所披露的信息有虚假记载、误导性陈述或者重大遗漏的；b. 发行人、上市公司或者其他信息披露义务人的控股股东、实际控制人指使从事前项违法行为的；c. 发行人、上市公司擅自改变公开发行证券所募集资金的用途的；d. 发行人、上市公司的控股股东、实际控制人指使他人从事前项违法行为的；e. 上市公司的董事、监事高级管理人员、持有上市公司股份百分之五以上的股东，违法买卖本公司股票的。

② 证券公司的法律责任。证券公司有以下情形之一的，由证券监督管理机构给予警告，责令改正，没收违法所得，撤销任职资格或者证券从业资格，罚款等行政处罚：a. 证券公司承销或者代理买卖未经核准擅自公开发行的证券的或者经营未经批准非上市证券的交易的；b. 证券公司违反法律规定，为客户买卖证券提供融资融券或假借他人名义或者以个人名义从事证券自营业务的；c. 证券公司违背客户的委托买卖证券、办理交易事项，或者违背客户真实意思表示，办理交易以外的其他事项的；d. 证券公司、证券登记结算机构挪用客户的资金或者证券，或者未经客户的委托，擅自为客户买卖证券的；e. 证券公司办理经纪业务，接受客户的全权委托买卖证券的，或者证券公司对客户买卖证券的收益或者赔偿证券买卖的损失做出承诺的；f. 证券公司及其从业人员违反法律规定，私下接受客户委托买卖证券的；g. 证券公司违反法律规定，擅自设立、收购、撤销分支机构，或者合并、分立、停业、解散、破产，或者在境外设立、收购、参股证券经营机构的，或者擅自设变更有关事项的；h. 证券公司违反本法规定，超出业务许可范围经营证券业务的或者对其证券经纪业务、证券承销业务、证券自营业务、证券资产管理业务混合操作的；i. 证券公司或者其股东、实际控制人违反规定，拒不向证券监督管理机构报送或者提供经营管理信息和资料，或者报送、提供的经营管理信息和资料有虚假记载、误导性陈述或者重大遗漏的。

③ 证券交易所、证券登记结算机构、证券服务机构的法律责任。证券交易所、证券登记结算机构、证券服务机构有以下情形的，由证券监督管理机构处以责令改正、警告、撤销证券从业资格，予以取缔、罚款等行政处罚：a. 证券交易所、证券登记结算机构、证券服务机构的从业人员或者证券业协会的工作人员，故意提供虚假资料，隐匿、伪造、篡改或者毁损交易记录，诱骗投资者买卖证券的；b. 证券交易所、证券登记结算机构、证券服务机构，未按照有关规定保存有关文件和资料的；c. 证券登记结算机构、证券服务机构违反法律规定或者依法制定的业务规则的；d. 为股票的发行、上市、交易出具审计报告、资产评估报告或者法律意见书等文件的证券服务机构和人员，违法买卖股票的；e. 证券服务机构未勤勉尽责，所制作出具的文件有虚假记载、误导性陈述或者重大遗漏的；f. 投资咨询机构、财务顾问机构、资信评级机构、资产评级机构、资产评估机构、会计师事务所未经批准，擅自从事证券服务业务的。

④ 其他法律责任。有以下情形之一的，由证券监督管理机构给予警告，责令改正，没收违法所得，予以取缔，罚款等行政处罚和责令其承担相应的赔偿责任：a. 未经国务院证券监督管理机构批准，擅自设立发行证券的公司、证券公司、证券交易场所、证券登记结算机构的；b. 违反法律规定，内幕交易、操纵市场、虚假陈述或者信息误导的；c. 违反法律规定，收购人或者收购人的控股股东利用上市公司收购损害被收购公司及其股东的合法权益的；d. 违反法律规定，法人以他人名义设立账户或者利用他人账户买卖证券的；e. 违反法律规定，在限制转让期限内买卖证券的；f. 违反法律规定，聘任不具有任职资格、证券从业资格的人员的。

当事人对证券监督管理机构或者国务院授权的部门的处罚决定不服的，可以依法申请行政复议，或者依法直接向人民法院提起诉讼。

14.4 保险业监管法律制度

14.4.1 保险业监管的概述

保险业监管主要指国家保险监督管理机构对保险公司的保险经营行为进行监督和管理。保险业是经营风险的特殊行业，此行业已渗透到了社会经济生活的各个领域，对社会经济的稳定和民众生活的安定负有很大的责任。各国政府对保险市场都必须进行监管。中国保险监督管理委员会根据《保险法》对我国保险业进行监管。

(1) 保险业监管的历史沿革

我国保险业监管经历了一个曲折发展的过程。1949 年 10 月新中国成立后，中国人民保险公司成立，受中国人民银行领导。从 20 世纪 50 年代后半期起，我国保险业进入长时间的低谷状态，对保险业的监管亦停滞不前。1979 年 4 月，国务院批准逐步恢复国内保险业务，保险业仍由中国人民银行监督管理。1985 年 3 月 3 日，国务院颁布的《保险企业管理暂行条例》规定："国家保险管理机关是中国人民银行"。之后，中国人民银行逐步建立和加强了监管保险业的内设机构。1995 年 7 月，中国人民银行成立保险司，专司对中资保险公司的监管。同时，中国人民银行加强了系统保险监管机构建设，要求在省级分行设立保险科，省以下分支行配备专职保险监管人员。

随着银行业、证券业、保险业分业经营的发展，为了更好地对保险业进行监督管理，国务院于 1998 年 11 月 18 日，批准设立中国保险监督管理委员会，专司全国商业保险市场的监管职能。

(2) 监督管理机构

1998 年 11 月 18 日，中国保险监督管理委员会（简称"保监会"）成立。保监会是全国商业保险的主管部门，根据国务院授权履行行政管理职能，依照法律、法规统一监督管理全国保险市场。保监会成立之后，中国人民银行不再肩负保险业的监管职责。成立之初的保监会是国务院直属副部级事业单位。2003 年 3 月之后，保监会升为国务院直属正部级事业单位，获得了与中国银监会和中国证监会同样的地位。

保监会成立之后，陆续在全国各省区设立了 31 个派出机构——保监办。2004 年 2 月初，国务院批准保监会在全国各省、自治区、直辖市和计划单列市设立监管局，简称保监局，原保监会驻各地派出机构自 2004 年 2 月 6 日起统一更名为保监局。除原有 31 个派出机构更名外，还新设立了大连、青岛、宁波、厦门 4 个计划单列市及西藏自治区保监局。

中国保险监督管理委员会内设 15 个职能机构，并在全国各省、直辖市、自治区、计划单列市设有 35 个派出机构。其中，15 个内设部门为：办公厅、发展改革部、政策研究室、财务会计部、财产保险监管部（再保险监管部）、人身保险监管部、保险中介监管部、保险资金运用管理部、国际部、法规部、统计信息部、派出机构管理部、人事教育部（党委组织部）、监察局（纪委）、党委宣传部（党委统战群工部）。

(3) 保险业监管的必要性

① 保险业自身特点决定的。保险业是经营风险的特殊行业，又具有经营的负债性、保障性和广泛性特点。保障性指保险业的基本职能是补偿损失和给付保险金以保障经济运行之连续性及社会生活之安定。广泛性即保险业涉及面广，保险企业的破产倒闭所带来的震动可能波及社会生产和民众生活之各个方面，这决定了监管的必要性。

② 确保最大诚信原则，维护公共利益，保障被保险人合法权益的需要。

③ 培育、发展、规范保险市场的需要。通过监管既要防止垄断，又要防止盲目竞争和破坏性竞争，创造和维护公平竞争的环境，培育、发展、规范保险市场。

(4) 保险业的监管形式

保险业的监督形式，主要有公示主义、准则主义和实体主义三种形式，现在大多数国家均采用实体主义形式。

公示主义，是指国家对保险公司并不直接监督管理，而是将保险公司的经营状况、财务状况予以公布，使公众了解保险公司的有关信息，自己作出有关投保的独立判断和选择。这种监督形式比较宽松，保险公司的经营有比较自由，保险业可以自由发展。但应以成熟的保险市场为前提。英国 1901 年、1940 年和 1958 年的保险公司法均采用公示主义监督形式。

准则主义，是指由国家制定指导保险业经营管理的一些基本准则，并在形式上对保险公司进行监督，而不触及保险业经营管理实体的监督形式。因此保险公司仍有较大的经营自由度，这种容易流于形式的监督，对保险机构的经营很难起到约束作用，大部分国家已不采用。

实体主义，是指国家以制定法规的形式，规定保险业的经营准则由保险公司贯彻执行的监督形式。1885 年由瑞士创立并为奥地利、德国所仿效。这种监督从实质上对保险公司进行监督，现已被大多数国家所采用。我国也采用这种监督方式。

14.4.2 中国保险监督管理委员会的监管职能

(1) 监督管理职责

① 市场准入的监管。设立保险机构、从事保险业务必须有符合法律规定的公司章程，并达到符合规定的注册资本最低限额，有具备任职资格的高级管理人员，有健全的组织机构和管理制度，有符合要求的营业场所，其中资本金、高级管理人员任职资格和保险公司业务范围是核心内容。

设立保险公司，必须经保险监督管理机构批准，经批准设立的保险公司，由批准部门颁发经营许可证。保险公司在中华人民共和国境内外设立代表机构，须经保险监督管理机构批准。保险公司有重大变更事项的，须经保险监督管理机构批准。保险公司因分立合并或者公司章程规定的解散事由出现，经保险监督管理机构批准后解散。

未经国家保险监管机关批准擅自设立保险公司或者非法从事商业保险业务活动的，依法追究刑事责任并由保险监管机关予以取缔。对于超出核定的业务范围从事保险业务活动的由保险监管机关责令改正，责令退还收取的保险费并给予相应的经济处罚。

对保险机构市场准入监管的目标是在审批环节上对整个保险体系实施有效的控制，确保保险机构的数量、结构、规模和分布符合国家经济金融发展规划和市场需要，并与监管机构的监管能力相适应。

② 保险业务运营的监管。对保险机构市场营运监管的具体内容在各国之间并不完全相同，但一般都将监督检查的重点放在偿付能力和市场行为两个方面。

保险公司的偿付能力是指其赔偿或给付的能力。保险公司具有足够的偿付能力才能保障被保险人的利益，增进投保人的信心。偿付能力监管是保险风险监管的核心内容。《保险法》对保险公司偿付能力作了原则规定，如保险公司资本金的要求、保证金的提取、各项责任准备金的提取、实际资产与实际负债的认定、最低偿付能力的确定、法定再保险的安排等。根据《保险公司管理规定》，保险公司应具有与其业务规模相适应的最低偿付能力。保险公司实际偿付能力额度为其会计年度末实际资产价值减去实际负债价值的差额。如果保险公司实际偿付能力额度达不到要求，实际偿付能力额度低于最低偿付能力额度的，保险公司应当采取有效措施，使其偿付能力达到最低偿付能力标准。实际偿付能力额度低于最低偿付能力额度的50%或实际偿付能力额度连续3年低于最低偿付能力额度的，中国保监会可将其列为重点监督检查对象，并对其机构设立和业务范围等加以限制，必要时中国保监会可以对其实行接管。

市场行为监管的核心是要求保险机构严格依法合规经营，共同遵守法定的竞争规则，维护良好的市场秩序和环境，维护被保险人的利益。

(2) 监督管理措施

① 监督检查。保险监督管理机构应建立健全保险公司偿付能力监管指标体系，对保险公司的最低偿付能力实施监控。保险公司依法接受监督检查。保险监督管理机构有权检查保险公司的业务状况、财务状况及资金运用状况，有权要求保险公司在规定的期限内提供有关的书面报告和资料，并有权查询保险公司在金融机构的存款。

② 整顿。保险监督管理机构做出限期改正的决定后，保险公司在限期内未予改正的，由保险监督管理机构决定选派保险专业人员和指定该保险公司的有关人员，组成整顿组织，对该保险公司进行整顿。整顿决定应当载明被整顿保险公司的名称、整顿理由、整顿组织和整顿期限，并予以公告。

在整顿过程中，保险公司的原有业务继续进行，但是保险监督管理机构有权停止开展新的业务或者停止部分业务，调整资金运用。被整顿的保险公司经整顿已纠正其违反法律规定的行为，恢复正常经营状况的，由整顿组织提出报告，经保险监督管理机构批准，整顿结束。

③ 接管。保险公司违反法律规定，损害社会公共利益，可能严重危及或者已经危及保险公司的偿付能力的，保险监督管理机构可以对该保险公司实行接管。接管的目的是对被接管的保险公司采取必要措施，以保护被保险人的利益，恢复保险公司的正常经营。

接管期限届满，保险监督管理机构可以决定延期，但接管期限最长不超过两年。接管期限届满，被接管的保险公司已恢复正常经营能力的，保险监督管理机构可以决定接管终止。

④ 清算。保险公司违反法律、行政法规，被保险监督管理机构吊销经营保险业务许可证的，依法撤销。由保险监督管理机构依法及时组织清算组，进行清算。

保险公司不能支付到期债务，经保险监督管理机构同意，由人民法院依法宣告破产。保险公司被宣告破产的，由人民法院组织保险监督管理机构等有关部门和有关人员成立清算组，进行清算。

⑤ 批准申请破产。破产清算组织认为被接管的保险公司的财产已不足以清偿所负债务的，经保险监督管理机构批准，依法向人民法院申请宣告该保险公司破产。

14.4.3 法律责任

(1) 监督管理机构及其工作人员的法律责任

保险监督管理机构及其工作人员不履行法律规定的职责，滥用职权、玩忽职守，利用职务便利谋取不正当利益，或者泄露所知悉的有关单位和个人的商业秘密的，依法追究法律责任。

(2) 保险业机构及其工作人员的法律责任

① 保险公司及其工作人员的法律责任。违反法律规定，有下列情形之一的，由保险监督管理机构责令改正，并处罚款；情节严重的，可以限制业务范围、责令停止接受新业务或

者吊销经营保险业务许可证：a. 未按照规定提存保证金或者违反规定动用保证金的；b. 未按照规定提取或者结转各项责任准备金或者未按照规定提取未决赔款准备金的；c. 未按照规定提取保险保障基金、公积金的；d. 未按照规定办理再保险分出业务的；e. 违反规定运用保险公司资金的；f. 未经批准设立分支机构或者代表机构的；g. 未经批准分立、合并的；h. 未按照规定将应当报送审批的险种的保险条款和保险费率报送审批的。

② 保险代理人、保险经纪人的法律责任。保险代理人或者保险经纪人在其业务中欺骗保险人、投保人、被保险人或者受益人的，由保险监督管理机构处以责令改正、罚款、吊销经营保险代理业务许可证或者经纪业务许可证等行政处罚。

③ 其他法律责任

a. 违反法律规定，擅自设立保险公司或者非法从事商业保险业务活动的，由保险监督管理机构处以没收违法所得、罚款或予以取缔。

b. 未取得经营保险代理业务许可证或者经纪业务许可证，非法从事保险代理业务或者经纪业务活动的，由保险监督管理机构予以取缔。

当事人对保险监督管理机构的处罚决定不服的，可以依法申请行政复议，或者依法直接向人民法院提起诉讼。

阅读资料
14-5

121 家保险中介机构遭行政处罚

中国保监会部署在全国范围开展保险代理市场清理整顿的行动取得实效。截至 2011 年 11 月底，保监会已对 121 家保险中介机构和 25 名中介管理人员做出行政处罚，共罚款 339.5 万元，吊销业务许可证 24 家；注销（含吊销）保险专业代理机构法人或分支机构许可证 337 家，保险兼业代理机构许可证 9040 家；下发监管函及进行监管谈话 186 次。

保监会指出，此次清理整顿，共要求 1373 家保险公司省级分公司，1772 家保险专业代理机构进行自查自纠，覆盖面基本达到 100%。根据自查自纠工作情况，并结合日常中介监管工作，各保监局还累计对 51 家保险公司分支机构，302 家保险专业代理机构，318 家保险兼业代理机构进行了重点检查，共查处违法违规机构 269 家。

此次清理整顿工作，涉及保险专业代理公司、保险兼业代理机构、保险公司、保险从业人员等各个层面，范围之广、力度之大均为近年来首次。通过清理整顿，保险监管部门进一步摸清了代理市场小、散、乱的底数，坚决清理和处罚了一批违法违规经营的代理机构，普遍提高了市场主体的依法合规经营意识。一些保监局还以代理市场的全面清理整顿为契机，积极探索代理市场资源整合、产业升级的路子。

资料来源：中国新闻网．2011-12-26

本 章 小 结

金融监管是金融监督与金融管理的复合称谓。金融监督是指金融监管当局对金融机构实施全面的、经常性的检查和督促，并以此促使金融机构依法稳健地经营、安全可靠和健康的发展。金融管理是指金融监管当局依法对金融机构及其经营活动实行的领导、组织、协调和控制等一系列的活动。

金融监管模式是指一国关于金融监管机构和金融监管法规的结构性体制安排。

银行业监督管理，是指银行业监管机关依法对银行业金融机构及其经营活动和风险状况进行监测、评估、检查、稽核等活动的总称。

证券业监管是指证券管理机关运用法律的、经济的，以及必要的行政手段对证券的募集、发行、交易等行为以及证券投资中介机构的行为进行监督和管理。证券业监管内容包括信息披露、操纵市场、欺诈行为、内幕交易四个方面。

保险业监管主要指国家保险监督管理机构对保险公司的保险经营行为进行监督和管理。保险业是经营风险的特殊行业，此行业已渗透到了社会经济生活的各个领域，对社会经济的稳定和民众生活的安定负有很大的责任。各国政府对保险市场都必须进行监管。中国保险监督管理委员会根据《保险法》对我国保险业进行监管。

【思考题】

1. 金融监管的特征有哪些？
2. 试比较几种金融监管模式？
3. 银行监督管理机构的监管职责有哪些？
4. 证券监督管理机构的监管职责有哪些？
5. 保险监督管理机构的监管职责有哪些？

【课堂讨论题】

金融监管改革是2008～2009 年二十国集团（G20）峰会的中心议题。结合我国金融监管业的发展状况，谈一谈，此议题对我国金融监管改革有何影响。

【案例分析】

2009 年，林某认识了某事业单位的领导，得知该单位有申请设立科技银行的意向，林某遂与该单位商量共同成立银行的事宜。之后，共同成立银行的事情没有取得任何结果，林某却在一张复印件上私自命该事业单位的领导为科技银行董事局的相关职务，自己则为董事局常务会主席、行长。林某还持伪造的国务院“关于成立中外合资某某科技银行的批复”及未经该事业单位签认的“合作合同”、“可行性研究报告”和“银行章程”等虚假文件，以及伪造的该科技银行钢印和“中华人民共和国企业法人工商营业执照”，使得郭某相信成立银行确有其事，林某于是授予郭某为董事局董事和监委副主任。为了筹建银行，郭某将李某介绍给林某认识。林某将上述虚假证照以及他与领导人的合照拿给李某看，李某对此也深信不疑。李某提出，他可以组建华南地区的分行，但这需要特别授权。于是，林某以该科技银行法定代表人的身份打印了一份授权委托证明书，任命李某为组建华南分行的全权代表，并盖上了伪造的钢印。同时，林某还打印了一份相同的任命书给郭某，但郭某放在家中一直没有使用。李某拿到授权委托书后即开始筹建，租来办公地点，擅自挂上“某科技银行华南分行筹备处”的招牌，并私刻了“某科技银行华南分行”钢印以及财务、合同印章，对外称该行即将成立，积极联系客户融资。后上述几人的活动被查处。

请问：该行为属于什么行为？如何处罚？

[分析提示]

该行为属擅自设立金融机构罪。从法律规定看，金融机构的内涵包括商业银行、证券交易所、期货交易所、证券公司、期货经纪公司、保险公司等机构，城市信用合作社、农村信用合作社也属于金融机构的范畴。本案涉及的是设立商业银行的罪行，《中华人民共和国商业银行法》第十一条规定，“设立商业银行，应当经国务院银行业监督管理机构审查批准”；

第八十一条规定，“未经国务院银行业监督管理机构批准，擅自设立商业银行，或者非法吸收公众存款、变相吸收公众存款，构成犯罪的，依法追究刑事责任”。

一审法院经过审理，认为被告人林某、李某的行为构成擅自设立金融机构罪，依法判处被告人林某有期徒刑 3 年，并处罚金人民币 5 万元；判处被告人李某有期徒刑 2 年 9 个月，并处罚金人民币 4 万元。法院同时认为，现有证据中没有直接证据能证实被告人郭某具有擅自设立金融机构的故意，宣告被告人郭某无罪。

资料来源：http://www.falvm.com.cn/

参 考 文 献

[1] 中华人民共和国保险法. 北京：法律出版社，2002.

[2] 中华人民共和国人民银行法. 北京：法律出版社，2003.

[3] 中华人民共和国银行监督管理法. 北京：法律出版社，2003.

[4] 中华人民共和国证券投资基金法. 北京：法律出版社，2003.

[5] 钱瑜.《中华人民共和国人民银行法、商业银行法、银行监督管理法》释义. 北京：中国长安出版社，2004.

[6] 徐新林. 金融法规概论. 上海：复旦大学出版社，2002.

[7] 周佩菊. 金融法规概论. 上海：上海财经大学出版社，2002.

[8] 黄健雄，陈玉玲. 保险法. 厦门：厦门大学出版社，2004.

[9] 彭虹，豆景俊. 保险法. 广州：广州中山大学出版社，2003.

[10] 中国建设银行人事教育部. 金融法律实务（内部教材）. 2006.

[11] 刘亚天，刘少军. 金融法. 北京：中国政法大学出版社，2002.

[12] 何永坚.《中华人民共和国证券投资基金法》释解及实用指南. 北京：中国民族法制出版社，2003.

[13] 宋彪. 财税金融法典型案例. 北京：中国人民大学出版社，2003.

[14] 宋彪. 经济监督法典型案例. 北京：中国人民大学出版社，2003.

[15] 朱宝宪. 投资学. 北京：清华大学出版社，2002.

[16] 张亦春. 金融市场学. 北京：高等教育出版社，2001.

[17] 韩汉君. 金融监管. 上海：财经大学出版社，2003.

[18] 何孝星. 证券投资基金运行论. 北京：清华大学出版社，2003.

[19] 吴志攀，唐浩茫. 金融法典型案例解析第一辑. 北京：中国金融出版社，2001.

[20] 王建平. 金融法学. 上海：立信会计出版社，2003.

[21] 徐卫中. 证券投资学. 西安：陕西人民出版社，2000.

[22] 满红霞，刘旭东. 金融法规. 大连：东北财经大学出版社，2004.

[23] 中华人民共和国信托公司管理办法. 北京：法律出版社，2007.

[24] 中华人民共和国金融租赁公司管理办法. 北京：法律出版社，2007.

[25] 中华人民共和国期货交易管理条例. 北京：法律出版社，2007.

[26] 中华人民共和国外资银行管理条例. 北京：法律出版社，2007.